# 乡村传播网络与共同体重建

## 少数民族乡村文化发展的传播社会学分析

谭华 著

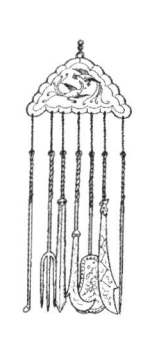

中国社会科学出版社

## 图书在版编目(CIP)数据

乡村传播网络与共同体重建：少数民族乡村文化发展的传播社会学分析／谭华著．—北京：中国社会科学出版社，2018.12

　ISBN 978-7-5203-2774-9

　Ⅰ.①乡⋯　Ⅱ.①谭⋯　Ⅲ.①少数民族–农村文化–文化发展–传播学–研究–中国　Ⅳ.①G12

　中国版本图书馆 CIP 数据核字（2018）第 154308 号

| | |
|---|---|
| 出 版 人 | 赵剑英 |
| 责任编辑 | 宫京蕾 |
| 特约编辑 | 李晓丽 |
| 责任校对 | 朱妍洁 |
| 责任印制 | 李寡寡 |

| | |
|---|---|
| 出　　版 | 中国社会科学出版社 |
| 社　　址 | 北京鼓楼西大街甲 158 号 |
| 邮　　编 | 100720 |
| 网　　址 | http：//www.csspw.cn |
| 发 行 部 | 010-84083685 |
| 门 市 部 | 010-84029450 |
| 经　　销 | 新华书店及其他书店 |

| | |
|---|---|
| 印刷装订 | 北京君升印刷有限公司 |
| 版　　次 | 2018 年 12 月第 1 版 |
| 印　　次 | 2018 年 12 月第 1 次印刷 |

| | |
|---|---|
| 开　　本 | 710×1000　1/16 |
| 印　　张 | 20 |
| 插　　页 | 2 |
| 字　　数 | 325 千字 |
| 定　　价 | 85.00 元 |

凡购买中国社会科学出版社图书，如有质量问题请与本社营销中心联系调换
电话：010-84083683
版权所有　侵权必究

# 目 录

**导言 问题乡村与乡村问题** ……………………………………（1）
  第一节 语境：乡村的终结还是乡村的纠结 …………………（2）
    一 乡村的终结——从阿伦贝皮到"我的村庄我的国" ………（2）
    二 乡村的纠结——从田园主义的批判到风险社会的行动
      策略 ………………………………………………………（7）
  第二节 为什么要关心乡村的当代命运 ………………………（9）
    一 研究问题 ………………………………………………（9）
    二 选题缘由 ………………………………………………（11）
    三 研究意义 ………………………………………………（18）
  第三节 研究视角 ………………………………………………（20）
    一 传播社会学的理论视野 ………………………………（21）
    二 发展传播学的范式框架 ………………………………（23）
    三 乡村人类学方法论取向 ………………………………（25）
  第四节 阐释逻辑及内容结构 …………………………………（27）

**第一章 从田野个案延伸出去：方法论反思及实践** …………（31）
  第一节 研究思路、策略与方法 ………………………………（32）
    一 研究思路 ………………………………………………（32）
    二 策略与方法 ……………………………………………（32）
  第二节 走出个案：社区研究的理论关怀与学术追求 ………（36）
    一 普适性问题——对社区研究方法论的省思 …………（36）
    二 走出个案——社区研究范式的理论诉求 ……………（41）
    三 拓展个案法的一般原则及要求 ………………………（49）
  第三节 在不断的自我折磨中进入我的"田野" ……………（51）
    一 寻找"理论地图"武装我的头脑 ……………………（52）
    二 "按图索骥"——进入我的"田野" ………………（56）

三　叙述和阐释：我的身份与位置 …………………………………（58）
第二章　乡村文化发展研究的主要理论视角 ……………………………（62）
　第一节　传播与发展：传播学视野里的文化变迁 …………………（62）
　　　一　结构功能主义视野下的传播与文化 …………………………（63）
　　　二　发展传播研究与社会文化变迁 ………………………………（71）
　　　三　乡村传播研究与乡村文化建设 ………………………………（79）
　第二节　传播与文化：人类学视域中的文化变迁 …………………（91）
　　　一　进化论学派的文化变迁理论 …………………………………（91）
　　　二　传播论学派的文化发展理论 …………………………………（93）
　第三节　离乡与守土的辩证：社会学视角下的乡村文化建设 ……（96）
　　　一　1920—1940年：乡村建设派的文化改良运动与社区研究的
　　　　　勃兴 ……………………………………………………………（97）
　　　二　1950—1970年：西方汉学家的中国乡村研究与方法
　　　　　论反思 …………………………………………………………（99）
　　　三　20世纪80年代以来："三农"问题研究与新农村建设 ……（100）
　第四节　乡村传播网络与乡村文化发展
　　　　　——我的理论取向 …………………………………………（104）
第三章　乡村传播与社区重建研究框架的新尝试 ……………………（107）
　第一节　建构"工具箱"：四个分析性概念的引入 ………………（108）
　　　一　乡村传播网络 …………………………………………………（108）
　　　二　乡村共同体 ……………………………………………………（114）
　　　三　文化再生产 ……………………………………………………（120）
　　　四　凝视 ……………………………………………………………（123）
　第二节　寻找"螺丝刀"：宏观社会结构与微观社区实践的
　　　　　链接 ……………………………………………………………（127）
　　　一　时间纽带：乡村传播网络中他者凝视惯习与行动逻辑 ……（128）
　　　二　空间连接点：作为乡村传播与文化再生产场域的乡村 ……（130）
第四章　枫村的自然环境与传播生态 …………………………………（134）
　第一节　枫村：我的田野工作点 ……………………………………（135）
　　　一　区域背景：自然与社会经济状况 ……………………………（135）
　　　二　村庄空间：枫村位置与聚落布局 ……………………………（136）
　　　三　时间进路：隶属沿革与人文环境 ……………………………（139）

## 第二节　枫村的文化传播生态 ……………………………………（145）
  一　无物不媒介：传统的"泛媒体"时代 …………………（145）
  二　遗忘与无奈：枫村的现代传播图景 …………………（149）
  三　凝视的网络与弥漫的权力："混搭"的泛传播图景 …（154）

## 第五章　他者凝视：乡村传播场域中的行动者逻辑 …………（166）

### 第一节　枫村文化传播场域的结构 ………………………（168）
  一　文化传播场域与权力场域的关系 ……………………（168）
  二　乡村文化传播场域的关系结构 ………………………（169）
  三　枫村传播场域的行动者惯习 …………………………（175）

### 第二节　多元建构：人际传播网络的实践逻辑 …………（178）
  一　陌生人的潜在影响 ……………………………………（179）
  二　个体化的文化资本转换策略 …………………………（182）
  三　文化展演的资本交换逻辑 ……………………………（185）
  四　在凝视中重构乡村空间 ………………………………（190）
  五　关系的发展——乡村内部的往来与馈赠 ……………（195）

### 第三节　权力下渗：组织传播网络的实践逻辑 …………（201）
  一　文化下乡对乡下文化的凝视 …………………………（203）
  二　乡村组织传播与权力嵌入 ……………………………（205）
  三　乡村精英再造与文化传播 ……………………………（209）

### 第四节　意识唤醒：大众传播网络的实践逻辑 …………（213）
  一　乡镇集市是大众传媒辐射乡村的桥梁 ………………（214）
  二　媒介的空间想象与被中介化的乡村 …………………（218）
  三　农家书屋的孤独与权力凝视的尴尬 …………………（221）
  四　电视对乡村生活的消解与建构 ………………………（224）

### 第五节　个体赋权：新媒体与乡村日常生活的现代性 …（233）
  一　无线Wi-Fi与"扯白堂"空间功能的新拓展 ………（234）
  二　小J"蹭"网与社会交往空间的拓展 ………………（236）

## 第六章　植入的自我：乡村文化再生产的主体性逻辑 ………（244）

### 第一节　差异性：乡村文化的他者化生产 ………………（246）
  一　他者化生产的外源动力机制 …………………………（246）
  二　他者凝视对差异性的期待 ……………………………（247）

### 第二节　兼容性：他者经验的重新地方化 ………………（249）

一　重新地方化的一般路径 ……………………………………（249）
　　二　外源动力转化为内生动力的基本逻辑 …………………（251）
　第三节　乡村共同体重建的定位与导向问题 ……………………（253）
第七章　超越村落，超越传播：凝视的力量 …………………………（256）
　第一节　双向凝视中的传统再造 …………………………………（256）
　　一　双向凝视中的权力互动 …………………………………（256）
　　二　凝视引起的内卷化问题 …………………………………（258）
　第二节　他者凝视中的权力关系 …………………………………（260）
　　一　旅游凝视中的权力关系 …………………………………（261）
　　二　政府、市场、专家之间的权力转换逻辑 ………………（262）
　　三　大众传媒对乡村的凝视 …………………………………（265）
　第三节　地方凝视中的乡村调适 …………………………………（266）
　　一　乡村自我凝视机制的产生 ………………………………（266）
　　二　乡村自我凝视的内在逻辑 ………………………………（267）

结语：反身思考与延伸理解 ……………………………………………（271）
　第一节　田野与知识：在乡土逻辑中重构传播的力量 …………（271）
　第二节　潜在的威胁：审视我的研究方法 ………………………（273）
　　一　拓展个案法的反思意识 …………………………………（273）
　　二　拓展个案法的潜在威胁及应对 …………………………（276）
　第三节　我的身份问题：反思研究伦理 …………………………（277）
　　一　民族志叙事中的伦理审视 ………………………………（277）
　　二　对田野工作的伦理检讨 …………………………………（279）
　第四节　研究局限 …………………………………………………（282）
　　一　理论阐释的局限 …………………………………………（282）
　　二　研究资料的局限 …………………………………………（283）
　　三　叙述文本的局限 …………………………………………（285）

参考文献 …………………………………………………………………（286）
后记 ………………………………………………………………………（310）

# 导言　问题乡村与乡村问题

> 就物质生活而言，我的村庄就是世界；就精神生活而言，世界就是我的村庄。
>
> ——甘地（Mahatma Gandhi）

山野宁静，乡村安详。瓜棚豆架，鸡犬桑麻。那一缕缕飘起的袅袅炊烟，升腾着乡村的朴素气息。这些都是记忆深处儿时的乡村景象。尽管乡村是生动的，但远比我们想象的要复杂得多。每一个乡村都有自己的故事，有的简单，有的曲折，每一个乡村故事都把乡村的空间、乡村的景观、乡村的生活、乡村的人情世故呈现在我们眼前，不断向人们述说着乡村的精彩或者无奈。在我的想象空间里，乡村故事是一个乡村的气息，一个乡村的记忆，一个乡村的文化符号，它给予乡村以生命，承载着乡村的灵魂。但每一个人讲述乡村故事的方式又是不同的。我离开故乡已多年，带着对故乡的眷恋，我踏上返乡的旅程，企图去寻找记忆深处的那份乡愁。我漫步在乡间小道，贪婪地吮吸着泥土的芬芳，带着诗意的心情去欣赏恬静安逸的乡村景致——郁郁葱葱的山地丛林、潺潺的小河流水、碧绿的稻田和茶园，还有永远忙碌着的乡亲。时代在发展，乡村在变迁，映入眼帘的这些景观显然已不再是我记忆中的那幅乡村风景画，低矮的乡村老屋和袅袅炊烟已经变成陈旧的故事。今天，昔日沉寂的小山村在西部大开发和新农村建设的号角声中被唤醒，在各种或悲或喜或猎奇或欣赏的目光注视下迅速成为社会的聚焦点。我们不得不感叹村庄的变迁实在太快，面对村庄日新月异的变化，我在惊叹之余，也一直在思考：在急剧的社会变迁面前，乡村内部那个超稳定的文化结构是否发生了变化？在现代化浪潮中，作家笔下所描绘的那种田园牧歌式的生活在远去吗？现代化真的是农村社会蕴含的传统文明的"天然敌人"吗？作为一个地地道道的"村里的村外人"抑或"内部的他者"①，我应该用什么样的方式讲述眼前这个"熟悉而又陌生"的村庄的故事？又应该以什么样的心态来诠释乡村的这些变化呢？

## 第一节 语境：乡村的终结还是乡村的纠结

### 一 乡村的终结——从阿伦贝皮到"我的村庄我的国"

在阅读康拉德·科塔克（Conrad Kottak）的《远逝的天堂：一个巴西小社区的全球化》时，我被他的民族志叙述深深地打动。在科塔克的笔下，一个平凡如斯的巴西小渔村——阿伦贝皮（巴西巴伊亚州），却处处闪现着与众不同、鲜活的人物，生动的故事。然而，从20世纪80年代开始，随着电视机的到来，"整个世界都在向阿伦贝皮开放"，曾经的"桃花源"在全球化浪潮中"悸动"不安，被卷入不断变迁、蓬勃发展的世界潮流，这片"褐色的""梦想之地"升起"又一轮新日"，变迁在继续，天堂却已远逝。② 根据国家统计局2015年1月20日公布的2014年经济数据，2014年年末，中国城镇化率已达到54.77%，③ 已经初步成为城市型社会。城镇化是现代化的应有之义，现代化的进程也是乡村变迁的过程，本质上是乡村社会关系的变化。在如此剧烈的社会转型和文化变迁背景下，面对乡村未来似乎难以摆脱的"被全球化""被城市化"的命运，有人在伤感，"每个人的家乡都在沦陷"，"我们曾经'热爱的故乡'变成

---

① 我来自农村，有着深刻的乡土生活体验，因而自认为是一个熟悉农村生活的"村里人"；可我又离开乡土多年，长期漂泊和行走在城市，对于这些村民而言又是一个熟悉而又陌生的"村外人"，是一个典型的"家门口的陌生人"。于是，我的田野成为重新建构的过程，既是对故乡的重构，也是对自我的追寻。

② 科塔克从1962年开始的40多年时间里，对巴西巴伊亚州阿伦贝皮村进行了数次田野调查，见证了这个褐色泻湖边上的小渔村蜕去朴素之美而卷入全球化的全过程，讲述了这个"社会变迁的活化石"的故事，揭示了生存与发展矛盾交织的社会形态。人类学的智慧与理性让他深信：阿伦贝皮人的生存经验和乐观精神能够帮助他们在全球化中随机应变而非格格不入，从而将自己与世界的潮流融为一体。我们在这个关于巴西社区全球化开放的研究个案中，看到了文化传播和社会变迁的创造性过程。

③ 《国家统计局：2014年中国城镇化率达到54.77%》，2015年1月20日，中国经济网(http://www.ce.cn/xwzx/gnsz/gdxw/201501/20/t20150120_4386891.shtml)。

了一个自己不愿回去或回不去的地方"①，似乎现代化和全球化的冲击成为扼杀乡村文化的罪魁祸首，似乎"发展"乃万恶之源。难道传统才是天堂，现代化、全球化真的是陷阱吗？毋庸置疑，当今世界，现代化难以逆转，城市化、市场化的渗透又无远弗届，没有哪一个民族、哪一个社区能够完全独善其身、孤芳自赏。在全球传播时代，地区、国家和社区之间的相互依赖性和互联性日益加深、拓展和加速，即使是地处遥远的社区也不可能完全脱离整个社会大的体系的影响，地理意义上的"飞地"（enclave）在文化上的边界已逐渐消失。所以我们可以发现，在大众传媒和电子技术不断发展的今天，现代化已悄然渗透到我们对社区的想象中，无论城市还是乡村，人们日常生活中的很多现象都包含了"全球性"（globality），也包含着"地方性"（locality）和"民族性"（nationality），人类的交往方式和交换关系已经超越了国家边界，全球关联随处可见。于是才有了关于"全球地方/全球地方化"（glocal/glocalization）②这一组"杂糅性"（hybridity）概念的创造，③以此强调全球化和地方化二者之间的相反相成与互动发展以及地方对全球文化模式的适应策略。所以，在一定意义上，我们甚至可以说，现代化已成为全人类的宿命，回归之路早已断绝。

对于现代化发展是不是一个伪命题？是否"每个人都是发展的受害者"？④ 现代化、全球化能否给世界上的每个人都带来福祉？这些问题谁都无法给出一个统一的标准答案，而且每个人的看法也不太一样。科塔克

---

① 熊培云：《一个村庄里的中国》，新星出版社 2011 年版，第 5 页。笔者受此书英文主题 My Village, My Country 的启发，将作者自序的标题借用到本节开头，目的是想以此来说明全球化、现代化、城市化进程对乡村的冲击。

② Glocalization 一词在中文翻译中并不统一，有诸如"球土化""全球地域化""全球地方化""全球在地化"和"全球本土化"等译法。这种翻译中的差异恰好说明这一英语世界中新造词汇还没有从一般性的术语过渡到严格意义上既具有描述功能，又具有规范功能的学术概念，从深层次反映出 glocalization 这一新的全球化理论话语及其研究视域在我国学术界尚未形成统一的、明确的认识和评价，有待学者们的进一步探索。

③ ［英］安娜贝拉·穆尼、［美］贝琪·埃文斯：《全球化关键词》，刘德斌等译，北京大学出版社 2014 年版，第 89、136 页。

④ 此观点来自美国文化人类学家约翰·博德利的著作《发展的受害者》。他详细讨论了以文明者自居的"外来者"如何以推动进步的名义对土著居民日常生活的破坏，认为土著人为发展付出了文化生态灭绝的沉痛代价，自始至终都是被动的受害者。参见［美］约翰·博德利《发展的受害者》，北京大学出版社 2011 年版。

特别强调文化转型与变迁的主体是置身文化处境中的个人,"没有个人变迁,就不会有社会变迁,反之亦然"①。对于某些社会批评家把人群、技术、商业、信息和意识形态在全球化浪潮中的变迁看作文化帝国主义的压路机,地方文化则沦为变迁路上的牺牲品的观点,科塔克认为这一看法是消极的,因为它"忽视了人类在与外界交往时会有选择性地作出各种行为。阿伦贝皮人也像其他成千上万当代乡民一样,努力应对外部景象和信息洪流,对这些外部信息加以自己的修正、诠释、加工、抵抗、挑战或排斥"②。我们在这个关于巴西社区对全球化开放的研究个案中,看到了文化传播和社会变迁的创造性过程,正是这些不断适应变迁的个体扮演了重要角色,推动了社会的发展。

巴西,这个南美洲最大的发展中国家,在 20 世纪后半叶率先走上了现代化之路。然而,曾经摆在巴西人面前的政治、经济、文化、社会和生态环境等问题,今天同样摆在了处于社会转型期的中国人眼前。自 1978 年改革开放以来,整个中国拉开了从传统向现代转型的帷幕。从国家到地方,从权力组织到民间社会,从城市到乡村,发生了一场"史无前例的大变迁",几乎所有地区和个体都卷入其中。作为一个传统的农业大国,中国社会"是在农耕经济基础上形成的乡土社会"③,在现代化、城市化进程中,"乡村的问题"是最核心的问题,并且具有一种历史延续性。在官方的话语体系中,农民和乡村在国家迈向现代化进程中似乎总是被视作拖后腿的角色。当全球化浪潮和现代化喧嚣打破了乡村的宁静后,中国的农村发生了急剧的社会文化变迁,许多人认为"被颠覆的村庄"④走向了"土地的黄昏"⑤,在一个"单向度的农村"⑥里,谁来种田的担忧与保卫村庄的话题总是被激烈讨论,乡愁总是一个挥之不去的话题。面对这种变

---

① [美]乔尔·S. 米格代尔:《社会中的国家:国家与社会如何相互改变与相互构成》,李杨、郭一聪译,江苏人民出版社 2013 年版,第 177 页。
② [美]康拉德·科塔克:《远逝的天堂:一个巴西小社区的全球化》(第四版),张经纬等译,北京大学出版社 2012 年版,第 240—241 页。
③ 周晓虹:《传统与变迁:江浙农民的社会心理及其近代以来的嬗变》,生活·读书·新知三联书店 1998 年版,第 39 页。
④ 李桂平:《被颠覆的村庄》,江西人民出版社 2012 年版。
⑤ 张柠:《土地的黄昏——乡村经验的微观权力分析》,东方出版社 2005 年版。
⑥ 彭大鹏、吴毅:《单向度的农村》,湖北人民出版社 2008 年版。

迁，很多人把视线投向这个特别的场所，都在用自己的眼睛和心灵感受并记录着乡村的社会文化变迁，希望能够从这种注视中找寻到乡村社会文化变迁的轨迹。近年来在互联网上热传的各种类型的返乡日记或乡村调查就是很好的证明。无论是城里人返乡后的那种即景感怀式的乡愁，还是学者在既定研究框架下冷静思考中的理性乡愁，其实背后都自觉不自觉地隐藏着那种面对全球一体化、城乡一体化时的"剪不断、理还乱"的文化乡愁，揭示出我们经济高速发展中的诸多问题。于是乎有关"问题乡村"的研究在人类学、社会学、民族学、政治学等领域成为中心话题，农民及其生活的乡村成为各方关注的焦点。

随着现代化进程的加快，再加上孟德拉斯（Henri Mendras）在 20 世纪 60 年代为法国做出了"农民的终结"这一断言，"乡村的终结"就一直成为一个有争议的重要话题被广泛讨论。当下中国乡村社会文化转型的方式与过程各有不同，但由政府主导的指导性变迁居多。有的从穷山恶水之地整体迁移，有的因为人口流失严重导致村落"空心化"① 而被迫实行村组合并，村庄原来的地理和行政边界逐渐模糊；而一些城市近郊的村民则在城市的快速扩张和土地财政中失去土地，一夜之间被整体转换成了"城镇居民"……凡此种种，是否就意味着乡村终结了呢？到底终结的是什么呢？村庄未来的走向究竟如何？这一系列问题都有待于从不同角度、不同视野去寻找答案。实际上，孟德拉斯所说的文明是由众多小农组成的传统农业文明，"农民的终结"主要是"小农的终结"，并不是"乡村生活的终结"②，自然更谈不上是乡村的终结，城镇化并不意味着乡村的消失。20 世纪 80 年代，法国乡村社会出现复兴现象，"乡村重新变成一个生活的场所，就像它同样是一个农业生产的场所"，"乡镇在经过一个让人以为已死去的休克时期之后，重新获得了社会的、文化的和政治的生命力"，③ 这就更加说明所谓"乡村终结"的命题是一个伪命题。就我国农村的现实来看，"虽然当前国家和市场对农民的影响日趋增大，但这并不

---

① 陈浩天：《乡村"空心化"治理：样态扫描与政府服务》，《理论月刊》2013 年第 7 期。

② 徐杰舜：《中国农民守土与离土的博弈——孟德拉斯〈农民的终结〉的启示》，《中南民族大学学报》（人文社会科学版）2006 年第 1 期。

③ ［法］H. 孟德拉斯：《农民的终结》，李培林译，中国社会科学出版社 1991 年版，第 304、306—307 页。

意味着村落的终结，而是实现转型，从传统封闭自律的生产生活共同体走向现代开放自为的社会生活共同体"，"作为共同体意义的村落在社会转型过程中应该是重构，而不是终结"。① 因为乡村的终结与农民的终结并不是同一个过程，乡村是作为一种文化与社会共同体，或者生活制度和社会关系网络而存在的，其终结是一个非常复杂的社会总体变迁过程，不仅"意味着产权的重新界定和社会关系网络的重组"②，而且充满激烈的矛盾冲突，必然是一段相当漫长而又充满惶惑的旅程，不可能一蹴而就。

  本书借由乡村语境切入社会传播与乡村文化发展的研究主题，所以无须赘述什么是"村落的终结"，但对"乡村的终结"这一观点的基本内涵还是有必要强调的，因为这关系到本书所讨论的"作为文化共同体的乡村社区重建"问题。从广义上来说，乡村的终结指的是"村落不仅从地理意义上消失了，而且村民原有的生产方式、生活方式、价值取向、文化心理和行为模式等也从根本上终结了"③。显然，从这个意义上说，无论是西方发达国家的实践经验，还是中国乡村的现实际遇，都能够证明乡村有着自己的特色和价值。只是在现代化、城市化洗礼下，原来的乡土本色发生了变化，呈现出一种"后乡土社会"④ 的面貌，在某种意义上说，这更像是"乡村"的重新开始，故乡并不一定就已在城市化面前全部"沦陷"，也"并非一切坚固的东西都烟消云散了"。因此，如何面对和适应全球化、现代化、城市化浪潮，寻找一种解决全球与本土冲突的实践策略，坚持走内生性中国式现代化之路，实现乡村复兴才是一个真正的问题。

---

  ① 李飞、杜云素：《中国村落的历史变迁及其当下命运》，《中国农业大学学报》（社会科学版）2015年第2期。
  ② 李培林：《村落的终结——羊城村的故事》，商务印书馆2004年版，第4页。
  ③ 龚春明、朱启臻：《村落的终结还是纠结——文献述评与现实审视》，《内蒙古社会科学》2012年第6期。
  ④ 陆益龙：《农民中国——后乡土社会与新农村建设研究》，中国人民大学出版社2010年版。陆益龙等学者认为，所谓后乡土性特征是指在乡村社会存在的基本形态依然留存的情况下，社会经济与文化的观念和行为都已经受到了现代化的渗透，具有了一些现代性的特征。也就是说，后乡土性所呈现的结构基础是乡土的，但精神气质则是乡土与现代的一种混合。这种变化与存续相互结合，就构成了中国社会基层的一种后乡土性。

## 二 乡村的纠结——从田园主义的批判到风险社会的行动策略

从前面的分析看,有人担忧的所谓"乡村终结"的问题,正如一些研究者所指出的:"与其说是村落的终结,在很大程度上倒不如说是村落的纠结。"① 说"终结",主要是基于怀旧的田园主义传统,把乡村视作都市现代性的避风港和梦想实践的园地,在城乡连接的伦理上还是停留在传统村庄的影子里,带着怀旧之情回想着乡村昔日的盛世年华。认为乡村作为一种自然的、道德的生活方式,遭到了工业化、城市化和全球化的破坏而一去不复返,于是开展了形形色色的文化寻根活动,或者以所谓客观中立的旁观者立场对"现代文明"进行批判性反思,倡导"新乡土主义"②。从这些田园主义怀旧传统的各类表述文本能够发现,它们所描摹和憧憬的那种充满诗意的、"田园牧歌"式的乡村图景背后,交织的仍然是"政治、经济与文化的权力话语"③,甚至是一种"刻意编造出来的意识形态神话,是对真实历史做出的误导性的回应"④,关键是这些反思话语还"忽略了一个更为重要的方面,那就是乡村作为一种文化与社会形态的自身转化能力"⑤,所以才会发出这种心酸与无奈的感叹。从中可以看到每一个出身乡村,却又漂泊和行走在城市的人,都情系着那片乡土,我们世世代代的故乡之感、家园之情,不仅被捆绑在乡土中国的空间之上,而且被投射到与传统有关的文化共同体之中。

说"纠结",笔者认为更多的是着眼于乡村现代化的现实境况和我们对乡村问题的研究。无论是"背井离乡"的外出务工,还是"离土不离乡"的返乡创业,虽然不再是费孝通先生笔下那种一辈子都捆绑在土地

---

① 龚春明、朱启臻:《村落的终结、纠结与未来:经验反思及价值追寻》,《学术界》2012年第6期。

② 在20世纪80年代中期,中国大陆兴起了"寻根文化"思潮,韩少功、李杭育等是典型。近年来,钱理群、吕新雨、石勇等在《天涯》表达"反城市化"情绪,号召重建乡土文化,探索以乡村社会为本的另类现代化道路。

③ 曾一果:《想象城市:改革开放30年来大众媒介的"城市叙事"》,中国书籍出版社2011年版,第64页。

④ 韩子满等:《乡村与城市(译序)》,[英]雷蒙德·威廉斯《乡村与城市》,商务印书馆2013年版,第3页。

⑤ 赵旭东:《乡村成为问题与成为问题的中国乡村研究》,《中国社会科学》2008年第3期。

上的农民,但他们本质上仍然保持着乡土性。即使地理和物质意义上的乡村不复存在,但生活其中的村民们的社会文化心理边界并未消失,"乡"为他们提供了文化性保护。他们的生命意义和人生价值还是建立在这个"封闭的乡"与"凝固的土"之上。同时却又面临着乡村现代化转型过程中,因空间转换而带来的农民市民化的角色转变、身份认同、"社会排斥"① 等困境。这些现象无论从哪个层面上说都是一个相当纠结的复杂问题。所以,"守土与离土,中国农民虽然经历了历史的多次选择,但至今仍处在两难的博弈之中"②。考察乡村社会变迁的历史,可以发现,"乡村和城市自身以及它们之间的关系都是不断变化的历史现实。此外,在我们自己的世界中,它们代表的仅仅是两种居住方式"③。因此,终结的也许只是乡村聚落的外在形式,乡村的文化精神内核却难以消失。那么,这种"守土艰难,离土不易"所带来的乡村"向何处去?如何去?"的问题正是当下让人焦虑和纠结之所在。

无论是"终结",还是"纠结",恰好说明了乡村是多种话语的社会空间共同叠加而成的现实。况且当下所有的传统都无法摆脱现代化、全球化的影响,而且传统本身就是在现代化和全球化发展结果的对照下,才凸显其价值,才使我们认识到另一种社会和文化形态的宝贵,"传统"自然也就成为一种标识身份认同的集体记忆被重新唤醒,促使我们开始重新审视自己的历史和文化,重新发掘乡村文明的价值。④ 所以,重建"失落的传统"本身就应该是现代化、全球化、城市化发展的应有之义,乡村发展的道路不会终结,更不用纠结,只是应考虑面对"全球风险社会"(Global Risk Society)时,应如何选择合理的行动策略,去创造乡村的

---

① 城乡二元结构在当下被逐渐打破,农村进城务工人员获得了较大的发展空间,有的在城市有稳定的职业,买房买车,但不得不承认,社会制度还是给他们在城市的工作生活方面造成了诸多排斥,不能让他们享受城市社会正当的经济、政治、公共服务等资源,被排斥在社会主流关系网络之外,难以真正融入城市社会。

② 徐杰舜:《中国农民守土与离土的博弈——孟德拉斯〈农民的终结〉的启示》,《中南民族大学学报》(人文社会科学版) 2006 年第 1 期。

③ [英] 雷蒙德·威廉斯:《乡村与城市》,韩子满等译,商务印书馆 2013 年版,第 393 页。

④ 曾一果:《全球想象与传统的再生产——全球化语境中的大众传媒"城市叙事"》,《文艺研究》2011 年第 4 期。

"替代性未来"（alternative futures）?① 其实贝克（Ulrich Beck）所强调的"在一个失控的世界中过属于自己的生活"②，就是主张发展路径并不必然遵循西方模式，应以一种文化自觉意识对现代化、全球化做出反应，用"全球化思考，本土化行动"（think globally, act locally）③ 的策略和态度，去获取乡村自主性发展的空间。换个角度，也许可以说，"旧的天堂已然消逝，新的梦想还在不断涌现"④，我们看到乡村在"沦陷"，同时我们也看到乡村在生长。乡村自有乡村的生长逻辑，乡村文化发展自然也有更多的可能，乡村文化研究应该就有更多的切入点。

## 第二节　为什么要关心乡村的当代命运

### 一　研究问题

中国是一个"村庄大国"⑤，对于这样一个传统的农业大国来说，乡村无疑是整个社会结构的基础，是社会系统的重要构成。"三农"学者于建嵘站在"底层立场"，强调"社区发展是农村现代化的基础工程"，乡村社区的政治、经济和文化变迁实际上是整个社会的转型和整合过程，"乡村社区建设是一项事关社会整体结构、全方位的社会变革工程"。⑥ 因而，关注和研究中国乡村的生存、转型与发展，不仅是社会学的当然责任和重要路径，也是传播学、人类学、民族学、政治学等其他人文社会科学研究应有的现实关怀。

---

　① K. H. Halfacree, *A New Space or Spatial Effacement? Alternative Futures for the Post-productivist Countryside*, 1999, pp. 67-76.
　② ［英］威尔·赫顿等：《在边缘：全球资本主义生活》，达巍等译，生活·读书·新知三联书店 2003 年版，第 226 页。
　③ ［英］罗宾·科恩、保罗·肯尼迪：《全球社会学》，文军等译，社会科学文献出版社 2001 年版，第 47 页。
　④ 香港中文大学博士候选人任珏在 2012 年 5 月 31 日的《南方都市报》上发表书评《〈远逝的天堂：一个巴西小社区的全球化〉：旧的天堂，新的梦想》，她认为科塔克所强调的正是旧的天堂在消失，新的梦想还在不断涌现，这是发展中的悖论。参见任珏《〈远逝的天堂：一个巴西小社区的全球化〉：旧的天堂，新的梦想》（http://www.bookdao.com/article/39567/）。
　⑤ 毛丹：《村落共同体的当代命运：四个观察维度》，《社会学研究》2010 年第 1 期。
　⑥ 于建嵘：《底层立场》，上海三联书店 2011 年版，第 77—80 页。

从前面有关乡村是"终结"还是"纠结"的语境出发，我们有必要以一种"底层心态"扎根田野，关注当下民族地区的乡村究竟在发生着什么？乡村社会结构发生了什么样的变迁？这些变化是如何发生的？变迁的动力机制是什么？作为文化共同体的乡村是否在现代社会的剧烈变迁中被解构？我们站在何种角度和立场来阐释当下的乡村文化变迁？这些便构成了一系列具有内在逻辑联系的、我们无法回避的现实问题，非常有必要进行多学科视角的学理探究。

作为对上述问题的回应，本书选择城市化背景下的少数民族乡村文化再生产作为研究主题，以乡村日常生活中的社会传播网络为切入口，遵循社会人类学的社区研究范式，考察社会传播网络与乡村社会结构相互建构的实践逻辑。具体而言，就是透过少数民族乡村日常生活中的传播行为和现象，揭示乡村文化变迁的外部影响因素——日新月异的传播技术、日益频繁的城乡互动与文化传播，如何通过村落共同体的自我转化策略，发展成为文化再生产的内生能动性机制，从而实现"传统的再造"，建构新的社会关系。集中描述和分析外部力量与村庄的内在结构怎样相互作用，共同推进乡村文化发展。本质上也是"在现代性（modernity）和与之相联系的新权力格局的情境中描述文化的历程"[①]，通过村民日常生活的活动图式、内在结构、实践范围、社会行动逻辑以及日常生活的冲突与裂变、消解与建构，去探求少数民族乡村文化变迁与重塑的规律性。只不过，少数民族乡村具有特殊的"双重身份"——既是中国浩如烟海的无数村落的一员，又带有"少数民族"的身份标签，文化多样性表现更为突出，还涉及文化冲突、传统代续等相对抽象的深层问题，因而不同于一般的汉人村落，有必要另加关注。但是，分析少数民族乡村文化建设问题，既要从乡村文化发展的视角，更要将其置于中国农村问题的宏观研究语境，将其视作一个文化问题与经济社会问题的叠加和集合，偏废任何一方都不能作出客观理性的判断。而且脱离了中国农村社会的具体语境孤立地研究少数民族乡村文化，所构建的很可能只是空中楼阁。

---

① 王铭铭：《村落视野中的文化与权力——闽台三村五论》，生活·读书·新知三联书店1997年版，自序。

## 二 选题缘由

对于任何一个研究者而言,在选择适合自己的研究问题时真正考量的不外乎主观与客观两方面的因素。就学科建制层面来说,本来笔者的专业方向与人类学、社会学并不直接相关,但笔者的兴趣聚焦点一直与"乡土"紧密相连,总喜欢把视点聚焦于自己生于斯、长于斯的乡村。从小受乡土文化的浸润,总有一种"剪不断、理还乱"的情愫。于笔者而言,少数民族乡村同样是理解中国现代化、乡村现代化、少数民族现代化的重要参照系。没有乡村的现代化、没有少数民族地区的现代化,也就不可能有整个中国的现代化,中国的现代化也将始终只是一个"未完成的方案"。因此,在文化现代化进程中,加强少数民族乡村文化建设实际上是国家文化建设的重要内容,是由中华民族多元一体格局所决定的。笔者选择从个案入手讨论乡村传播与少数民族乡村文化发展问题,主要基于以下一些考虑。

### (一) 现实困境

随着现代化进程的加快,中国的社会结构发生了深刻变化,广大的农村地区也逐步实现了由传统到现代的整体转型,日益"被嵌入"城市化的轨道,但许多乡村在现代化过程中,"文化建设被边缘化,造成文化滞后,甚至文化'真空',缺少文化支撑和文化归属"[①]。笔者在对乡村的长期观察中总结出现代性入侵对乡村传统的破坏主要表现在两个方面:一是传统的乡村秩序和权力结构在悄然变化;二是现代都市消费主义的入侵日益威胁着表面平静的"乡村传统"。在这个既作为生产、生活和娱乐场所,又是意义和价值生产场所的乡村社会里,传统文化与新观念、新思维的冲突,发展愿望和发展路径之间的矛盾日益纠结其中。

有资料显示:过去 10 年,我国 90 万个自然村消失了,它们的消失,意味着民族文化多样性的消亡、文明的断档、历史的断裂,会造成传统文化记忆的丧失,从而失去未来发展的根基。[②] 尽管广大农村在工业化快速

---

① 周军:《中国现代化进程中乡村文化的变迁及其建构问题研究》,博士学位论文,吉林大学,2010 年。

② 陈晨:《传统村落,不能成为传说》,2013 年 10 月 21 日,光明网 (http://news.gmw.cn/2013-10/21/content_ 9229383.htm)。

扩张中承担了城市所转嫁的产业周期性危机的代价，可是乡村社会的整体发展水平决定了乡村目前尚无法充分发挥"中国现代化的稳定器与蓄水池"①的作用。贺雪峰等学者通过大量的农村调查案例揭示出当前乡村和农民的苦，"不是苦于纯粹物质的方面，而更苦于精神和社会的方面。当前的农民问题，不纯粹是一个经济问题，而更是一个文化问题，不纯粹是生产方式的问题，而更是生活方式的问题"②。其实从当下的"农民进城、市民涌乡"这一彼此相反、各自矛盾的社会流动现象可以发现其后深藏的是"乡土中国的文化困境"③。

何慧丽沿着费孝通先生"知行合一""志在富民"的治学之路，在河南兰考长达十年的新乡村建设试验中，她试图从农村中发现"异于现代性的乡土性逻辑，异于经济社会的自然性逻辑"④，认为从技术和制度层面开展乡村建设仍然只是治标，而治本的则是文化体系，提出"两个整体性发展"，她把文化建设视作乡村社区发展的根本，寻求另类的乡村建设、乡村中国。⑤ 不可否认，人类社会的进步最终将不单单是物质的持续进步，更多的是一种文化的创新。而文化和社会本身就是结合在一起密不可分的，"明白了文化，便是了解了社会"⑥，因此"社会—文化因素被认为既是发展的决定性因素，又是发展的最终结果"⑦。既然文化变迁是社会发展的必然结果，文化作为人参与其中的一种沟通实践，其发展除了无法脱离现代化、全球化、城市化等社会现实语境，更不能脱离文化主体的生产生活场域。既绕不开古今中外的联系，也离不开上下内外的纠葛。

---

① 贺雪峰：《农村：中国现代化的稳定器与蓄水池》，《党政干部参考》2011年第6期。
② 贺雪峰：《新农村建设与中国道路》，《读书》2006年第8期。
③ 徐新建：《"乡土中国"的文化困境》，徐杰舜等《中国社会的文化转型：人类学高级论坛十年论文精选》，民族出版社2012年版，第102—115页。
④ 这是中国农业大学何慧丽老师在河南兰考挂职期间所进行的十年新乡村建设运动的实践经验总结。参见记者石破发表在《南风窗》2013年第14期上的纪实性文章《何慧丽10年乡建路》。
⑤ 何慧丽：《我在兰考的乡村建设实验》，薛毅《乡土中国与文化研究》，上海书店出版社2008年版，第187页。
⑥ 吴文藻：《现代社区实地研究的意义和功用》，吴文藻《论社会学中国化》，商务印书馆2010年版，第434页。
⑦ 秦红增：《乡土变迁与重塑——文化农民与民族地区和谐乡村建设研究》，商务印书馆2012年版，第34—35页。

随着国家西部大开发、新农村建设等战略以及集中连片特殊困难地区扶贫开发计划的实施，各级政府实施了各个层次的"整体（整县、整乡、整村）推进"策略，这一场由表及里的社会运动牵涉了农村社会各个领域全方位的变革，少数民族地区的乡村建设取得了明显成效。但根据笔者在农村的调查发现：地方政府在乡村社会制造了一个又一个的"亮点"工程，展现了"新农村新气象"的同时，也出现了不少问题。虽然农村的经济状况得到一定改善，可精神家园建设被忽视，原有的价值体系和社区记忆正在消失。尽管在新农村建设中，少数民族乡村文化基础设施和公共文化产品服务得到较大改变，电视、手机等现代文化传播工具普及率比较高，农民接触频度最高的也是以电视为主的现代传播媒体，但在文化内容的供给方面，乡村文化始终处于都市文化中心的边缘，乡村传统文化的生存空间日益萎缩。表面看，"文化下乡"所带来的新型文化似乎实现了在乡村日常生活中的扩张，给乡土社会注入了时尚元素，可实际上现代价值观念因缺乏相应的社会基础根本没有真正融入乡土社会，破旧却未立新，反而彰显了乡村文化生态的恶劣，农村一直都被视作都市文化的盲目追随者和模仿者。在城市的"文化殖民"中，少数民族地区的乡村同样失去了明确的文化归属，普遍出现了一种无意识的精神不安、价值迷失和认同危机。而文化认同是构建社会整体性的基础，失去了这个重要的基础，农村就可能看不到希望，成为一个人人都想逃离的地方。① 乡村现代化建设所产生的这种错位，使少数民族乡村"进一步边缘化、空心化"，"导致在地的乡土社会解体"②，成为影响少数民族乡村社会和谐发展的反作用力，这显然有悖于文化自觉精神与和谐社会建设的根本宗旨。

面对当前乡村文化发展过程中所遭遇的困境，如何激发起乡村文化自觉，改变乡村空心化趋势，弥合断裂的乡村文化传统，重建现代意义上的乡土文化认同就显得日益紧迫和重要。乡村文化建设不仅能促进农村经济发展，而且更是乡村延续的动力，对于农村社会发展的其他方面具有重要的作用和功能。它不仅可以传递乡村优秀的文化传统，满足农村群众的精神文化需求，再造乡村的活力，还可以为和谐新农村建设创造良好的文化

---

① 谭华：《文化自觉与少数民族地区乡村建设》，《湖北民族学院学报》（哲学社会科学版）2012年第3期。

② 吴重庆：《农村空心化背景下的儒学"下乡"》，《文化纵横》2012年第2期。

氛围，为乡村居民提供正确的行动蓝图，培养与新农村建设相适应的新型农民。所以，乡村文化的传承、保护与重建是当前和谐新农村建设的迫切要求。

（二）理论观照

发展问题是当代社会两大主题之一，发展研究（Development Studies）迄今为止仍然是国际社会科学领域的热点。在中国，对发展问题的研究和社会文化变迁的反思也是地方性研究的持久方向。赵旭东认为，对乡土中国的关注是与中国传统社会中以农为本的"民本"思想紧密联系在一起的，作为中国历史上"民"这个阶级主体的"小农"以及他们所居住的村庄，就不断成为社会大众思考和观照的对象。[①] 从中国乡村社会20世纪以来的变迁历程也可以发现，不同区域的社会文化变迁背景和社会系统的运行相当复杂，即使是"以'运动'为特点的'规划的社会变迁'"[②]也只是在社会结构表层进行，一旦这种社会工程结束，"乡村社会在不同区域的文化特性和社会组织形态便重新趋向它们原有的形态，并结合现实性形成了不同的特色，如何认识这种复杂的已经发生和正在发生的中国乡村社会的变迁过程"，不同的学术共同体做出了不同的探索和回答。[③] 其中社会学、人类学、政治学、经济学等在这方面的研究比较突出，取得的成果也颇丰富。

20世纪80年代传播学（尤其是发展传播学）传入中国之后，传播与发展议题逐渐成为许多研究者关注的热点问题。传播是创造、修改和转变一个共享文化的过程，文化在传播中呈现，也在传播中互相影响，文化与传播同构。乡村文化的发展过程，自然也是一种文化传播的过程，既是共同体经验的分享，也是共同体经验的凝聚和呈现，从某种意义上说也是乡村社区的意义共享和共同体的培养过程。由于任何传播知识及其理解都是嵌入并作用于各自的社会和文化构造之中，我们必然要深入具体的时空去寻找和阐释背后的意义，因而乡村传播及其实践，无疑也吮吸着特定的泥

---

[①] 赵旭东：《乡村成为问题与成为问题的中国乡村研究——围绕"晏阳初模式"的知识社会学反思》，《中国社会科学》2008年第3期。

[②] 王铭铭：《村落视野中的文化与权力——闽台三村五论》，生活·读书·新知三联书店1997年版，第60页。

[③] 李红艳：《乡村传播学》，北京大学出版社2010年版，第16页。

土营养，需要具体时空来确定，对乡村传播的理解自然"不能脱离乡村治理的历史脉络和现实语境"①。可是，在当下的乡村传播与文化建设的有关讨论中，更多关注的是大众传媒在乡村社会变迁中的影响，这种以大众传播为基点的讨论在一定程度上窄化了传播的内涵，存在一种自我设限的倾向，很难全面且很好地解释少数民族地区乡村日趋丰富多元的现实传播实践。所以，对传播的理解亟须打破这种媒介中心主义的狭义框架，跳出原有的大众传播学研究体系，从不同视角出发，汲取多学科的理论话语，在复杂的乡村传播环境中观察社会互动实践，"提炼多种观点，说明及解释社会文化究竟采取哪些形式、又受到哪些因素决定，以至出现诸如此类面貌的发展。总而言之，传播研究的潜能，就在聚合于传播所赖以进展的当下社会，直接并从多重角度，分析与批判当下社会"②。在经验传播学派的行政功能主义立场和实证主义研究传统被学界所诟病之时，詹姆斯·凯瑞（James W. Carey）的传播仪式观则是可资参考的理论资源，他是在比较宽泛的概念上使用传播一词的。在《作为文化的传播》中，他认为："传播的'仪式观'并非直指讯息在空中的扩散，而是指在时间上对一个社会的维系；不是指分享信息的行为，而是共享信仰的表征（representation）。"他所说的传播不仅仅是传递信息，而是成为人类行为的方式和结构，实质上是"以团体或共同的身份把人们吸引到一起的神圣典礼"，其目的是"建构并维系一个有秩序、有意义、能够用来支配和容纳人类行为的文化世界"③。就其本质而言，传播实际上就是要创造一种维系人类社会关系、强力黏合社会的凝聚力。在这里，我们可以把乡村传播看作一种传播仪式，用一种建构主义的视角，从社会互动角度思考文化生产与再生产过程，注重意义的产生和解释，考察在乡村社区的日常交往中，村民如何通过与他人的社会互动解决个人文化身份认同问题。

对于发展研究，传播学很早就介入其中，并在不断反思中进行理论拓

---

① 陈楚洁、袁梦倩：《传播的断裂：压力型体制下的乡村文化建设——以江苏省J市农村为例》，《理论观察》2010年第4期。

② 参见［美］丹·席勒《传播理论史：回归劳动》，冯建三等译，五南图书出版公司2010年版，序言。

③ ［美］詹姆斯·凯瑞：《作为文化的传播》，丁未译，华夏出版社2005年版，第7页。

展。其中,美国夏威夷大学东西方传播研究中心教授马杰德·泰拉尼安(Majid. Tehranian)认为"传播与发展"研究的理论构建面临着一些无法克服的问题,他在比较了现代化(Modernization)、依附(Dependency)和极权主义(Totalitarian)三种研究视角后,提出了传播与发展的第三条道路,即"社群主义的"(communitarian)模式。强调从传播与社区发展的相互依赖性(Inter-dependency)出发,基于建构(construction)策略去关注文化的"解放"(Emancipation)问题。① 泰拉尼安的观点比较集中地反映了当代美国发展传播学的一些理论新动向——"从强调物的发展到强调人的发展,从大众媒介的中心地位到人际间和可供替代的传播网络的重要,从对内在因素和外在因素各持一端的做法到强调传播与发展过程中的内在因素和外在因素的结合,等等"②。该取向一方面鼓励走以人为本、发展重心由"外缘性"转移到"内生性"的多重发展道路;另一方面也说明"传播与发展的关系是具体的",在强调大众传播的重要性的同时应该注意到其他传播形式的意义,考虑到人类传播的多种渠道。这给我们研究乡村文化的转型与发展提供了新思维,即任何发展都是特定区域各种具体发展要素相互作用的结果,不能片面地强调和夸大某方面的作用,不能无视中国现实,削足适履,错误理解西方理论的解释效力。作为促进发展、转型与变迁的重要因素之一的人类传播实践,也是一定地域内的各种传播行为及其要素相互作用的外在表现,而且人类传播实践的运行逻辑,总是和社会组织的逻辑联系在一起的,所以传播必然受制于"地方性"的各种具体要素和条件,无法脱离具体的社会情境,传播对于发展的作用自然也就因地因时而异。③ 因此,陈卫星在反思现代化进程中的传播学时认为:

> 要进行中国现代化进程当中的传播学反思,有必要在学术上采用多重视角,要考虑到经济改革所带来的生产关系的调整对生产力发展的推动作用,以及新的科学技术对社会发展的挑战,还要考虑到新的

---

① M. Tehranian, "Communication and development", *Communication Theory Today*, Stanford University Press, 1994, p. 284.
② 殷晓蓉:《当代美国发展传播学的一些理论动向》,《现代传播》1999 年第 6 期。
③ 张生祥、何晶:《试论区域传播学》,《河南社会科学》2002 年第 3 期。

社会生产结构和消费模式、新的社会整合方式和意识形态形式、新的艺术观念和时空经验、新的日常生活方式等社会现实当中所包含和孕育的传播成分如何作为现代化过程的组成部分，进而从传播的角度开掘出新的社会发展资源，作为奔向现代化的动力。①

由此看来，从传播学的概念框架入手，去考察城市化背景下的乡村文化再生产与共同体重建问题，这对于乡村文化发展研究而言，是必要而且可行的研究切入点。

(三) 主观情结

笔者一直有着浓郁的"三农"情结、故乡情结，这种乡土、乡情、乡恋、乡愁的个人情结与学术抱负没有太多的直接关联，完全是出于个人的无意识状态。因为笔者来自少数民族地区，出身乡村，是一个地地道道的"村里人"，对乡土社会有着一种相当浓厚的天然感情，也许这正是费孝通先生所说的"桑梓情谊"。而且从日常化的意识与经验层面来说，笔者自己对于少数民族乡村社会的政治、经济、文化有着比较深刻的切身体验。即使后来在城市里求学、工作和生活，也不可能、不应该割断与乡村的联系，仍然时时穿梭在城市与乡村之间，因为乡村里有着太多笔者无法割舍的记忆，深深地给自己打上了乡村集体无意识的文化烙印。于是，笔者有了一种"走回去"的冲动，觉得自己必须"返乡"。所以，在以后的研究中，笔者一直把自己所在的少数民族地区的乡村文化和农村发展问题作为自己的研究旨趣，努力从自己的学科视野、思维模式和成长经历出发，专注于传播与社会发展、乡村文化传播等方面的问题。对于做真正的学问而言，除了兴趣之外，长期关注自己熟悉的研究对象，从不同角度去实现经验与理论之间的对话，也是对自己研究能力的一种挑战。也许笔者已经"刻画"不了什么，最多只能留下一些宛若过眼云烟的微观描述或琐碎的个人思考，因此而遭遇矫情的质疑也难以预料。所以我努力让自己的思想回到起点，把这一选题看作是谨慎地践行和延续自己内心深处的那种乡土情结、学术关怀的"试验场"或"展示间"。

---

① 陈卫星：《传播的观念》，人民出版社2004年版，第448页。

## 三　研究意义

### （一）学术价值

从传播问题切入，参与乡村建设、少数民族乡村文化发展等现实问题的研究，可以促进传播学与人类学、社会学等其他学科的理论对话，拓展传播学的学科视野和理论关怀。由于国内传播研究从内容到方法受到以美国为主的传播学经验—功能学派的影响较深，以至用经验研究干预和处理现实生活中的传播问题成为学术研究的使命和追求。然而，传播学经验—功能学派的现实关怀与理论框架主要来自西方行为科学研究，其功能主义取向的学术立场体现了实用主义效用观、多元主义社会观、科学主义方法论和"普适性的帝国主义"（the imperialism of the universal）[①]，本质上为不断加强的媒介统治力量构筑起了更加精细的技术理论。然而，当下的中国基层社会本质上仍然是一个乡土社会，少数民族乡村尤其如此。尽管随着现代化进程的加快，少数民族乡村社会发生了巨大变化，但发展程度不一样，"乡土"特色并未根本改变，民族特色并未完全消失。因此，离开少数民族乡村"在地性的"（localized）[②]语境，忽视西方传播研究的产生语境和解释效力，原封不动地照搬经验—功能学派的实证研究范式去考察传播对乡土社会的影响可能会产生一定的片面性，需要汲取人文主义的理论养分来丰富中国乡村传播研究，客观认识少数民族乡村文化发展问题。透过传播社会学的视角，以乡村人类学的人文主义理论关怀研究少数民族乡村文化发展问题，目的就是挖掘乡村传播网络的"在地化"（localization）因素，探讨乡村文化再生产的内部机制、外部环境以及两者间的相互作用，尤其强调传播过程中的"意义"理解和"关系"建立。通过展现社区内的社会传播机制与过程，力求以一种社区生活史的叙述方式，提供一个当代中国内地少数民族乡村文化发展的个案，有利于拓展西方文化中心主义的发展传播在中国语境下的研究视野，也有利于延伸乡村

---

[①] 李金铨：《在地经验，全球视野：国际传播研究的文化性》，《开放时代》2014年第2期。

[②] "在地性"或者"在地化"是全球化语境下出现的新概念，是相对于全球化的另一种趋势和潮流，在地性是关系化的、语境化的，而不是无方向的或空间的，强调全球化时代的任何行为或者策略应当适应当地特定的社会文化环境，这一概念更加契合全球化与本土化混杂的现实社会语境。

社区研究的理论边界，改变社会学的传播研究长期被边缘化的境遇。其实也说明从不同的角度和学术关怀，都能够通向传播研究。

另外，透过具有交叉性学科特点的传播社会学视角去审视少数民族乡村社区，在某种程度上能够摒除学科偏见，整合学科知识，形成学科研究合力，以期在学理上为深化乡村建设和文化传播研究贡献一种见解。而且就笔者的知识背景和文化经验而言，本书所关注的对象属于典型的异质性文化，这就让笔者能够以一种"文化他者"的视角切入研究，可以较好地克服文化主位的情感偏见，在方法论上获得比较可靠的支撑，当然与此同时也要克服那种"局外人"视角的所谓城市精英主义优越感和俯视心态，从而有益于对少数民族乡村文化的发展和变迁有一个相对理性、客观的认识。再进一步地说，无论是从生产、生活功能、生态功能，还是从社会和文化功能上看，乡村都具有不可替代的价值，乡村文化是中国传统文化的根基所在，乡土中国永远是我们创作和研究的源泉之一。

（二）实践意义

长期以来，农村贫困和发展问题一直是少数民族地区面临的重要问题。至于发展究竟是什么？是经济的增长，生活质量的改善，还是人们文化素质的提高，每个人都可以从自己的经验给出不一样的理解。表面上看，发展似乎是一个与传播并不相关的话题。但仔细考察就会发现，发展从来都不单单是一个简单的资金赠予、技术扶持或物质赞助的问题，发展意味着自我的解放和释放。对于后发地区而言，人们有着根深蒂固的文化、习俗和语境，而文化是发展的核心，要解决这些问题，必须借助传播的力量。在发展道路的理论探讨中，"发展的主体及主题、机制及模式、导源及目标、机遇与切入点和发展的代价（或说是边际成本）问题"，一直是经济学、政治学、社会学、管理学、民族学等学科关注的热门问题。而在决策实践中，发展问题又经常被狭隘地理解为"经济发展""经济建设""资源开发"等观念和化约式的行政行为。于是，在强力推进城镇化的过程中，国家力量对乡村文化发展的强势介入，在一定程度上导致了少数民族地区在行政意志过度干预的"发展"中，乡村"文化危机""生态危机"的端倪已然显现。[1] 现在，各级政府部门逐渐认识到以前一味强调经济导向的发展方式是不可持续的，开

---

[1] 廖君湘：《南部侗族传统文化特点研究》，民族出版社2007年版，第27—28页。

始重新定位"国家"在乡村文化发展中的角色和作用，正在从经济、社会、文化协调发展上做文章，实现"送"文化和"种"文化相结合，努力恢复或重建乡村文化生态，通过提升乡村文化的价值来重构城乡差距背景下的农村生活意义。

本书关注的主题范畴本质上属于"三农"问题和"民族问题"的交集，是一个涉及政治、经济、文化等诸多因素的综合性、全局性和战略性问题。然而，无论是"三农"问题，还是民族问题，它们的解决过程都是一个复杂的系统工程，需要从各方面入手寻求解决对策。虽然我国少数民族大杂居、小聚居的现实格局决定了研究这两类问题时有共通之处，但少数民族乡村的独特区位特点和多样化的生活方式又是不能忽略的。乡村文化在地缘结构上的相对封闭性、层次结构上的差异性都意味着"学术观察的一律性实难涵摄文化的多样性"[①]，需要我们增加或转换研究视角，从社会学、人类学、传播学等多学科、多角度进行综合研究。其最终意义当然在于帮助我们找到能够应对全球化、现代化、城市化的冲击而又使乡村社区获得良性发展的可能途径与地方性实践。本书通过实地调查去把握少数民族乡村社区的内在逻辑、文化生存状态，虽然是个案研究，但也能够为地方政府部门的决策提供一些理论和实践参考，而且还可以为中观与宏观层面的问题意识的生成提供经验参照系。从长远来看，研究乡村传播与文化发展，对于乡村社区变迁、民族文化传播、西部地区城镇化进程、文化旅游发展、文化生态保护等方面的研究都具有积极的现实意义，对少数民族乡村文化发展应该具有潜在的社会政策意义。

## 第三节　研究视角

传播网络与乡村文化发展研究涉及多个学科。在今天看来，这一主题的研究视角与方法已经受到传播学、社会学、人类学以及区域社会史研究的推动。而且随着学科边界的不断延伸和学术共同体之间的对话日益频繁，在不同学科间不断激发出新的知识想象力，形成许多新的知识生产的

---

① 庄孔韶：《发现乡村社会的文化基底》，庄孔韶、赵旭东等《中国乡村研究三十年》，《开放时代》2008年第6期。

增长点。在新的时代语境下,传播学与社会学、人类学等学科从未如此相互交叉渗透和融合。针对传播社会学视域下的少数民族乡村文化发展问题,笔者相信,只要能够顺着乡村传播网络这条主线深入挖掘,同样可以为理解具体地域中"地方性知识"与"乡村共同体"及其文化再生产的机制提供理论注脚。因此研究视角不必偏于一隅,而应破除门户之见,打破画地为牢的学科分类,汲取百家之长,选择多学科整合的研究取向。而且在同一调查点上开展多学科或者跨学科的考察,也有助于知识互补和更好地理解一个少数民族乡村社区的文化再造过程。基于此认识,本书从传播社会学、发展传播学、乡村人类学等学科的理论观照或方法论出发,进行一种跨学科视野的综合研究。

## 一 传播社会学的理论视野

传播学科其实从其肇始之时就与社会学结下了不解之缘,甚至可以说传播学与社会学本身就具有一种天然的理论可通约性。19世纪末20世纪初,西方对传播问题的研究最早在社会学者中展开,20世纪初期,集合了哲学、心理学、社会学的芝加哥学派是美国传播研究的重镇,也被公认为美国传播研究的发源地。[①] 而且社会学的相关理论及其方法论应该是传播研究的重要思想来源和方法基础,为传播机制分析提供了重要的理论背景。自20世纪90年代以来,西方传播研究进入了学科整合、学术逻辑反思与多元化发展的学术自觉时期,其中以社会学理论、观点与方法"来分析、解释、发展和研究传播和社会之间相互影响之各种问题"[②] 的传播社会学,成为一个研究新动向,拓展了传播研究的理论空间。虽然对传播社会学目前尚无统一界定,但"这种命名的学术策略暗含了一种学科拓展和整合的意图,它试图在基础广泛的社会学和日益兴盛的传播学的边缘地带,开拓新的疆域,树立新的典范"[③]。在国内,传播社会学尚未建立系统的理论体系,一般把它定位于考察大众传播媒介与社会大系统之间相

---

[①] 刘海龙:《重访灰色地带:传播研究史的书写与记忆》,北京大学出版社2015年版,第89页。

[②] 杨孝溁:《传播社会学》,台湾商务印书馆1979年版,第1页。

[③] 张磊:《焦虑与希望:对北京城市贫困群体的传播社会学研究》,中国广播电视出版社2010年版,第7页。

互关系的大众传播社会学或者传媒社会学、媒介社会学，这种研究路径与大众传播媒介的勃兴密切相关。其实，从更宽泛的意义上来说，我们一直都是在社会学视野下讨论"传播"或"传播学"。传播社会学作为一种开放性的研究取向，并没有给自己设定一个"画地为牢"般的研究范围，也没有一个相对精确的研究边界，只有大致的理论框架和相对自由的拓展空间。而且随着传播研究的深入，社会学与传播学之间的学科藩篱需要打破，以实现传播学与社会学的真正对话，为两者的融合注入新的内容，从而解放传播学的想象力，寻找更多可能的研究路径和问题域。就研究实践而言，也就是要把人类传播实践置于社会文化、政治制度和经济发展的广阔背景下，全面认识传播与人的关系和传播对社会的意义。从广义上说，"传播社会学是以人类的传播现象为研究对象，以人类传播行为与社会建构、社会变迁和社会发展之间的相互关系为研究范围，采用社会学与传播学的理论、观点与方法，探讨人类传播产生与发展的规律及社会作用的一门交叉性边缘学科"[①]。由此观之，其理论关怀应该是立足社会宏观语境，从多重角度分析、说明及解释社会文化发展。

  本书建基于广义的传播社会学视角，对一个少数民族乡村的社会传播与文化发展之互动关系予以探讨，尤其强调研究对象的社会文化语境。把乡村传播网络视为整个社会政治、经济、文化网络中的一个节点，乡村居民的传播实践只有与经济的、政治的、社会的、文化的机制形成合力才能发挥实质性影响。而且"传播首先是文化事实、政治事实，其次是技术事实"[②]，所以传播不仅是社会关系的体现，也是一种社会交往仪式，是文化的生产与再生产过程，更是人类社会得以形成和发展的必要条件。传播与社会互相渗透，传播的问题与社会的问题相互交叉，浑然一体，无法截然分开。怀特·米尔斯（C. Wright Mills）在《社会学的想象力》中批判以拉扎斯菲尔德为代表的"抽象经验主义"时特别提到了社会研究中必须考虑到具体的"结构情境"，"没有结构情境，抽象经验主义者所试

---

[①] 孙瑞祥：《传播社会学——创新与发展》，《天津师范大学学报》（社会科学版）2004年第2期。

[②] ［法］埃里克·麦格雷：《传播理论史：一种社会学的视角》，刘芳译，中国传媒大学出版社2009年版，第4期。

图解决的问题,比如说大众传媒的影响,就无法予以充分地陈述"①。

就本书而言,如何把乡村传播与少数民族乡村文化发展问题放在整个中国乡村现代化进程中去理解,把中国乡村放在全球化背景中去理解是一个必要的视角。传播社会学正是恰当地把握了个体与全局、经验与结构的辩证关系,方法上的兼容并蓄和灵活多样更是使其成为集质化方法与量化研究为一体的研究视野。② 因而,以传播学和社会学两者共通的理论框架去讨论乡村传播网络与文化共同体重建或者乡村文化发展之间的关系也就成为本书的基本构想和必不可少的理论视野,并赋予其较为广阔的理论与实践内涵,将传播视作过程的传播,存在于社会关系网络的互动之中,以"超越发展传播学的视角,考察欠发达地区的社会关系网络和话语体系,不仅关注媒介对人们生活方式和社会结构的实然影响"③,还探讨城市化背景中的乡村社会互动与共同体重建,从而为本土化的乡村传播研究积累经验素材。

## 二 发展传播学的范式框架

在中国,发展传播学是一个比较热门的传播研究分支,不管是其现代化范式还是参与传播范式,都形成了众多的研究成果。"发展传播"出现于 20 世纪 60 年代,"发展传播学一词指的是系统化利用某一社会体系的传播资源以促进、推动和支持人类的发展"④。虽然发展传播的理论和实践已经随着时间的流逝经历了多次变迁,但它所关注的核心问题还是传播与发展问题,而且在讨论可持续发展的过程中,农村发展早已成为发展传播关注的主要议题。本书所探讨的少数民族乡村的社会传播实践与乡村文化发展之间的关系问题,实际上也包含在"传播与发展"这一宏大主题

---

① [美] 赖特·米尔斯:《社会学的想像力》,陈强等译,生活·读书·新知三联书店 2012 年版,第 56 页。抽象经验主义是米尔斯针对社会科学研究的方法论问题所作的批判。米尔斯并未明确界定抽象经验主义,但从其分析中可以发现实际上就是以客观经验主义的自然科学认识论为前提的实证主义研究范式。

② 李苓、陈昌文:《现代传媒与中国西部民族》,中华书局 2012 年版,第 7—8 页。

③ 邵培仁、展宁:《探索文明的进路——西方媒介社会学的历史、现状与趋势》,《广州大学学报》(社会科学版) 2013 年第 5 期。

④ [美] 维伯特·坎布里奇:《传播学的里程碑与国家发展》,转引自 [美] 叶海亚·R.伽摩利珀《全球传播》,尹宏毅等译,清华大学出版社 2003 年版,第 120 页。

之中。但发展传播研究是基于西方文化中心主义的认识论,针对发展中国家在社会发展过程中所面临的各种挑战,主要聚焦于资本主义国家意识形态和知识精英对后发国家的现代化想象,采取一种"自上而下"的方法论去思考和指导发展中国家的经济与社会发展。虽然这种文化上的种族自我中心论受到了发展中国家的批判,其早期的发展传播实践总体上也被认为脱离了发展中国家的社会文化语境而证明是不成功的。但在媒介化社会语境中,无论发达国家还是欠发达国家,都有这样一种功能主义的认识:传播作为促进社会发展的一支重要力量,在形成人的现代化观念,推动整个社会的现代化进程方面有较强的影响力,这是不容忽视的,"没有传播就没有可持续发展"①。因而也就从工具性立场去利用源自西方的传播理论与传播实践推动后发国家和地区的现代化进程。

从世界各地发展传播研究的历史来看,发展传播学其实是一种"思路""视角",而不是自成一体的理论体系,它并没有自己特有的研究对象和研究方法。发展传播是一个社会发展过程,"更多地不是从传播过程、传播机制的内部来研究传播,而是将传播放到一个更大的视野之中,纳入社会发展的整体背景,将传播视为社会系统中的一部分",以了解传播机制对于社会的作用。② 从某种意义上说,发展传播研究算得上是广义的传播社会学研究议题和具体实践,本质上是一种知识分享,因而发展传播的方法适用于处理可持续发展过程中可能遇到的各种复杂议题。长期以来,发展传播学"虽然受到未考虑社会环境现实的质疑,并且以一种负面的方式与'文化帝国主义'和依附性紧密相连,但是我们仍然认为这一理论在当代中国有着广阔的前景,特别是对我国欠发达地区的媒介使用和社会发展依然有较强的借鉴意义"③。而本书讨论的主题既是乡村社会发展语境中的传播问题,又是传播视野下的乡村社会发展问题,这与发展传播研究的核心议题是一脉相承的,只是取径有所区别。发展传播学的理论范式所提供的参考框架理所当然地能够融入少数民族乡村文化发展的相

---

① [比]瑟韦斯、[泰]玛丽考:《发展传播学》,武汉大学出版社2014年版,第361页。
② 徐晖明:《传播与发展——我国大众传播现状调查与分析》,博士学位论文,复旦大学,2004年。
③ 邵培仁、展宁:《探索文明的进路——西方媒介社会学的历史、现状与趋势》,《广州大学学报》(社会科学版)2013年第5期。

关研究中去。虽然不一定把它作为本书立论的理论基石,但发展传播学尤其是参与传播范式对当地社区文化身份的强调、对传播过程及信息与语境(即意义的交换)的关注、对通过传播产生的社会关系和这些关系所导致的社会结构的认识、对特定社会的传播网络与其他社会行动者的有机结合所形成的传播结构的重视等,都是具有启发意义和参考价值的,这些可以促成社会各界对传播在可持续发展和社会变革中的作用及角色的更合理的理解。因而,笔者并不想把自己的研究框架预设在现代化理论范式内,而是坚持"去欧美中心"的立场,汲取"参与传播(participatory communication)范式"的有益视角,围绕"传递传播"(diffusion communication)①的意识形态,把少数民族乡村传播置于地区社会文化发展的现实语境和文化生产场域中进行考察,更加注重传播过程中的社会结构、权力属性、文化特性和"赋权"问题。从而力争从空间和时间两个维度为发展传播研究提供鲜活而独特的地区样本与本土化实践。

### 三 乡村人类学方法论取向

"乡村社区作为人类长期生活、聚居、繁衍的空间单元之一,它的发展蕴藏着某一族群整个的起源、演变和发展过程。自马林诺夫斯基以来,乡村社区的研究就一直是人类学理解文化和社会的基本路径。"② 研究乡村传播与文化发展问题,"地方性知识"的重要性不言而喻,换句话说,乡村社区"日常生活的意义之网既是研究的对象也是研究的方式,既是被解释的,同时也是用来解释的实在"③。由于文化所关注的是对群体内行动和互动的分析,因而对于社会以及群体、组织中的文化的研究通常支持采用某种形式的个案研究作为研究策略,以确保"沉浸于场景之中,并能够同时以研究者和研究对象的世界观为基础"④。本书的"田野",是一个少数民族聚居的自然村落。对民族文化多样性的存在、变迁和适应等问题一直都是人类学、民族学(英美国家称为"社会/文化人类学")等

---

① 郭良文、林素甘:《从参与式传播观点反思兰屿数位典藏建置之历程》,(台湾)《新闻学研究》2010年春季号。
② 韦小鹏、徐杰舜、张艳:《中国乡村人类学回顾》,《广西民族研究》2009年第2期。
③ 钟鸣:《乡村·影视·生活——论传统的延伸》,文化艺术出版社2008年版,第9页。
④ [美]凯瑟琳·马歇尔、格雷琴·B.罗斯曼:《设计质性研究:有效研究计划的全程指导》(第5版),重庆大学出版社2015年版,第112页。

关注的基本领域。而"整体性原则与多样性文化思考"是"人类学应用性实践的重要认识论根据"。① 本书的问题域和研究地域恰好契合人类学对乡土社会的关注，在研究中不仅应当从人类学的理论关怀出发，而且还要运用人类学方法去考察研究对象，建立地方感（sense of place），获得地方性知识，才能更好地理解少数民族乡村社区的文化。于是，在人类学本土化过程中不断发展起来的"社会人类学的乡村研究"（中国学者一般称之为"乡村人类学"②）范式就成为本书值得遵循的一个方法论依据。

在研究中除了采用田野调查和实证研究外，还有必要强调研究的责任意识和反思性，回归人类学"对他者的关怀"这一根本取向。当然这种他者关怀不是简单地像乡村建设学派那样先入为主地把"他者"看成问题的发源地，也不是一味地坚持结构功能学派所强调的田野工作的客观性原则，将"我"与"他者"看成是研究者与被研究者的主客体对立关系。而是要追溯到作为他者的本土社会自身的演化逻辑，"以乡村为方法，以乡村为中心，以乡村为立场"③，从研究客体的主位策略出发认知和把握研究对象，并且把自己所研究的乡村社区放置到其自身演进的历史背景里面去考察，形成可以微观把握的村落变迁的历史脉络，以整体的（holistic）观念去看待对象，将过程与结构相结合，站在整个社会文化的

---

① 庄孔韶、生龙曲珍：《田野调研：布局、论证、发现、转换与交叉》，《广西民族大学学报》2013年第3期。

② 庄孔韶较早提出"乡村人类学"概念，并确立了汉人乡村人类学的实践主张、风格与脉络。他认为乡村人类学包含两层意思：一是指乡民、农人或农民社会（peasant society）的研究，一是指中国本土乡村社会特定回访与再研究。乡村人类学作为国际人类学的一个中国学派，是西方人类学与中国社会结合的产物。从一定意义上说，乡村人类学是人类学本土化或中国化的结晶，是几代中国学者努力的结果。

③ 这一认识基于日本历史学家沟口雄三的研究，他在批判日本学界存在的那种"'抹煞中国'的中国学（即日本汉学）"研究的方法论问题时，提出为了防止对作为异文化的中国文化进行误读，有必要建立"以中国为'方法'的中国学"，也就是以中国为方法，以世界为目的，强调世界的多元化。社会学者曹锦清根据他多年从事社会调查研究的体会，在讨论中国研究的方法问题时，受沟口雄三的启发，提出"以中国为方法，或者以中国为中心，以中国为立场"来研究中国是什么，看待中国自身事物，梳理中国自身的历史经验。因而，笔者认为理解中国少数民族乡村更应该如此，只是把西方的理论、概念当作考察中国乡村的一种参考，而不能看作一种普遍化的东西来套用或裁剪中国的乡村经验。参见［日］沟口雄三《做为"方法"的中国》，林右崇译，台湾"国立"编译馆1999年版，第101—109页。

角度来考察个别的现象,实现"过程中的观察"。① 这种整体观能够将微观与宏观层面有效地勾连起来,为我们揭示隐藏在乡村内部的复杂社会事实,民族志研究可以最终让我们看到乡村社区居民的日常生活经验是如何制造出来的,并且有助于通过"地方性知识"去建构本书所探讨的乡村日常生活中的社会传播网络与少数民族乡村文化再生产的"微观—宏观链"(micro-macro link)②,即个体与社会之间的连接。从而找到一把"理解他者的钥匙",也试图突破传播研究过于强调实证主义、科学主义的偏向,而重新回到人文主义的研究路径。

## 第四节 阐释逻辑及内容结构

虽然本书所关注的宏观层面的主题并不是一个崭新的话题,而且社会文化的发展变迁本身是一个复杂而宏大的题目,影响因素很多,但乡村社会作为一个有机整体,其各方面的发展变化都与宏观社会结构有着千丝万缕的联系。从理论上来说,我们从任何一个方面入手应该都可以发现乡村社会结构变化与文化变迁的"蛛丝马迹"。相比较而言,传播学对"三农"的研究介入较少,成果也不多,就是在数量有限的研究中,学界关注点主要集中在大众传播,如农村的大众传媒生态、农村信息传播与推广模式、大众传媒与农村社会发展、农民阶层信息传播弱势的研究等,这与其作为一个新兴学科的发展态势及地位不相称。事实上,传播在乡村社会发展中一直扮演着重要的角色,我们讨论乡村文化的发展和变迁,"传播"是不可忽略的重要因素。基于此背景,本书提出自己的研究逻辑起

---

① 赵旭东:《乡村成为问题与成为问题的中国乡村研究——围绕"晏阳初模式"的知识社会学反思》,转引自徐杰舜等《中国社会的文化转型:人类学高级论坛十年论文精选》,民族出版社2012年版,第143—145页。

② 有关微观宏观链接问题在 Jeffrey C. Alexander, Bernhard Giesen, Richard Munch, Neil J. Smelser 等编著的文集 The Micro-Macro Link(University of California Press,1987)中有比较全面的讨论,主要涉及的就是在微观社会学与宏观社会学之间如何搭桥的方法论问题。布迪厄在《实践与反思——反思社会学导引》中对社会学界关于"微宏链"的讨论提出了批评,认为都是"没有具体研究的理论",是"空洞的",主张"接触新的对象比投身理论争辩得益更多",所以他的实践社会学理论的研究逻辑就是将理论建构植根于具体研究的过程中,强调经验和理论的不可分割性。

点：乡村传播网络在乡村文化再生产与共同体重建中的作用机制是什么？通过引入文化研究的"凝视"概念，从泛传播的观念和人类学的方法论出发，思考权力资本、社会资本、经济资本、文化资本在乡村传播场域中的实践逻辑，试图实现传播社会学和乡村人类学研究的"视界融合"。

虽为个案研究，但小人物有大命运，小地方也包含大社会。不过本书并未继续沿"微观社会学"的学术目标——"建立宏观社会学的微观基础"而努力。而是在相反的方向上，尝试建立微观社会学的宏观基础。因而并没有追求实证研究的"人口的概括性"（population generalization），而是注重"概念的概括性"（conceptual generalization），将微观的社区研究与其他宏观策略相结合，努力追求"超越个案"。于是，在研究中采用了近年来社会学、人类学社区研究方法的新进展——拓展个案法（the Extended Case Method，又译作"扩展个案研究法"或"延伸个案法"），追踪个案的意义，延伸个案解释的时间和空间范围。除了规避学术界对个案研究的局限性、条件性的质疑外，更重要的是力图借助特殊个案，实现传播与社会发展理论的丰富与延伸，拓展和深入挖掘自身社会研究的意义和价值。本书共分九个部分展开讨论，具体安排如下：

导言：问题乡村与乡村问题。主要概述研究背景，提出研究问题，阐述选题依据，交代研究视角，阐明研究意义，概括研究创新以及简要介绍论文的主要内容结构等。

第一章：从田野个案延伸出去：方法论反思及实践。主要介绍研究思路、研究策略与方法选择。同时针对本书在方法论上可能遭遇的质疑，对社区研究（个案研究）的理论关怀与学术追求作了适当回应，把拓展个案研究法的思路、规则以及具体应用进行了具体介绍。

第二章：乡村文化发展研究的主要理论视角。本书把乡村文化发展问题视作一种文化传播活动，围绕乡村文化发展主题，分别从传播学、文化人类学和乡村社会学等学科视域对乡村文化发展问题的主要研究进行了学术史回顾。传播学尤其是发展传播学主要是从大众传播介入乡村日常生活，内嵌于乡村社会结构而推动文化变迁。文化人类学则从文化的采借与传播角度讨论了文化变迁的涵化问题。乡村社会学则立足于问题乡村，讨论乡村文化治理路径。在对三种主要的乡村文化传播、乡村文化变迁、乡村文化建设的理论视角进行分析和检讨的基础上，提出了自己所采取的综合性研究视角试图实现的学术目标。

第三章：乡村传播与社区重建研究框架的新尝试。借鉴分析社会学的思路，为自己的研究建构了一个"工具箱"，对研究中所涉及的四个关键概念，即"乡村传播网络""乡村共同体""文化再生产""凝视"进行了比较详细的探讨。同时，为了建立四个概念内在的有机联系，从时间纽带和空间连接点两个维度讨论了本书如何实现宏观社会结构与微观社区实践的链接，解决了理论搭桥问题。

第四章：枫村的自然环境与传播生态。主要对田野调查点的自然地理与社会经济状况、建制沿革与历史人文环境等村庄史进行了叙述，并从"泛传播"的观念和方法论描述了乡村的信息与文化传播环境，建构了一幅全息式的乡村传播生态图，搭建了民族志叙事的呈现场景。

第五章：他者凝视：乡村传播场域中的行动者逻辑。根据布迪厄的场域理论，主要分析了田野点的传播场域的结构与行动者惯习，并围绕乡村传播场域中的人际传播网络、组织传播网络、大众传播网络和新媒体介入四个主要方面，呈现了乡村传播网络中国家在场、市场资本力量、专家学者、外来游客、村民自治组织、作为东道主的当地村民、大众媒介等乡村文化再生产的影响因素，是通过什么样的实践逻辑在乡村社区内实现互动，把凝视理论与社会行动联系起来，揭示了隐藏其中的权力关系。

第六章：植入的自我：乡村文化再生产的主体性逻辑。主要讨论了乡村文化再生产与共同体重建问题是如何在乡村传播场域内实现的。即通过乡村文化他者化生产、他者经验的重新地方化这两方面的讨论，探讨了枫村文化再生产与乡村共同体重建路径，并提出了乡村共同体重建中不可忽视的问题。

第七章：超越村落，超越传播：凝视的力量。这一部分内容属于理论重构。主要对凝视机制在乡村文化再生产中的运作逻辑进行了分析，回应了研究主题所关注的核心问题，即权力关系在乡村共同体重建中的规训作用，对乡土日常生活实践逻辑中的传播力量进行了拓展性思考，重构了乡村传播与文化发展的理论。

结语：反身思考与延伸理解。主要立足于研究主题，对乡土逻辑中的传播力量的重构问题，研究方法存在的潜在威胁、研究伦理、研究局限等进行了反思，提出了未来深入研究的可能路径和方向。

总体而言，本书的研究内容属于传播学、社会学、人类学研究的交叉，研究视角沿袭了人类学对人的关注，重视田野调查和实证研究，重点关注少数民族乡村的文化实践和社会行为。同时从社会学理论中汲取养分，研究社会行动者的主体性和日常生活。此外还受到西方文论和文化研究的启发，借用了凝视等重要关键词和理论分析工具来理解乡村传播网络各行动者之间的权力关系和博弈逻辑。

# 第一章　从田野个案延伸出去：
## 方法论反思及实践

> 田野是一本读不完的书。
> ——黄应贵《反景入深林：人类学的观照、理论与实践》

本书是一个基于田野调查的个案研究，考察的是鄂西南少数民族地区一个村庄的日常生活，试图通过揭示乡村社会传播网络中的社会互动模式，去讨论乡村文化再生产机制问题，而且力图通过个案研究对当下的少数乡村文化发展逻辑进行阐释，并对我国少数民族地区的乡村文化建设进行一些反思。如何通过个案描述透视宏观的乡村文化发展理论，在理论和现实生活之间进行反思和对话，成为整个研究过程中折磨笔者很长时间的一件事情，甚至一度焦躁不安。正在"为伊消得人憔悴"之际，蓦然回首，在自己同步进行文献搜集、整理和阅读过程中，笔者从社会学、人类学的研究文献中发现了美国学者麦克·布洛维（Michael Burawoy，港台多译作迈克尔·布若威）发扬光大的拓展个案法。其研究逻辑让笔者眼前一亮，给了笔者对个案使用方面的一些新的启发。布洛维的拓展个案法提供了链接微观生活场景与宏观社会语境的方法策略及思考路径，从而较好地解决了个案研究一直被实证研究所诟病的"近视"问题。而且在社会科学研究中，"任何理解工作所采用的方法，都牵涉到思维与调查之间的张力"[①]。所以，在接下来介绍研究路径与策略选择的同时，将对拓展个案研究法及其相关问题进行必要探讨——如何从个案研究延伸开来，研究一个普遍性问题，从而确立自己的研究策略选择的正当性与合理性。

---

[①] ［美］肯尼斯·赫文等：《社会科学研究：从思维开始》（第10版），李涤非等译，重庆大学出版社2013年版，第9页。

## 第一节　研究思路、策略与方法

### 一　研究思路

本书立足于现代化、城市化、市场化力量裹挟下的少数民族乡村社会和文化发展的现实际遇，从传播视角切入，去观察一个少数民族乡村如何不断地被吸附到更广泛的国家政权体系和市场体系中，从微观层面出发探讨乡村传播网络在乡村文化再生产过程中的作用力产生机制，反思指导我国乡村文化建设与发展实践的相关理论。本书试图把乡村传播置于武陵山经济协作区的少数民族特色村寨的建设语境中进行观察，揭示乡村传播场域中的乡村文化再生产与乡村共同体重构逻辑。

首先，在对乡村文化传播与发展现状作出比较系统的描述、评价的基础上，对相关研究进行分析，总结已取得的成果、具体的研究方法以及存在的问题，提出研究的概念工具和具体的研究逻辑。

其次，围绕概念框架和理论预设提出具体的研究问题，分析大众传播、组织传播中的"国家在场"的权威如何与民间社会达成共识，乡村精英、当地人、投资者、游客等外来者之间的人际互动如何重构了乡村社会的关系网络，进而从乡村传播场域的社会资本获取等方面讨论文化再生产与乡村共同体重建。主要涉及的就是乡村传播网络在文化再生产过程中的运行逻辑。

再次，带着理论进入研究现场，进行探索性研究，聚焦研究问题，具体化研究范围，同时加深理解研究对象，进而建立良好的研究关系，开展田野工作，收集研究资料。在研究过程中不断审视研究者与研究对象的关系，实现彼此互动、相互构成和共同理解，力求与既有理论展开对话。

最后，对田野调查中收集的资料进行整理、分析，形成结论和重新审视少数民族乡村文化建设，衡量研究的质量，反思研究伦理问题，提出进一步探索的方向。

### 二　策略与方法

在研究设计中，"量化与质性方法不能被抽象地选择，而必须与特殊的研究问题以及研究对象相关。有时——尽管我们的观点并非总是看上去就像现在的情形——纯粹的量化研究也许是适当的,有时纯粹的质性方法是适当的,而有时需要两种方法的结合"①。也就是说,对研究方法的衡量和取舍标准并不完全出于这些方法自身的优劣评价,而是基于研究对象、研究内容、研究目的、研究者个人的使用偏好、知识构成和研究兴趣等,去权衡研究方法与研究目标之间的适切性,与客观现实之间的适应性。对于社会科学研究而言,没有最好的研究方法,只有最适宜研究者和研究对象的方法。而且对方法的选择也反映了研究者对社会生活的认识以及应该如何理解社会生活的看法。在中国乡村研究中,社会学和人类学方法呈现合流趋势。所以,根据研究问题的需要,笔者采取了以下研究策略与技术手段来获取和分析研究资料。

(一) 文献分析法

文献资料是整个研究工作的基础,贯穿于研究的全过程。在研究中,首先需要集中整理涉及传播与社会发展、乡村文化建设等方面的研究成果,并对发展传播学、文化人类学、乡村人类学等学科领域的相关研究进行系统梳理与评述,以寻找研究的突破口,并为整个研究提供理论准备。其次考察乡村文化变迁或转型,除了对共时性现象进行观察描述以外,历时性的纵向剖析也是必要的。因而还必须对研究对象的相关资料进行收集,将研究对象置于历史与现实语境中进行全面审视,从而为田野调查的顺利展开提供帮助。对研究中所使用的有关见诸媒体的报道或访谈资料,在研究中均通过适当方式予以说明。

(二) 田野民族志

本书在方法论层面主要基于微型社会学(社区研究)或者社会/文化人类学乡村研究(村落研究)的基本范式,而田野民族志②是这类研究范式的田野工作与理论思考的集中体现,这种"村落或社区的民族志研究

---

① [美] 马茨·艾尔维森、卡伊·舍尔德贝里:《质性研究的理论视角:一种反身性的方法论》,陈仁仁译,重庆大学出版社 2009 年版,第 5 页。

② 田野民族志(Ethnography)一般译为"民族志"。不过,清华大学社会学系景军等学者认为,译为"田野志"更准确,更能反映出这一概念的人类学特点。这样可以避免将"民族志"误解为政府修志工作中的民族志材料,而且使用田野民族志就更强调作为过程的民族志,即田野工作。

对揭示农村社会结构特征及功能是非常有效的"①。因而,笔者主要采用民族志方法收集研究资料。进行田野调查的目的就是理解特定对象在特定场景的社会行动的结构、表征及意义。从方法论上说,田野工作(fieldwork)"不只是一种收集数据的方法,更具有认识论上的意义"②,"不同的理论对于田野工作的定位、意义及收集资料的方向与内容等,都有所不同"③。一般来说,从事田野作业主要通过参与观察法、深度访谈法等具体方法来进行,也不排斥必要的问卷调查法。本书主要通过参与观察和半结构式访谈收集资料,涉及大众传播媒介使用方面的相关数据时则采用问卷调查获取必要的信息。

选择田野民族志作为主要的资料收集与分析工具,是基于研究对象自身的特征来考虑的。笔者把关注视野置于一个少数民族村庄,一方面,符合小型社区研究的"异文化"特征,对其文化发展的探索是从事田野工作和理论研究的主要任务;另一方面,笔者认为单一的定量方法不太适合研究单个的少数民族村庄。因为人们赖以生存的乡村纷繁复杂又充满多元意义,而对意义的解释则需要通过研究者与研究对象之间的"对话"机制,在互动中达成"视域融合","只有通过情境化的手段,我们才能接近现实。通过共享符号、建立联系,我们才能描绘现实,理解现实的意义",才能揭示出意义的多重性和情境性,通过小叙事能够使我们在更为狭小的领域去思考、去行动,从而在"可能世界的无限性中建构可知世界"④。虽然定量研究通过数据检验等技术可以降低研究误差,但定量研究需要大样本和统计学意义两方面的技术支持,一个小型社区显然无法满足这两个条件。尤其是涉及文化核心层面的变量很难进行精确的操作化定义,也就不容易构建一个科学全面的量表去测量,而且"定量研究方法制造的知识产品对精致的追求和偏爱,背后也有知识生产商品化进程中市

---

① 郑杭生:《迈向人民的农村社会学——对后乡土中国的探索》,转引自陆益龙《农民中国——后乡土社会与新农村建设研究》,中国人民大学出版社2010年版,序言。
② 瞿海源等:《社会及行为科学研究法Ⅱ:质性研究法》,社会科学文献出版社2013年版,第11页。
③ 黄应贵:《反景入深林——人类学的观照、理论与实践》,商务印书馆2010年版,第85页。
④ [英]迈克尔·吉本斯、卡米耶·利摩日等:《知识生产的新模式:当代社会科学与研究的动力学》,陈洪捷等译,北京大学出版社2011年版,第95—96页。

场力量的推动"①,不加批判地一味推崇和接受从自然科学生搬硬套来的方法论,只会扼杀学术研究的想象力。所以,笔者选择了民族志方法对乡村日常生活实践在自然状态下进行"直接观察"。

(三) 拓展个案法

乡村研究"不仅仅是描述所调查对象的社会和文化生活,更应关注的是这一社区的社会和文化生活相关的思想,以及这一社会和文化在整体社会中的位置。同时,还要进入与不同社会文化的比较研究中去。因此,人类学者应该超越社区研究的界限,走入更广阔的视野"②。越来越多的乡村研究都试图以"村庄"为切入点,而实际的关注点是"中国",也就是在社区中考察"当地的"社会—文化关系与"超越当地"的社会—文化关系,并力图理解两者之间的互动关系,即"小地方中的大社会"③。但是,如何更好地规避个案研究在特殊性与普适性、微观与宏观关系处理上存在的局限性呢?社会学、人类学一直在反省中寻找各种规避策略和理论解释模式。在方法论上,发展出的替代模式就是将个案研究的民族志书写置于宏观的社会背景和历史视角中进行考量,融入比较性视野。从具体的资料收集技术上强调社区研究不拘泥于一个田野点,建议采用"多点民族志"(multi-sited ethnography)④的方法来呈现个案经验,进入多点田野扩散的时空体系中,去检验文化意义、文化事项以及文化认同的形式,从而"超越民族志"。不过,这些从技术手段上去追求"村落研究的超越",在一定程度上还是无法规避微观与宏观之间的链接逻辑问题。

所以,尽管自20世纪90年代以来,国内的乡村研究越来越多,但学理性较弱问题一直存在,尤其是"去社会学化""去社会理论化"倾向比较普遍。如何改变这种状况呢?有学者建议转换观察维度,提倡从微观技术上通过在单个的村庄研究中运用"拓展个案法"——"将观察拓展为参与,拓展时间和空间上的观察从而发现社会情景与社会过程中的利益的

---

① 王星:《从"分配政治"到"生产政治":转型过程中的单位政治研究》,博士学位论文,吉林大学,2008年。

② 麻国庆:《〈民族与社会丛书〉总序》,转引自张银锋《村庄权威与集体制度的延续:"明星村"个案研究》,社会科学文献出版社2013年版,第14页。

③ 王铭铭:《社会人类学与中国研究》,广西师范大学出版社2005年版,第18、48页。

④ [美]乔治·马尔库斯:《合作的想象》,钱好等译,《思想战线》2007年第4期。

联系，进而拓展到发现社会机构的权力作用，以及拓展理论。"① 这种在既有理论之上进行的个案研究，将过去与现在联系起来，将局部放在整体中进行观察，从而使村庄研究真正成为社会学发挥作用并获得知识更新、理论前进的有效动力。具体到本书的研究内容，就是如何能够通过一个村庄的田野研究去透视社会转型期的少数民族乡村传播与文化建设的相关指导理论，如何实现从村庄个案扩展开来讨论乡村文化发展这样一个相对来说更具普遍性的问题，使个案研究摆脱微观场景的限制，迈向宏大社会理论。

本书借鉴在英国人类学曼彻斯特学派方法论的基础上，由格鲁克曼（M. Gluckman）首创，经麦克·布洛维发扬光大的新的社区研究范式——拓展个案法来开展研究。通过将一个具体生活情境中的乡村文化发展过程与更广阔的时空背景联系起来，以反思和丰富中国的乡村文化建设理论。虽然观察的是少数民族乡村的日常生活及其互动情境，但要讨论的是乡村社区（小传统）② 背后大社会的作用机制，也就是描述乡村传播与文化再生产过程中，"情境如何影响和约束行动的，而行动又是如何使得情境得以生产和再生产的"③，从而将田野个案延伸出去。

## 第二节 走出个案：社区研究的理论关怀与学术追求

### 一 普适性问题——对社区研究方法论的省思

近年来，随着发展传播研究的不断丰富，我国学者有关乡村传播方面的研究越来越多，而且大多是从受众研究的角度，对有关区域或社区进行个案研究，也很少有人去深入讨论此类乡村传播研究的普适性问题。但是，在社会学领域，针对某一个社区所开展的个案研究所涉及的"典型性"与"代表性""微观"的个案剖析是否与"宏观"的社会叙事具有

---

① 毛丹：《村落共同体的当代命运：四个观察维度》，《社会学研究》2010 年第 1 期。
② ［美］罗伯特·芮德菲尔德：《农民社会与文化》，王莹译，中国社会科学出版社 2013 年版，第 94 页。
③ ［美］詹姆斯·博曼：《社会科学的新哲学》，李霞等译，上海人民出版社 2006 年版，第 194 页。

同等价值，小的微观事件如何能够反映或接近宏大的景观与实在等，诸如此类带有社会哲学色彩的一般性价值追问屡屡被提及，甚至成为研究者开展个案研究的思想顾虑。实际上，在乡村研究中，"各个田野研究单位的利弊往往发生在具体的研究之中，研究者应结合特定的研究目的，根据研究的主题及适用的分析框架选择合理的田野研究单位，并对其作出自觉的方法论反思。只有这样，才可能使其研究更契合于农村社会的真实"①。但是，"方法论问题永远不是孤立的，它们总是与本体的实际问题相联系，这些问题不仅对经验的适当理解具有重要意义，还对经验在实在中的构成意义重大"②。因此，非常有必要围绕个案研究的质疑进行再讨论、再认识，从而为本书在方法论上的正当性和适切性寻找合理的理论解释，也才能在认识论意义上理解本书的价值所在。

  作为社会科学研究的一种基本方法，社区研究来自人类学的社区理论，把社区置于一定的社会历史条件下，对整个社区实施全面、周密、深入而细致的考察，并对搜集的第一手资料进行综合、分类、比较和分析。社区研究要求研究者长期生活在田野工作点，参与社区日常生活，"以研究者本人作为研究工具，在自然情境下采用多种资料收集方法对社会现象进行整体性探究，使用归纳法分析资料和形成理论，通过与研究对象互动对其行为和意义建构获得解释性理解"③，并以一定的叙事框架对自己的参与体验和发现进行论述，是一种常见的质化方法。从学理层面说，质的研究采用相对性的方法，其特点是具体，凸显的内容是质料和个性。其实，社区研究本身就是一个多层次的概念，它不仅"涵盖了设计的逻辑、资料收集技术，以及具体的资料分析手段"④，而且它"既是调查的过程也是调查的结果"⑤，是从空间角度对人们的社会生活进行具体研究的方

---

① 狄金华：《中国农村田野研究单位的选择——兼论中国农村研究的分析范式》，《中国农村观察》2009年第6期。
② ［英］哈维·弗格森：《现象学社会学》，刘聪慧等译，北京大学出版社2010年版，第90页。
③ 陈向明：《质的研究方法与社会科学研究》，教育科学出版社2006年版，第12页。
④ ［美］罗伯特·K.殷：《案例研究：设计与方法》，周海涛等译，重庆大学出版社2010年版，第22页。
⑤ ［美］诺曼·K.邓津等：《定性研究：策略与艺术》，风笑天等译，重庆大学出版社2007年版，第467页。

法论、方法与技术系统。也就是说，以社区为单位的"个案研究上承知识论与方法论关于认识社会现象的主张，下接搜集与分析证据所依赖的方法（methods）或工具"①。

在中国人类学和社会学研究史上，社区（村落）研究是一个重要传统，有着十分重要的意义。总体上看，中国现有的社区研究存在着本体论意义上的"'社区'研究"和方法论意义上的"社区研究"两个层面的认知取向。本体论意义上的社区研究把"社区"作为一个客观实在的研究主体和研究对象来对待，去讨论现代社会中地域性生活共同体的"可能性"；方法论意义上的社区研究是把"社区"当作一种研究社会的特殊方法、研究范式和途径（approach），或者说把它作为研究其他主题的一个具体而独特的"场域"，也就是"在社区里做研究"，以"社区"来透视"社会"，达成现象理解、命题概化、理论建构与知识创新的目的。②所以社区被当作是"作为地点、方法和场所的人类学'田野'"③。当然这两个层面的社区研究之间既有区别也有密切联系，本书将其合二为一，统称为社区研究。

就小型社区研究而言，无论研究者选择的个案是简单的个体，还是复杂的社区，在时间和地点上它始终都是一个"有界限的系统"（bounded system）。④ 20 世纪 50 年代以后，社区研究方法被欧美人类学者当作人类学方法论反思的对象，争论焦点主要集中于社区分析能否反映中国这样的"复杂文明社会"的特点？换句话说，就是认为社区研究针对的是个案，属于小地方，虽然是复杂社会的一部分，但小地方能不能被看作是大社会的"缩影"呢？就成为一个值得思考的重要问题。从社区研究所使用的人类学方法上，怀疑者认为传统的人类学方法"主要是从研究小型的，

---

① 瞿海源等：《社会及行为科学研究法Ⅱ：质性研究法》，社会科学文献出版社 2013 年版，第 228 页。

② 肖林：《"'社区'研究"与"社区研究"——近年来我国城市社区研究述评》，《社会学研究》2011 年第 4 期。

③ ［美］古塔·弗格森：《人类学定位：田野科学的界限与基础》，骆建建等译，华夏出版社 2005 年版，第 1 页。

④ Delbert C. Miller, "Handbook of Research Design and Social Measurement", *Contemporary Sociology*, Vol. 30, No. 4, 2002.

简单的与较原始的社会中发展出来的"①，无法有效地考察中国这么博大悠久的复杂社会。而英国社会人类学功能学派大师阿尔弗雷德·拉德克利夫—布朗（Alfred Radcliffe-Brown）认为，从研究原始社会而发展出来的这一套概念与方法实际上是可以用于研究复杂社会的，并且中国农村是运用这一方法很理想的研究对象。尤其是马林诺夫斯基所发展的民族志方法对中国的乡村研究产生了极大影响。在不停的论争中，自第二次世界大战之后，社会人类学"已经展示了将其研究方法用于理解相对于西方社会而言的其他文化的能力"②。社区已不再仅仅被当作研究对象，而成为一种研究取向甚至研究方法。借助于这样的研究方法，社会学的重要议题可以被放在地方场景（local setting）中加以研究。

而在布洛维看来，个案研究应该被置于反思性科学范式之中，不应该把拓展个案研究看成与民族志方法一样，因为个案研究在本质上是思考理论与经验主义研究之间的关系的一种方法，或者更为确切地说，拓展个案研究法更应该是一种"方法论策略"（methodological devices）。这里的个案不仅是研究对象，更是作为一种研究工具、研究策略去探讨某一议题，通过叙事去实现理论建构。所以，我们不能简单地对个案研究进行"只见树木，不见森林"的质疑和责难，因为"理解社会生活的关键，既不只在于森林，也不只在于树木，而在于森林和树木都要了解，包括树和树之间的关系"③。而且按照反思性科学的规则，实证科学所诟病的个案研究的代表性、可推论性、普适性等问题本来就不是个案研究应该回答的问题，相反更重要的则是应该"将关注点放在其理论建构的能力上，考察通过个案所建构的理论的有效性和说服力，或者更进一步，理论的外推性，而不是个案的外推性"④。比如"个案研究是否有助于我们发现看似简单之事的复杂之理，是否有助于揭示社会变化的偶然性成因，是否有助于分析过程性增量对社会结构及其事件结果的影响，是否有助于被普遍性

---

① 乔健：《中国人类学发展的困境与前景》，《广西民族学院学报》1995年第1期。
② ［法］莫里斯·郭德烈：《人类社会的根基：人类学的重构》，董芃芃等译，中国社会科学出版社2011年版，第173页。
③ ［美］艾伦·G. 约翰逊：《见树又见林——社会学与生活》，喻东等译，中国人民大学出版社2008年版，第9页。
④ 石腾飞、刘敏：《走进个案——从比较、抽象到理论建构》，《华东理工大学学报》（社会科学版）2015年第5期。

所笼罩的'地方性知识'对'宏大叙事'的破解和新知识的发现"①，等等。学术共同体内应建立一套有别于量化研究思维所坚持的那种"科学—实证化的"学术标准，以保证个案研究在人类知识生产的累积性增长中的学术贡献。

另外，从传统上讲，"社会人类学的小型社区研究，本来不是为了提出具有'代表性意义'的案例，而是为了通过个案的验证对社会科学和社会流行观念加以评论和反思"②，从而获得某种理论的领悟、批评与修正。如果按照传统的重归纳轻演绎的实证研究思维习惯，把乡村社区研究的意义定位为通过研究单个的小型社区，最后概括出中国社会的整体性，那可能就曲解了"个别"与"整体"之间的内在关联，混淆了个案研究法与问卷调查法的不同逻辑。换句话说，个案研究强调"将行为的主观意义与特定范畴内的决定性因素相连（即获得因果适当性），从而建立经验层面的代表性"，以获得"解释显著性"（explanatory significance）。③ 所以，对于本书所考察的乡村社会日常生活的行动者逻辑和乡村传播机制的运行脉络，个案研究有着明显的优势，它可以让我们深入乡村传播实践，分析各个社会行动者背后的历史与结构关系，以发现那些真正起作用的隐秘的机制。在此意义上，每一个少数民族乡村文化发展方式的研究，表面上微不足道，本质上兹事体大。

在复杂的中国乡村社会，各民族所形成的多元文化中存在着多样性的传统生活方式，自然也就存在着不同程度上的文化差异，而这些广泛存在的文化差异也就为乡村社区研究提供了叙事基础，那就是"不仅在不同群体之间，甚至在不同时代的同一群体中所具有的不同的价值与意义，都会在文化现象的理解及其概念化上产生巨大的差异"，而且"文化现象的理解及其概念化必然包含着解释参与者的意义，这种意义的获得必须借助于参与和移情理解。这样，它既显现了运用超然观察和不变的概念工具的不适当性，也显现了实体分析'相对性'问题的合理性"。④ 因此地方性

---

① 吴毅：《何以个案，为何叙述——对经典农村研究方法质疑的反思》，《探索与争鸣》2007年第4期。

② 王铭铭：《社会人类学与中国研究》，广西师范大学出版社2005年版，第33页。

③ 马杰伟、张潇潇：《媒体现代：传播学与社会学的对话》，复旦大学出版社2011年版，第34页。

④ 陈庆德等：《人类学的理论预设与建构》，社会科学文献出版社2006年版，第93页。

知识并不等于总体知识的无差别的典型，就不能进行想当然的概化，不能"生搬硬套问卷调查法的逻辑和评价标准来评价个案研究"，不能用研究方法代替方法论，更不能把实证主义作为唯一的正确选择。如果一定要个案研究实现量化研究的"总体代表性"，极力迎合科学主义或抽象经验主义的话语霸权，以量的标准来规范质的研究，那不过只是一种"唐吉诃德式的企图"①，不仅难以实现而且无助于推动个案研究的深入，也不利于认识复杂的中国乡村社会。

对处于转型期的中国社会而言，由于地区社会、政治、经济、文化发展非常不平衡，乡村社区研究所探讨的只是个案的、局部的、某一横断面的或者某一历史时期的村庄日常生活，但实际上潜在的"野心"也是通过村庄这一载体和工具，用"人类学透镜"（the anthropological lens）去观察村庄外的世界。从本质上说，宏观的社会变迁是由无数个体所促成的，它最后所产生的结果当然也会在个体身上得以体现。所以"在社区中发现不同观念、社会、象征的模式并存，说明社区研究有潜力为阐明'复杂的中国社会'提供充分的素材"②，这种"地方化"的叙述文本理所当然属于"中国经验"的一部分，有益于我们认识中国乡村社会的多样性和复杂性，有助于以更加多维的视角和更开阔的视野去观察中国、理解中国。

## 二 走出个案——社区研究范式的理论诉求

在罗伯特·K. 殷（Robert K. Yin）确立的个案研究的分析框架中，个案研究属于现象学范畴，个案研究的人文主义方法论决定了它与量化研究的根本区别就在于不强调总体代表性，但这并不意味着个案研究没有自身的特定价值属性或者说没有对更高学术抱负的追求。不管学者们如何小心谨慎地对田野调查的研究结论的适用范围进行限定，实际上都还是希望能够拓展其社区研究的意义和价值。在实际的研究中可以发现，研究者们"一方面对于社区个案研究方法保持清醒的反思，但同时又仍然在实际的操作之中选择了社区个案研究的方式，试图以充分的地方性描写来承接研

---

① 王宁：《个案研究的代表性问题与抽样逻辑》，《甘肃社会科学》2007 年第 5 期。
② 王铭铭：《社会人类学与中国研究》，广西师范大学出版社 2005 年版，第 35 页。

究'大社会'的夙愿"①，其目的也是力求实现各自不同的宏观理论诉求。因为从一定意义上来讲，"存在于人类社会实践中的任一普遍性，都是一种特殊性或地方性的提升"②，在当代社会里，社区或个案无不渗透着外部社会制度和结构的影响，所以我们可以认为"所有的一致性或普遍性，都是以散布在空间的多元性和特殊性来运作和实现的"③。建立在这一认识基础上，从已有的众多个案研究成果看，"走出个案"是社会科学中社区个案研究事实上的共同追求。

一般来说，社会科学研究中的个案研究通过一个或多个案例试图实现的理论建构目标主要有：一是展现或抽取其中的一般性问题；二是通过比较它的独特性和外部一般理论的差异来讨论抽象理论性问题；三是通过"异例"（anomaly，即异常现象或者"偏差个案"deviant case）与理论进行对话并试图重构理论。这些不同的理论建构目标形成了中国本土化社区研究的三种模式：个案调查与区域比较相结合、历史比较研究和拓展个案法。④ 北京大学社会学系卢晖临、李雪等结合学术史分析进一步归纳了社区研究史中处理特殊性与普遍性、微观与宏观之间的关系，实现"个案超越"的四种路径，即"超越个案的概括""个案中的概括""分析性概括"和"拓展个案法"。⑤ 为了强调本书采用拓展个案法的合理性，笔者通过进一步分析超越个案的几种代表性路径来予以说明。

（一）超越个案的概括——社会学的类型学分析范式

以费孝通为代表的类型比较法，被称为"超越个案的概括"。费孝通先生在《江村经济》中试图通过"开弦弓村"的日常生活来认识20世纪初中国农村的社会变迁。他这种通过一个个典型村庄的调查去认识整个中

---

① 钟涨宝、狄金华：《中国的农村社区研究传统：意义、困境与突破》，《社会学评论》2013年第2期。

② 陈庆德：《人类学形式与实体的方法论实质和理论溯源》，《西南民族大学学报》（人文社会科学版）2006年第3期。

③ 陈庆德等：《人类学的理论预设与建构》，社会科学文献出版社2006年版，第98—99页。

④ 刘小峰等：《质性社区研究的三种模式：以费孝通社区研究史为参照》，《学习与实践》2012年第12期。

⑤ 卢晖临等：《如何走出个案——从个案研究到扩展个案研究》，《中国社会科学》2007年第1期。

国农村的"由点及面"的"类型接近"方法论引起莫里斯·弗里德曼（Maurice Freedman）和埃德蒙·利奇（Edmund Leach）两位学者的批评，认为小小的"江村"无法代表中国农村和反映中国的现实。费孝通先生在回应质疑时强调，为了实现这个目标，在方法论上他走的是从社区研究到比较研究再到模式、然后回到普遍化的道路，即类型学的个案研究路径。也就是将事物分成若干类，在每一类型中选择有代表性的个案进行分析，通过对各种类型中典型个案的分析以获得对于整体的理解，从认识一个又一个的"个别"去逐步接近整体。因而小小的开弦弓村仍可看作是中国农村所共同的某种"类型"，开弦弓村的微观分析结果虽然是有限范围内的现象，同样也具有比较广泛的社会意义，"因为这个村庄同中国绝大多数的其它村子一样，具有共同的过程。由此我们能够了解到中国土地问题的一些显著特征"①。费孝通先生提出的"微型社会学"理论揭示出了田野调查的微观研究与宏观类型之间所存在的一种隐蔽关系。江村不能代表整个中国，但江村能不能在某些方面代表一些或者某一类型的中国农村呢？费孝通先生在社会类型学方法论的基础上，将单个社区研究的意义主要定位在建立"地方类型"的贡献上，希望通过积累众多的乡村"类型"，从而拼贴成一幅具有代表性的中国乡村地图，以此反映中国社会结构的总体形态。弗里德曼认为这种社区研究忽视了中国社会的独特性，缺乏较大的空间跨度和较广的时间深度，难以克服先入为主的问题。费孝通先生晚年也认识到了这一点，所以在他后面的社会调查开始注重在历史与现代以及国家与社会的关系视野中进行村落类型比较和"大传统"的研究，并且坚持在"行行重行行"的伟大实地研究精神下依靠"逐步接近"的方式去认识整个中国。②

（二）诠释个案法——格尔兹解释人类学的"深描"

自20世纪60年代以来，在美国人类学家克利福德·格尔茨（Clifford Geertz）引领下的民族志书写发生了一个语言学或者说诠释学转向，提倡通过"深描"（thick description）去叙述和诠释"异域见闻"，通过深描社会中的典范事件（paradigmatic events）去呈现全体的运行规律，如他通

---

① 费孝通:《江村经济：中国农民的生活》，商务印书馆2001年版，第236页。
② 刘小峰等:《质性社区研究的三种模式：以费孝通社区研究史为参照》，《学习与实践》2012年第12期。

过研究斗鸡赌博，从中窥见巴厘岛的社会关系与阶层地位。格尔茨认为个案就是个案，不能寄希望于透过个案去看整体。既然个案就是个案，是否意味着个案就没有研究的必要了呢？显然并非如此，那如何开展个案研究呢？格尔茨认为，个案研究重在个案内的概括而不是个案与个案间的概括，不强调通过个案去总结普遍规律，他认为"社会科学家应该研究意义而不是行为，寻求理解而不是因果律，拒斥自然科学的机械说明而赞成解释说明"①。显然，格尔茨不太关注民族志对于认识更大范围事实的意义，而是以理解当下情境为出发点，重点寻求经验的有效性，企图发现重大的、有颠覆性的"异域见闻"，也即是微观研究带来的理论启示。因而解释人类学的目的是对孤立的原初社会进行深度阐释，揭示出其表面特征背后的深层意义体系。这种强调个案内概括的诠释取向的个案研究，其目的是展现特定社区与现代社会生活方式的差异。所以，格尔茨认为，"理论建设的根本任务不是整理抽象的规律，而是使深描成为可能；不是越过个体进行概括，而是在个案中进行概括"②。也就是说，即使是个案也具有某种普遍性的意义，其方法论是用潜在的比较意识来看待个案。换言之，是透过分析具有普遍意义的情境来掌握宏观层面的社会与文化，也就是以小见大、见微知著的诠释策略。这样，解释人类学所坚持的"个案内概括"才有了意义和价值，微观走向宏观也才具备了可行性，如何走出个案研究的理论概括困境也就具备了可能性。

只不过民族志写作"想要传达的信息不是通过直接的概化陈述，而是通过具体的描绘来传递的。读者必须解码这一描述，理解隐含其下的价值，然后把这些隐含的抽象模式与自己的经验进行并置，由此想象当地人的生活"③。所以，在解释人类学看来，"人类学的知识增长不是'累积性的'，而是'突发式的'，是要从在具体而详细的个案研究中获知的洞见来加深对已有'问题'和'概念'的反思性理解"，这也正是解释社会学

---

① 肖俊明：《文化人类学的转折：戈尔兹的解释理论述评》，《国外社会科学》1994年第2期。
② [美] 克利福德·格尔茨：《文化的解释》，韩莉译，译林出版社1999年版，第33页。
③ [美] 詹姆斯·皮科克：《人类学透镜》（第2版），汪丽华译，北京大学出版社2009年版，第109页。

的"异域见闻"式个案研究对于人类普遍性知识生产的贡献所在。① 但是，这种诠释性的个案研究依赖于孤立的外部社会的存在，在全球化语境中，"超出社区范围的城市化、工业化、科层化以及中央集权化等宏大结构所带来的干预力量在社区中不断增强，破坏了地方性社区的独立性、完整性，因此，通过地方性狭小叙事的研究所能够获得的解释力就严重受限"②，任何一个社区都无法孤立地存在，都渗透着外部社会结构和权力的影响，此类个案研究中内外有别的研究假设就不再成立，那"个案中概括"的"见微知著"是否还能实现就有待进一步思考。

（三）分析性概括——分析社会学的机制性解释

格尔茨所追求的"个案内概括"是文化人类学的社区研究实现"超越"的一种路径和策略，而社会学的个案研究更加强调科学性、概括性，试图追求通过个案建构理论。从前面的分析可以看到，个案研究的方法论进展一直是在与量化研究逻辑的对话中不断发展起来的。为了追求个案研究真正的生命力，一些研究者提出"通过解析过程、凸显要素来解释纷繁复杂的社会过程"的分析性概括，③去解决个案研究从微观到宏观的问题。分析性概括的基石就是解释社会现象必须着眼于产生这些现象的社会机制，也就是通过对行动者、行动以及他们在时间和空间上的组织方式的解释去说明一种社会机制。在机制性解释中，这种社会机制"记述了一系列的主体和活动，它们相互关联并规律性地导致某个特定的社会结果。我们用确定相关社会机制的方法来解释一个观察到的社会现象。这种方法使得我们对于互动着的行动者所带来的社会结果特别关注"④。通过分析方法可以从微观个体层面来解释宏观层面发生的变迁，实现从个体层面到社会层面的转变，把微观和宏观更为紧密地联系起来，把理论和实证研究更为紧密地结合起来。所以，个案研究的魅力不在于用样本的结论推断总

---

① 王富伟：《个案研究的意义和限度——基于知识的增长》，《社会学研究》2012年第5期。

② 刘小峰等：《质性社区研究的三种模式——以费孝通社区研究史为参照》，《学习与实践》2012年第12期。

③ Peter Hedström, "Explaining Social Change: an Analytical Approach", *Papers Revista De Sociología*, Vol. 80, No. 80, 2006, pp. 73-95.

④ ［瑞典］彼得·赫斯特洛姆：《解析社会：分析社会学原理》，陈云松等译，南京大学出版社2010年版，第34—35页。

体的特征以寻求统计学解释，也不在于样本选择的代表性或典型性，而在清晰、准确和细微的个案差异对于建构解释性理论的辅助力量，一些微不足道的区别或事件有时候也会给我们要解释的社会过程带来重大的变化。"在分析性概括中，理论扮演了重要的角色，先前的理论作为一种模板，用来作为与个案进行比较的工具，同时也构成发展新理论的前提。"① 与社会学的类型比较法所强调的从个案到理论和解释人类学的深描不同的是，分析性概括改变了"个案阐释"与"通过文化间对比来揭示理论"之间互相分离的状态，它是从理论出发到个案，再回到理论，在已有理论基础上通过个案来修正、检验或完善理论。②

在分析性概括的个案研究中，样本的选择更多地具有理论指向，有时甚至有必要选择一个不典型的个案或者选择若干个具有相关性的个案进行比较研究。分析社会学所追求的机制性解释的核心理念就是"不通过提出放之四海而皆准的社会规律或者寻找统计相关的因素来解释社会现象，而是通过探求那些可以展示出社会现象如何产生的机制来进行解释"③，从而达到提出、修正或检验理论的目的，这就从方法论高度证明了个案研究法的生命力。但是，由于个案研究的目的起初根本就没有把概括性作为其追求的终极目标，随着美国社会学的芝加哥学派走向衰落，哥伦比亚学派占据上风，与之相伴随的就是社会科学研究中量化方法的强势，这就迫使个案研究不断地进行反思，并努力寻求超越个案、超越民族志的途径。就如布洛维所说的，人类学的田野民族志"迫切需要一种可以使自己立足的方法论"，由他发展成熟的基于反思性科学和扎根研究的拓展个案法在这方面开辟了新天地，对全世界的社会科学产生了巨大影响。④

（四）拓展个案法——通过异例重构理论

在通过个案阐释去实现"小地方"链接"大社会"的过程中，拓展

---

① 卢晖临等：《如何走出个案——从个案研究到扩展个案研究》，《中国社会科学》2007年第1期。

② 袁松：《富人治村——浙中吴镇的权力实践（1996—2011）》，博士学位论文，华中科技大学，2012年。

③ ［瑞典］彼得·赫斯特洛姆：《解析社会：分析社会学原理》，陈云松等译，南京大学出版社2010年版，第26页。

④ Cock Jacklyn, "Review of Michael Burawoy's 'The Extended Case Method'", *Global Labour Journal*, No. 2, 2010.

个案研究法的引入使得这种努力更加可行，这种方法论对策通过对特殊个案意义的追踪，在时间和空间上延长了个案的解释链条，在以理论阐释个案的同时又发展了理论，从而证明了特殊个案也会具有某种普遍性的意义。简言之，拓展个案法是在既有理论之上进行的个案研究，将现在与过去联系起来，将局部放在整体中予以观察。这种通过分析一个独特的社会情境与其他外部因素之间相互形塑的关系去进行理论概括的研究策略，被视作"近来有关个案研究的一般化（generalization）问题最显著的解决方案"①。在拓展个案法的理论概括逻辑中，解释人类学的"个案中的概括"所隐含的那种比较性视野成为拓展个案法的直接研究策略，使个案调查与区域比较相结合，以遵循个案的内在逻辑和特性去解决微观与宏观之间的链接问题。布洛维将拓展个案的研究策略"看作是重建、发展理论，而不是证明或者驳斥理论的方式"②，是一种"通过参与观察，将日常生活置于其超地方和历史性情境中加以考察的研究方法"③。当然个案本身不是孤立的，而是大社会的一个构成，所以研究者要从田野个案延伸出去，通过社区日常生活与互动情境，探究大社会的运作机制。

拓展个案法之所以有实现"走出个案"的可能，主要在于这种方法论对策是基于个案本身的特性和独特逻辑，重视理论的抽象、反思和重构。在拓展个案的理论框架中，"个案"不再是传统个案研究中的个案，而更多地成为一个"隐喻的载体"，发现这个隐喻载体背后的权力斗争、冲突以及历史、文化等因素成为主要的理论任务。④ 与之前的个案研究相比较，拓展个案研究法的研究取向是"批判的社会科学"（critical social science），它将"反思性科学"（reflexive science）运用于田野民族志，分析个案与其他事件的相关性，从独特性中抽离出一般性并根据其理论意义进行外推，并不强调个案的"统计显著性"（即带有相似特征的总体的特征），而是关注个案的"社会重要性"，也就是这一个案告诉了我们多少

---

① Small Mario Luis, "'How Many Cases do I Need?' On Science and the Logic of Case Selection in Field-based Research", *Ethnography*, Vol. 10, No. 1, 2009, pp. 5–38.

② [美] 艾尔·巴比：《社会研究方法》（第10版），邱泽奇译，华夏出版社2005年版，第287页。

③ [美] 麦克·布洛维：《公共社会学》，社会科学文献出版社2007年版，第77页。

④ 王星：《从"分配政治"到"生产政治"——转型过程中的单位政治研究》，博士学位论文，吉林大学，2008年。

有关社会结构的信息。如果用树木与森林进行类比,这种新的社区研究不纠缠于某棵树能在多大程度上反映整片森林,放弃了以树木来推论整片森林的企图,而是将目光更多聚集于这棵树在什么样的土壤中、什么样的阳光下和什么样的空气里,对它产生了什么样的光合作用,才形成了眼前这样一棵独特的树木。①

卢晖临等学者指出,拓展个案法与传统个案研究的根本区别就在于研究的立足点完全不同,传统的个案研究虽然也对宏观社会结构和文化因素进行考察,但还是站在微观个案的基础上理解宏观因素对微观生活的影响,从而建立"宏观社会学的微观基础"。新的社区研究重在通过分析微观社会如何被宏观社会结构所形塑,把立足点从特殊性转向社会结构等宏观力量,在深入考察具体的社会生活情境的基础上,从既有理论出发,对各种社会元素之间的关系进行系统的认识,去理解宏观的社会结构如何形塑着微观的生活场景,从而建立起"微观社会学的宏观基础"②,使社区研究在方法上重获新生。在拓展个案研究中,研究者关注的是当地人实际上在做什么,以及在不同地点和时间内发生的真实事件,并且把日常生活中的标准规范和日常实践之间的矛盾也带了进来。这样不仅探寻到了研究对象的内部结构性张力,而且把研究对象置入宏观的权力结构与历史性情境中。③ 概括而言,拓展个案法"通过对宏观、微观两方面的经验考察,达到对问题的深入理解。问题可大可小,资料搜集包括宏观和微观两个方面,分析时则始终坚持自反性原则,时时关注宏观社会结构对日常实践的渗透性和影响力。研究者居高临下地看待具体生活,亦从具体生活中反观宏观因素的变迁"④。通过理论和个案之间的互动,跳出了传统个案研究的视野,寻找一条连接情景性知识、地方性知识和普遍性知识的新途径,实现微观个案到宏观分析的跨越,努力克服一般个案研究的不足,追求"超越个案",在学科方法论上影响深远。

---

① 丁未:《流动的家园:"攸县的哥村"社区传播与身份共同体研究》,社会科学文献出版社2014年版,第41页。
② 卢晖临等:《如何走出个案——从个案研究到扩展个案研究》,《中国社会科学》2007年第1期。
③ [美]麦克·布洛维:《公共社会学》,社会科学文献出版社2007年版,第80—81页。
④ 卢晖临:《扩展个案研究》,《中国社会科学报》2009年7月23日第7版。

## 三 拓展个案法的一般原则及要求

通过上文对超越个案研究的四种范式在方法论上的粗略比较，我们可以看到秉承不同学术传统的个案研究都试图通过自己的分析框架把微观与宏观连接起来，达到理论建构目标。英国曼彻斯特学派的社会人类学者提出的拓展个案法超越了传统的个案研究范式，并不把个案看作是孤立的，而是视作大社会的一个构成，所以研究者要从田野个案延伸出去，虽然观察的是社区的日常生活与互动情境，但要探究背后的规范预设、大社会的运作机制等，使其"成为一种个案研究中联结微观个案和外部制度结构、联结静态描述和动态过程的经典方法"[①]，在学术界得到广泛讨论，并在近几年被国内社会学、人类学、管理学、政治学等学科领域的研究者采用。布洛维在《拓展个案研究法：四个国家、四个十年、四个大转型与一个理论传统》一书的导言中指出，拓展个案法同扎根理论和诠释性个案研究相比，最核心的特点就是建基于反思性科学，"将理论带进田野"（Bringing theory to the field）[②]。布洛维反对那种认为民族志可以不带任何"前见"（bias and prejudice）或社会理论的预设进入田野去揭示事实的看法。他认为没有理论就无法理解社会现实，研究者天生就是自己所研究的世界的一部分，不能缺席自己所研究的日常生活实践，通过介入生活，以多种理论视角和方法论取向去发展科学。并且他通过在赞比亚、美国芝加哥、匈牙利和苏联的工厂、矿山的参与观察展示了如何从微观个案的社会行动理解宏观的历史和社会结构的大转型。

具体来说，拓展个案法强调个案的选择是异例或偏差个案，对于统计学或量化研究来说，这些是应该排除的离散值（outliner），但对拓展个案法来说，这些既有理论所无法充分解释的个案，反而提供给研究者一个深化、修正与创新理论的机会。基于此，布洛维在关于全球民族志的研究中为拓展个案法规划了四个自我反思性原则[③]，即：

---

[①] 郭伟和：《"身份之争"：转型中的北京社区生活模式和生计策略研究》，北京大学出版社 2010 年版，第 18 页。

[②] Michael Burawoy, *The Extended Case Method: Four Countries, Four Decades, Four Great Transformations, and One Theoretical Tradition*, University of California Press, Ltd. 2009, p. xi.

[③] 郭伟和：《"身份之争"：转型中的北京社区生活模式和生计策略研究》，北京大学出版社 2010 年版，第 19—23 页。

（1）介入（intervention），实现从单纯的观察者向参与者的世界的延伸。研究者在开放田野从事参与观察，不可避免地会干预、扰乱既有的社会秩序，因而研究者不必局限于一个"客观的"旁观者角色，而且唯有透过主客体之间彼此的互动，研究者才能体察社会秩序的运作。

（2）研究过程的扩展，即向超越时空的观察的延伸。由于受访者的经验是复杂多样的，他们往往在不同的情境下会对相同的问题给予不同的答案，所以研究者必须伴随田野对象经历不同的时空，把情境性知识植入社会互动过程中，同时尝试理解不只是他们"所说"，也包含他们"所做"与非言说的默会知识（tacit knowledge），[①] 进而对丰富多样的情境性知识聚合到更广的社会过程中，并且结合社会历史变迁，考察微观的社会生活模式发生了什么变化，从而揭示出过程模式或关系模式。

（3）结构化（structuration）。田野持续受到外在环境的影响，因而研究过程是不可能重复的。研究者要考察田野如何受到结构力量的影响，又如何形塑了外在的结构。虽然布洛维也使用了结构化这一概念，但这不是吉登斯（Anthony Giddens）所说的微观互动模式的结构化，而是强调超越于微观情境之上的宏观制度等结构化力量。从微观情境出发，拓展到外部制度性制约力量，把日常世界与外部"力量场"看作是相互塑造的关系，既从内到外研究社会世界，又要从外到内研究社区变迁，从而实现从微观过程向宏观动力的延伸。

（4）理论重构（reconstruction）。拓展个案法要求把个案的历史过程和外部结构关系放在特定的理论框架下思考，从一个抽象走向另一个抽象，带着理论走进田野，然后进行理论对话。这种理论重构不是"直接从数据中推论出一般性，而是从一种一般性转移到另一种更加包容的一般性"，从自己最喜欢的理论出发，但不是寻找支撑这些理论的证据而是企

---

[①] 瞿海源等：《社会及行为科学研究法（二）：质性研究法》，社会科学文献出版社2013年版，第74—75页。关于"默会知识"，迈克尔·波兰尼在《个人知识：迈向后批判哲学》（许泽民译，贵州人民出版社2000年版）中进行过论述。在讨论"显性知识"（explicit knowledge）和"默会知识"（tacit knowledge）时，他认为那些可以用明确书面文字等加以表述的知识即显性知识。相对于显性知识而言，还有一些知识是无法通过语言文字符号加以表述的，即默会知识，比如人们在实践中所获得的一些知识。对于默会知识，有学者也译为隐性知识、内隐知识等。为了强调这种类型的知识不可言传、只可在行动中体会，目前国内也有学者采用了港台学者常用的"默会知识"这一译法。

图发现"异例"(refutations or anomalies)去拓展理论。① 因此处于变动中的社会情境没有所谓代表性的抽样,个案选择的原则不在于其"代表性"问题,而是谨慎地吸收异例,考察个案是否提供新颖的视角,是否有助于重新建构理论,从而最终实现理论的延伸。

从这四个原则可以看出,拓展个案法的每一个"拓展"都包括了互动:观察者与受访者之间的互动、"田野"中不断发生的事件和具体场景之间的互动、微观与宏观之间的互动以及既有理论与田野经验之间、常民理论(folk theory)与学术话语之间的对话。而且整个拓展个案法的实施过程都贯穿着理论的角色。"理论引导了介入的方式,将处境性知识构造成社会过程,并将社会过程置于更广泛的背景中","透过宏观俯视微观,经过微观反观宏观,宏观和微观之间的双向作用都需要理论作为指导,同时也构成了理论重构的源泉",借助既有理论实现了一系列跨越。②

## 第三节 在不断的自我折磨中进入我的"田野"

从选定题目到搭建框架,从收集研究文献到寻找理论地图,从田野作业到经验材料的组织、解释与书写,笔者时时都在不断追问自己:"这个个案究竟是一个什么样的个案?"在整个研究过程中,自己都处于一种深深的焦虑与不断的自我折磨之中,这种折磨不仅仅是自己的不断反思,也包括理论和田野调查之间的不断磨合和对话。在这螺旋般的研究过程中,反复辩证,通过"谨慎的解释与反思"③,逐步建构研究与推论的对象,来洞察个案的理论意义。布洛维认为,拓展个案研究的过程是一个理论和田野调查不断磨合的"手工知识生产模式"(a form of craft production of knowledge)④,知识的设计者同时也是知识的执行者和生产者,实证研究

---

① Michael Burawoy, "The Extended Case Method", *Sociological Theory*, Vol. 16, No. 1, 1998, pp. 4-33.
② 卢晖临等:《如何走出个案——从个案研究到扩展个案研究》,《中国社会科学》2007年第1期。
③ [美]马茨·艾尔维森、卡伊·舍尔德贝里:《质性研究的理论视角:一种反身性的方法论》,陈仁仁译,重庆大学出版社2009年版,第6页。
④ Michael Burawoy, "The Extended Case Method", *Sociological Theory*, Vol. 16, No. 1, 1998, pp. 4-33.

的机械程序性模式不能直接套用在反思性科学上,两者之间也不可化约。因而,与扎根理论的悬置"背景"和理论不同,拓展个案法强调理论在研究过程中的嵌入与链接问题。如何在预设理论的指引下介入少数民族村落的日常生活?如何形塑个案(case formulation)?如何把社会传播、乡村文化转型与发展链接到宏观的社会文化结构中进行再思考?如何澄清"个案形成"(casing)的理由与意义?如何防止被个案绑架而无法回到理论?等等,都是一个不断折磨、反复煎熬的过程。另外,由于观察的是一个研究者熟悉的乡村社区,虽然一般不容易出现外来学者的那种"文化震撼"(cultural shocking)现象,但作为本土研究者需要克服的恰恰就是"文化识盲"(cultural illiteracy)问题,处理不好就会影响田野观察视角,田野资料的收集就会存在较大的偏差。①

## 一 寻找"理论地图"武装我的头脑

根据罗伯特·K. 殷的看法,个案研究法与历史分析法、实验法一样,适合于处理"怎么样"和"为什么"之类富有解释性的问题,而且个案研究更适用于"研究发生在当代但无法对相关因素进行控制的事件"。②罗伯特·K. 殷的这种观点颠覆了我们对个案研究的看法。一般的质性研究要求研究者把理论"悬置"起来,通过深入细致的田野调查去进行理论概括或理论建构。拓展个案法则需要依照既有理论的指引去开展田野作业,收集资料。本书的研究问题是基于城市化背景下少数民族乡村社区的社会传播实践是如何影响乡村文化发展的,其内在的社会互动机制是怎样的。然而,本书同样不是完全遵循罗伯特·K. 殷所坚持的实证主义研究逻辑,不强调研究结果一定要和某种理论模型进行对照,从而支持或否定既有理论,而是遵循反思性科学的研究思路,通过个案中互动模式的提

---

① 文化震撼是指在异地研究时,研究者和被研究者的差异太大,而出现困惑、定位不清等,从而在田野工作产生猎奇心理。而文化识盲则指研究者以自身的生活经验、学术理论等解读研究对象,产生"理解"的异化现象,并使得田野工作中"体验—了解—表达"的诠释机制误读文化的讯息。参见潘英海、葛忠明等人的相关论述。

② [英] 罗伯特·K. 殷:《案例研究:设计与方法》,周海涛等译,重庆大学出版社 2010 年版,第 9—13 页。

炼，来反思和重构某种社会理论。① 在围绕论题进行文献研究的过程中，笔者发现在传播学、乡村人类学、社会学等学科的研究视域里，对于少数民族乡村文化建设的研究主要围绕大众传播与社会变迁、乡村社会结构变迁、"三农"问题等，主要讨论现代传媒的影响或者乡村建设的路径与政策导向问题，即使有一些微观研究对媒介传播与乡村社会发展进行了"深描"，但呈现的仍然只是乡村社会的现实"是什么"的问题，缺乏"为什么"的理论反思。

进入 21 世纪后，"西部""少数民族""乡村"等关键词相当频繁地出现在媒体话语和官方公文中，进入国家和社会的关注视野，尽管经济建设仍然是中心，但公平、和谐等也成为社会发展的热门词汇。在此背景下，如何研究少数民族乡村文化发展问题？人类学、社会学、传播学等学科领域的关注点各有侧重。人类学的社区研究虽然也关注少数民族乡村文化，不过着眼点多倾向于从乡土社会秩序、社会结构与文化变迁角度讨论乡村重塑和民族文化的现代建构问题。农村社会学相关领域的研究则更多关注农村经济建设、社区治理与文化发展的互动关系，讨论"国家在场"与乡村社会结构转型的关系。克莱德·M. 伍兹（C. M. Woods）等学者在讨论文化变迁时，强调社会环境和自然环境的改变是文化变迁的先决条件，"创新是所有文化变迁的基础"，而"传播是创新的最普遍形式"。②他们重视传播在社会变迁中的"涵化"作用，只是从宏观上阐述文化变迁问题，无法展现传播（不仅仅是技术的发明、创新和扩散）在文化变迁中的具体作用机制、文化主体的能动性以及特定社会情境下的行动策略。不过，这些研究为笔者提供了在社会发展的宏观语境中讨论乡村文化发展的理论基础。发展传播学所关注的主题"传播革命与社会变迁"，突出大众传播媒介促进国家发展与社会变革的功能，考察媒介的信息传播在社会转型中的作用，重视传播的政治、经济和文化功能，于是形成了直接涉及大众传播与社会变迁关系的三个概念框架，即"塑造理论"框架中

---

① 郭伟和：《街道公共体制改革和国家意志的柔性控制——对黄宗智"国家和社会的第三领域"理论的扩展》，《开放时代》2010 年第 2 期。

② ［美］克莱德·M. 伍兹：《文化变迁》，何瑞福译，河北人民出版社 1989 年版，第 22—45 页。

的国家发展、"镜子理论"中的大众文化和"结构理论"中的知识差距问题。① 即使有诸如科塔克、柯克·约翰逊（Kirk Johnson）等专门考察现代传媒尤其是电视在村落中的作用，也是把电视等大众媒介作为"最强大的信息传播者、观点塑造者和社交中介之一"，聚集于电视"推动了消费文化在全球的扩张"，"是村落通往全球化的主要入口"，重点"关注电视对人们关于世界的知识、态度、感知、情感和想象，以及电视在推动社会变迁和经济发展方面的影响"，② 其背后隐藏的理论预设在一定程度上还体现出一种功能主义的传播观。

笔者最初打算从传播社会学的理论框架讨论大众传播在少数民族乡村现代化过程中的作用机制，试图从少数民族乡村的信息传播现状描述入手，把大众传播行为嵌入乡村社区，采用诠释人类学的书写方式，像柯克·约翰逊的《电视与乡村社会变迁》一样，以不断变化的乡村生活为背景，考察大众传媒如何影响村民的希望、价值观、社会关系和传统。但这一路径明显与功能主义传播研究的理论框架一脉相承，仍然只是一种立足正向思考的经验研究，缺乏对乡村外部力量的介入与乡村内生性调适因素的一种综合考察，没有突破乡村传播研究中的"路径依赖"问题，容易使自己的研究同样陷入一种功能主义意识形态误区，而且很可能成为既有研究的翻版甚至低水平重复。于是，在征询一些专家学者的意见和建议后，开始尝试从反思社会学中寻找理论灵感。

本书讨论的主题聚集于少数民族乡村文化发展，当然必须深入分析文化与个人或者结构与行动之间关系。宗晓莲在分析民族文化变迁时认为，在传统的人类学分析中，研究者常常把文化与个人的关系置于一种二元对立的框架中进行描述和诠释，要么把文化的发展预先设定为某种独立于人的能动作用之外的客观现实，要么片面分析文化是如何塑造个体意识，体现出一种简单的文化决定论。20世纪70—80年代，萨林斯、吉登斯、布迪厄等学者对这种简单的社会或文化决定论提出质疑，他们既重视文化对人的制约作用，也强调文化是一个动态发展的过程，是人类活动的产物，

---

① 陈世敏：《大众传播与社会变迁》，三民书局1983年版，第5—9页。
② ［美］康拉德·科塔克：《远逝的天堂：一个巴西小社区的全球化》（第四版），张经纬等，北京大学出版社2012年版，第196—212页。

并试图通过考察个体行动去揭示文化的生产和再生产机制。① 在布迪厄有关实践与文化再生产的论述中，他用"关系的"或"结构主义的"思维模式代替实体主义，用冲突的观点看待社会世界，他"把关系性方法视作与主观主义和客观主义的知识形式进行必要的认识论决裂的基本工具"，为其处理文化、生活方式、阶级分析等问题的实质性立场提供了基础，而且这种关系始终是竞争关系而不是合作关系。② 文化再生产自然也被融入了一种"关系系统"，在这个充满冲突和矛盾的个人与制度的关系网络中，各种文化力量相互作用，使文化以再生产的方式演进，不断推动着文化的发展。布迪厄对文化再生产的理论构思，无疑为研究社会问题提供了一种颇具普遍意义的分析框架，为我们分析乡村文化发展提供了一个辩证的观点。

前述理论研究为笔者提供了探讨少数民族乡村文化发展的一般理论背景。但是如何把乡村传播网络置于发展与社会变迁的宏观语境中，将乡村共同体的文化再生产问题具体化，还必须寻找一个微观考察视角。结合当下少数民族乡村社会的发展现实，无论是大众媒介对乡村社会的想象性建构所生产出来的"中介化乡村"，还是组织传播网络中的"国家在场"对乡村的整合，以及人际传播网络中的熟人社会关系重构，相对于乡村社会而言，都存在一种"他者"视角下的符号生产与消费，隐藏着一种权力关系话语。尤其是当下少数民族地区在发展乡村文化旅游时，在政府推动下进行民族文化资源转移，再造了民族特色村寨，这种乡村建设路径是否可持续，现实中已经存在的这种少数民族乡村文化建设实践需要我们进行理性观察和讨论。针对这种情况，笔者借用了文化研究的"凝视"（gaze）理论作为微观分析框架来考察乡村传播网络在乡村共同体重建过程中的作用，认识乡村社会结构变动的"当代特征"。在笔者看来，"凝视"概念工具的借用，正是连接经验材料和理论的一座桥梁，这一分析性概念不仅包含了空间维度，也包含了时间维度上的动态过程，比较契合文化转型的现实语境。以此微观理论视角作为切入点来讨论外部的传播

---

① 宗晓莲：《布迪厄文化再生产理论对文化变迁研究的意义——以旅游开发背景下的民族文化变迁为例》，《广西民族学院学报》（哲学社会科学版）2002 年第 2 期。

② ［美］戴维·斯沃茨：《文化与权力——布尔迪厄的社会学》，陶东风译，上海译文出版社 2012 年版，第 71—73 页。

（外发性发展因素）如何促进乡村文化的内源式发展，也就是集中讨论乡村共同体是通过什么机制被整合的？途径如何？即考察乡村再造的机制与过程，从而实现对传播与乡村文化发展理论的拓展。

## 二 "按图索骥"——进入我的"田野"

根据布洛维的理论，"一个案例对某种理论的反叛，并不能简单地下结论说这个理论不正确，而是要探寻是什么样的社会条件和力量发生了什么样的变化，从而导致个案的互动序列出现异常。这就是所谓理论拓展或者说重构理论的问题，而不是证明或者证伪某一个理论"①。在拓展个案法的研究逻辑中，可以通过基于个案的延伸反思来阐述作为普遍作用力的变量关系。带着这些方法论指引和既有的乡村文化发展理论，笔者在2013年3月初，开始进行试研究。当然，试调查的地点选择对于整个研究的顺利进行非常重要，如果选择的村落规模过大就会让自己感到力不从心，观察无法深入，影响经验材料的采集。凭着自己多年的农村生活经验以及曾经的调研得失，笔者知道，要想顺利开展自己的研究，虽然诉诸熟人、朋友的引荐比较适于拉近与村民的关系，在一定程度上降低村民的戒备心理，方便收集"真实的"社区资料，但经由网络化的政治权力组织渠道进入乡村更具权威性，更容易让研究者快速进入工作状态，经济实用。综合考量各方面的因素，笔者从自己的研究问题出发，采取"理论抽样"（theoretical sampling）②的方式选择了鄂西南土家族苗族地区的一

---

① 郭伟和：《街道公共体制改革和国家意志的柔性控制——对黄宗智"国家和社会的第三领域"理论的扩展》，《开放时代》2010年第2期。

② 关于质化研究中的抽样，一般分为方便抽样、目的抽样和理论抽样。理论抽样是一种建立在概念/主题基础之上的资料收集方法，是从已有的理论中关于研究对象特点的界定和描述出发来确定样本。理论抽样是建立在资料收集和分析两者齐头并进的基础之上，主要是在理论引导下，边收集、边分析、边抽样。在方法论意义上不是强调代表性而是注重"究竟要代表什么"的问题。目的只是概念和理论的发展，最大化地从属性和维度上形成概念、揭示变量以及寻找概念之间的关系，不是用来对有关概念的假设进行验证或检测，并不代表量化研究逻辑下的一种样本人口类型或提高研究结果在统计学意义上的普遍性。因此，个案研究要符合理论抽样而非统计抽样，强调个案与研究问题的匹配性。有关理论抽样在［英］Kathy C. Charmaz 所著的《建构扎根理论：质性研究实践指南》（重庆大学出版社2009年版）和［美］朱丽叶·M.科宾（Juliet M. Corbin）等著的《质性研究的基础：形成扎根理论的程序与方法》（重庆大学出版社2015年版）等书中有详细讨论。

个少数民族村寨为田野研究地点。之所以选择这一村落进行研究，主要理由是：

其一，枫村①发展状况较好，调查条件稳定，与研究问题相匹配。从大的地理区位而言，枫村位于湘、鄂、渝、黔四省接壤的武陵山区，隶属于国家实施西部大开发战略中单独涉及的三个少数民族自治州之一。2009年，国家为了协调湘鄂渝黔四省市毗邻地区发展，成立了国家战略层面的"武陵山经济协作区"。根据《中国农村扶贫开发纲要（2011—2020年）》精神，按照"集中连片、突出重点、全国统筹、区划完整"的原则，在全国划分了11个集中连片特殊困难地区，"武陵山区"就是其中之一。② 对于这一地区的研究近年来成为热点，生态文化旅游、民族文化传承与保护等都是关注焦点。该地区的经济、文化发展得到了从中央到地方各级领导的重视。近几年来，该地区接待了全国各地的大量游客，生态文化旅游的经济效益可观。这也让当地政府和村民意识到了民族传统文化的重要性。为了保护鄂西南的少数民族特色文化，地方政府在一定程度上沿袭了民族生态博物馆的保护与建设经验，尤其是通过族群文化资源移植，将枫村作为重点再造的少数民族特色村寨，集休闲、娱乐、乡村体验、文化展演于一体。从国家发展战略、地方政府支持、地区吸引力等客观条件看，该村属于少数民族地区一个比较典型的乡村文化建设样本。社会转型迅速且复杂，村庄内外的交流与互动频繁、深入，能够考察到研究问题所涉及的多方面因素，是契合研究目的理想观察场所。

其二，方便"进入"田野和"切入"研究。对笔者而言，枫村最开始是一个十分陌生的世界。笔者在2008年从同事、朋友们的闲谈中才对枫村有所了解。后因自己开展民族地区农村反贫困问题研究，曾经在朋友的介绍下到这里进行过调查。可在随后的调研和文献检视过程中，给了笔者一些新的启发，决定从传播社会学视野下讨论城市化背景下的乡村文化发展问题。带着问题，笔者先后在鄂西南地区的毛坝、盛家坝、黄金洞、柏杨等乡镇的少数民族村寨和江口云舍村等地进行实地调查，以供比较研究之用。在调研中发现：虽然这些乡村同为当地的少数民族特色村寨，但

---

① 依照社会科学的研究伦理和学术惯例，将具体的调查地点及人名作了化名处理。
② 《国家扶贫办关于公布全国连片特困地区分县名单的说明》，2012年6月，中华人民共和国中央人民政府门户网站(http://www.gov.cn)。

有些村落在走文化脱贫致富之路的同时，由于乡村内部权力结构的失衡，导致在发展乡村文化生态旅游时，社区发展出现问题，扶贫攻坚与乡村共同体的恢复和重建呈现出分裂的状态，乡村社区在发展中失去了话语权，甚至沦为边缘人、看客，乡村社区内部矛盾重重，与美丽乡村建设的目标相去甚远，文化建设与新农村建设未能实现有效衔接，人与自然、人与社会、人与人之间尚未和谐相处。而笔者在枫村的访谈和观察中发现，在乡村文化再生产的社会经济及文化动因中，诸方面的外来力量已由相对被动和微不足道的"扰动"，转变成为更具有积极意义的社会、经济、环境及文化变迁的重要元素。于是，新的疑问产生了，与调研过的其他村庄相比，同样的村庄，不一样的际遇，是什么原因使然呢？这是笔者在试研究中产生的新疑问。通过比较和理论反思，决定选择枫村作为主要的田野作业点。除了该村存在适合与本书的理论预设进行对话的本土叙事空间以外，另一个就是研究者有熟人在枫村投资，有助于顺利进入该村开展调研、参与相关活动，有更多的机会与各类组织、参访团和人员打交道，可以比较方便地进行观察、耳闻、聊天和体验，有助于实地研究所强调的"共述""共景""共情"的递进。①

### 三 叙述和阐释：我的身份与位置

经验研究一般强调研究者与研究对象之间是相互隔绝的，研究者应该"超然"（detachment）于"社会事实"之外，追求马克斯·韦伯的诠释社会学所提出的价值无涉，客观收集研究数据。可反思科学却把研究者的"卷入"（engagement）看作"获取知识的必要途径"，并以此为前提，通过多重对话来逐步实现对经验现象的解释。② 因而，在拓展个案研究中，强调研究者对社区生活的介入或干预。布洛维认为，"干预的确制造了紊乱，但那不是要予以消除的噪音，而是值得欣赏的音乐，因为它传递出参与者世界中的隐秘"③。从干预过程的彼此互动中发现有价值的"异例"，但这并不意味着研究者能够以自我为中心，肆意制造干预。可见，社会科

---

① 潘绥铭等：《论方法：社会学调查的本土实践与升华》，中国人民大学出版社 2011 年版，第 295 页。

② [美] 麦克·布洛维：《公共社会学》，社会科学文献出版社 2007 年版，第 79 页。

③ 同上书，第 98 页。

学研究中的观察者是受到干扰的观察者,也是起着干扰作用的观察者。尽管这种观察者的介入能获取研究者需要的数据,但正如布里约恩(Brillouin)所说:"凡获取信息的观察从潜在意义上来说,都是负熵的,也就是说,获取信息的观察本身就可以产生一些行为,这些行为会增加宇宙中的复杂性或构造。"① 这就意味着"我"的介入也增加了对研究对象的影响力。其中存在的研究伦理问题将在后文进行讨论。

  为了能够按照拓展个案法的操作规范进行研究资料的收集,在2010年、2011年先后两次自主性调研的经验基础上,2013年4月,笔者在朋友引荐下,再次进入枫村调研。与前几次的进入现场观察相比,2008年、2009年是以客人的身份进入枫村消费。2010年、2011年再访枫村,笔者则是以一个非参与观察者进入该村收集课题研究资料。而2013年4月至7月和2013年12月、2014年1月的五个多月里,笔者是以一个参与者的身份进入研究现场,对自己的研究有自主权和独立性,同时能够在乡村生活中"积极参与到当地事务中去,可以对当地的行为方式和感受方式进行移情的理解"②,实现在过程中观察。以客人身份出现在村落里,与村民之间的交流完全是主顾之间的市场交换关系,报告人的言说自然是站在东道主的立场,其间不乏溢美之词;以一个民间研究者的身份出现在村庄时,此时的交流相对比较正式;而以参与者的身份进入时,研究者与村民之间的关系发生了微妙的变化,他们把研究者既看作"文化人",又视为有一定话语权和影响力的"公家人"或"有单位的人"。这种认知完全是随着角色转变所引起的,因而互动的社会情景自然也产生了一些有意思的微妙变化。在笔者看来,保持"我"在"他者"世界的客观存在,有助于作为观察者的"我"更好地理解日常生活场景中的"他者"经验,毕竟在自然场景下进行田野工作不是一个人独自完成的,而是通过与研究地点中其他人的关系来完成的。但是这样的观察、理解与解释并不意味着研究者要将自己的意义体系与被研究者的意义体系相混淆,我们应该在被研究者的日常系统中完成对被研究者的"投入的理解"和"同感的解

---

  ① [法]艾德加·莫兰:《社会学思考》,阎素伟译,上海人民出版社2001年版,第7页。
  ② [美]罗伯特·埃默森等:《如何做田野笔记》,符裕等译,上海译文出版社2012年版,第5页。

释"。① 在格尔茨的民族志叙述中,我们也能够看到作者的影子在"他者"世界中出现,但并没有从根本上妨碍对"他者"世界的观察与理解。

从表述的角度来说,"我"是以叙述者的身份出现的,按照格尔茨的说法,"人类学写作本身就是阐释",民族志的任务是要建立"他写",通过"微观的描述","来着手进行这种广泛的阐释和比较抽象的分析"。② 在卢晖临看来,叙述是分析性的建构或者综合,它们将过去和当代的很多行动和事件组合成一个前后连贯的有关系的整体,该整体对其组成元素赋予意义并作出说明,同时也由这些元素建构自身。如果不是这样,那些行动和事件就会显得支离破碎,互无关联。③ 为了将"我"的田野描述成由诸多述说拼接而成的一幅较为生动的乡村日常生活画面,"我"开始在"他写"与"他们说"之间建立一种互动关系,与被观察者共同建立一个"地方性文化"的日常对话情境。舒茨的日常生活现象学强调"人类表达的所有意义都是具有情境性的",认为"所有真正地理解他人都是奠基在理解者的自我诠释活动中","自己的我对体验所进行的自我诠释与身为解释者的他我对于他人体验所作的诠释"都不能忽略建构意义的场景,也就是对意义的社会行动进行理解或诠释时要把主观意义及其行动者联系起来,在"意义脉络"与"经验脉络"之间的互动。④ 所以,在从现场文本向研究文本转换时,既有"我"的主观叙述,也有不加翻译地直接引用村民的自述,目的是通过两种不同的语言结构来建立起认识枫村文化再生产的工具。也许"我"的叙述文本并不能够被"我"所关注的乡亲们所阅读和理解,但"我"要表明全文的叙述框架是在"我"的知识体系下建立起来的,企图把属于"我"的个体叙事与社会叙事联系起来,把自己的叙事知识合法化,当作理解社会的一种认识方式以及与理论对话的一种交往形式。

必须承认,人类学的民族志观察无法拥有一双"上帝"般的眼睛,观察者本身也是社会这架机器中的一个零件,"没有什么得天独厚的观察

---

① 谢立中:《日常生活的现象学社会学分析》,社会科学文献出版社2010年版,第6页。
② [美]克利福德·格尔兹:《文化的解释》,纳日碧力戈等译,上海人民出版社1999年版,第17—24页。
③ 卢晖临:《迈向叙述的社会学》,《开放时代》2004年第1期。
④ [奥]阿尔弗雷德·舒茨:《社会世界的意义构成》,游淙祺译,商务印书馆2012年版,第142页。

位置可以使认识合理而客观,只有通过克服困难和不确定性,才能追求真理和可证实性"①。所以在参与观察中肯定会有遗漏,而且民族志文本本身就是一套"我"选择的过程,也是对"他者"、对"我"或者外部世界开放和隐匿尺度所进行的丈量,其中不可避免地会嵌入自己语言中的无意识结构。这就构成了民族志写作的限度,而有限的参与可以作为一种体验的方式存在于文本中,这也是对民族志"全知视角型"叙述的一种回应。② 笔者在资料选择和叙述中不会去刻意掩饰"我"在民族志写作中的影子而彰显所谓的客观与中立。因为与其将参与观察者的影响隐藏起来以冒充客观,倒不如坦然地展现"我"在"他者"世界和民族志作品中的存在,并对此加以反思,以此体现出研究者的自知之明。因为"我"的生活经验、知识偏见等主观因素会影响田野经验的描述和分析的客观性,而且这是无法避免的实际存在。事实上,即使田野作业经验丰富的调查者也不可能像一台隐藏在日常生活中的、无处不在、无时不在的"全知视角型"摄像机一样将"他者"的生活过程原原本本地记录下来,又能够完全保证"自我"的"不在场"(absence)。只是说,我们能够认识到自己不可能完全和社会脱离开来,这会激励我们与社会保持距离,努力保持客观,以便从最大限度上追求"我见证"(I witness)的客观性。而且从现有的研究实践来看,越来越多的研究者在呈现作为研究客体的"社会事实"时已经注意到"自我涉入"问题,并试图以"我"与"他者"的交往为线索,组织经验材料。③ 在格尔茨的作品中,我们就能感受到作者的影响在"他者"世界中出现,而这种田野关系(field relations)并未从根本上妨碍格尔茨对"他者"世界的观察、理解和阐释。

---

① [法]艾德加·莫兰:《社会学思考》,阎素伟译,上海人民出版社 2001 年版,第 20 页。
② 萧楼:《夏村社会:中国"江南"农村的日常生活和社会结构(1976—2006)》,生活·读书·新知三联书店 2010 年版,第 298—300 页。
③ 谭同学:《桥村有道:转型乡村的道德权力与社会结构》,生活·读书·新知三联书店 2010 年版,第 43 页。

# 第二章 乡村文化发展研究的主要理论视角

> 文化是我们产生的母腹，是我们每个人及其命运经受锻打的铁砧。对人类文化及其运行的研究同时也就是勇敢地进入社会领域、探索我们自己。
>
> ——［美］罗伯特·F.墨菲

文化作为社会的重要组成部分，是人类历史发展的符号和印记，是人类活动的总结和记录方式。文化不仅是一定历史时代的综合反映，更是未来社会发展的先导，文化底蕴体现和展示着一个国家、民族以及每个个体的生命力。但是，随着社会经济的发展，尤其是城市化进程的加快，乡村文化边缘化、农地锐减、村庄衰败、城乡鸿沟等问题比较突出。为有效解决"三农"问题，国家出台了一系列农村改革政策和乡村文化建设措施。不仅如此，在学理层面，经济学、政治学、社会学、人类学、传播学等学科也围绕乡村文化建设进行了大量研究，取得了不少成果。并且一直以来，社会文化变迁就是传播学、人类学、社会学等学科的主要研究对象。因此，笔者在回溯学术史时也主要从这三个学科的研究视野进行梳理，在此基础上，形成自己的概念框架。

## 第一节 传播与发展：传播学视野里的文化变迁

文化是人类独有的现象，作为一种生活方式，"文化是整体性，因此没有一种变化是与整个系统绝缘的"，而"表明社会群体或文化存在的一个最好的风向标是传播"。① 美国学者克莱格（R. T. Craig）在对传播理论

---

① ［美］朱莉娅·伍德：《生活中的传播》（第四版），董璐译，北京大学出版社2009年版，第95—100页。

的传统进行区分时，提到了社会文化（socio-cultural）传统将传播视为社会现实的创造和建构，其核心观点是"传播产生和再生产文化"。① 表明了在人类文化的形成与发展中，传播起着关键性的作用，传播表达并维持着文化，传播实践塑造着文化生活。对于个体而言，文化不是先天所固有的，而是具有后天习得性，个体的文化习得过程实际上是通过传播来完成的，所以个体是文化塑造或构建的结果，而文化塑造或构建的过程又是一个传播的过程。那么，传播在文化建构中到底起着什么样的作用呢？传播是如何建构文化现实的呢？吴飞等对此进行了理论归纳，认为传播通过对"个体的文化建构""建构个体情感""建构文化身体"、建构想象的民族共同体来建构文化现实，这种建构既是一个传播和互动过程，也是个体或群体的认同和适应过程，其中大众传播媒介通过对真实社会的建构影响了个体的社会文化感知，从而通过个体或群体认知建构新的文化或社会现实。② 可见，这种观点强调传播的文化或社会建构功能，传播媒介重塑了社会的时空结构，建构了社会关系空间，改变了人类感知世界的方式，从而影响文化变迁。但是，不同的传播理论范式对于这种文化转型机制和文化建构功能的认识路径是不一样的。

## 一 结构功能主义视野下的传播与文化

（一）传播的文化功能

"功能主义本不是源自传播学的一种理论框架。准确地说，它是将生物学解释框架移植到社会科学的过程中形成的一种社会分析范式。"③ 但在传播学领域，功能主义一直是一个非常重要的学派和研究思路。功能主义从奥古斯特·孔德创立"社会物理学"（Social physics）开始，人类社会被视作自然界的一部分，并且有研究人类社会秩序的社会静力学和研究社会变迁的社会动力学之区分。之后，经由斯宾塞"社会有机体论"的进一步发挥，社会被类比为生物有机体，如同生物器官一样，社会的各个组成部分也自有其不同功能。再经涂尔干、马林诺夫斯基等学者的拓展，

---

① 韦路：《传播技术研究与传播理论的范式转移》，浙江大学出版社2010年版，第15页。
② 吴飞等：《传媒·文化·社会》，山东人民出版社2006年版，第358—371页。
③ 胡翼青：《超越功能主义：何以必要与如何可能》，《中国社会科学报》2012年2月22日第8版。

到 20 世纪中叶，帕森斯和默顿将其发展到顶峰，"功能主义"成了社会哲学中一个十分重要的观念。而深受社会哲学影响的传播学也在相当长的时期内深受功能主义的影响，甚至可以说功能主义意识形态几乎决定了传播学（尤其是美国传播研究）的"主流面貌"。[1] 笼统地讲，功能主义就是研究社会如同生物体一般的功能性运作规律，"是一个描述社会运行方式的宏观理论范式，它阐明了社会的存在方式——社会的整体性、子系统之间的相互依赖性和社会有机体整体的和谐性"[2]。属于理解局部与整个社会之间的关系的一种超级理论（super theory）。

在功能主义认识论看来，社会是由相互依存的各种结构性要素构成的一个整体，系统中的每一部分都承担相应的功能，当各部分所承担的功能正常发挥时，整个社会系统就能维持稳定并和谐运转，而各结构性要素之间的复杂互动则是社会发展演变的动力机制，社会系统的功能分化就成为社会变迁的根源。以功能主义观念为基点的传播研究，则立足于社会现实，强调作为社会结构一分子的大众传播系统对维护社会有机体的整体健康状态所能发挥的控制与协调功能，于是形成了各种大同小异的关于传播系统的功能之说。其中，在对传播与文化的认识上，比较有代表性的观点，一个是拉斯韦尔（H. Lasswell）的三功能说，认为传播担负着传承文化和延续文明的社会功能；另一个是施拉姆（W. Schramm）的大众传播"社会化功能"，认为大众传播媒介能够提供知识和经验，传承文化遗产，提高大众的教育水平，而且"使人们达成社会共识，包括道德共识、历史共识、文化共识和集体记忆，同时也认识差异"。[3] 显然，在这里，拉斯韦尔和施拉姆都还是强调传播的文化整合功能。而帕克（R. E. Park）则在《移民报刊及其控制》中提出了传播的社会认同与社会区隔功能。他认为，"在我们的日常生活中，传播的社会功能就是这样一种两重性结构：一方面，它因为社会认同而导致社会区隔；另一方面，它因为社会区隔而强化了社会认同，两者之间相互建构。通过这样一种互动方式，社会

---

[1] 吴予敏：《功能主义及其对传播研究的影响之审思》，《新闻大学》2012 年第 2 期。
[2] 刘海龙：《中国传播研究中的两种功能主义》，《新闻大学》2012 年第 2 期。
[3] 李岩：《传播与文化》，浙江大学出版社 2009 年版，第 64 页。

的文化整合成为可能"①。应当说，在帕克的理论框架里，传播的文化整合功能不再局限于单一的社会控制和认同功能，更注重传播的包容性在强化社会文化认同中的作用。

（二）传播是社会文化转型的外在动力机制

由于功能主义是 20 世纪美国社会科学研究的重要路径之一，所以美国的主流传播研究也一直致力于研究大众媒介在个人生活与文化、社会制度的关系建构中的作用和效果，并且做出因果解释，提出预见。约翰·杜威（John Dewey）特别强调传播的作用，认为"社会不只是经由（by）传输，经由传播而存在，我们还可以很持平地说，社会存在于（in）传输、存在于传播。共同（common）、社群社区（community）与传播（communication）这些字眼的联结还不只是词语上的。人之所以可以说是住在同一社群、社区之内，是因为他们拥有共同的东西与事物；人们有了共同之处，正是因为传播的存在"②。他认为"大众传播是社会变迁的工具"，并且一直努力坚持媒体改良社会。1925 年，杜威在《经验与本质》中指出传播作为一种工具，"使我们从其他事物的巨大压力中解放出来"③，非常明显地体现出实用主义哲学观，认为作为工具的传播系统必须服从于统治阶级维护现行社会秩序的基本目的。深受杜威影响的库利（C. H. Cooley）在《传递的理论》中谈到了对传播的认识，他把传播现象与其他社会现象联系在一起加以考察，把传播与社会看作有机的整体，社会变革的进程主要由社会环境的演化来决定，在此过程中，"传播是人类关系赖以存在和发展的手段"④。库利被公认为传播研究史上解释传播媒介如何改变社会文化和人的行为做出成功尝试的第一个人。⑤ 杜威、库利、帕克等人的传播研究建立在行为科学基础上，在这些芝加哥学派的学者看来，传播不仅是一种信息传递的过程，而且是一种通过象征性符号互

---

① 转引自胡翼青《超越功能主义意识形态：再论传播功能研究》，《现代传播》2012 年第 7 期。

② 参见 Dan Schiller《传播理论史：回归劳动》，冯建三等译，五南图书出版公司 2010 年版，第 37—38 页。

③ ［美］丹尼尔·杰·切特罗姆：《传播媒介与美国人的思想——从莫尔斯到麦克卢汉》，曹静生等译，中国广播电视出版社 1991 年版，第 117 页。

④ 同上书，第 104 页。

⑤ 徐耀魁：《西方新闻理论评析》，新华出版社 1998 年版，第 56 页。

动的文化建构过程,并且深信传播技术的革命对社会具有巨大的推动作用,"仅凭传播就能够创造一个大的共同体"①。面对传统社区生活的瓦解以及人与人之间面对面交流的缺失,芝加哥学派的学者们并未悲观,而是将传播媒介看作改良社会的工具,认为"传播远远超出单纯的信息传递和交流:传播创造和维持社会"②,以此来追寻更美好的生活和重建社会变迁后的理想形态——"共同体"。

实际上,文化构筑了我们的现实社会,社会又通过传播媒介来建立和巩固文化,传播与文化密不可分。浙江大学教授李岩在讨论大众传播与文化的相互作用时认为:"大众传播媒介不但传播信息,也讲述故事",传播的信息中已包含了媒介的文化态度,因而媒介作为故事的讲述者,其信息传播过程也是对个人进行文化身份塑造的过程。此外,"大众传播是文化大讲堂","在社会化过程中,各种文化模式——仪式、规则、价值、思想和实践得以代代相传,依靠群体内部个人与个人之间、群体与群体之间的传播。传播效果导致人们彼此之间的文化欣赏与认同,成为进一步传播的文化背景"。③ 可见,传播要达到预期目的,必须遵循一定的法则,而文化又需要借助一定的传播手段才能成为社会文化。庄晓东具体归纳了传播与文化的关系:人类历史上传播过程与文化过程一直互相影响和制约;传播媒介的不断革新是促进文化丰富与变迁的中介力量;现代大众传播媒介是文化走向大众的物质与技术载体,直接塑造着文化生产的方式;大众传播与大众文化的交融导致文化的媒介化和媒介文化的出现。文化因传播而存在,传播以文化为灵魂。④ 有关传播与文化的讨论表明,不存在无文化的传播,也不存在无传播的文化,二者犹如硬币的两面,互为表里。

既然人创造了文化,同时又被文化所创造,那么人是文化主体,同时又是文化对象。因此,我们考察传播对文化的影响问题,是不是可以换个方式来讨论呢? 也就是传播对个人的观念、态度、价值体系的形成

---

① [美] E. M. 罗杰斯:《传播学史——一种传记式的方法》,殷晓蓉译,上海译文出版社2002年版,第169页。
② 同上书,第203页。
③ 李岩:《传播与文化》,浙江大学出版社2009年版,第78—80页。
④ 庄晓东:《传播与文化概论》,人民出版社2008年版,第6—9页。

会产生什么样的影响？答案是肯定的，而且目前已基本达成共识。但是，关于大众传播对个人、社会的影响到底有多大却争论不休。在功能主义传统中，围绕传播效果的直接影响、有限效果、使用与满足等，进行了相当多的假设验证，如议程设置、第三人效果、培养假说、创新扩散等。这种主要采用实证研究方法的"行为主义或功能主义传播研究的特点之一是：通过对各种经验问题的反复研究，给信息传播的效果以'是'或'否'的验证"①。然而，大众媒介的"直接影响"模式或枪弹论效果并不能够解释媒介技术化的人类传播的许多复杂过程。因为"技术的作用从来都与社会关系相干"②。在后来的研究中，人们发现了媒介功能的发挥依赖于许多干扰性的语境因素，其中最重要的因素就是人们的媒介接触行为由"一系列的社会关系调节，这些关系的作用是指导、过滤和诠释人们的媒介经验"③，这说明了大众传播对"作为积极的受众"的影响是有限的。于是传播研究从围绕"媒介为人们做了什么"转向"人们利用媒介做了什么"，强调人们对媒介"使用与满足"，关注信息传播或者广义上的文化传播过程中受众的选择性机制。丹尼斯·麦奎尔（Denis McQuail）认为功能主义理论是以社会和个人的"需要"为出发点来解释社会实践与社会组织行为，"媒介是被社会中的个人用来满足他们的基本需求的资源"④。即便如此，在功能主义意识形态框架下的美国传播研究主要重视的还是传播的文化整合功能，强调线性的因果关系。

（三）作为工具的媒介技术体系对文化变迁的影响

刘易斯·芒福德（Lewis Mumford）说："我们已经能够感到，机器体系不仅作为一种有用的工具，而且作为一种有价值的生活模式而与我们融

---

① 殷晓蓉：《从电报的两重性看"传播"的神秘意蕴——对功能主义传播学研究趋向的思考》，《新闻大学》2012年第2期。

② [美]詹姆斯·罗尔：《媒介、传播、文化——一个全球性的途径》，董洪川译，商务印书馆2012年版，第10页。

③ [美]丹尼斯·麦奎尔：《受众分析》，刘燕南等译，中国人民大学出版社2009年版，第11页。

④ [美]詹姆斯·罗尔：《媒介、传播、文化——一个全球性的途径》，董洪川译，商务印书馆2012年版，第127页。

为一体……作为一种实用的工具，机器体系使环境的复杂程度大大增加了。"① 随着媒介技术体系的变化，人类的文化生态也发生了变迁，这也促使人们从技术进步方面思考文化与传播问题，如哈罗德·英尼斯（Harold Innis）、马歇尔·麦克卢汉（Marshall Mcluhan）、乔舒亚·梅罗维茨（Joshua Meyrowitz）、詹姆斯·凯瑞、保罗·莱文森（Paul Levinson）、尼尔·波兹曼（Neil Postman）、马克·波斯特（Mark Poster）等，形成了西方传播学的技术文化研究的学术集群。陈力丹、陈卫星、胡翼青等学者认为从方法论角度而言这一研究路径自成体系，所以称为技术控制论学派（或控制论、技术主义学派）。② 但笔者在这里仍然将其归入功能主义范畴进行讨论，主要是基于技术主义研究范式的认识论基础其实还是与芝加哥学派对于媒介形态的社会影响这一理论假设有关，而且强调结构功能主义中的系统平衡原则，只不过侧重于从传播媒介技术形态的角度来考察传播对社会文化和人的影响，延续了芝加哥学派把传播置于社会的中心，把媒介看作社会共同体的纽带这种整体的、文化的传播理念，重视并相信现代媒介技术在整合社会、实现共享方面的关键功能。按照英国学者布里恩·温斯顿（Brian Winston）的理解，传播技术与文化的关系呈现出两种取向：一是技术决定论，认为技术是文化变迁主要的甚至是决定性的因素；二是文化决定论则强调社会经济因素，技术仅仅是其中的一方面因素，在影响社会文化的同时也被社会、经济和文化所影响。③ 英尼斯和麦克卢汉就是这两个不同路径上的代表人物。英尼斯认为信息是文化、社会发展的关键变量，他从整体上考察传播与社会的共同演化，并反复强调："一种新的媒介的长处，将导致一种新的文明的产生"④，技术是整个文化结构的动因和塑造力量。在他那里，现代机械媒介往往强化了文化和社会关系

---

① ［美］刘易斯·芒福德：《技术与文明》，陈允明等译，中国建筑工业出版社2009年版，第315页。

② 学者们对这一研究范式的表述虽有差异，但本质上是一致的。在陈力丹《试论传播学方法论的三个学派》、陈卫星《传播的观念》和胡翼青《传播学：学科危机与范式革命》中均有不同的表述。

③ ［英］布里恩·温斯顿：《媒介的产生——技术决定论抑或文化决定论》，来丰编译，《江西财经大学学报》2001年第1期。

④ ［加］哈罗德·伊尼斯：《传播的偏向》，何道宽译，中国人民大学出版社2003年版，第7页。

中的"空间"倾向。麦克卢汉则过于强调媒介技术对心理模式的决定作用，不过他主张把技术放到社会生活、思维活动、人际关系等范畴，历史地研究媒介变化和文化转型的关系，这对讨论传播与文化的关系的确具有启发意义。

总体上看，英尼斯、麦克卢汉的技术研究可以说重新贯通了芝加哥学派所开拓的"作为交流共同体的人类社会"和"作为文化的传播"，让我们看到了在对大众传播媒介进行内容分析和传播效果研究的狭隘学术传统之外，传播研究的还应当包括社会生活、文化发展及人自身的问题。① 而梅罗维茨的媒介情境理论结合了麦克卢汉的媒介技术决定论思想和戈夫曼（E. Goffman）的拟剧理论，同时还吸收了亚历山大（Alexander Jeffrey）关于社会交往中的情境认同论思想。他把媒介的意义与日常社会交流的结构、动态变化、社会场景相联系，认为"电子媒介最根本的不是通过内容来影响我们，而是通过改变社会生活的场景地理来产生影响"②，电子媒介重组了人们日常交往的社会环境，环境变化造成了群体身份、社会角色和等级关系的变化，影响了社会关系整体结构的转变。虽然梅罗维茨夸大了媒介对社会情境和人类行为的影响，但他把传播媒介看作社会情境的一部分，较好地处理了受众与媒介的关系。这对我们考察特定环境中的传播媒介与社会行为、文化变迁的关系以及社会关系中的实践与行动提供了新的思路。整体上看，技术控制论学派把传播的媒介技术本身看作是社会变迁和文化发展的重要动力，强调传播技术在现代社会进程中的作用。在技术决定论者看来，传播媒介技术通过作用于人的心理认知模式和社会组织结构，决定着人类社会关系和文化生活的形成、发展与变迁。用一句话概括，即传播技术塑造了文化形态。

（四）国内传播与文化研究的功能主义取向

在中国的传播研究中，功能主义的影响力主要表现在：几乎所有的思考都是围绕功能主义展开的，"无论是出于怎样的政治立场、价值取向、学术领域，无论是继承、拓展或是批判、另辟蹊径，无论是在自觉层面还

---

① 李洁：《传播技术建构共同体——从英尼斯到麦克卢汉》，暨南大学出版社2009年版，第140页。

② ［美］约书亚·梅罗维茨：《消失的地域——电子媒介对社会行为的影响》，肖志军译，清华大学出版社2002年版，第6页。

是思维潜意识,结构功能主义都是中国传播学无法回避的一个中心点"①。虽然中国的传播研究者很早就已经知道"结构功能主义",但真正贯彻功能主义理论框架和研究规范的严肃研究并不多。而且囿于中国传播研究的语境,导致研究者更多地把功能主义当作意识形态而不是一种学术路径,所以很多研究者"选择了肯定和服务现有体制的立场,并且希望通过自己的介入,改变权力的运行方式,为整个体制找到更好的功能替代"②,以这一合作而非批判或者反思的立场去进行自己的传播研究。这种预设的研究立场在后面将讨论的乡村传播研究中表现得尤为明显。对于中国大陆学界在功能主义理论框架下讨论的传播与文化方面的研究回顾,笔者将在接下来的部分进行专门讨论,此处暂不作梳理。

　　总之,对于功能主义理论框架中的传播与文化两者之间的关系,无论是采取实证研究方法开展的传播效果研究,还是基于诠释论范式所讨论的媒介与文化建构,都强调社会传播尤其是大众传播在文化发展中的功能、作用和效果,把传播当作文化转型、发展与变迁的重要外来动力机制加以测量和观察。只是经验研究更多采用行为主义取向,沿袭"行政学派"的研究路径,注重经验材料和实证考察,希望通过定量方法技术,将传播学变成一种"可操作的行政研究",把传播的永恒母题设定为"传播与社会的控制或传播与文化的控制",③ 以实现社会多元利益的协调,求得社会发展的平衡和稳定,坚持媒介中心主义,缺乏对社会宏观结构与制度的必要反思。需要强调的是,功能主义取向的传播研究忽视了社会发展的历史,难以洞察传播在社会文化变迁与发展中的"秘密"与"内幕"。当然,我们强调反思结构功能主义意识形态对传播与文化研究的影响,并不是要全盘否定功能主义与实证研究路径,也不是认为学术研究不应该为现实社会文化发展出谋划策,"而是指出它不应该单纯地成为一种社会管制工具和经济增值途径,恰恰相反,它应该更广泛地干预现实,成为社会进

---

① 孙玮、黄旦:《超越结构功能主义:中国传播学的前世、今生与未来》,《新闻大学》2012年第2期。

② 刘海龙:《中国传播研究中的两种功能主义》,《新闻大学》2012年第2期。

③ 胡翼青:《传播技术与文明变迁:传播学的永恒母题——基于传播学科创新的思考》,《新闻与传播研究》2007年第1期。

步与革新的力量"①。但是，由整体论或系统论、功能论或目的论、演化论或变迁论三方面有机构成的功能主义理论的核心观念对于我们理解传播与发展议题是有启发、借鉴意义的。人类学家拉德克利夫—布朗认为，在此基础上所形成的功能解释模式仍然适用于探讨社会形态、社会生物学和社会发展问题。② 对社会发展问题的探讨其实就是解释社会与文化变迁问题，通过微观观察了解其中的结构和功能机制，为我们理解复杂的社会系统提供了一条便捷的路径。

## 二 发展传播研究与社会文化变迁

国外一部分关注发展问题的学者和机构对大众传播感兴趣，持续关注传播在发展背景中的角色问题，并致力于构建利用媒体推动社会发展的理论，建立了特定的研究框架，形成了不同的发展传播研究范式。Fraser 和 Restrepo-Estrada 在 1998 年对发展传播学做了全面诠释，认为："发展传播学是利用传播的过程、技术和媒介，帮助人们全面认识他们所处的环境以及变革的手段，帮助人们解决冲突、达成共识，帮助人们制订改革和可持续发展的计划，帮助人们获取必要的知识和技能以及改善自身的处境地和社会状况，提高机构的效率。"③ 目前，国内外有关发展传播的研究较多，虽然对发展与传播等核心概念的理解尚不一致，但不可否认，"发展"是 20 世纪 50 年代以来深刻影响人类的思想观念和实践，在这一意义上，发展及相关的发展传播研究仍具有社会相关性。④ 从所有传播与发展方面的研究成果来看，发展传播研究在方法论、认识论上还是在功能主义理论框架中进行的，强调传播技术在发展中扮演的角色，以"西方中心"（Western-centric）为价值取向的发展理论去思考"媒介、传播与发展"（Media, Communication and Development, MCD）的关系问题。Linje Manyozo 总结了 MCD 研究的三个方法论类型和理论进路，认为发展媒介

---

① 林颖、石义彬：《反思与超越：论媒介与文化研究的功能主义意识形态》，《北京理工大学学报》（社会科学版）2015 年第 4 期。
② ［英］拉德克利夫—布朗：《社会人类学方法》，夏建中译，华夏出版社 2001 年版，第 59 页。
③ ［美］维伯特·坎布里奇：《传播学的里程碑与国家发展》，转引自［美］叶海亚·R. 伽摩利珀《全球传播》，尹宏毅主译，清华大学出版社 2003 年版，第 120 页。
④ 李萌：《技术迷思与发展传播研究》，《国际新闻界》2013 年第 2 期。

取向（media for development）强调传播内容，关注用媒介去促进积极的态度与行为改变；媒介发展视角（media development）则关注传播结构，主张通过改变媒介结构去促进社会的良性治理；而参与式或社区传播研究（participatory/community communication）侧重传播过程，探讨作为本土知识体系的乡村传播、社区卷入在政策决策中的作用。① 之所以在此单独梳理发展传播与社会文化变迁的关系，主要是发展传播的研究视野对中国社会发展，特别是对乡村社会发展方面的研究产生了深刻而重大的影响，而且早被西方理论界所抛弃和批判的现代化理论范式中的传播技术与发展的乌托邦神话远未破产，至今仍然是国内乡村传播研究的热点议题，并且在政策层面对中国乡村社会和少数民族地区经济建设与文化发展产生着重要影响。

（一）发展传播研究的范式转换

尽管彼得·沃斯利（Peter Worsley）认为发展的历史与人类历史一样悠久，但目前国际通行的发展概念可以追溯到"二战"结束以后。② 由于发展传播的内涵丰富，有关发展传播理论及其实践之间具有很强的张力，各学科领域的研究者介入发展传播研究，这就使发展传播研究比一般的传播研究领域更为复杂。一般认为，发展研究大致经过了现代化理论、依附理论和世界体系理论三个阶段。美国学者对自1998年以来的西方发展传播学的演变进行了统计分析，发现最流行的理论有"现代性理论、参与行动理论、多元化理论、文化分享理论、依附理论和现代性批判理论"③。随着传播学对现代化问题的关注，研究媒介尤其是大众传播媒介在社会结构以及对人的现代性的作用促成了发展传播学的兴起。简而言之，发展传播学是"运用现代的和传统的传播技术，以促进和加强社会经济、政治和文化变革的过程。广义地讲，发展传播学就是一种在发展中国家进行传播的原理和实践，是一种有目的的传播，也就是要从理论上探讨西方发达

---

① L. Manyozo, *Media, Communication and Development: Three Approaches*. London: Sage, 2012, pp. 19-23.

② Paulo Freire, *Reflections on the Theory and Practice of Development Communication*, Global Media Journal: Indian Edition, Vol. 2, No. 2, 2011, p. 43.

③ 刘锐：《2001—2010：中国发展传播学研究现状与前景》，《国际新闻界》2011年第6期。

国家的媒体或媒介策略在非西方国家和现代化发展中的作用及其实效"①。半个多世纪以来，随着发展社会学、发展经济学、发展政治学理论范式的转型，发展传播学同样也经历了由现代化理论、依附理论或文化帝国主义向文化多元主义或全球化理论的路径转换，科林·斯巴克斯（Colin Sparks）划分为"主导范式"（及其"延续性变体"和"参与范式"）、"帝国主义范式""全球化范式"。② 这一转换路径表明发展传播理论"从强调媒介传播效果的功能主义模式逐渐过渡到重视社会主体参与性质的社会属性模式。前者充满现代化的诱导和国家主义的想象，后者蕴含多元现代性的反思和主体间性的期盼，这在某种程度上与传播学学科发展的历史逻辑相平行"。③ 方法论取向也逐渐从强调实证方法的量化研究转向以"扎根"为基础的、关注"主体间性"的质的诠释，质的研究与量的分析并重。当然，在探讨大众传媒在国家现代化的过程中所起作用过程中，随着现代化理论和传播效果理论的变迁，发展传播学经历了三代不同的理论范式，对大众传媒对国家现代化的效果认识也经历了强效果和适度效果论阶段。

（二）现代化理论范式中的媒介角色与传播作用

在传播与发展为主导的现代化理论范式中，以丹尼尔·勒纳（Daniel Lerner）的《传统社会的消逝：中东的现代化》和埃弗雷特·罗杰斯的《农民的现代化：传播的冲击》以及施拉姆等人撰写的联合国教科文组织的著名报告《大众传播媒介与国家发展》为代表，在大众传播效果方面属于强效果理论范畴。勒纳将现代化主导范式作为一个理论体系加以发展，他将大众媒介看作现代人格的"神奇的放大器"（Mobility Multiplier），能够非常有效地传播现代性的核心理念，尤其是促使人们具有想象不同生活方式的能力。用勒纳的话来说，在现代化发展过程中，工业化促进了"地理移动性"（geographical mobility），进而造成了"社会的移动性"（social mobility），而社会改变的原动力则是"精神移动性"（psychic mobility），即"移情能力"（empathy），传播媒介则是刺激、传

---

① 徐晖明：《我国发展传播学研究状况》，《当代传播》2003年第3期。
② ［英］科林·斯巴克斯：《全球化、社会发展与大众媒体》，刘舸等译，社会科学文献出版社2009年版。
③ 陈卫星：《关于发展传播理论的范式转换》，《南京社会科学》2011年第1期。

递"移情能力"最好的工具,把"现代化人格"普遍扩散到社会各阶层。① 勒纳的研究为20世纪60年代社会现代化中的个人研究定下了基调,将社会文化变迁看作是一个扩散的过程,大众传媒的作用使得一个又一个的个体内部发生全面的改变。这种变化了的个体成为建设一个现代的、先进的、参与性的社会的基本原料。在《创新的扩散》一书中,罗杰斯把社会变迁的类型分为内生型和接触型两类,欠发达国家和地区的发展多属接触型的,其动力来自外界的新思想和信息的传播等外生变量的影响和冲击,致使该地区的社会结构发生变革。所以,罗杰斯把"新思想、新事物的普及、推广看成是一种特殊的传播形态,社会变革过程实际上是创新、发明被推广采纳的过程"。② 虽然罗杰斯注意到了社会结构、社会制度等宏观因素对创新扩散会产生影响,但他的分析模型主要是从个体层面展开,把媒介接触看成人的现代化的重要中介变量,是一种"神奇的转换器",仍然立足于新技术是线性传递给离子化个体的假设,实际上就是"用传播过程的技术透明性来模糊或过滤背后的社会结构、权力属性和文化特性"③,体现出经验—功能主义学派的去政治化特征。

虽然从20世纪70年代中期开始,罗杰斯从第三世界国家的发展实际,率先察觉到发展的定义有了重要变化,他在《传播与发展:批判的观点》中对自己早期的研究结论进行了比较全面的反思、批判与修正,重新理解发展传播的本质和影响,将发展传播放置于整体的社会变革的理念中思考,但仍然是从"媒介角色的定位"入手,聚焦精英导向,坚持媒介中心化立场,把媒介效果研究作为出发点。后来,罗杰斯等将发展传播努力的重点转向"自我发展",放弃原来"自上而下"的传播方式,代之以运用传媒提供解决人们面临问题的有用信息,把"发展政策"作为自变量,媒介传播作为中介变量,发展政策成为讨论传播与发展的先决条件。认为在发展政策确定以后,经过大众传播这一中介变量的推动,才有

---

① 李金铨:《传播媒介与国家发展——一个学术典范之消逝》,(台湾)《新闻学研究》1981年冬季号。
② 刘玉花、王德海:《国外农村发展传播的历史、现状与启示》,《世界农业》2008年第1期。
③ 陈卫星:《关于发展传播理论的范式转换》,《南京社会科学》2011年第1期。

了国家的发展。① 不过，20世纪60年代，虽然研究媒介与社会文化发展的文献很多，但均不出勒纳、施拉姆、罗杰斯等人的理论框架，"也似乎脱离不了'媒介决定论'的观点，而把其他社会、政治、文化、经济等因素孤立起来，高估了媒介的力量"②。

（三）现代化发展理论的失败与媒介帝国主义的反思

现代化范式理论很快被应用到大规模的社会实践中，但是发展计划是以西方发达国家尤其是美国的经验为普世真理的，将媒介当作发展的施动者，在方法论上"扎根于进化论传统，在价值观上坚持西方中心主义，在认识论上固守现代性与传统之间的二元对立偏见"③，把西方理论整体移植到国情不同的第三世界国家，推动其工业化进程，改变乡村生活方式，却漠视与美国等西方发达国家不同的价值和路径，忽视了当地人的基本需要，脱离了发展中国家的社会结构和文化的特殊性，甚至破坏了发展中国家和地区通向发展的其他可能的途径，最终反而造成了一种新的"电子殖民主义"（Electronic Colonialism）④，导致坚定的反现代、反发展力量重新抬头，最终走向不可控制的变革，使发展传播由"期望增长的革命"变成了"失望增长的革命"。⑤

现代化范式及其实践失败的主要原因在于过分放大了大众传媒在国家发展中的影响而忽视了其他一些社会因素，如经济发展水平、传统观念、政治体制、生活习惯等，而且其文化上的种族中心主义和聚焦于精英和上层的"自上而下的方法论"受到其他研究取向的批判。在对现代化范式和文化帝国主义进行反思的过程中形成了以联合国报告《多种声音，一个世界》为代表的第二代范式，强调建立国际信息传播新秩序，在此基础上使传播技术发挥潜能，引导全民参与，将视角转向底层。这一时期的研究虽然还是强调媒介在社会发展中的巨大作用，但更加关注均衡的传播

---

① 陈龙：《"发展理论"演进中的媒介角色及其再认识》，《新闻与传播研究》1998年第1期。
② 陈昭郎：《传播社会学》，黎明文化事业公司1992年版，第163页。
③ 韩鸿：《参与式影像与参与式传播——当代中国参与式影像研究》，电子科技大学出版社2012年版，第45页。
④ Tomas L. Mcphail：《电子殖民主义》，郑植荣译，远流出版事业股份有限公司1994年版。
⑤ ［法］阿芒·马特拉：《世界传播与文化霸权：思想与战略的历史》，陈卫星译，中央编译出版社2001年版，第157—175页。

环境、传播权力问题。多元文化主义范式从文化层面上更深入剖析了国际信息传播格局不平衡产生的原因,开始反思和检讨文化帝国主义理论和媒介帝国主义理论对发展中国家社会和文化发展带来的创造性破坏和不平等现象。赫伯特·席勒（Herbert Schiller）在《大众传播与美利坚帝国》中最早阐释了"传播优势",即文化帝国主义现象,对当代美国如何运用大众媒体的力量进行全球控制的本质进行了精准和深入的描述。早期的文化帝国主义理论注重从宏观的政治经济结构视角来剖析信息传播过程中的不平衡现象,忽视了受众在信息传播过程中的能动作用。随着传播效果理论的深入,许多学者开始从受众方面来找寻信息不平衡的原因。这些研究打破了"'媒介帝国主义'传统理论的政治经济结构研究的单一视角,揭示了受众接受外来文化的复杂过程,使'媒介帝国主义理论'的研究向媒介、个人、社会等系统全面的互动关系深入"①。

（四）协商民主与参与式传播

从20世纪70年代开始,经过"文化帝国主义"的论战,尤其是80年代西方政治学的焦点回到民主制,协商民主理论被提出,因而发展传播模式不再把社会发展问题简化为大众传媒的信息功能问题,开始从理论上反思发展的数量、质量和发展传播逻辑的可靠性问题,认为各国之间存在差别,没有普世的发展路径,每个国家和地区都必须找到适合自己的发展策略。面对第三世界社会文化发展的真实图景,西方传播学者纷纷重新思考"发展传播理论的背景、发展的含义、对平等和自我参与的关注,以及新的科学技术带来的互动性和及时性对社会的影响等",尤其是欠发达国家和地区的发展传播研究者在对西方理论进行深刻反省的基础上,将"平等、基本需求的满足、富于意义的工作、丰富的和各种各样的人际关系"等议题作为发展传播的基本要素,更加关注发展过程中对环境和本土文化的保护问题,重新重视发展项目的在地化或地方化,使传播机制成为发展的一个有机组成部分。② 其中,"参与"成为研究的重心所在,发展传播项目也开始考虑接受者的意愿和想法,世界银行2012年11月发布的政策报告《在地化发展：需要参与吗?》就集中反思了参与式发展中的

---

① 杨瑞明:《从"现代化"到"全球化"——"媒介帝国主义"理论的发展及其意义》,《新闻与传播研究》1999年第3期。

② 陈卫星:《关于发展传播理论的范式转换》,《南京社会科学》2011年第1期。

经验得失，提出了如何改进参与式发展的问题。①

在这一时期，经拉美传播学者呼吁建立的扎根于本土理论和方法之上的参与式传播理念为欠发达国家和地区广泛接受，并随之成为发展传播理论新的发展路径。不过，参与式传播的主流理论并非来自发展传播，而是在欧洲批判学派、冲突理论与后现代理论影响下形成的观点，其基本理念是将行动研究应用在社区、族群、女性、下层阶级或其他少数团体（minorities）之中。② 可以看出，人们已经认识到参与的必要性，并且认可世界上不同地方的文化差异，尤其是"东方和西方"之间的差异，因此不同社会可以拥有不同的发展方式，发展过程并不只有唯一的方向，也并不存在一个放之四海而皆准的发展模式，"这意味着发展中国家不再是一个毫无个性的整体，发展传播也不只是自上而下的垂直结构，而是一个多方互动的实践、一场对话和一个参与过程"。显然，这里的发展或者增长"不只是一个数量概念，一个技术概念，还是一种社会概念"，更加注重社会参与和公平发展，实际上就是强调个人以发展主体的身份参与社会发展过程。③

在新的参与范式中，传播方式是建立在对话原则的基础之上的，传播最根本的目的不再是传递信息，而是通过横向传播和协商对话去"建立一个人们能够独立维持的新的社会结构和运作方式"，促使"这个社会群体自身下决心改变其生活方式，并在内部找到支撑这种长期改变的资源"，④ 从强调媒介中心转向行动者中心，通过个体对话获得理解并自觉规划行动共同参与社会的建构。所以，当现代化与扩散（modernization and diffusion）的主导范式步入困境时，发展传播学及时吸纳了参与、赋权和可持续这些有价值的理念，与以往的传播理论相比，已经变成了一个更具包容性的跨学科研究领域（interdisciplinary field）。参与传播范式很快便在学术界替代了现代化理论范式的地位，吸引学者进行多角度的研究

---

① Ghazala Mansuri and Vijayendra Rao, *Localizing Development：Does Participation Work?*, The World Bank, 2013.

② 郭良文、林素甘：《从参与式传播观点反思兰屿数位典藏建置之历程》，（台湾）《新闻学研究》2010年春季号。

③ 陈卫星：《关于发展传播理论的范式转换》，《南京社会科学》2011年第1期。

④ ［英］科林·斯巴克斯：《全球化、社会发展与大众媒体》，刘舸等译，社会科学文献出版社2009年版，第63—64页。

和探索。如 Baiba Pētersone 从公共关系的理论框架对社会变迁所做的综合性发展传播研究;① 戴尔·亚莉克莎（Dare Alexa）从社会建构视角对参与式传播与发展的分析;② 西尔维奥·瓦士波德（Silvio Waisbord）从制度主义视角对国际援助在参与式传播与组织作用中的一些流行观念所做的反思;③ 托马斯·雅各布森（T. L. Jacobson）基于社区参与在指导社会变革方面的价值已被普遍认同的背景，运用哈贝马斯的交往行动理论，试图寻找一种实用性工具，去测量被广泛应用于发展传播项目的设计、实施和效果评估中的"参与"与行为改变之间的关系。④ 不过，以参与传播范式理论作为行动指南，可能导致的结果是开放式的，对参与的解释也是多样化的，而且更重要的是在现实的参与传播行动中，完全的赋权难以真正实现。

综观国际发展传播研究，总体上还是呈现出一种多元化、反思性的研究取向，而且"从概念、结构和方法论上建构了一种能够促进社会变迁战略的多元化路径，并不断反思和批判传播媒介的发展在社会变迁过程中的作用"⑤。与大众传播研究领域的其他理论不同的是，发展传播学更侧重于与实际的联系，强调大众传播具有动态的发展社会运动的功能，建立在"行动研究"的观念上，⑥ 属于一种迈向实践的社会学。只不过更加强调"技术现代性"，主张通过发展科技改造自然，促进社会变革，但发展传播计划的成功"常常需要其他重大的社会变革的配合，没有这些变革，前者（笔者注：指技术现代性）很可能是无效的，但变革的过程几乎不

---

① Petersone Baiba, *Integrated Approach to Development Communication: A Public Relations Framework for Social Changes*, International Communication Association, Annual Meeting, 2007, pp. 1-28.

② Dare Alexa, *An Analysis of Participatory Communication for Development: A Social Construction Perspective*, International Communication Association, Annual Meeting, San Diego, 2003, pp. 1-29.

③ S. Waisbord, *The Institutional Challenges of Participatory Communication in International Aid*, Social Identities, Vol. 14, No. 4, 2008, pp. 505-522.

④ T. L. Jacobson, *Measuring Communicative Action for Participatory Communication*, 54th Annual Conference of the International Communication Association, May 2004.

⑤ Karin Wilkins, *Retro-Theory Resurfacing: Positioning Media Development within Development Communication*, International Communication Association, Annual Meeting, 2007.

⑥ 杨孝濚:《传播社会学》，台湾商务印书馆1979年版，第359页。

可能只在技术领域中发生"。① 而且柯克·约翰逊（Kirk Johnson）也认为，发展传播学的很多研究"倾向于关注'个人归因'（person-blame），而不是'体制归因'（system-blame）。心理变量对于理解变迁是重要的，但是绝不能单独剥离出来并放在真空中分析"②。这都说明单从大众传播媒介及其影响方面思考传播与发展问题存在局限性，在一定意义上窄化了发展传播的研究范围，技术发展之外的其他重要维度被遮蔽。

发展传播研究作为发达国家的政策科学家们为后发国家开出的一剂社会发展"药方"，一直坚持媒介中心主义取向，强调媒介促进发展的工具性功能，在批评与质疑声中不断发展，历经几次理论范式转型，但始终无法走出危机，从而"渐渐走入僵化，不再有新意，这不是因为无话可说，而是因为已经穷尽了自己的逻辑"③。即使科林·斯巴克斯尝试发展一种"新的范式"，以推进发展传播理论向前发展，但他的这种"新范式"仍未能讨论清楚全球化时代发达国家与发展中国家之间的结构性不平等，就"使得他的理论企图在很大程度上会落空"④。不过，有关传播与发展的探索对于当下转型期的中国社会尤其是农村地区，都具有一定的借鉴和启发意义。而且我们应该立足于乡村现代化语境，从新的角度去审视发展传播研究，重新发现"发展"与"传播"的关系及意义，也许能给我们的研究带来新的思考空间，进而能够为中国乡村传播研究与社会发展创造理论财富和行动路径。

### 三 乡村传播研究与乡村文化建设

国外的乡村传播研究主要集中在发展传播领域，在此首先应当提及的是美国学者柯克·约翰逊，他采用民族志方法考察印度乡村生活的社会语境及电视在不断变迁的印度乡村中所发挥的作用，系统地分析了电视媒介

---

① ［英］科林·斯巴克斯：《全球化、社会发展与大众媒体》，刘舸等译，社会科学文献出版社 2009 年版，第 213—214 页。
② ［美］柯克·约翰逊：《电视与乡村社会变迁：对印度两村庄的民族志调查》，展明辉等译，中国人民大学出版社 2005 年版，第 32 页。
③ ［法］埃里克·麦格雷：《传播理论史：一种社会学的视角》，刘芳译，中国传媒大学出版社 2009 年版，第 54 页。
④ 邓正来：《全球化时代的发展传播学》（中文版代序），转引自［英］科林·斯巴克斯《全球化、社会发展与大众媒体》，刘舸等译，社会科学文献出版社 2009 年版。

对乡村生活的影响，填补了这一研究领域的空白。在他的影响下，在中国大陆运用民族志方法考察乡村社会发展成为一种重要的研究路径。

（一）国外乡村传播研究主题范围的拓展

近年来，欧美学者对乡村传播的研究范围从乡村经济发展方面拓展到乡村社会发展领域。世界银行报告《缩小乡村传播沟：智利（1995—2002）》，围绕智利乡村社区的电信发展项目的实施问题，分析了乡村社区中的个人与社会的传播成本和效益问题，强调缩小城乡传播沟的重要性。[①] Ricardo Ramirez 的博士论文《边远乡村地区的信息传播技术利用与社区发展》立足于扎根理论，通过个案研究和参与行动等方法，探讨了加拿大安大略省的边远农村的信息传播技术在实现社区发展目标中的作用，提出了一个理解分析边远农村地区的信息通信技术利用模式与社区发展框架，讨论了政策及规制、组织发展、社区、基础设施四个维度之间的相互关系，并认为乡村信息通信技术的利用方案需要通过构建"本土学习区"（local learning space）来激发。[②] Ankur Mani Tripathi 等则对乡村发展中信息传播技术存在的诸多问题及解决途径进行了思考。[③] 朱恩·伦尼（June Lennie）等人在《参与式评估新传播技术方案能否促进持续且包容的乡村共同体建设》中概述了新传播技术的扩散过程，即学习、评估、行动及反思、赋权与农村可持续发展问题，探讨了新传播技术在构建可持续发展的村落共同体中的作用以及影响社区利用新兴传播与信息技术方案的因素，并对参与式发展规划和评估在制定更加可持续、更成功的信息传播技术方案中的作用和参与式评估方法的优势与局限性进行了反思。[④]

在国外乡村传播研究中，随着传播与发展主导范式理论的衰落，研究

---

[①] Bjorn Wellenius, *Closing the Gap in Access to Rural Communications: Chile 1995—2002*, World Bank Discussion Paper No. 430, The World Bank, Global Information and Communication Technologies Department, 2002.

[②] Ricardo Ramirez, *Rural and Remote Communities Harnessing Information and Communication Technology for Community Development*, University of Guelph, Canada, October, 2000.

[③] A. M. Tripathi, A. K. Singh, A. Kumar, *Information and Communication Technology for Rural Development*, International Journal on Computer Science & Engineering, 4 (5), 2012, pp. 824–828.

[④] June Lennie, Lyn Simpson, Greg Hearn, *Can the Participatory Evaluation of New Communication Technology Initiatives Assist in Building Sustainable and Inclusive Rural Communities?* Round-table Presentation to the Australasian Evaluation Society's International Evaluation Conference, Wollongong, New South Wales, 2002.

主题开始拓展到健康传播、民间媒介与社会文化发展等。如凯达·切特尼斯（Ketan Chitnis）在《通过弗雷里实践重建参与传播过程：印度占克德乡村综合健康项目》中，运用弗雷里对话传播与问题生成法则调查了印度马哈拉施特拉邦的占克德地区的乡村健康与社区发展项目的实践过程，在对早期的参与传播理论进行反思的基础上拓展了参与式传播理论，呼吁通过协商对话，赋权当地人，从而建立一个以乡村社区为基础的健康发展典范。① Reshmi Naskarf 通过对孟加拉国马尔达地区反对童婚所做的探索性个案研究，讨论了民间媒体与参与传播在乡村发展中的作用。② Jinadasa 通过考察斯里兰卡的民间传统媒介在乡村社区发展中的传播模式，认为民间媒体具有接乡村生活地气、公信力强、使用熟悉的符号体系、社区参与度高、利用来自乡村生活的经验、情节、主题集中展示，对村民的媒介素养要求最低，因此在乡村社区发展项目中利用民间传统媒介能够发挥很好的效果。③ 这些研究表明，随着人们对传播与发展认识的加深，国外的乡村传播研究也日益多元，关注的焦点还是集中在发展中国家和地区，主要以实施具体发展项目为出发点，行动研究指向性相当明显，多属于政策性的应用研究，目的在于指导发展中国家的经济建设和社会发展。当然，这些研究对中国的乡村传播研究具有很强的借鉴意义。

（二）中国乡村传播研究的主要议题

作为学科建制的传播学在改革开放以后才开始在中国建立起来，而且发展传播学的重点在于建构指导实践的理论，诚如科林·斯巴克斯所指出的，"发展传播的理论主要适用于农耕人口为主的国家，这些农业人口通常具有传统的思维模式，因此该理论成为一种可能的解决方案"④。所以

---

① Ketan Chitnis, *Recasting the Process of Participatory Communication through Freirean Praxis: The Case of the Comprehensive Rural Health Project in Jamkhed*, India. Conference Papers-International Communication Association, Annual Meeting, 2005, pp. 1–31.

② Reshmi Naskar, *The Role of Folk Media and Participatory Communication in Rural Development: an Exploratory Case Study of Combating Child Marriage Malda*, Global Media Journal: Indian Edition, 2(2) 2001, pp. 1–9.

③ Pushpa Kumara Jinadasa, "Community Development Programmes and Folk-media: A Communication Model for Sri lankan Rural Society", *Global Media Journal Indian Edition*, Vol. 2, No. 2, 2011, pp. 1–16.

④ ［英］科林·斯巴克斯：《全球化、社会发展与大众媒体》，刘舸等译，社会科学文献出版社 2009 年版，第 35 页。

在中国的乡村传播研究中，发展传播理论的现代化范式和参与范式影响尤为深刻，而且几乎所有主题都或多或少地涉及乡村文化。

1. 参与式传播与参与式影像实践

发展传播学在不断的修正和自我否定中，走到了今天以参与式传播为主体的多元发展阶段，从一种基本的方法发展成较为系统的理论。作为多元范式的一种，参与式传播的基本原则、操作方法和发展走向一直是20世纪80年代以后发展传播实践和学术研究的一个重要主题。韩鸿在引介参与式传播理论方面做出了大量贡献。他通过考察墨西哥东部大开发中乡村传播系统的基本功能、运作模式和运行效果，建议在我国西部大开发中必须加强乡村内生性、整合性和参与式信息公共服务体系建设，推动乡村社会文化的可持续发展。① 韩鸿在其著作《参与式影像与参与式传播：当代中国参与式影像研究》中比较集中地讨论了参与式传播理论的中国实践问题。他认为"参与式传播作为多元范式的主导理论，其基本理论、操作模式采取了与现代化理论和依附论迥然不同的发展路向，参与式传播的理论和方法对中国乡村媒介建设、文化建设、信息生产方式具有重要借鉴意义"②。从发展传播学的视角对参与式影像的概念、来源、操作程式进行了解答，并对参与式影像在中国乡村传播的特殊价值、发展态势及存在的问题进行了探析。③ 实际上，参与式传播的本质就是强调文化在社会变革中的独特价值，而村民共建则是乡村文化建设的基本路径，村民参与的过程实际上也是一个不断"赋权"的过程。在中国台湾地区，郭良文比较系统地介绍并且实践了参与式传播理论，他采取"参与光谱"（The Participatory Continuum）④ 的理论架构来分析探讨台湾兰屿媒体与文化数字典藏计划的发展过程、研究成果与不足之处，力求发展出一个更理想的

---

① 韩鸿：《墨西哥乡村传播系统对中国西部大开发的启示》，《西南民族大学学报》2010年第3期。
② 韩鸿：《参与式传播：发展传播学的范式转换及其中国价值——一种基于媒介传播偏向的研究》，《新闻与传播研究》2010年第1期。
③ 韩鸿：《参与式影像与参与式传播——发展传播视野中的中国参与式影像研究》，《新闻大学》2007年第4期。
④ 郭良文教授在讨论中指出，参与光谱是 DeNegri 等人发展出来的有关参与模式的理论，包括挑选（Co-option）、顺从（Compliance）、咨询（Consultation）、合作（Cooperation）、共同学习（Co-learning）及集体行动（Connective Action）。

原住民数字典藏的参与式传播计划。① 由于参与式传播理念强调"赋权"（empowerment）当地人，深得发展研究者青睐，对今天中国的乡村传播研究影响很大，"对村民个人主体性的重新发现以及对传播媒介嵌入乡村社会结构之中的变革性力量的挖掘似乎成了研究媒介与乡村社会变迁的一种固定模式"②。而旷宗仁则针对当前乡村传播效果不佳的现实问题，从农民的角度出发，以海南黎族农民主要农业发展事件为载体，深入分析了农民认知行为的发展规律及其与传播的关系，并从中探讨限制农民认知与行为发展的瓶颈因素，为解决现有乡村传播面临的困境提供了重要参与依据。③

2. 乡村传播与新农村建设

在讨论乡村传播与新农村建设之前，笔者认为有必要先把中国学者开展的"大众传播与社会发展"方面的研究进行简单回顾。这种类型的研究是在发展传播学的现代化主导范式的理论框架中进行的，在中国大陆起步比较早的应该是张国良主持的教育部重大项目"中国发展传播学"、复旦大学新闻学院与云南大学新闻系联合开展的"云南少数民族地区与社会发展关系研究"、方晓红主持的"苏南农村大众传媒与政治、经济、文化发展的互动关系"研究以及裴正义的博士论文《大众传播与中国乡村发展》等。正是这些研究为后来中国的乡村传播与新农村建设等发展传播学后续研究积累了宝贵资料与研究经验。

如果从源头上考察，乡村传播研究与乡村社会学的确立有不可分割的关系，二者关注的对象都是乡村，只不过前者在最初更侧重于信息传播技术（ICTs）在社会发展中的中心角色，偏向于行动研究。后者主要从宏观或微观层面关注乡村社会结构的互动关系及其变迁。中国农业大学于2005年6月成立了乡村传播研究中心，谢咏才、李红艳、谭英等人是国内主要从事乡村传播研究的学者，他们从中国当代社会城乡变迁的过程出发，探寻城乡信息传播过程出现的种种社会现象，如信息生产与信息消费、信息话语权、信息传播模式、信息文化价值、信息与社会阶层的分

---

① 郭良文、林素甘：《从参与式传播观点反思兰屿数位典藏建置之历程》，（台湾）《新闻学研究》2010年第1期。
② 关琼严：《媒介与乡村社会变迁研究综述》，《中国传媒报告》2012年第4期。
③ 旷宗仁：《乡村传播中的农民认知行为研究》，中国农业大学出版社2013年版。

化、技术变革与信息传播等,致力于构建"中国乡村传播学",①并且在《中国乡村传播学》一书中对乡村传播学的历史发展和研究状况、乡村传播中的信息研究、传者研究、受传者研究、媒介研究、传播模式及其研究方法、发展趋势等都进行了较为系统的梳理。从整体上看,他们提出的乡村传播学主要是基于农业推广和农业发展的角度来讨论的乡村传播问题,其体例仍在功能主义理论框架内展开。因此其方法——参与式乡村传播评估方法也直接借鉴了发展社会学和农村社会学中的参与式农村评估(Participatory Rural Appraisal,PRA),也称为参与式发展研究与实践途径。而且研究旨趣主要倾向于大众传播媒介与乡村发展的思路,是将发展传播学理论和裎在中国广大农村的移植与验证,着重研究社会中不同环境因素对乡村信息传播效果的影响,以推动我国城乡社会的和谐发展。力图"从乡村传播的发展研究中,结合新农村建设的过程,找出一条探寻中国'乡村精神'的一条路来"②。近年来,李红艳、谭英等人围绕该主题形成了系列研究成果,如《乡村传播与农村发展》《乡村传播与城乡一体化》《中国乡村传播实证研究》等。

在乡村传播研究中,也有一些研究者侧重于调查传播媒介在乡村的使用现状,如张明新《知识、态度与乡村社会的家庭互联网采纳》③、高红波《我国城乡受众 IPTV 使用与需求的比较研究》④、刘亭亭《农村青少年的互联网使用研究》⑤等,而冯广圣则通过对"桂村"社会的人际传播网络、组织传播网络、大众传播网络和新媒介传播网络的田野调查,讨论了传播与乡村社会发展的关系;⑥孙秋云等人从社会学、人类学视角出发,对我国中西部地区30多个村庄进行了实地调查,对乡村不同村民群

---

① 谢咏才、李红艳:《中国乡村传播学》,知识产权出版社2005年版。
② 李红艳:《关于乡村传播与新农村建设的几点思考》,《中国农业大学学报》2006年第3期。
③ 张明新、韦路:《知识、态度与乡村社会的家庭互联网采纳》,(香港)《传播与社会学刊》总第10期,2009年。
④ 高红波:《我国城乡受众 IPTV 使用与需求的比较研究》,《中国传媒报告》2013年第1期。
⑤ 刘亭亭:《农村青少年的互联网使用研究:对隆里村的民族志考察》,《中国传媒报告》2013年第2期。
⑥ 冯广圣:《桂村社会传播网络研究》,博士学位论文,华中科技大学,2012年。

体在接触电视文化的传播以后，对相关电视节目的感受、看法以及由此引起的对自身生活方式的影响等方面进行了较为深刻的探讨，对电视传播中由于中央政府惠农式政策的简要性宣传所产生的社会影响及乡村政治局面和治理状况做了较深入的研究，对于乡村社会发展和建设的后续研究有一定的启迪意义;① 也有学者在新中国社会发展的历史脉络中考察传播与乡村发展问题，认为中国乡村传播的特点是大众传播与人际传播结合在一起，强化了民族融合与地方集中。② 从这些研究可以发现，中国乡村传播研究的路径基本上沿袭了发展传播学的实践价值取向，主要还是在发展传播学的理论框架内验证西方经验在中国本土的适应性问题。

3. 乡村传播与乡村治理

在中国，乡村政治是"三农"问题中的一个重要方面，乡村社会治理结构一直是政治社会学、农村社会学关注的重要话题。随着农村社会矛盾的日益突出，"三农"问题日益受到社会科学研究的广泛关注，自然也进入中国发展传播研究的视域。然而一直以来，我国大众媒体在城乡传播中呈现不平衡的态势，"重城镇、轻农村"的现象普遍存在。传播对中国农村政治的发展有着重要影响，因为大众媒体可以打破农村的封闭状态，在信息传递中改变农民的知识素养。因而，"传播与治理具有天然的联系，传播是治理权力的来源，是治理过程的本质，也是有效治理的保障。在乡村治理过程中，传播发挥了政治认同功能、社区整合功能和乡村社会的发展功能"③。章兴鸣考察了民间精英在乡村治理中的作用与功能，进而讨论了 20 世纪前期中国乡村政治传播机制中存在的困局，给新时期的乡村治理提供镜鉴作用。④ 而王越等则考察了媒介化社会背景中国家对乡村社会的治理策略的转变问题，认为随着电视等大众媒体的普及，大众传播已经成为国家整合乡村社会、开展乡村治理的主要策略，并且建构了国家、基层政府与农民之间的"三角"关系，容易形成乡村社会博弈力量

---

① 孙秋云等:《电视传播与乡村村民日常生活方式的变革》，人民出版社 2014 年版。

② Zhao Jinqiu, *Communication and Rural Development in China: A Historical Review*, International Communication Association, Annual Meeting, 2005, pp. 1-33.

③ 蔡麒麟:《乡村社区媒介使用与传播现象研究：以安徽省黟县碧山村为例》，《现代农业科技》2012 年第 16 期。

④ 章兴鸣:《民间精英与乡村治理：20 世纪前期中国乡村政治传播机制》，《东方论坛》2007 年第 5 期。

的均衡，有利于趋向乡村善治。① 蒋旭峰等的著作《抗争与合作：乡村治理中的传播模式》从国家与社会的分析路径，通过个案分析与田野调查，从"抗争性政治"到"合作性政治"范式的转变讨论了协同型传播在乡村社会治理中的传播学实践，认为协同型传播具有增进相互信任、扩大认同单位、推动制衡、促进合作等乡村治理功能。他也注意到乡村治理中体制内外的精英与农民之间沟通博弈与互动模式，认为正确理解和解释乡村精英在此互动过程中的角色、机制、规则与意义，将有利于突出和发挥乡村精英在乡村治理中的地位与作用。② 南京大学郑欣等主持的教育部项目"面向三农的传播服务研究"的最终成果《对农传播：基于受众的实证分析与对策探讨》，专门从乡村治理视角出发，通过实地调查，讨论了对农文化传播与农村文化建设中存在的问题与建设路径，为探索乡土文化的重构路径提供了经验支撑。③ 张斌的博士论文《大众传媒与少数民族乡村政治生活》，以多点民族志为主要方法对三个少数民族村寨的大众传媒与政治生活的关系进行了研究，认为大众传媒在村寨政治文化形成过程中具有重要作用，对村民的政治参与、村寨治理、乡村政治精英、青少年的政治社会化等都有较大影响。④

4. 文化传播与民族文化传承

在全球传播语境下，发展中国家在国际政治、经济秩序中都处于弱势地位，被动的文化输入严重冲击了本土民族文化，给文化多样性带来了"创造性破坏"。在多元文化主义范式下，很多学者开始为全球化浪潮中的本土文化寻求生存与发展策略。庄晓东等人运用实证方法，对网络传播与云南少数民族文化的现代建构进行了探索，并提出了民族文化现代发展

---

① 王越、费爱华：《从组织传播到大众传播：国家治理乡村社会的策略演进》，《南京社会科学》2012年第4期；张斌：《大众传媒与少数民族乡村政治生活：对湘黔桂毗邻边区三个民族村寨的民族志调查与阐释》，博士学位论文，华中科技大学，2012年；张斌、张昆：《文化视域下少数民族乡村政治传播贴近性思考——基于湖南通道侗族自治县独坡八寨的民族志调查》，《新闻界》2012年第11期。

② 蒋旭峰等：《抗争与合作：乡村治理中的传播模式》，浙江大学出版社2011年版。

③ 郑欣等：《对农传播：基于受众的实证分析与对策探讨》，浙江大学出版社2011年版。

④ 张斌：《大众传媒与少数民族乡村政治生活：对湘黔桂毗邻边区三个民族村寨的民族志调查与阐释》，博士学位论文，华中科技大学，2012年。

的思路与对策。① 益西拉姆的《中国西北地区大众传播与民族文化》是国内较早讨论欠发达地区大众传播与民族文化传播之间关系的论著。在发展传播领域，研究者从各种视角切入，去讨论乡村文化传播与民族文化的重建问题。主要有：

①把乡村仪式传播当作传播学本土化的有益探索。主要考察乡村仪式的传播现象，思考仪式传播在乡民生活世界扮演的角色以及仪式在乡村传播系统中所起的作用。② ②对少数民族文化的网络传承进行跨学科的理论探讨，并对少数民族文化网络传承中产生的诸如数字鸿沟、信息爆炸、文化霸权等一系列问题进行反思。③ ③考察大众传媒在地方戏曲保护中的作用。试图为发展传播实践提供一种理念、拓展一种视野、丰富一种意义，从而更好地指导传播实践。④ 此外，也有研究者专门针对自然村层面中国农村居民媒体接触与消费行为进行研究，探究中国农村消费市场与生活形态、农村居民的消费习惯与观念、农村的媒体发展以及市场策略等，或者从乡村传播特点出发考察消费文化对乡村社区的消解和冲击作用；⑤ 立足于全球化的传播语境，考察移民传媒在文化建构中的重要作用或通过个案研究，探究媒介化语境中民族文化的"断裂代"问题以及现代传媒对民族文化传承的作用。⑥ 赵建国则另辟蹊径，从人的迁移角度讨论文化融汇与创新，民族、文化同化与融合等问题，认为"异质文化的融入是重大文化创新的重要条件和途径"，而人的迁移是综合的实体体验传播，也是

---

① 庄晓东等：《网络传播与云南少数民族文化的现代建构》，科学出版社2010年版。
② 樊水科：《乡村仪式传播的研究意义》，《新闻知识》2008年第7期。
③ 赵国宏：《少数民族文化网络传承的教育人类学研究》，博士学位论文，中央民族大学，2010年。
④ 杨瑞：《发展传播学视角下电视媒体的地方戏曲传播研究》，硕士学位论文，西南政法大学，2009年。
⑤ 陈刚等：《中国乡村调查——农村居民媒体接触与消费行为研究》，高等教育出版社2015年版；张雯：《中国乡村传播特点与消费文化的发展》，《广告大观》（理论版）2007年第1期；吴定勇：《南侗大众传播发展及其对侗族传统传播方式之冲击》，《西南民族大学学报》（人文社会科学版）2009年第8期。
⑥ 方玲玲：《全球化背景下移民传媒的文化建构作用与生存空间》，《中国传媒报告》2005年第3期；孙信茹等：《媒介化语境中的民族文化"断裂代"——剑川县石龙白族村的个案研究》，《红河学院学报》2010年第5期。

某种文化的活样本实体传播,是人类最深入的文化交流形式。①

5. 大众传媒与社会文化变迁

一直以来,大众传媒与社会变迁是传播研究的主要议题之一。中国台湾学者陈世敏在《大众传播与社会变迁》中专门讨论了媒介在社会文化变迁中的作用。② 大陆的发展传播研究,大多将研究焦点聚集在农村和少数民族地区。"一些传媒研究者有意识运用这些社会学、人类学、社区发展等学科和理论资源,自觉将传媒与乡村社会文化相连试图探究传媒对传统乡村社区文化带来的冲击和影响,传统乡村社区如何在社会变迁中寻求新的文化发展之路等问题。从目前的研究现状来看研究者主要聚焦于现代传媒对乡村社区的社会、文化、观念、生活方式等方面带来的影响。"③ 方晓红在《大众传媒与农村》中,运用调查法讨论了大众传播媒介与苏南农村社会、政治、文化发展的相互关系,并深入探讨了媒介给农村带来的政治、经济、文化等层面的影响,发现农村的文化反向施教现象,并提出"时间移民"这一农村文化转型的可能途径。④ 王锡苓的《互联网与欠发达地区社会发展研究》则通过黄羊川和金塔两个个案,讨论了互联网在欠发达地区的两种不同应用模式对农村社会发展所产生的影响与作用,具体分析了欠发达地区发展中的"最后一公里"问题。⑤ 曾一果等人则通过对江苏一村庄的田野调查,探索以电视为主的大众传媒在经济领域、社会领域、政治领域和文化领域对新农村建设的影响,思考如何发挥大众传媒的作用,"唤醒人们的乡村认同意识重建一个新的'乡村的文化共同体'"⑥。申端锋、张世勇等则以"电视下乡"为主题,在河南、江西、湖北等地农村进行驻村调查,并对全国10个省市的25个村庄进行问卷调查,在此基础上,着力分析电视与村庄社会生活的关系,探索电视与乡村治理、村庄性质、人际关系和乡村公共文化生活的内在关联,讨论电视媒

---

① 赵建国:《人的迁移与传播》,中国社会科学出版社2012年版。
② 陈世敏:《大众传播与社会变迁》,三民书局1983年版。
③ 孙信茹等:《"媒介化社会"中的传播与乡村社会变迁》,《国际新闻界》2013年第7期。
④ 方晓红:《大众传媒与农村》,中华书局2002年版。
⑤ 王锡苓:《互联网与欠发达地区社会发展研究——互联网在西部农村的两种应用模式的探讨》,兰州大学出版社2006年版。
⑥ 曾一果、潘阳:《大众传媒与"新农村"的文化重建》,《新闻大学》2009年夏季号。

介如何成为乡村社会文化变迁的推动器。①

推动乡村社会变迁的因素有很多，大众传媒只是传播机制矩阵中的一个元素，但随着农村生活水平的提高，现代传媒不断涌入广大农村地区，在乡村社会结构中占据重要位置，影响着乡村日常生活。在大众传播与社会文化变迁研究中，郭建斌是国内较早采用民族志方法研究少数民族乡村社区的学者。由其博士论文《电视下乡：社会转型期大众传媒与少数民族社区》修订而成的《独乡电视》在中国大陆民族志传播学研究中具有开创性意义，他通过民族志深描，考察了中国社会转型期大众传播媒介在少数民族地区所扮演的角色。② 吴飞的博士后出站报告同样运用民族志的研究方法，分析了云南独龙族乡村的社会传播与社会文化变迁之间的关系。③ 李春霞的博士论文《电视与中国彝民生活：对一个彝族社区电视与生活关系的跨学科研究》则通过仪式的视角去呈现和分析一个少数民族社区与电视的关系，认为社区通过电视的仪式不仅是传媒文化发生的过程，也是地方文化变迁的过程，仪式的叙事模式同时是传媒文化产生的机制和地方文化变迁的模式。④ 张硕勋从梳理黄河上游藏区社会媒介技术运用与更新的历史入手，运用民族学、藏学、社会学和民族志传播学等多个学科理论与研究分方法，全面阐释了各种类型的媒介，特别是大众媒介的信息传播对黄河上游藏区社会变迁的影响。⑤ 此外，还有龙运荣的博士论文《大众传媒与民族社会文化变迁》、尤游的博士论文《社会转型期大众传媒在农村社区的角色分析》、卿志军的博士论文《电视与黎族生活方式的变迁》等以及多篇硕士学位论文都围绕大众传媒与社会变迁这一主题进行讨论，形成了中国传播学本土研究的独特景观。但就大多数研究而

---

① 申端锋：《电视下乡：大众媒介与乡村社会相关性的实证研究》，《华中科技大学学报》（社会科学版）2008 年第 6 期；张世勇：《电视下乡：农民文化娱乐方式的家庭化》，《华中科技大学学报》（社会科学版）2008 年第 6 期。

② 郭建斌：《独乡电视——现代传媒与少数民族乡村日常生活》，山东人民出版社 2005 年版。

③ 吴飞：《火塘·教堂·电视——一个少数民族社区社会传播网络分析》，光明日报出版社 2008 年版。

④ 李春霞：《电视与中国彝民生活：对一个彝族社区电视与生活关系的跨学科研究》，博士学位论文，四川大学，2005 年。

⑤ 张硕勋：《大众传媒与黄河上游藏区社会变迁研究》，博士学位论文，兰州大学，2012 年。

言,"中国大陆关于传媒与乡村社会的研究,从一开始就被放到了'现代化'与'发展传播'双重的理论话语框架内"①,无法从原有的习惯性思维定式中跳出来,缺乏对自己所使用的"理论武器"的反思,所以导致在理论上很难有较大的突破。

　　社会与文化是密不可分的,就整体而言,中国的乡村传播研究的各个领域,不管是运用定量研究方法,还是运用民族志等质性方法,也无论是讨论乡村治理、政治传播,还是关注乡村经济、文化发展与社会变迁,都无一例外地重视乡村社会结构与文化背景,并从"历史—当下""宏观—微观"的双重视角分析乡村传播的社会环境,取得了一些阶段性成果,充分体现了学者们对乡村社会建设与文化变迁问题的现实关怀。不过,目前该领域的研究多停留在对媒体接触行为的分析上,且对调查统计数据的分析描述居多,②多数成果都难以摆脱对西方传播学研究的路径依赖,"如何能通过对该主题的研究来实现西方理论本土化的革命性突破并不能简单地只是从西方同类研究中汲取营养,对中国的现象进行突兀的、断裂的研究,可能更多地还是要从中国自己以往的研究中去发掘精华,去寻找自己的历史起点"③。

　　归纳起来,我国有关媒介与乡村社会变迁的研究大体上呈现两种研究取向,一是发展传播学的路径,二是社会人类学路径。只不过受功能主义意识形态的影响颇深,大多数研究还是立足于大众传播媒介的角色与功能的讨论,带着解决问题的目的,实用性强,从而形成了一种对西方研究范式的路径依赖,最后的研究成了西方理论话语的注脚,呈现出一种学术研究的"殖民化"倾向。体现在中国的乡村传播研究中,就是将研究的主要着力点放在思考诸如:乡村传播存在哪些问题,或者说乡村问题的传播学根源何在?大众传播如何影响乡村社会?如何通过传播的介入解决"三农"问题?……而且在早期的研究不仅方法以实证为主,注重行动研究,视野相对比较狭窄,没有把传播与乡村社会置于更广阔的社会语境,

---

① 郭建斌:《传媒与乡村社会:中国大陆20年研究的回顾、评价与思考》,《现代传播》2003年第3期。

② 陈刚等:《中国乡村调查——农村居民媒体接触与消费行为研究》,高等教育出版社2015年版,第26页。

③ 关琮严:《媒介与乡村社会变迁研究综述》,《中国传媒报告》2012年第4期。

也很少借用社会学、人类学的理论、概念来分析、解释和论述。因此，在传播与乡村文化相关研究领域，无论研究内容还是研究视角上都有待加强。从研究内容上看，媒体接触只是文化变迁的一个表象，学者们应该更多地分析隐藏在表象后面的文化生活形态与价值观念。从研究视角上，文化领域的研究需要加入更多文化研究的视角，从叙事学、符号学、现象学等学科角度进行深度分析。

## 第二节 传播与文化：人类学视域中的文化变迁

文化变迁与社会变迁密切相关，是一个动态平衡的过程。讨论传播与文化，不能不涉及人类学的文化变迁理论，这不仅因为文化本来就是社会/文化人类学研究的一个永恒主题，而且人类学的相关研究在探讨文化的形成与发展时，对传播在文化变迁过程中的作用也进行了比较深入的阐释，对相关理论的回顾有助于我们从不同角度理解传播与文化的相互关系，认识文化发展的动力。文化是动态的（dynamic），处于不断的发展变化中，其中"内部发展的变迁通常源自发现或发明，而外部发展或接触的变迁，一般源自借用或传播"①。而不同文化体系间的持续接触和影响就会引起文化的传递、交流和整合，即文化"涵化"。自 19 世纪中叶以来，为了探寻人类文化的发展演变规律，人类学家围绕着文化变迁的动力展开了长期的激烈争论，并形成了进化论学派和传播论学派。

### 一 进化论学派的文化变迁理论

进化论（evolutionism）学派是文化人类学史上出现的第一个理论流派，在 19 世纪中后期形成并曾经一度占据主导地位。进化论包括以达尔文、赫胥黎为代表的生物进化论和以斯宾塞、泰勒和摩尔根为代表的文化进化论。爱德华·泰勒（Edward Burnett Tylor）在《原始文化》中第一次为"文化"下了一个直到今天还具有一定权威性和影响力的定义。泰勒文化进化论的关键观点在于文明的过程对于所有民族都是相似的，人类社会文化的发展遵循着"几乎一致的渠道"。他把人类文化的发展史看作自然历史的一部分，自然科学已经证明整个自然界是不断发展、循序渐进

---

① ［美］克莱德·M. 伍兹：《文化变迁》，何瑞福译，河北人民出版社 1989 年版，第 3 页。

的，因此作为自然界一部分的人类社会和文化也必然遵循这种既定的规律，从低级向高级不断发展和进化，这个固有的发展顺序从不会改变。

在与欧洲遥遥相望的大西洋彼岸，美国杰出的人类学家路易斯·亨利·摩尔根（Lewis Henry Morgan）也对人类社会和文化的进化演变历程进行了系统的阐述。摩尔根的社会进化论把"连续发展的生存技术"看作人类社会文化进化的物质基础。① 从这一思想出发，摩尔根在《古代社会》中将人类社会划分为"蒙昧""野蛮"和"文明"三个时代，其中蒙昧时代和野蛮时代又分为低级、中级和高级三个阶段，"每个阶段都以一项技术的发展为标志，生产技术是社会进化的决定因素"②，不仅可以用来衡量各个民族的历史发展水平，而且对其他社会领域同样产生着深远的影响。而摩尔根对于科技领域的强调被莱斯利·怀特（Leslie White）重新整合为一套关于文化进化的理论。怀特基于功能主义的文化观，将文化划分为技术的（technological）、社会的（sociological）和意识形态的（ideological）三个亚系统，并且对文化的技术领域赋予了牢固的优先性，他认为在技术的、社会的和意识形态系统这一因果关系的三段式阶梯中，技术是社会的和意识形态的系统得以生发的基础，技术本身决定了社会和意识形态的本质，技术的进步是文化发展的基础，从而为文化进化理论开辟了一个舞台。③

应当说，进化论学派在认识人类社会和文化方面做出了独特的贡献：不仅确立了文化作为"复合整体"的概念，勾勒出文化研究的对象和范围，而且泰勒、摩尔根等人在研究中率先运用了一些系统性的方法，如比较分析、观察、问卷调查等，使人们对文化的认知不再一味依赖于宗教传统的解释或主观臆想的独断。可以说进化论学派"建立了关于人类文化和社会发展的'类型学'，对时代和人类学的发展都具有重要意义"④。然而，人类学关于文化起源与变迁的进化论在方法论上存在诸多缺陷。比如，对人类社会和文化的发展持一种"单线进化论"观点，否认了各民

---

① ［美］杰里·D. 穆尔：《人类学家的文化见解》，欧阳敏等译，商务印书馆2009年版，第36页。
② 吴飞、王学成：《传媒·文化·社会》，山东人民出版社2006年版，第350—351页。
③ ［美］杰里·D. 穆尔：《人类学家的文化见解》，欧阳敏等译，商务印书馆2009年版，第201—204页。
④ 吴飞、王学成：《传媒·文化·社会》，山东人民出版社2006年版，第352页。

族文化发展的相对性和独特性；对社会文化的进化归结为人类心理一致性的结果，显然忽视了不同的生态环境和人文因素对具体变迁过程的影响，而且还带有欧洲中心主义的色彩。后来的美国人类学家朱利安·斯图尔德（Julian Steward）的文化生态学和多线进化论对古典进化论的这些缺陷进行了反思。他把文化变迁中的相似性看作是人类对结构上相似的自然环境的适应，也并不排斥传播或创新在文化变迁过程中的作用，强调人类社会与自然资源之间的多样化关系，从而为他的多线进化论提供了分析焦点和经验基础。这也为我们分析少数民族乡村文化的发展提供了重要启示。

## 二 传播论学派的文化发展理论

19世纪末，社会文化进化论学派遭到学术界的严厉批判。尤其是人们越来越认识到不同民族文化之间的相似性更多的是人类传播的结果，而这种认识即来自"传播主义"（diffusionism）的研究。该学派竭力反对古典进化论的文化"独立发明说"和"平行发展说"，以传播的理论来解释文化，认为文化传播才是人类文化发展的动因。其学说的关键词为"传播"（diffusion）或"散播""扩散"，这与传播学常用的communication概念的内涵大不相同。传播论的传播是指一个主体向外部的扩散，带有从中心向边缘的地位差异色彩。主要包括德奥历史传播学派、英国极端传播学派和美国文化历史学派。传播论认为人类的发明和创造能力其实是有限的，每一种文化现象都是在某一个地点一次产生，然后便向各个地方扩散，从而形成一个"文化圈"，以此解释文化在全世界的分布和发展路线。所以"文化变迁是一个从中心点向四周跨文化传播的过程，由于文化彼此影响，使它们都发生了改变"[1]，他们把异文化看作是时间上的"他者"，文化变迁的过程主要是文化采借的结果。

（一）德奥历史传播学派的"文化圈"

德奥历史传播学派的思想源自德国理想主义哲学，其理论先驱是人类地理学的创立者弗里德里希·拉策尔（Friedrich Ratzel），代表人物则是德国的莱奥·维克多·弗罗贝纽斯（Leo Viktor Frobenius）、弗里兹·格雷布内尔（Fritz Graebner）和奥地利的施密特。拉策尔主要研究人类迁徙、文

---

[1] ［美］凯蒂·加德纳、大卫·刘易斯：《人类学、发展与后现代挑战》，张有春译，中国人民大学出版社2008年版，第26页。

化影响以及人类与自然环境诸多因素之间的关系,强调文化传播中借鉴和移植的重要性。拉策尔根据历史和地理的事实材料,用实证的方法,开创了文化传播的研究。[①] 为了更好地解释不同民族之间的文化的相似现象,弗罗贝纽斯提出了"文化圈"概念,通过对各文化之间相同元素的量化分析,用绘制文化地图的系统方法来解释不同文化间的相似现象。格雷布内尔则进一步阐发了弗罗贝纽斯的观点,认为文化的传播、文化特质的借鉴是社会发展的重要原因,文化之间的传播形成了具有相似文化特质的"文化圈",而多个"文化圈"的相互重叠则形成了"文化层"。

(二) 英国传播学派的"泛埃及主义"

英国传播学派的先驱者是实验心理学剑桥学派的创始人里弗斯(W. H. R. Rivers),紧随其后的史密斯(Grafton Euiot Smith)及其弟子佩里(William James Perry)则将这一学派引向极端,因而成为"极端传播主义"(也称"泛埃及主义")的代表人物。在里弗斯看来,不同民族之间的联系及其文化的传播与融合,是引发各种导致人类进步的力量的主要推动力,社会结构一类文化远比物质文化更深地渗透于人的生活。但他并不完全赞同格雷布内尔的文化传播理论,因为后者认为文化传播区域内相同的文化元素都来自同一个起源中心,而前者则提出有些文化元素是由于各种文化在传播过程中发生碰撞才产生的。遗憾的是里弗斯提出的合理观点被他的后继者史密斯推向了极端,认为埃及是一切文化传播的中心,这就是所谓的"埃及中心论"。而佩里所谓的"太阳之子论"则把"泛埃及主义"理论推进到了荒唐的顶点。史密斯和佩里在传播主义的道路上走得太远了。这种理论自然受到文化人类学其他学派的严厉批判,并逐渐被淘汰而趋于没落。

(三) 美国传播学派的"文化相对论"

美国传播学派又称为"博厄斯学派""文化历史学派""历史批评学派"等。美国传播学派是在对古典进化论和传播学派的批判中兴起的,由美国人类学家博厄斯(Franz Boas)创立,代表人物有阿尔弗雷德·克罗伯(Alfred L. Kroeber)、威斯勒(Clark Wissler)、洛维(R. H. Lowie)等人。相对于德奥传播学派和英国传播学派,美国传播学派更重视在理论

---

[①] 黄淑娉、龚佩华:《文化人类学理论方法研究》,广东高等教育出版社2013年版,第31页。

总结上的稳健,更具有实证的色彩。博厄斯提倡踏实的实证研究,他相信文化现象能够通过扩散而进行传递,但他批评传播学派把活生生的文化特质从具体的历史和文化背景中抽取出来进行逻辑抽象的做法,认为任何文化都有自己的特定价值,在对文化现象进行解释时,要把文化特质的考察置入这种特质所产生于其中的社会环境中,"文化实践只有放在特殊的文化语境中才是可解释的"①。博厄斯虽然没有创立一个具体的文化概念,但是他的"文化整体论"与"文化特殊论"②的观点对美国人类学和他的学生都产生了深刻影响。威斯勒从文化传播的视角对北美等地的文化进行了研究,提出了"年代—区域假说",当一种文化特质在文化中心区产生之后,便开始向边缘区传播。而传播的途径有自然传播和自觉传播两种,自然传播是从文化中心区向边缘区逐渐扩散,而自觉传播则是文化主体通过战争、传教、迁徙与贸易等方式向其他地方进行跨区域移植。威斯勒的理论得到了克罗伯的进一步发挥,开创了人类文化与生态环境关系的研究思路,发展出文化的环境决定论。

总之,传播论者相信传播是文化发展的主要因素,认为文化采借多于发明,却未能解释文化的最初起源,这就使得传播论者不可避免地将其理论逻辑起点定位为文化发明的一次性,并以分散的文化元素及其机械组合来解释文化或建构文化史,是把文化现象与文化主体分离,忽视了人对社会文化的生产性和创造性作用,没有深入研究文化间的联系问题以及交往的作用,对生产力与文化发展的影响等有关文化传播的问题没有进行认真探讨。但任何理论都具有一定局限性,所以我们绝对不能以文化传播论的局限性就彻底否定了学者们的积极意义和特殊贡献。横向比较而言,在对待人类文化的形成与发展问题上,古典进化论强调人的独立发明与创造能力的作用而忽视了文化接触与文化传播过程的参与,而传播论认为文化传播和接触是人类文化变迁与发展的基础,却低估了人类各民族自身的创造力和能动性。

从本质上说,任何文化的创造发明都是群体智慧和劳动的成果,只要

---

① [美]罗伯特·C. 尤林:《理解文化:从人类学和社会理论视角》,何国强译,北京大学出版社 2005 年版,第 35—36 页。

② [美]杰里·D. 穆尔:《人类学家的文化见解》,欧阳敏等译,商务印书馆 2009 年版,第 52 页。

有群体存在的地方就必然有文化的传播，任何独立发明都离不开传播过程的参与，任何文化涵化都会产生一个自我完善机制，以适应社会变迁。相应地，文化间的接触总是源于作为文化载体的人的迁徙，而人的社会性、创造性和能动性，同样决定了作为文化主体的人必定能够创造出与其生存方式、生存环境相适应的文化。传播除了直接改变文化，还与其他文化变迁的源头共同引起文化生活的变迁。因此，在人类文化发展史上，文化现象在时间上的传承演变和空间上的扩散传播本身就是一个相伴相生的有机过程，传播是文化变迁的基础，或者说文化在纵向上的传播过程本身也是一个进化过程。① 正因为如此，单独依靠进化论或传播论都无法实现对文化的全面认知，只有将二者有机结合起来，才能真正理解文化的历史进程。更重要的是，人类学所提供的文化"整体观""比较观"和"相对观"可以为我们反思少数民族乡村文化发展提供理论资源。

## 第三节　离乡与守土的辩证：社会学视角下的乡村文化建设

"村落既是一个空间单元，又是一个社会单元，因而往往成为学者研究乡村社会的基本对象。"② 在中国，对乡村社会的研究既有社会学视角，也有人类学视角，而乡村社会学与乡村人类学并没有泾渭分明的研究边界，就如英国的社会人类学与美国的文化人类学一样，无须将两者从学科边界上做必然的分离。乡村社会学与乡村人类学研究可以说在中国是水乳交融、浑然一体的。总的来看，乡村问题研究在当下是社会学、人类学、政治学领域备受关注的显学，国内外众多学者基于不同学科领域的研究视角，对中国乡村问题进行了探索，形成了大量富有意义的研究成果，积累了丰富的资料。归纳起来，可以将这些研究的落脚点概括为"离乡"与"守土"两个关键词，而乡村文化建设路径则经历了一个从再造农民到农民再造乡村的转型过程，充分体现了学者们对乡村问题的现实关怀。"离乡"指的不仅仅是乡村人口尤其是青壮年劳动力向城市的流动，而且更

---

① 庄晓东：《传播与文化概论》，人民出版社2008年版，第68—78页。
② 肖文评：《白堠乡的故事：地域史脉格下的乡村社会建构》，生活·读书·新知三联书店2011年版，第2页。

强调人口的单向流动背后带来的农民身份的转换所造成的乡土文化的"空心化""边缘化""荒漠化",甚至"村落的终结"危机;"守土"也不仅仅是指乡村人口的持续规模化流动过程中的文化身份认同困境,更倾向于探讨城市化背景下的乡村文化如何保护与传承问题。实际上是当代中国乡村社会文化重构问题的一体两面。中国本土学者所开展的乡村研究,既有对乡村社会变迁的结构性力量的宏观理论探索,也有理论与实践相结合的参与性指导变迁,但聚焦的主题无疑针对的都是乡村社会重建。接下来,笔者按照中国本土乡村社会研究的大致发展轨迹,对乡村文化建设理论与实践的历史脉络进行一个简单的梳理,以进一步揭示出少数民族乡村文化研究的理论背景和研究取向。

## 一 1920—1940 年:乡村建设派的文化改良运动与社区研究的勃兴

20 世纪 20—40 年代,"社会各界在多个领域与层面致力于乡村社会发展理论与实践的研究。由于中国乡村问题本身的复杂性以及社会各界研究与实践路径的歧异,因而在对中国乡村社会的性质、乡村社会的发展道路及其模式、乡村社会的政治、经济结构等方面形成了论争的诸多热点与焦点。这些富于启示的思想成果大致而言,主要包括几个方面:(1)近代中国乡村社会经济研究;(2)近代中国乡村社会的发展道路与模式的论争;(3)近代中国乡村社会结构的理论研究;(4)乡村社会问题与社会控制研究"[①]。在西方社会学理论指导之下,进行乡村社会的微观调查研究,成为 20 世纪初期中国乡村社会研究的起始。美国学者丹尼尔·哈里森·葛学溥(Daniel Harrison Kulp)在 1918—1919 年进行的广东潮州凤凰村调查是真正意义上的近代中国乡村社会调查。[②] 之后,以晏阳初、李景汉等为代表的河北定县平民教育实验与乡村改造理论,梁漱溟的山东邹平乡村建设实践及其理论,这些中国"乡村建设派"在 20 世纪 20—30 年代所做的农村社会调查和以"社会运动"方式谋求农村社会复兴的文化改良运动,为村落研究的发展以及乡村社会复兴与发展的路径探索都做

---

[①] 王先明:《走近乡村——20 世纪以来中国乡村发展论争的历史追索》,山西人民出版社 2012 年版,第 32—33 页。

[②] [美]丹尼尔·哈里森·葛学溥:《华南的乡村生活:广东凤凰村的宗族主义社会学研究》,周大鸣译,知识产权出版社 2012 年版。

了很好的铺垫。而且在当时的传播条件下，乡村建设领导者利用或创办报刊等媒体，开展了一系列利用媒介教育农民的实验，书写了传媒对农村传播实践史上的浓重一笔。①

  到了 20 世纪 30—40 年代，始于 20 年代初期的中国乡村经济与社会调查逐步走向深入，从对乡村经济与社会问题的关注，开始走向采用社会学和人类学的方法，从事微观社区的社会学调查，问题意识也转向对乡村社会结构的关注。尤其是英国著名人类学家拉德克里夫—布朗来华讲学时对乡村社会学调查的建议，以及留学欧美的吴文藻、费孝通、林耀华等先辈学者对社会人类学的功能学派社区研究方法的引介与实践，为随后的中国乡村社区调查与研究提供了强大的方法论资源，社区研究方法使人类学和社会学在中国这个传统农业社会实现了有机结合，从而促进了中国村落研究的规范和繁荣。理论方法与研究视角的转移深化了对于中国乡村社会的认识，出现了一批村落研究的社会学和人类学著作。如费孝通的《江村经济》和《乡土中国》、林耀华的《金翼》、陈达的《南洋华侨与闽粤社会》、许烺光（Hsu, Francis Lang Kwang）的《祖荫下》、杨懋春的《山东台头：一个中国村庄》等被誉为早期研究乡村社会学的经典。形成了诸如"凤凰村""台头村""江村""黄村""鹭江村""长弓村"等诸多社会人类学的经典学术名村。虽然结构功能分析方法是他们进行村落社会研究的主要理论，但仍体现出强烈的历史感，力图进入乡村的"内部"，以呈现乡村社会的整体面貌，并寻找社会学与人类学在社区研究中的方法论结合。费孝通、林耀华、杨懋春和许烺光等人以村落为中心的整体性研究，被认为是中国社会的缩影，很多成为海内外学者了解中国社会问题的基础读物之一，引起西方学术界的广泛关注。总的来说，20 世纪 40 年代关于中国乡村问题研究的整个理论取向是建立在问题意识和调查研究的基础之上，尽管对乡村问题的研究方向各不相同，但强烈的经世济民的现实关怀和问题导向性是大体一致的，研究视角更加开放，乡村研究方法也呈现多学科性，这些成果既有宏观制度的考察，也有微观社区的关注，使乡村社会理论研究的画面大为改观。

---

  ① 戴俊潭：《电视文化与农民意识变迁》，山东人民出版社 2012 年版，第 95—96 页。

## 二 1950—1970 年：西方汉学家的中国乡村研究与方法论反思

20 世纪 50—70 年代，革命后的中国乡村经历了发展道路的艰难选择，对乡村的研究一度沉寂下来。虽然这一时期大陆的村落研究成果突出者少，但"关于中国乡村发展的理论思考却从未停止"，即使"它已经更多地局限于意识形态领域"，如 50 年代的农业合作化问题的争论、农村社会主义改造的影响，60—70 年代围绕农业现代化主题展开的学术探讨，等等。① 在这一时期，因极"左"思潮的影响，社会学、人类学在中国被视为资产阶级反动学科而被迫取消，原先从事乡村研究的学者转向对少数民族的调查。而西方社会人类学者更是很难有进入中国进行田野调查的机会和条件，中国香港和台湾等地成了海外学者了解中国汉人社会的窗口和实验场，或者依据以前的调查资料来继续研究中国乡村社会，在"摇椅"上想象什么是中国、中国人的认同是什么这些问题。

这一时期，乡村社区研究的缩影说法也开始引起西方社会学、人类学界的质疑。最早对中国村落研究提出批评的是英国人类学家弗里德曼（Maurice Freedman），他认为村落民族志的研究模式不适合中国这样一个有悠久文明历史的复杂国家，并以自己的研究来表明不能以村庄研究的数量"堆积出"一个中国来。于是，"超越乡村"成为弗里德曼在批评 20 世纪 30 年代和 40 年代的中国乡村研究时提出的一种学术追求。他认为不能把一个中国村落当成中国社会的缩影来研究，个别的村庄也不能代表整个中国，而是应该走出社区研究中国，"在较大的空间跨度和较广的时间深度中探讨社会运作的机制"，在综合人类学的一些看法和汉学长期以来对文明史的研究的基础上，对中国做出一个宏观描述，说明中国到底是一个什么样的情况。② 尽管后来的学者对弗里德曼的理论提出了批评和修正，但是他为人类学对田野调查的分析提供了范式，尤其是田野资料与史料的互补，使得从小社区透视中国社会的这种"见微知著"的学术追求成为可能。

---

① 王先明：《走近乡村——20 世纪以来中国乡村发展论争的历史追索》，山西人民出版社 2012 年版，第 261—330 页。
② 许斌、胡鸿保：《追寻村落——对两种不同的人类学田野研究的省思》，《思想战线》2005 年第 3 期。

美国人类学家施坚雅（G. William Skinner）则"走得更远"，他认为中国人类学不应该局限于村落民族志的研究。为此，他将历史学与经济人类学和地理学相结合，提出了一个集镇社区的宏观区域分析与解释框架，试图超越村落的解释体系，这种模式不仅对传统的汉学提出了挑战，同时也对人类学村落研究提出了批评。在他们的理论影响下，"超越乡村"的研究方法成为西方研究中国乡村社会的主要方法。正如后来黄宗智所评价的，施坚雅的原意，"不过是要矫正人类学家只着眼于小社团的倾向，但结果几乎完全消灭了他的对手。一整代的美国史学家，都以中国的村庄，在经济上和社会上高度结合于大的贸易体系。因此，未注意到村庄这个单位"①。实际上，不管是弗里德曼，还是施坚雅，他们都是坚持从"大处着眼，小处入手"的方法论，以达到"通过小村落，认识大中国"的目标，他们与后来的杜赞奇、黄宗智等学者一起，形成了海外学者中国研究视角中的四种超越村庄的范式，即"施坚雅的市场关系范式、杜赞奇的权力关系范式、弗里德曼的宗族关系范式、黄宗智的经济关系范式"，②这也给本书所坚持的"以小见大"的方法论取向提供了有益借鉴。

### 三 20世纪80年代以来："三农"问题研究与新农村建设

20世纪70年代末，中国农村实行家庭联产承包责任制后，乡村社会与文化发展的高速度吸引了海内外许多社会学者和人类学者的关注。在西方，人们更多时候乐于使用"后社会主义中国"这样一种分析视角来概括这个时期的社会人类学的研究成果。自20世纪80年代以来，中外学者再次掀起了研究中国村落社会的热潮，中国的乡村研究进入了新的发展时期。尤其是李昌平作为一个乡镇基层干部，他陈书朱镕基总理，反思和呼吁"农民真苦、农村真穷、农业真危险"，引起了中国对"三农"问题的高度关注。在这一时期，中国乡村研究不仅有传统人类学的村落民族志研究，而且还有历史学、政治学等学科学者的积极参与，尤其是中外历史学者与人类学者的合作研究，形成了多学科综合研究村落社会的总体史研究方法，对于推动村落社会史研究的深入和发展，在理论上和方法上都具有重要意义。美国学者黄宗智利用历史学、经济学和人类学相结合的方法研

---

① 黄宗智：《华北小农经济和社会变迁》，中华书局1986年版，第23页。
② 邓大才：《超越村庄的四种范式：方法论视角》，《社会科学研究》2010年第2期。

究中国乡村社会。杜赞奇（Prasenjit Duara）在《文化、权力与国家——1900—1942年的华北农村》一书中，利用"满铁"在华北地区的调查资料进行了比较系统的研究，提出了"权力的文化网络"概念，认为乡村社会权力由乡村社会中多种组织体系以及塑造权力运作的各种规范构成，揭示了国家政权深入乡村社会的多种途径和方法，试图超越"乡绅社会"的模式。这些观点虽然受到一些中国学者的质疑，但无疑开拓了中国乡村社会研究的视野。

如果说，1978年党的十一届三中全会后至20世纪80年代末，新时期的新论争还主要围绕为解决农村经济领域的土地承包问题而寻找一个新的制度安排的话。90年代以后，随着中国社会变迁的深入和乡村社会发展问题的突显，有关中国乡村史和乡村社会发展的理论思考日见集中，中国乡村社会研究也在西方汉学研究的影响下发生了历史学的转向，研究的范围和主题不断扩展，诸如乡村人口、婚姻、家庭、家族与宗族、社会分层与社会流动、乡村工业化、乡村城市化、乡村治理、乡村社会文化、乡村传播与社会结构等诸多方面，涉及政治、经济、文化、社会各个领域。研究专著、博士论文有数百部，研究论文数量更是以万为单位，难以准确计数，极大地推动了中国乡村研究的发展和繁荣。20世纪80年代，中国社会学和人类学研究恢复后，乡村研究作为中国社会人类学发展的主要特征之一，尽管仍然着力于村落社会日常生活的描述，但已不再将自身局限于"让村庄代表中国"，不再简单采取早期的"反映论"，而将注意力集中在乡村社会与国家之间的关系问题上。社会人类学视野下的"村落研究已经从回应'一个村庄如何反映整个中国'的挑战和诘难，转变成为学者自觉地对村落与国家之间的关系进行研究和分析"[1]，主动将自己的研究同历史学结合起来，进行历史人类学的研究。其中具有代表性的有庄孔韶的《银翅——中国的地方社会与文化变迁》，周大鸣的《凤凰村的变迁——〈华南的乡村生活〉追踪研究》，王铭铭的《社区的历程：溪村汉人家族的个案研究》等。

2005年，党的十六届五中全会提出扎实推进社会主义新农村建设。此后，关于新农村建设的研究迅速替代"三农"问题，成为学术界关注

---

[1] 许斌、胡鸿保：《追寻村落——对两种不同的人类学田野研究的省思》，《思想战线》2005年第3期。

和研究的热点。不过,就其本质意义来说,还是"三农"中国研究的一个延伸,只不过研究的具体现实主题因时而变,思想和认识内涵与时俱进了。在新农村建设的研究中,"不仅许多历史问题的累积要面对,而且随着新农村建设的开展,新的'三农'问题也会随之产生和发展"①。对于新农村建设的研究与实践,是在曾经的城乡背离化发展趋势的背景下,为了破解农村改革路径的单一性及其局限性而进行的目标选择,是一项系统性和综合性的社会政策。如何在城市化进程中建设社会主义新农村,在学术界存在诸多分歧,成为21世纪论争的焦点问题。在这一时期,不仅中央成立了专门机构研究农村改革问题,而且许多高校和官方与民间研究机构都建立了农村问题研究中心,如中国社会科学院、清华大学、中国人民大学、中国农业大学、华中科技大学、华中师范大学、安徽大学等,都有专门机构集中力量研究中国乡村建设与发展问题,汇聚了一大批学者,形成了若干研究成果,如陆学艺、郑杭生、孙立平、秦晖、赵旭东、叶敬忠、温铁军、贺雪峰、徐勇、吴毅、于建嵘、曹锦清、周晓虹、周大鸣、李小云、党国英等,都是中国"三农"问题和乡村研究方面的代表性学者。他们的研究涉及城市化进程中在政治、经济、文化建设方面的各种重大社会问题,② 讨论范围可以说涵盖了社会学、人类学的几乎所有研究主题,研究成果从理论到实践、从宏观到微观、从整体到个案、从全国到区域,对城乡统筹下乡村社会文化发展给予了多视角的观照。③ 其中,还有一些学者不仅开展理论探索,还身体力行,把理论思考落实在乡村建设实践,他们在费孝通先生提出的"文化自觉"理论前提下,从温铁军的"晏阳初乡村建设学院"到中国农业大学何慧丽所坚持的"文化本位"的兰考乡村建设实验,当代中国学者循着早期乡村建设学派的足迹,开始了新一轮的乡土文化重建。这些学者的理论探索与田野调查,使"中国的

---

① 王先明:《历史演进与时代性跨越——试述"新农村建设"思想的历史进程》,《史学月刊》2014年第2期。

② 李强等:《城市化进程中的重大社会问题及其对策研究》,经济科学出版社2009年版。

③ 在薛毅主编的《乡土中国与文化研究》(上海书店出版社2008年版)、黄平主编的《乡村中国与文化自觉》(生活·读书·新知三联书店2007年版)、李小云等主编的《乡村文化与新农村建设》(社会科学文献出版社2008年版)等著述中,可以发现21世纪的中国乡村研究吸引了来自多个学科的研究人员围绕乡村社会方方面面的问题进行了研究,为我们提供了一幅当下中国乡村与文化建设相关的新农村建设的真实画面。

乡村建设重新成为一个理论与实践的话题"。①

对少数民族地区而言，无论是在国家发展战略中，还是在理论表述话语体系里，都经历了从"跨越式发展""参与式发展"到"嵌入式发展"模式的演变。前两种发展模式建立在发达与落后、中心与边缘、现代与传统、主导与引导、主位与客位等认识框架基础上，把经济增长作为发展的轴心，虽然也会"强调社会的重要性和文化的相对性，但以经济增量为向标的工业、市场实践，会将重建社会的倡导或文化相对主义的理念引向虚无。诸多讨论的最终目的，仍是将发展议题引向如何提高经济增量这一主题"，社会文化传统或社会关系被转化为一种经济资本，变成了经济增量的来源。而"嵌入式发展"则是当下被提倡的一种发展模式，这种新的发展视野将民族地区和乡村社会的政治、经济、文化、社会及其历史置于重要位置，强调"协同式的、整体的、去中心化或互为中心的发展目标"，"倡导共生与交互的政治、经济实践方式"，嵌入式发展是对跨越式发展和参与式发展两种模式内在缺陷的规避，也是对发展主义危机的一种回应。②

总的来看，改革开放40年来，中国的社会结构发生了巨大的变化，大规模的工业化和城市化迅速改变了中国社会以农业和农村为主的面貌，以农民为载体的乡土文化受到了巨大的冲击，③ 工业文明、城市文明，以及伴随而生的现代性，正深刻地改变着乡土文化，少数民族乡村也无法置身事外。李友梅等学者认为，乡土文化转型从过程上来看，基本上可以概括为"三个阶段、四个路径"，④ 即：20世纪80年代改革开放之初开始的乡镇企业崛起，在"离土不离乡"的情况下，中国农民实现了职业身份的转变，接受了现代"工业文明"；80年代末至90年代初开始的农民进城务工，实现了"离土又离乡"，直接经受了现代"都市文明"的洗礼

---

① 吕新雨：《乡村建设、民族国家与中国的现代化道路——梁漱溟乡村建设理论与实践研究纲要》，转引自黄平《乡村中国与文化自觉》，生活·读书·新知三联书店2007年版，第86页。

② 黄志辉：《"嵌入"的多重面向——发展主义的危机与回应》，《思想战线》2016年第1期。

③ 周军：《中国现代化进程中乡村文化的变迁及其建构问题研究》，博士学位论文，吉林大学，2010年。

④ 李友梅等：《快速城市化过程中的乡土文化转型》，上海人民出版社2007年版，第1—8页。

却无法完全克服边缘化身份与归属感缺失的心理困惑；90年代中期开始至21世纪初进入高潮的大规模征地拆迁导致大量失地农民被迫接受工业化与城市化的同时，实现了社会身份的转型，在户籍制度上变成了"城镇人口"的"失土未离乡"后的文化危机；而与这三个阶段同步进行的是现代教育与大众传媒的影响，使得既未离土又未离乡的，同时也无法得到"城镇户口"的农民，也在全球传播时代的媒介化社会里，不断地经受着"乡土文化的转型"。虽然这些研究并非专门针对民族地区，但其研究视角、研究路径、研究方法等对于笔者探讨少数民族乡村文化发展同样具有重要的启迪作用和参考价值。当然，新农村建设的长期性和新农村建设理论的不完善性都是一个无法回避的问题。对于乡村文化建设与乡村重构问题，需要我们从多角度进行纵深研究和不断拓展，从而实现村落共同体精神的传承，充分发挥乡村文化的"认识功能""整合功能""调适功能和导向功能""教化功能"，[①] 促进新农村的建设与发展，促进民族团结与社会和谐。

## 第四节　乡村传播网络与乡村文化发展
——我的理论取向

从前面总结的有关乡村文化研究的三种主要的理论视角可以看出，不同的学科，因其关注点和落脚点不同，对于乡村文化转型与变迁的认识也不尽相同。而且就现在学术探讨与实践操作的结合来看，具体到少数民族乡村文化保护与发展策略上，大体又形成了两种进路：

一种是消极的保护，认为城市对乡村的"文化殖民"是乡村文化瓦解的根源，提倡对少数民族传统文化进行"生态博物馆"式保护［比较激进的说法是"人类动物园"[②] 或者"动物园化"（Zooification）[③] 的保

---

① 徐杰舜等：《乡村人类学》，宁夏人民出版社2012年版，第372—373页。
② 参见［英］德斯蒙德·莫里斯《人类动物园》，文汇出版社2002年版。美国人类学家约翰·博德利在《发展的受害者》（北京大学出版社2011年版）中对这种保护方式进行了批判。
③ Thomas Molnar, *Ethology and Environmentalism: Man as Animal and Mechanism*, The Intercollegiate Review-Fall, 1, 1977, pp. 25–43; K. Beeftink, *Perceptions of Ecotourism: A Case Study of Whitewater Guides in the Rural Highlands of Fiji*, Doctoral Dissertation West Virginia University, 2004, pp. 22–23.

护],主张创造一个远离现代化的原生态环境来保护民族文化,即所谓的文化"化石化"(fossilization)保护策略。另一种是积极的保护,坚持"文化自觉",既建立符合民族现实生活环境和民族特点的发展目标与道路,又在新的发展目标指引下不断阐释与建构、传承自己特有的文化。这两种不同的保护策略均有实践样本,实际上折射出的是对乡村文化发展的两方面动力,即"外来发展干预"和"农民发展自觉"[1],在其如何统一与整合的方式上存在着不同认识。一般认为,在政府主导下的"指导性变迁"所涉及的各方面力量介入乡村,是以一种"发展的凝视"(the development gaze)[2]对乡村的社会文化发展进行干涉和商品化。在这些外缘性文化注入过程中,常常会伴随着村民对国家权力、"政府拜物教"的屈从以及对发展话语权的让渡,[3] 因此导致村民出现持续观望、消极抵制乃至激烈对抗的矛盾和冲突,阻碍了乡村文化再生产与乡村共同体重建。那么,这种支配与抵抗之间的结构性矛盾能否实现调适,进而转化为推动乡村社会文化发展的积极力量,就有必要进行认真的审视和反思。

由于笔者从事的是传播学研究,想从自己的学科视野出发去关注乡村文化。事实上,在乡村社会转型与文化发展变迁中,国家、社区精英、村民之间的互动关系本质上就是一种传播关系,自然可以用传播学的学科视野来进行审视。当然,每个学科的理论视野对于复杂现实社会的关照都可能存在不同的盲点,笔者也很清晰地认识到这一点,未曾抱有建构所谓新理论的狂热野心,但就自己对传播问题的认识而言,应该可以肯定:传播是连接社会的"黏合剂",一个社会的传播生态,影响着这个社会的组织方式、社会资本的分配和社会动员能力的赋权。一个社会的传播格局和传播方式的任何改变,都直接决定着这个社会构造逻辑和运作法则。而且"所有的传播都是具有一定的语境的,在不同的社会环境下,不同的文化

---

[1] 秦红增:《乡土变迁与重塑:文化农民与民族地区和谐乡村建设研究》,商务印书馆2012年版,第6页。

[2] H. Longreen, "The Development Gaze: Visual Representation of Development in Information Material from Danida", Encounter Images in the Meetings between Africa and Europa, Edited by Mai Palmberg, Uppsala: Nordic Africa Institute, 2001, pp. 221–232.

[3] 左晓斯:《可持续乡村旅游研究:基于社会建构论的视角》,社会科学文献出版社2010年版,第120—126页。

身份的人的传播会呈现出不同的传播关系结构"①。所以，笔者基于自己的学科视野，从乡村传播网络出发去思考少数民族乡村文化发展问题。

本书在上述传播学、人类学和社会学领域有关乡村文化研究视角和理论关怀的基础上，立足乡村社会的"底层立场"，借鉴西方社会人类学的理论话语，即采取"由下往上、由外及内"的研究进路去寻找乡村社会文化转型与变迁的轨迹。以乡村传播网络和村民日常生活中的社会行动逻辑为维度，考察村落共同体重建中的"外生因"与"内生因"②之间的转化与整合机制，主要关注乡村传播网络中的传播整合与社会整合之间的内在关系。通过分析乡村文化发展中的支配与抵抗之间的矛盾以及不平等权力关系在乡村传播过程中的消解和建构，进而对乡村文化再生产的方式、方向及过程进行解读与扩展。虽然是一个"地方性"个案研究，但正如李金铨所强调的：我们拒斥"普适性的帝国主义"，排除"特殊性的偏狭主义"，但"在地"（local）不是"偏狭"（parochial）的同义字，"在地"必须与"全球"随时保持互动。从内在理路发展出来的问题，达到某一点时，自然会从具体联系到普遍，并且要善于运用世界性的概念，重构更具世界性意义的论述。但从优先顺序上说，坚持从特殊性到普遍性，而不是从普遍性到特殊性，经过批判、评价、修正，并吸收相关文献，反思具体经验以后，才迈步走向普遍性，特殊性与普遍性是一组辩证关系，愈了解自己，也愈会理解别人，这样才会出现有意义的文化对话，而这个对话总是有相关脉络与语境的。③应当说，本书尝试的是以新的切入点和新的方法策略去审视一个"老问题"，希望能够把源自亲身体验的理解力、主体性表达和社会学的解释有机结合起来，把宏观层面的乡村文化转型与变迁通过微观个体层面的乡村传播网络中的社会互动来加以解释，拓展传播学研究的思路和视野。

---

① 卿志军：《电视与黎族生活方式的变迁》，中国传媒大学出版社2013年版，第7页。
② [日] 富永健一：《社会学原理》，严立贤译，社会科学文献出版社1992年版，第250页。
③ 李金铨：《在地经验，全球视野：国际传播研究的文化性》，《开放时代》2014年第2期。

# 第三章　乡村传播与社区重建研究框架的新尝试

> "我怎样遵从一条规则?"——如果这不是在问原因,那么它就是在问我这样来遵从这个规则的道理何在。如果我把道理说完了,我就被逼到了墙角,亮出了我的底牌。我就会说:"反正我就这么做。"
>
> ——[英]路德维希·维特根斯坦
>
> 你即使是在田野里捡石头也需要理论。
>
> ——[美]威廉·詹姆斯(William James)

从发展学的理论视点出发,当下有关发展的主导思想是"人文发展"(Human Development,也译为"人类发展"),这既是一种发展思想与观念,也是一种发展理论与方法,还是这种发展观念和理论所理解和阐释的发展所包含的具体内容与这种发展实践本身,即"扩大人的选择的发展",并且是根据这种思想理论制定的发展政策与实施的发展战略。这种发展观是从对发展的现代化理论、依附理论、世界体系理论的反思和批判中形成的,强调公平、可持续、生产力和赋权,坚持以人为中心,即"3P"原则(of the people, for the people, by the people)。① 发展,意味着积极的变化或进步。可是直到今天,"没有任何一个理论在解释发展问题时普遍适用,也没有任何方案能够解决不发达问题,人们更倾向于汲取不同的理论养分来认识发展问题"②。所以,建立在这样的分析思路之上,本书尝试建构一个综合分析框架来讨论乡村传播与社区重建问题,为我们思考少数民族乡村文化发展提供一种新的空间和可能的理论进路。

---

① 徐家林:《"人文发展":维度及其评价》,上海人民出版社2009年版,第3、187页。
② [英]凯蒂·加德纳、大卫·刘易斯:《人类学、发展与后现代挑战》,张有春译,中国人民大学出版社2008年版,第11页。

## 第一节　建构"工具箱":四个分析性概念的引入

乔恩·埃尔斯特 (Jon Elster) 在阐述其社会科学研究的方法论时,他建构了分析复杂社会现象、解释社会行为的工具箱 (toolbox),并用"螺母"与"螺钉"(nuts and bolts)、"齿"与"轮"(cogs and wheels) 的关系去说明这些解释机制 (explanation by mechanisms) 的逻辑所涉及的概念框架。[1] 受埃尔斯特的启发,笔者在"理论地图"的指引下,使用了"乡村传播网络""乡村共同体""文化再生产"和"凝视"四个基本概念,作为连接实地调查资料与理论分析的工具性概念。

### 一　乡村传播网络

在讨论乡村传播网络概念之前,有必要先把"乡村"的概念作一简单界定。虽然"乡村"是一个复杂而又模糊的概念,并非一个简单的定义所能包括的。"界定乡村的困难在于乡村发展的动态性演变、乡村各组成要素的不整合性、乡村与城市之间的相对性以及由于这三大特性形成的城乡连续体。"[2] 随着历史的演进和对社会变迁的理解,有关"乡村"的界定在不断地修正。不同时代和不同群体在使用乡村概念时都不可避免地以社会发展的总体趋向为导向,乡村本身作为社会文化发展的一种见证和资源符号,也恰恰构成了乡村社会历史进程的一个重要组成部分。本书所使用的乡村概念除了具有"农村"这一经济活动取向的内涵外,更偏向于乡村所承载的社会性或文化归属性。在"我国传统文化中,乡村是个保存了大量传统习俗、价值观的地方,是一个意义的聚集地,有很多宝贵的文化资源。把乡村作为对于一种存在的或者是令人怀念的文化符号和生活状态的向往,是对于乡村概念的又一种宏观上的理解"[3]。在某些意义上,乡村和农村可作为同一概念使用,但乡村作为一个有机整体,是一个极其复杂的系统,其外延比"农村"这一概念要大得多,它囊括了生态、

---

[1] Jon Elster, *Nuts and Bolts for the Social Sciences*, Cambridge: Cambridge University Press, 1989, p. 3.
[2] 张小林:《乡村概念辨析》,《地理学报》1998 年第 4 期。
[3] 李佳:《制度与环境:西部乡村文化产业》,云南大学出版社 2011 年版,第 3—4 页。

经济、地域、文化、社会等多方面的内容，在每一个侧面又包括各种不同层次和诸多的因素，甚至包含着某种价值观念的判断。如果我们用极端的传统乡村作为参照系来套用当下实际，只会对乡村的认知陷入困境。相对于都市而言，乡村成为一个"异地的、他者的"空间。

由此可见，乡村是一个重叠的社会空间，这些社会空间有各自不同的思维方式和行动网络，当然也就形成了不同的传播网络。有研究者认为，"要揭示一个社会独特的品质，需要从揭示这一社区的传播网络入手。因为正是借助于各种不同的传播网络，同一社区的人才能形成共有的意义，而又正是基于共有意义的基础上，这一社区才能成为一个相对紧密的结构"。① 考察社区的传播网络，又有必要从讨论人类传播活动的不同类型开始。对于人类的传播活动，通常分为社会传播与非社会传播两大类型。其中，人际传播、群体传播、组织传播、大众传播等属于社会传播形态。Kincaid将传播视作人类的一种基本社会过程（social precess），在此定义下，所有的互动层次——人际间、组织间、国际间乃至文化间，人与人的交换与互动过程，都可视作传播研究的范畴。②

本书讨论的主要问题本质上是乡村社会视角下的传播与文化重构问题。显然，乡村社会既是传播活动的载体，也是传播实践的语境。借用曹锦清关于"研究中国需要尊重中国自身的经验，尊重中国自身的历史"的中国问题研究逻辑，③ 对于少数民族乡村社会的民族传播研究，更加需要尊重乡村自身的复杂经验，尊重乡村自身的历史发展脉络，把乡村社会中存在的一切传播行为与传播现象，全部置于乡村社会的人际交往、信息传递、社会关系、日常生活和文化传承的大环境以及社会转型的宏观背景中去认识和把握，全面考察社会对传播、传播对社会的双向作用及其机制。"传播是社会关系的具体体现，更是人类社会得以构成、维持与发展的必要条件"④，所以笔者的研究主要聚焦于乡村社区的社会传播网络，重点在于考察枫村的人际传播、组织传播和大众传播。在田野调查中，笔

---

① 姚君喜：《社会转型传播学》，上海交通大学出版社2008年版，第148—149页。
② 黄懿慧：《华人传播研究：研究取向、辩论、共识与研究前提》，（台湾）《新闻学研究》2010年总第105期。
③ 曹锦清：《论中国研究的方法》，转引自曹锦清《如何研究中国》，上海人民出版社2010年版，第9页。
④ 冯广圣：《桂村社会传播网络研究》，广西师范大学出版社2013年版，第3页。

者还发现村庄中一些年轻人在使用新媒体①（如互联网、智能手机等移动终端及微博、微信、QQ等社会性媒体）。但融合文化背景下的新媒体兼具网络传播、大众传播和人际传播三重维度的相关特征，是比较特殊的传播类型，何威将其概化为"网众传播"。②笔者将对此现象单独进行考察。而对村里自发组织起来的农民艺术团、经济合作社等带有群体传播性质的小团体，则作为一种非正式组织形式置于组织传播语境中进行考察。

传播网络其实是人类社会活动的主要方式之一，也是当代社会"有机团结"的机制之一。用网络这个词来概念化那些在相同或不同的社会文化环境中游荡的个体之间的联系和相互关系的想法，是20世纪50年代中期巴纳斯（John A. Barnes）在一个挪威渔民村落做田野调查时提出的。③那什么是传播网络呢？麦奎尔认为，"在一个整合协调的现代社会，经常会存在一个庞大，通常是依靠大众传播的公共传播网络。……要符合真正意义上的传播网络，必须拥有传送和交互的方法以及信息的流动，有关的大多数人或全部人主动参与其中"④。在麦奎尔（Denis McQuail）看来，来自人内层次的、人际的、组织与制度层面的、社会性的公共网络等构成了人类社会的传播网络，社会全体公众都处于一个宏大的传播网络之中。麦奎尔所说的传播网络既是传播工具，又是人们积极参与传播的信息

---

① 什么是新媒体？其实这是一个很难简单回答的问题。新媒体是一个相对的概念，是与旧媒体（传统媒体）相对而言的，但在目前基于移动互联技术的背景中，我们通常所称的新媒体有一个本质特征，就是数字化媒体。本书所说的"新媒体"概念，遵循斯蒂夫·琼斯在《新媒体百科全书》（熊澄宇、范红译，清华大学出版社2007年版）的导言中所强调的，"对于新媒体的唯一完美的定义无疑来自对历史、技术和社会的综合理解"。因而，笔者在此主要从少数民族乡村日常生活的历史脉络和现实语景中去把握新媒体概念，也就是相对于报纸、广播、电视等传统媒体而言，在乡村日常生活中新兴的以互联网、智能手机、平板电脑等为主的兼顾内容提供与平台交流的媒体，强调其交互性、实时性。

② 何威：《网众传播：一种关于数字媒体、网络化用户和中国社会的新范式》，清华大学出版社2011年版。何威认为，"网络化传播"概念不足以精确表达现时代的媒体系统与传播格局转型，难以体现当下互联网应用的多元化、复杂化、差异化特征。于是他创造性地使用了"网众"（networked public）一词，作为他观察世界、将现实理论化并加以分析的工具，并据此将"网众传播"定义为：由网众发起和参与，由社会性媒体中介的传播模式、现象与行为。

③ Jeremy Boissevain, *Network Analysis: A Reappraisal*, *Current Anthropology*, Vol. 20, No. 2, 1979, pp. 392-394.

④ [英]丹尼斯·麦奎尔：《麦奎尔大众传播理论》（第四版），崔保国等译，清华大学出版社2006年版，第8—9页。

流程。他在这里勾勒的其实是现代社会中传播网络的具体层面。罗杰斯在《创新的扩散》中也使用了"传播网络"的概念，他指出传播网络是"由一些内部相互关联的个体组成，这些个体之间有着一定的信息流动模式。网络具有一定的结构和稳定性。正因为网络具有一定的模式，网络内个体的行为具有可预测性。对网络的研究有助于我们了解传播结构，也就是系统内模式化传播信息流入过程中各种不同的构成元素"①。罗杰斯特别强调这种传播结构不仅是形成整个系统的各个群体或组织，还包括各个群体或组织成员之间、群体或组织之间的相互关联关系。从他的传播网络分析可以发现，其理论研究路径是以网络中的人际交流关系为单位，分析传播网络中的信息流，进而厘清系统传播结构，并提出了传播网络分析的方法要素。

传播网络的研究和社会网络的研究密切相关。美国学者芒戈和康特拉克特（Peter R. Monge & Noshir S. Contractor）在2003年出版的《传播网络理论》中，以多层次的视角进一步深入讨论了社会传播网络问题。他们认为"网络的概念极其一般化且宽泛，可以被运用于世界上的许多现象"。并将传播网络看作是"一种联系模式，由传播者之间穿越时间和空间的消息流组成。从广义的角度理解，消息（message）这个概念可以被理解为数据、信息、知识、图像、符号，以及任何其他符号形式，它们都可以从网络一端传输到另一端，或者可以被网络成员共同创造。在当代组织中，这些网络具有多种不同形式，包括个人关系网络、团队内部或团队之间的信息流、公司间的战略联盟以及全球化网络组织等"②。芒戈和康特拉克特讨论的传播网络是在特定的时空内个人、群体、组织等交流主体之间的一种信息流动模式，并且这种网络"内嵌"于家庭、邻里、社区等整个社会生活中。也就是说，人类社会的全体公众都生活在一个关系社会里，个体总是在社会关系中行动的，而且不同的关系网络影响着人们的行为。正如卡斯特所言，"网络建构了我们社会的新社会形态，而网络化逻辑的扩散实质性地改变了生产、经验、权力与文化过程中的操作和结

---

① [美] 埃尔弗特·M. 罗杰斯：《创新的扩散》，辛欣译，中央编译出版社2002年版，第291页。

② [美] 彼得·R. 芒戈、诺什·S. 康特拉克特：《传播网络理论》，陈禹等译，中国人民大学出版社2009年版，第1、29页。

果。……在网络中现身或缺席,以及每个网络相对于其他网络的动态关系,都是我们社会中支配与变迁的关键根源"。① 芒戈和康特拉克特在对"组织传播网络和流"进行研究时,他们使用了社会结构研究的最新范式和视角——"网络分析"。作为社会学重要分支的"社会网络分析"(Social Network Analysis),主要是从"关系"的视角切入社会生活的研究,其中的社会网络被视为"由行动者之间的关系所构成的社会结构",② 网络是一组相互连接的节点,其中的"节点"(node)代表一个人、一个群体或组织,"线段"(line)则代表人与人、人与群体、群体与群体之间的关系,而什么是节点则是根据我们所谈的具体网络种类而定。就社会网络而言,传播网络其实是社会网络的重要组成部分。

乡村的传播网络与社会网络实际上是一种共生共建的关系,这里所指涉的"乡村传播网络"是对传播网络在乡村社会存在状态的一种特殊表达,主要强调传播网络的情境性(contextuality)和"在地性"。在这里,我们不能把乡村传播简单化约为信息的传递及态度的说服,而忽略了其丰富的内涵和动态的结构化意义。受社会网络分析的结构思想以及"技术的社会型塑论"中的"行动者—网络理论"③ 的启发,笔者将乡村传播网络结合当下少数民族村庄的文化传播和社会交往实际,借鉴了"传播网普泛化"的泛在传播理念,④ 融入了后现代传播语境和后现代主义哲学的

---

① [美]曼纽尔·卡斯特:《网络社会的崛起》,夏铸九等译,社会科学文献出版社2003年版,第569页。

② 王素洁:《社会网络视角下的乡村旅游决策研究》,山东大学出版社2011年版,第123页。

③ 刘保、肖峰:《社会建构主义——一种新的哲学范式》,中国社会科学出版社2011年版,第140—143页。在"行动者—网络理论"(Actor-Network Theory,ANT)中,迈克尔·卡隆用了一个高度抽象的词"行动者"(actors)来称呼技术和其参与者所形成的世界。行动者是广义的,包括人与非人的存在和力量。该理论反对在人与非人行动者之间作出任何实质上的区分。

④ 曼彻尔·卡斯泰尔:《网络社会中的传媒、权力与反权力》,孙绍谊译,转引自孙绍谊等《新媒体与文化转型》,上海三联书店2013年版,第229页。泛传播(pan-communication)本是描述互联网时代的传播特质,即传播的分散化、全景化、扩展化、一体化等属性。在泛传播观念中,"媒介成为人""人成为信息的一部分",欧阳友权指出,泛传播就是"用所有手段,获得所有时代、所有地方的所有信息",因而是泛层级、泛媒介、泛网络。笔者借用这一描述虚拟社会传播形式的概念,在更广泛的意义上去概括乡村社会传播网络中的"无人不传播、无处不传播、无物不媒介"的"泛化"特征,即传播途径广泛、传播手段广泛、传播互动广泛。有关"泛传播"的讨论可见杜骏飞《弥漫的传播》,中国社会科学出版社2002年版。

动态特征，将其视作乡村传播场内的行动者（actors）通过各种形式的社会互动所构成的人、群体或组织、媒介、社会之间的复杂世界。这里的"行动者"具有广泛的含义，既指人也指非人的存在和力量（如 ICTs①）。这里的"网络"包括行动者和社会关系两个要素，是一种"无所不包的像空气一样充分弥漫的超级媒介，这个超级媒介所在的网络概念甚至已经不再是我们今天依赖 web 交互的互联网，而是更广意义上的无网不容的泛网络"②。可以说在任何时候、任何地点都有这样一种泛网络、泛媒介在环绕和产生影响，它已经成为"沉浸"（dissemination）在我们日常生活中的一种完全必不可少而又"泛在的"（ubiquitous）基本要素。③ 因而，乡村传播网络在这里既是行动者的联系方式又是一种分析工具。它不仅可以描述传播结构，又能用于分析行动者之间的权力分布和相互作用关系。从传播整合的意义上看，乡村传播网络也就是存在于特定乡村社区内的一种"以人类社会共享意义的生产、流通和交换为核心的多层面的、动态的信息交流的结构形态"。④ 为便于理解和讨论分析，我们将其视作主要由人际传播、组织传播和大众传播及新媒体等子网络相互勾连、相互影响、共同编织而成的一张社会文化交流与互动网络。在少数民族地区，乡村传播网络不但是一个多层面的立体结构，同时也是一个动态的变化结构，这种动态变化影响到结构的性质，从而直接作用于传播整合，重构着社会的主体关系。通过乡村传播场域行动者的交错互动，不断地建构和使用传播网络，对传播网络的建构、组织和使用能力，实际上也就体现了少数民族乡村社区的社会整合能力，以及所拥有的文化资本、社会资本的转换能力。

本书所讨论的乡村传播网络不完全等同于社会网络分析中具有工具性意义的"网络"概念，这里的乡村传播网络的更多意涵类似于克利福

---

① ICTs，即 Information and Communication Technologies，是国际通用的信息与传播技术的英文缩写形式。

② 杜骏飞：《弥漫的传播》，中国社会科学出版社 2002 年版，第 31 页。

③ Mark B. N. Hansen, *Ubiquitous sensibility*, Communication Matters: Materialist Approaches to Media, Mobility, and Networks, edited by Jeremy Packer & Stephen B. Crofts Wiley, London: Routledge, 2012, pp. 53-65.

④ 姚君喜：《社会转型传播学》，上海交通大学出版社 2008 年版，第 148 页。

德·格尔茨的"意义之网"（webs of significance）、① 恩斯特·卡西尔（Ernst Cassirer）的"符号之网"（symbolic net）、② 拉德克利夫—布朗的"社会关系网络"、③ 杜赞奇的"权力的文化网络"（the cultural nexus of power）④ 等对"网络"一词的隐喻性使用。也就是把乡村传播作为一个社会文化实践，将传播互动中的现实建构过程视作一个复杂的网状模式，借以形象地说明乡村社会的文化传播结构与互动关系以及社区的传播生态，揭示个人、群体、组织与乡村社区之间的动态建构关系，以及隐匿其中的"权力的他者"。因为对于一个少数民族社区来说，行动者的实践逻辑和日常生活中的主体传播经验都或多或少暗含着不同的权力话语，体现的是个人、媒体、市场与政治力量在特定时空中的权力关系拼图。互动的是信息，联结的是关系。在此网络中，传播"成了一种人类行为结构"，"一种表达形式的总和"，"一个被建构了的（structured）与正在建构的（structuring）整套社会关系"。⑤ 这里的"网络"已经嵌入乡村日常生活，具有结构性、多元互动性、相互依存性、动态性和过程性，各种要素在结合为网络的同时也塑造了网络，而且各种社会制度和非正式的社会网络都可以起到权力统治的作用，以形塑人们对自我的观念，这里的权力概念化为一种关系过程而不是仅仅只由统治阶级所把持的事物。不同的传播方式和传播媒介，就像我们自己编织的一张张动态的符号交流和意义生产之网，将我们的日常生活笼罩其中，并日益渗入乡村社区的每一个角落，成为聚合乡村、重建社区的一种无形力量，塑造了社会结构自身，不同的人或群体出入于这张网络，都会对乡村传播网络乃至社会网络的结构产生影响，进而影响乡村共同体重建。

## 二 乡村共同体

对于生于斯、老于斯的村民而言，进行规则有序的生产，结成友好的

---

① ［美］克利福德·格尔茨：《文化的解释》，韩莉译，译林出版社1999年版，第5页。
② ［德］恩斯特·卡西尔：《人论》，甘阳译，上海译文出版社1985年版，第33页。
③ ［英］A. R. 拉德克利夫—布朗：《原始社会的结构与功能》，潘蛟等译，中央民族大学出版社1999年版，第213页。
④ ［美］杜赞奇：《文化、权力与国家：1900—1942年的华北农村》，王福明译，江苏人民出版社2008年版，第1—2页。
⑤ ［美］詹姆斯·凯瑞：《作为文化的传播》，丁未译，华夏出版社2005年版，第64页。

邻里亲情，信守共同的风土习俗和乡规民约，这些都是乡村生活的"日常语态"①，蕴藏着乡村居民对自我文化的经验、知识和记忆。有学者认为，考察乡村发展的内在逻辑，思考乡村社区建设，只有在"共同体"的理论框架内才能得到合理解释。②"共同体"作为社会学传统中最基本且又影响深远的概念，以其强烈的内聚力和情感、道德意义，与乡村社会结下了不解之缘。但是，对于"rural community"或"village community"到底应该理解为"乡村社区"还是"乡村共同体"？两者之间的区别与联系是什么？英文 community 一词，一般认为，如果所指涉的对象是人类的居住情境，中文大多译为"社区"，但也有沿袭日本的译法，将其翻译为"共同体"。如果就拉丁词源 communis 来看，则包含有"同胞"或"共同的关系和感觉"的意思，不管如何，都体现了"共同"的内涵。③

斐迪南·滕尼斯在 1887 年出版的《共同体与社会》一书中最早使用了"共同体"（德文为 Gemeinschaft，英语一般译为 Community），他用"共同体"与"社会"（德文为 Gesellschaft，英语为 Society）这一组概念来描述两种不同类型的人类共同生活。滕尼斯所说的"共同体"指的是前工业社会时代的人类群体生活组成形式（礼俗社会），而"社会"则是指现代的（法理社会）。在阐释"共同体"时，也一直是与"社会"概念相对比而言的，滕尼斯认为：

> "一切亲密的、秘密的、单纯的共同生活，（我们这样认为）被理解为在共同体里的生活。社会是公众性的，是世界。人们在共同体里与同伴一起，从出生之时起，就休戚与共，同甘共苦。""与此相反，一切对农村地区生活的颂扬总是指出，那里人们之间的共同体要强大得多，更为生机勃勃；共同体是持久和真正的共同生活，社会只不过是一种暂时的和表面的共同生活。因此，共同体本身应该被理解为一种生机勃勃的有机体，而社会应该被理解为一种机械的聚合和人

---

① 孙信茹等：《媒介在场·媒介逻辑·媒介意义——民族传播研究的取向和进路》，《当代传播》2012 年第 5 期。

② 孔德斌等：《社区与村民：一种理解乡村治理的新框架》，《农业经济问题》2013 年第 3 期。

③ 林福岳：《社区媒介定位的再思考：从社区媒介的社区认同功能论谈起》，（台湾）《新闻学研究》1998 年总第 56 期。

工制品。"①

滕尼斯的"共同体"主要是基于自然意志（natural will），例如情感、习惯、记忆、血缘、心灵等而形成的社会组织，它是"有相同价值取向、人口同质性较强的社会共同体，体现的是一种亲密无间、守望相助、服从权威且具有共同信仰和共同风俗习惯的人际关系"②，人们之间具有共同利益的血缘、地缘、感情和伦理关系成为连接纽带。并且他从关系的角度把共同体分为血缘共同体、地缘共同体和精神共同体三种类型，而人与人之间所具有的共同的文化心理和归属感是共同体的精髓和实质。他指出，由于一代代人的心理、性情、习惯的积淀，必然会形成一种不由自主地支配整个乡村的惯势，这就是乡村共同体的文化。由此可见，滕尼斯的"共同体"虽然是以地域为基础，但强调人们的习俗、文化方面的特征，③也就是更侧重于 Gemeinschaft "作为人们社会联结的一种形态的含义"，④从相对宽泛的意义上说，更是一种文化的共同体。所以，英国社会学家齐格蒙特·鲍曼才会感慨："词都有其含义：然而，有些词，它还是一种感觉（feel），'共同体'（community）这个词就是其中之一。"⑤鲍曼把"共同体"概念赋予了更多的意义和更广的范围，既可指有形的共同体，也可指无形的共同体，而且可以因不同时间和空间状态做不同的理解。正如保罗·霍普（Paul Hopper）所认为：事实上，对于每一个人来说，地方或邻里共同体的构成，往往取决于我们自己的主观意识，这里没有普适的定义。⑥

滕尼斯的"共同体"理论被社会学界广泛接受并不断发展。美国学者查尔斯·罗密斯（C. P. Loomis）将《共同体与社会》一书译为 Com-

---

① ［德］斐迪南·滕尼斯：《共同体与社会：纯粹社会学的基本概念》，林荣远译，北京大学出版社 2010 年版，第 43—45 页。
② 孔德斌等：《社区与村民：一种理解乡村治理的新框架》，《农业经济问题》2013 年第 3 期。
③ 王玉亮：《英国中世纪晚期乡村共同体研究》，人民出版社 2011 年版，第 16—18 页。
④ 王小章：《何谓社区与社区何为》，《浙江学刊》2002 年第 2 期。
⑤ ［英］齐格蒙特·鲍曼：《共同体》，欧阳景根译，江苏人民出版社 2003 年版，第 1 页。
⑥ ［英］保罗·霍普：《个人主义时代之共同体重建》，沈毅译，浙江大学出版社 2010 年版。

*munity and Society*，在这里，他将德文 Gemeinschaft 译作 Community。① 本来罗密斯在译为 community 时，还是注意到了"共同体"一词的传统乡村社会语境，保持了其"公共的、共同体、集体"等含义，并不特别强调其作为"社区"的地域性特征。但由于 community 作为专门的学术用语成为美国社会学的主要概念时，正是芝加哥城市社会学派对于城市区位的人文生态学研究如火如荼的时候，他们把 community 和 society 作为区别农村生活和城市生活的两个概念。欧洲的"共同体"研究，在美国社会学逐渐演变为城市社会学中的社区研究。受芝加哥学派思想的影响，community 的意涵就与具有一定边界的地域紧密联系在一起，逐渐导致人们大多舍弃了 community 的本意而取其作为物理位置（physical place）的"社区"之意，强化了地理共同体的含义，而对作为具有共同归属感的"精神共同体"——这一滕尼斯最为强调的含义则表达不足，偏离了 Gemeinschaft 的本义。② 而且随着个人生活方式越来越多元化，社会组织方式出现更多不同面貌，community 的意涵也就不断被转换和发展。人们在解释和使用"社区"概念时，也存在多种理解和看法，从社会群体、社会功能、地理区划、意识形态、认同感、归属感与社会参与等角度，发展出众多的共同体或社区定义。

总体上讲，共同体或社区主要被描述为地域性类型（如村庄、邻里、城市、社区等地域性组织）和关系型类型（如民族、种族、宗教团体、社团等社会关系与共同情感）两种。这些定义与滕尼斯所提出的"共同体"概念相比，在内涵与外延上都发生了很大的变化。我国学者深受美国学者的影响，自 1933 年燕京大学社会学系将 community 转译为"社区"之后，"社区"一词逐渐成为中国社会学的通用语。一般都以突出其地域性特征来理解"共同体"，将其视为"由居住在某一地方的人们组成的多种社会关系和社会群体，从事各种社会活动所构成的区域生活共同体"，③ 同样也偏离了滕尼斯的本意。很显然，中西方学术界对 community 的这些认识同样也影响了对 rural community 或者 village community 这一概念的认识。但正如拉波特和奥弗林（Nigel Rapport & Joanna Overing）所强调的，

---

① 王小章：《何谓社区与社区何为》，《浙江学刊》2002 年第 2 期。
② T. Blackshaw, *Key Concepts in Community Studies*, London: Sage, 2012, pp. 60-66.
③ 王玉亮：《英国中世纪晚期乡村共同体研究》，人民出版社 2011 年版，第 19 页。

不管社区的概念如何多种多样，它都是一个令人"欢呼"的词汇，无论社区"是否表达对过去的归属感、当前行为的共性、政治团结（民族、地点、宗教），还是一个乌托邦的未来（乡村牧歌或世界秩序），社区都是一个具有正面评价和号召力的概念，对它的运用体现了一个人们期望、提倡并希望归属的社会文化群体和环境"①。

对于"乡村共同体"的认识，在西方学者的著述中，虽然使用了rural community 一词，但偏重于"村庄"（rural settlements）的内涵，从村庄这个地域性社区的角度对村庄建筑及环境、家庭生活、人口发展、社会结构、土地生产及经济交换等各方面进行研究，② 忽视或较少注意到村庄的其他特性。法国学者马克·布洛赫（Mark Bloch）对"乡村共同体"进行了较为清晰的界定，他认为，"许多个人，或者许多在同一块土地上耕作、在同一个村庄里建造房屋的家庭，在一起生活。通过经济的、感情的联系而形成的这些'邻居'，组成了一个小社会：'乡村共同体'"③。中国传统的乡土社会，正是这种强调社会关系的乡村共同体意义上的社会。在有关中国乡村共同体的学术研究史上，日本学者围绕中国村落是否为共同体进行过著名的"戒能—平野论战"。④ 戒能派认为中国的村落仅仅是一个相对松散的结社性质的社会组织而不是共同体，平野派则认为中国的村落具有强大的凝聚力，具有共同体性质。1945 年以后，日本学者讨论的核心不再拘泥于村落共同体，还相继提出了乡镇共同体、生活共同体等概念。⑤ 论争虽然存在，但这并不影响中国本土学者对"乡村共同体"的理解和作为乡村研究的工具性使用。尤其是在现代化、城市化和全球化背景下，乡村共同体的消失问题成为学术讨论焦点话题时，仍然坚持这样一种立场，即"现代文明和市场经济的持续作用瓦解了旧的乡村

---

① ［英］奈杰尔·拉波特、乔安娜·奥弗林：《社会文化人类学的关键概念》（第二版），华夏出版社 2013 年版，第 62 页。

② Helena Hamerow, *Early Medieval Settlements*: *The Archaeology of Rural Communities in Northwest Europe 400-900*, Oxford University Press, 2004, pp. 1-11.

③ ［法］马克·布洛赫：《法国农村史》，余中先等译，商务印书馆 1997 年版，第 189—190 页。

④ 李国庆：《关于中国村落共同体的论战》，《社会学研究》2005 年第 6 期。

⑤ 汪火根、曹卉：《新农村建设中的乡村共同体与社会秩序的重构》，《经济研究导刊》2011 年第 31 期。

共同体，但也为新型乡村共同体的重建提供了机遇"①，并以此为出发点，讨论乡村共同体的重建路径。不过，由于 community 兼具"社区"和"共同体"之义，在当今各种特殊语境与话语体系中，共同体这一概念已经被以不同的方式讨论、分析和理论化，所以对乡村研究而言，就有了诸如"乡村社区""村社共同体""村落共同体""乡村共同体"等不同的表述方式。尽管学者们对乡村的研究分歧很大，却几乎都有这样一种既接近现实又符合逻辑需要的共识，即乡村社会秩序天然具有共同体属性，有共同的利益、共同的问题、共同的需要，进而产生一种共同的意识、集体性的共同理念。

在当前少数民族地区建设社会主义新农村背景下，正在建设的"乡村社区"就是立足于地域性和社会性这两个社区的特征，是建立在一定的认同基础上的包含特定主体观、自我观，有着明显的利益边界、责任边界及归属边界的群体生活模式及其社会结构，本质上是地域性共同体和关系型共同体的统一，"在每一个乡村共同体中，都保持着一种每个农民都理解的乡土观念"②，这种认同是一种超越时间的力量，是村庄延续的密码。而且从少数民族乡村文化的建构与传播而言，"乡村共同体"更是人们的一种充满想象的精神家园，具有作为"想象的共同体"（Imagined communities）③ 的特别意义。因而借助于"共同体"的概念，将其作为分析乡村社会历史与文化的方法论工具，我们可以把诸多乡村秩序的分析要素有机统合在一起，用"共同体"这把钥匙，打开解读重建乡村文化的希望之门。所以，笔者在本书的叙述过程中，虽然有的地方沿用了"社区"这一概念，但文中的"社区"的含义侧重于人们因长期共同的生活而形成的亲密关系和在互动中创造出的共同的文化意义体系，由一种休戚相关的"我们感"（we-ness）所连接。因而，本书将从"乡村共同体"的理论逻辑出发，在社区共同理解的基础上去探讨乡村传播与文化发展的

---

① 陆林、冯建蓉：《转型时期乡村共同体的衰落与重建》，《西南农业大学学报》2011 年第 10 期。

② ［法］莫里斯·哈布瓦赫：《论集体记忆》，毕然等译，上海人民出版社 2002 年版，第 117 页。

③ ［美］本尼迪克特·安德森：《想象的共同体：民族主义的起源与散布》（增订版），吴叡人译，上海人民出版社 2011 年版。

内在关系以及乡村文化共同体的"地方建构"（place-making）① 过程。

### 三 文化再生产

说到底，社会文化变迁实质上是人的变迁。因为文化间接触和连接的中介是人，确切地说是人而不是文化进行互相接触。社会文化变迁的主体是人，人是社会文化变迁的实际承担者。而任何文化都以其自身的再生产作为其存在与维持的基本条件和基本形态。什么是文化的再生产呢？再生产理论是20世纪中后期在西方社会科学领域兴起的一种现代社会批判理论。"再生产"思想主要源于英国古典政治经济学和马克思政治经济学，指的是反复进行的社会生产过程，生产过程也是再生产过程，主要强调的是与原来生产结构的关系以及多元因素交错互动的复杂性。后来的社会科学研究者以此概念为基础，把"再生产"从经济领域延伸出来，形成多种形式的再生产理论，如鲍尔斯和金蒂斯（S. Bowles & H. Gintis）的经济关系再生产、阿尔都塞（Louis. Pierre Althusser）的国家权力再生产、皮埃尔·布迪厄（Pierre Bourdieu）的文化再生产、阿普尔（M. W. Apple）和威利斯（P. Wills）等人的抵制理论②等，这些都是资本逻辑渗透到人类社会各个层面的表现。其中，布迪厄在20世纪70年代初提出的"文化再生产"（Cultural reproduction）最具代表性，并在他后来的一系列著述中得到进一步细化。

布迪厄在研究当代社会的过程中，非常重视社会现实生活中的实际结构及其运作逻辑。他认为当代社会不同于传统社会的地方，就在于文化因素已经深深地渗透进整个社会生活，尽管文化外在于我们，但是文化仍然被建构为人类个体行动的集体产物，在整个社会中具有优先性和决定性意义。于是，他从人类学、社会学的整合视野，提出了一种关于符号权力的社会学，揭示文化、社会结构与行为之间的关系，并且布迪厄"把文化阐释为一种具有特殊的积累法则、交换法则与运行法则的资本形式"③。

---

① 丁未：《流动的家园："攸县的哥村"社区传播与身份共同体研究》，社会科学文献出版社2014年版，第28页。
② [英] 保罗·威利斯：《学做工：工人阶级子弟为何继承父业》，秘舒等译，译林出版社2013年版。
③ [美] 戴维·斯沃茨：《文化与权力：布尔迪厄的社会学》，陶东风译，上海译文出版社2012年版，第9页。

在与帕塞隆（Jean Claud Passeron）合著的《再生产：一种教育系统理论的要点》一书中，他们把高等教育与社会文化、权力相互联系起来，强调文化过程对于维护现存社会经济结构的重要性，认为教育有助于维护一个不平等的、分化为阶级的社会，并使之合法化，也就是说教育通过被构建为有利于统治阶级的文化而实现了文化再生产。[1] 布迪厄发展了一系列隐喻性概念，如"文化资本""惯习""场域""符号暴力"等，以表达社会和文化分层中微妙的权力和统治关系，揭示文化与教育的社会等级再生产功能以及社会选择过程中的不平等现象，建构了一个教育社会学的分析框架。更重要的是，布迪厄确定了文化再生产与社会再生产之间的关联，从根本上改变了社会学和人类学对于现代社会的研究方向，给社会文化变迁提供了新的视角。

"文化再生产"是布迪厄社会理论中的核心，是其理论和方法的基础和出发点。但是有人将其错误地翻译为"文化复制"，然而"文化再生产"根本不同于"文化复制"。从遗传的意义上理解再生产，指的是积极的、充满生气的两性生殖、繁殖或再生。这里的再生除了有重复、复制的意思，也提供了改变和重新组合的可能性。[2] 所以，"文化复制"一词所描述的文化再生产活动只是一种简单的"重复"或"模仿"，忽略了文化再生产过程中的创造性活动的性质，更忽略了再生产过程中所隐含的复杂运作及其策略斗争过程。[3] 也就是说，再生产过程也是延伸过程或扩张过程。在布迪厄的"文化再生产"理论分析框架中，"再生产概念指的只是在机会和财产不均等的制度中受不同地位制约的行为者的战略和利益，是利与弊的再生产过程的稳定性；这种稳定性，就其重复性与持续性而言，由社会行动的集体工具——制度、文化、思想的功能性而得以加强"[4]。他试图用"再生产"这一概念表明社会文化的动态发展过程，同时强调文化过程对于维护现存社会经济结构的重要性，也就是文化可以通过再生

---

[1] 李丽丽：《在大众化进程中趋向高等教育公平——约翰·布鲁贝克〈高等教育哲学〉的启示》，《高教探索》2007年第3期。

[2] Chris Jenks, "Introduction: The Analytic Bases of Cultural Reproduction Theory", Chris Jenks, *Cultural Reproduction*, London: Routledge, 2002, pp.1–15.

[3] 高宣扬：《布迪厄的社会理论》，同济大学出版社2004年版，第16—17页。

[4] ［法］让·克洛德·帕塞隆：《社会文化再生产的理论》，邓一琳译，《国外社会科学杂志》（中文版）1987年第4期。

产进行传承，使社会得以延续。在布迪厄看来，社会是在人的象征性实践中建构起来，并不断"再生产"出来的。文化再生产的重要意义，不只是强调文化本身的自我创造和生命力，还在于强调超越文化存在的流动性、循环性、发展性，显示文化发展的动态性和自我更新能力。

  按照布迪厄对于文化再生产的阐释，本书将文化在传承和创新中得以延续的过程也可看作一种再生产，即文化再生产。"以往人们是通过自然来创造文化，而现在的人们则是通过'文化'重构文化。"[①] 实际上，文化再生产就是一种文化传承和文化创新相结合的文化重构过程，但它不是文化的简单重复或复制，而是通过不断积累，实现了文化的更新，扩大了文化的规模，因而是文化发展的一种内在机制。显然，在这种互动中再生产出来的文化，并不是一成不变的文化，而是经过了更新与再创造的文化。可见，文化传承的特点本身就是一个再生产的过程，文化的再生产过程与社会再生产过程是相辅相成的。

  本书关注的文化是少数民族乡村文化，就是狭义上的与城市或都市文化相对而言的村落（村庄）文化。而文化本身是整体性的，包括了社会的政治、经济以及环境等诸多方面。看到了文化的整体性，重建文化才能够有的放矢，进行由下而上的建设。从文化的本质内涵而言，乡村文化指的是乡村聚落社会群体所共享的，在乡村社会发展过程中习得并被传承下来的各种物质与精神财富，包括知识、技能、规范、价值观念、组织体系、物质实体等，本质上就是乡村社会的生存方式。其核心是乡村共同体内部在长期的冲突与融合中逐步形成的伦理观念、价值体系与行为规范，是"一种行动者在其中创造和产生出信仰、价值观以及其他社会生活的手段"[②]。因而，乡村文化是源于乡土并依存于乡土的文化，具有很强的"在地性"和"乡土性"。随着新文化的出现及新旧文化的冲突与融合，原有的乡村文化将被新的乡村文化所替代，乡村文化的内涵也将产生相应的变化。[③] 少数民族乡村文化作为民间文化、底层文化，是以地方文化、

---

① 方李莉：《西部人文资源与西部民间文化的再生产》，《开放时代》2005 年第 5 期。
② 赵旭东：《本土异域间：人类学研究中的自我、文化与他者》，北京大学出版社 2011 年版，第 267—268 页。
③ 车裕斌：《村落经济转型中的文化冲突与社会文化——楠溪江上游毛氏宗族村落个案分析》，中国社会科学出版社 2010 年版，第 31—32 页。

地方性知识的形式存在，存活于乡村田间地头，以活态形式依附于乡村民众日常生活、情感、习惯与信仰之中，体现着乡村社会的生活意义，具有明显的体现乡村生活方式、人际关系和生活情趣的乡土情结和乡土文化意识。而乡村文化再生产是不同民族、不同地方调适自身、与时俱进的重要方式和途径。① 在少数民族乡村被全面卷入现代化进程之后，传统生活方式逐渐消失，又催生了乡村文化的复兴，乡村在多种力量相互交织的文化网络中不断地发生着再造与重构。从整体而言，乡村文化发展既是目的也是手段，是乡村社会发展的内在运行机制，其发展应该满足从个体到社区的三个梯度方面的需要，即"个人与家庭成员之间的生产生活需要""家族、族群、乡村文化交流的需要""民族地区文化发展的需要及与外来多元文化交流互动的需要"②。当然乡村文化不可能以"简单复制"的方式去发展，而是以"再生产"的模式来维持和更新，通过对原有文化的继承和发展，体现民间文化的稳定性和变异性。整个再生产过程不仅关涉"地方性知识"自身的文化逻辑，而且与外部的文化传播网络紧密相连。

## 四 凝视

居伊·德波（Guy Ernest Dobord）认为，当代社会生活已表现为巨大的景观（spectacles），生活的细节几乎都已异化为景观的形式，"直接存在的一切全部转化为一个表象"，作为社会的一部分，"景观是全部视觉和全部意识的焦点"，③ 这种视觉性表征使凝视在当代社会无所不在。"凝视"（gaze）是一个被拉康（Jacques Lacan）、福柯（Michel Foucault）、边沁（Jeremy Bentham）、德里达（Jacques Derrida）等理论家精心建构的用于讨论后现代理论的一个重要概念，广泛应用于文艺批评、美学、视觉文化研究等领域，后来被进一步拓展到对各种社会现象的研究之中。人类的认识活动是从感觉开始的，眼睛作为"心灵的窗户"，在人体所有的感觉器官中，具有非常突出而显著的地位。美国现象学家汉斯·乔纳斯

---

① 桂榕：《文化再生产视角下的少数民族民间教育文化圈研究——以云南回族为例》，《西南边疆民族研究》第 8 辑，2010 年。
② 邱仁富、黄骏：《少数民族地区乡村文化发展现状分析及对策》，《经济与社会发展》2007 年第 7 期。
③ [法] 居伊·德波：《景观社会》，王昭风译，南京大学出版社 2006 年版，第 3 页。

(Hans Jonas)甚至把视觉看作人类最高贵的感官。因而,在所有感觉中,人们对视觉的依赖性是最高的,"各种感觉的生理机制和活动规律的复杂性乃至神秘性已经值得我们仔细研究,但它们呈现出来的文化的、社会的、政治的特征则更是呼唤着我们做出多元的解释。准确地说,感觉在其物质性和生理性之上,还有着多种层次的添加与累积。它们体现了复杂的文化意义和多元的隐喻特征。就视觉而言,它从生理学走向文化和社会学的概念范畴,就是一个不争的事实"①。

随着近代以来的西方文化转向以视觉为中心的文化,无所不在的"看"与"被看",唤醒了哲学对视觉的重新思考。"凝视"就由一个观看的动作、具体的观看方式变成了西方文论和文化研究的一个重要的关键词和特殊的理论分析工具,从日常话语体系中脱离出来,被赋予丰富的理论适用性和批评实践能力。"凝视"本义就是"看""注视"等。作为一种具体的观看行为,明显有别于"浏览"(scan)和"一瞥"(glance)等快速观看行为,而是一种专注的、审视的、延长了的"看"。作为一个已经理论化的重要概念,凝视已超越了"观察",是一种带有权力运作、欲望纠结和身份意识等策略性行为的观看方法,"显然具有了社会特征及意识形态含义"。② 这种"看"在于对"看者"和"被看者"的个人身份以及二者之间认识与被认识、支配与被支配等非对等权力关系的考察,"描述的是一种与眼睛和视觉有关的权力形式"③,最核心的意义是其后的制度支持、规训、建构产物和压迫性,体现出一系列二元对立的权力话语,"暗含着凝视主体的强势与主动和被凝视客体的弱势与被动"④。所以,文化研究语境中的"看"已经被注入了社会维度,不再是一种纯粹的视觉行为,谁在看、看什么和怎么看就成为体现了复杂内容的社会交往实践,呈现了多重社会经验的建构作用,成为一种权力关系和支配行为。"观者被权力赋予'看'的特权,通过'看'确立自己的主体位置。被观者在沦为'看'的对象的同时,体会到观者眼光带来的权力压力,通过

---

① 朱晓兰:《文化研究关键词:凝视》,南京大学出版社2013年版,第2页。
② 同上书,第15页。
③ D. Cavallaro, *Critical and Cultural Theory: Thematic Variations*, London: Athlone Press, 2001, p. 131.
④ 胡海霞:《凝视,还是对话?——对游客凝视理论的反思》,《旅游学刊》2010年第10期。

内化观者的价值判断进行自我物化。"① 在凝视者与被凝视者的社会互动中，人类才得以"把自己改造成为认识主体、凝视主体，把凝视对象'他者化'（othered），改造成为认识客体、凝视客体"②。"看"在不断地生产着意义。

作为一个文化研究中新生的理论武器，在20世纪的文化批评实践中，不仅"男性凝视""殖民凝视""文化凝视""种族凝视"等被广泛探讨，而且"游客凝视""明星凝视"等概念也被用来研究一个主体面对另一个主体/客体/他者时的心理机制，"凝视"作为一种文化研究的批评范式，受到许多学者的青睐。③ 从古希腊以来的视觉至上原则和理性主义，再从萨特（Jean-Paul Sartre）到拉康、到福柯等人对凝视的思考，积累了丰富的理论价值，构成了凝视的理论源泉。尤其是福柯在对精神病院、临床医学和现代监狱的诞生进行知识考古，建立起他的"凝视王国"，并由此形成了精神诊疗学的"道德式凝视"、临床医学的"认知式凝视"和现代社会的"全景或敞视（panopticon）主义的监视"等重要概念，围绕"权力—知识"这一中心命题，意在表明"权力有如一双眼睛，它把一切置于可见性的空间，在统治性、无所不在的凝视之下，权力由此获得展布"④。在现代社会，凝视是有形的、具体的和普遍的，当福柯为凝视输入权力的机制后，这种"旁观者"的眼光背后就隐藏着一种"旁观者的知识观"⑤，指涉着某种权力的心理关系，具有促进性、生产性的功能，从而使这一理论话语的内涵更加丰富，策略性和应用性更加强大。

1992年，英国社会学家约翰·厄里（John Urry）借用福柯的"医学凝视"概念，从现代与后现代、工业社会与后工业社会的研究体系出发，提出了"旅游凝视"（tourist gaze，也译作游客凝视、观光凝视）理论，以此考察人类活动中强势文化与弱势文化间的权力互动关系，成为旅游社区关系研究的一个重要分析工具和认识现代旅游事项的思维范式。在厄里

---

① 陈榕：《凝视》，赵一凡等《西方文论关键词》，外语教学与研究出版社2006年版，第349页。
② 刘丹萍：《元阳哈尼梯田旅游地发育过程研究：在凝视与被凝视之间》，博士学位论文，中山大学，2005年。
③ 朱晓兰：《"凝视"理论研究》，博士学位论文，南京大学，2011年。
④ 朱晓兰：《文化研究关键词：凝视》，南京大学出版社2013年版，第20—28页。
⑤ 肖伟胜：《视觉文化与图像意识研究》，北京大学出版社2011年版，第129—130页。

看来,"去思考一个社会群体怎样建构自己的旅游凝视,是理解'正常社会'中发生着什么的一个绝妙途径"①,通过建构在视觉文化基础之上的"凝视"这一视角,可以揭示出人类行为更加丰富的社会人类学意义。厄里的"游客凝视"概念融合了旅游动机、需求及行为等,并将凝视看作是"同现代性相联系的、社会地组织和系统化了的观察世界的方式,是现代社会和文化实践'培训'和建构的产物"②,作为一种隐性力量,凝视支配着特殊场域的文化建构,具有生成性动力意义,日益成为一种社会文化变迁的力量。不过,厄里的游客凝视强调主体性而非客体性,即凝视者优越于凝视对象,是一种单向度的"凝视",体现出"游客凝视"背后的不平等性、支配性、符号性和社会性等特征。然而,旅游凝视所包含的不只是游客对他者的凝视,也有拉康所谓的他者凝视,是一种双重体验。2006 年,以色列学者毛茨(Darya Maoz)提出了"当地人凝视"(local gaze,也称"地方凝视"或"东道主凝视")和"双向凝视"(the mutual gaze)的概念,着重考察当地人的反向凝视和游客的凝视之间的相互作用及其影响。③ 无论是约翰·厄里的"游客凝视",还是毛茨的"双向凝视",从文化实践上看都只是被社会性建构的"凝视"的一个方面。"旅游凝视"是一个多元主体参与互动的复杂系统,除了游客和当地人的凝视外,还包括"规划者凝视"或"专家凝视""政府凝视""游客间凝视""隐性凝视",以及各"凝视"力量之间因权力悬殊和变化而产生的互相凝视。④ 事实上,我们每一个人都处在特定的社会和文化之中,看什么和怎么看不仅深受文化的影响,同时也是由我们所处的社会决定的。游客凝视不仅介入了文化的生产过程,也介入了与他人的社会互动,也正是在此过程中,他们把自我塑造成为具有特定社会意义的个体。

总的说来,凝视体现的是"看"与"被看"的辩证法,在看与被看的过程中主体与对象、主体与他者得以建构。所以,凝视作为权力化的视觉模式,其最根本的方法论意义就在于,"在视觉实践及隐喻的视觉体制

---

① [英] John Urry:《游客凝视》,杨慧等译,广西师范大学出版社 2009 年版,第 3 页。
② 周雷、杨慧:《"凝视"中国旅游:泛政治化的视觉经验》,《思想战线》(2008 年社会科学专辑)总第 34 卷。
③ 成海:《"旅游凝视"理论的多向度解读》,《太原城市职业技术学院学报》2011 年第 1 期。
④ 吴茂英:《旅游凝视:述评与展望》,《旅游学刊》2012 年第 3 期。

中，主体性的问题如何凸显，权力的关系如何运作"①。在文化研究领域，作为分析工具的凝视理论不仅被用于艺术作品、影视文本的文化学诠释，而且也被广泛应用于对社会现象和文化实践的研究，发展成为一个实践与生产的系统。本书正是受"凝视"的方法论启示，思考社会文化实践中所突显出来的"权力的眼睛"②问题，以此考察乡村传播网络中的权力运行逻辑，进一步去理解乡村共同体如何实现自我与他者的社会性建构，如何采取各种展示策略实现当代乡村"可参观性"（visitability）③的再生产。

## 第二节 寻找"螺丝刀"：宏观社会结构与微观社区实践的链接

J. H. 特纳认为，社会世界形成于各种过程，或者说是形成于决定人类的行为、互动和组织的"各种力量"。社会世界的一切方面都是发展变化的，把"结构"与形成、维持或改变此结构的作用力割裂开来是不明智的。④ 因为"行动和结构在诸多方面产生关联和联系，一种好的社会理论必须对这些关联和联系加以理论的组织和经验的说明"，在社会系统、社会制度和行动之间建立起宏观与微观的联结，"准确地描述行动功能系统是如何以一种结构刺激的方式使得总和成为可能"。⑤ 社会学就是要揭示这些在不同社会中隐藏得最深的结构，揭示那些确保这些结构得以再生产的或转化的机制。乡村传播网络中的行动者如何作用于文化再生产，进而实现社区整合呢？根据布洛维拓展个案法所遵循的反思社会科学逻辑，微观的社会生活方式是受宏观社会制度和结构影响的，并且会通过自己的方

---

① 朱晓兰：《"凝视"理论研究》，博士学位论文，南京大学，2011年。
② 包亚明：《权力的眼睛——福科访谈录》，严锋译，上海人民出版社1997年版。
③ [英]贝拉·迪克斯：《被展示的文化：当代"可参观性"的生产》，冯悦译，北京大学出版社2012年版。对于"可参观性"的理解，贝拉·迪克斯指出，可参观性的生产是指，在这些背景当中刻意用文化来吸引游客目光的方式。可参观性同时也是一种经济和文化现象。
④ [美]乔纳森·H. 特纳：《社会宏观动力学》，林聚任等译，北京大学出版社2006年版，第2页。
⑤ [美]詹姆斯·博曼：《社会科学的新哲学》，李霞等译，上海人民出版社2006年版，第220—228页。

式再生产出宏观社会制度与结构。而且美国社会学家科尔曼（James Samuel Coleman）也强调，"宏观层面发生的变迁必须由微观个体层面来加以解释。要解释宏观社会现象，仅仅在宏观现象彼此之间进行相关分析是不够的。一个理论要成为解释性的理论，就必须能确定一系列能够引发相关社会结果的因果机制。这就需要我们去剖析展示，在一个时间点上的宏观状态是如何影响个人行动的，以及这些个人行动又如何带来下一个时间点上宏观层面新的变化"[①]。那么，如何寻找一把"螺丝刀"，把"螺钉"与"螺母"紧密联系起来，让"齿"和"轮"相互嵌入，环环相扣呢？也就是如何把作为"螺钉"的微观社区文化再生产实践，与作为"螺母"的国家宏观社会转型之间的关系链接起来呢？笔者发现，在乡村文化再生产与共同体重建过程中，能够透过"凝视"的理论话语，找到这一"微宏链"的时间纽带和空间连接点，去描述和阐释一个乡村共同体的重建与政治、经济、文化等宏观社会结构的关系性存在。

## 一 时间纽带：乡村传播网络中他者凝视惯习与行动逻辑

在国家西部大开发、建设社会主义新农村和连片扶贫开发战略背景下，中国的少数民族地区进行着各种各样自下而上的"百镇千村""整村推进"[②] 项目，乡村正在向现代化、市场化转向，而且国家的宏观政策也侧重于促进农村逐渐走向现代化、城镇化、市场化。在此背景下，各地竞相挖掘民间文化资源，再造文化景观，以恢复和重建乡村的名义，"文化搭台，经济唱戏"，建立了一个又一个的乡村旅游目的地，给我们制造了一个被展示、被凝视的村庄，乡村也就变得可读，乡村文化也成为"一个可以观赏的去处"。这里的乡村是一种特殊的居住地，乡村生活方式可以被移植，乡村文化的生活画面可以被加工、整体推销和出售。[③] 在不同的经济发展模式下，乡村居民进行着性质不同的生产，也必然产生不同的

---

[①] ［瑞典］彼得·赫斯特洛姆：《解析社会：分析社会学原理》，陈云松等译，南京大学出版社2010年版，第9页。

[②] 整村推进是《中国农村扶贫开发纲要（2011—2020）》中的一项减贫措施。就是以每个地区确定的扶贫开发工作重点村为对象，发展特色支柱产业，改善生产生活条件，增加集体经济收入，提高自我发展能力，整合资源、科学规划、集中投入、规范运作、分批实施、逐村验收的扶贫开发工作方式。

[③] 何景明：《国外乡村旅游研究述评》，《旅游学刊》2003年第1期。

生活过程，形成具有时代特征的社会文化形态。所以乡村文化的演化路径在推动地方经济发展的同时，也影响了乡村社区地方文化、社会结构、日常生活秩序。在社区重建过程中，既包含了过去与现在的历史循环关系，又包含了文化再生产过程中多重作用力量之间持续不断的互动，形成了一个传播意义生产的动态的网状结构。传播网络作为文化意义生产的一个多层面的动态架构，以及信息流通过程中社会权力关系的基本模式，给我们探究文化再生产的社会结构内涵提供了缜密的解释模式和框架。在社会意义建构过程中，"社会的制度形式、价值观念、文化形态、个人身份等都以共同的形式存在并不断调整"①。因而，权力分析的落脚点在社会关系网络上，在乡村日常生活中的各个利益相关者②的行动逻辑及其惯习就成为联系微观社区与宏观社会的时间纽带，成为考察各种外来力量与乡村社会结构相互作用的"窗口"。

进入 21 世纪后，枫村——这个鄂西南民族地区的乡村，因为其文化发展的独特性而得到了比其他少数民族村庄更多的关注，村庄内部与外部社会发生了频繁、深入的互动。这种由多重力量聚焦而成的"发展的凝视"（the development gaze）重组了乡村社区重建过程中的各种能动性之间的结构关系。③ 而互动又是当代文化展示的一个主要特点。乡村文化就是在这一流动和开放的社会互动过程中得以不断建构，乡村传播网络在此具有了实现社区整合和文化再生产的结构化意义。

在文化再生产理论中，作为文化再生产的精神基础，即布迪厄所说的"惯习"或"心态结构"（habitus），是进行和实现文化再生产的精神动力，是人类社会行为的指导原则的原生地，也是社会结构的历史缩影和内

---

① 姚君喜：《社会转型传播学》，上海交通大学出版社 2008 年版，第 142 页。

② 郭华：《乡村旅游社区利益相关者研究：基于制度变迁的视角》，暨南大学出版社 2010 年版，第 68—72 页。利益相关者是一个经济学概念。弗里曼（Freeman）在 1984 年对利益相关者的范畴予以进一步明确时，认为利益相关者是能够影响一个组织目标的实现或者被组织实现目标过程影响的任何个人和群体。此概念引入旅游领域后，D. Weaver 等认为旅游利益相关者主要包括游客、政府、旅游社区、非政府组织、学者、投资者等，并且强调这些利益相关者之间的活动是双向互动、互相影响的，从而构成旅游利益相关者系统。在本书中，针对枫村的传播网络与文化再生产实践，其中存在着地方政府、投资者、村民、游客、规划专家、媒体等为发展而产生的传播行为。

③ 黄应贵：《反景入深林：人类学的观照、理论与实践》，商务印书馆 2010 年版，第 334—335 页。

在结构化的结果。① 在布迪厄的理论框架中，惯习是历史的产物，是文化中的"策略生成原则"，"是一套以某些特定方式行事的既定性情倾向（dispositions），是在个体对社会位置的适应过程中产生的，构成了个体关于社会世界以及个体行为规范的概念图式"。② 也就是说，布迪厄所说的"惯习"就是一个社会或群体所特有的、基本的理解结构和习惯性的理解方式，是一种社会实践的生成机制，是指导我们行为的一种标准，形成再生、重建社会的动力因素，浓缩着个体的社会地位、生存状况、集体的历史、文化传统的气质和秉性。显然，惯习具有理论和实践的双重意义，既是行动者的内在心理、精神和情感结构，又是外化的客观活动；既是行动者主观心态的向外结构化的客观过程，又是历史的与现实的客观环境向内被结构化的主观过程。③ 惯习实践上决定着全部社会行为的方向，它组织了实践，但并未主宰实践。从某种意义上说，社会结构就是精神结构的"描摹"。在枫村的文化再生产场域中，这种"发展凝视"的惯习，是各个社会行动者在社区重建过程中形成的一定的思想准则与行动规范，其背后隐藏着深刻的权力关系，无不以"文化"的名义来渲染各自那五花八门的隐晦而直白的目的。其中，主要的行动者包括地方政府、村民组织、村民、外来投资者、专家、游客、媒体工作者等。而行动者惯习的形塑除了来源于社会历史和村庄历史，还与行动者的家庭背景、教育经历、经济基础、生活经验等"个人历史"和场域内的位置有关。在枫村，行动者的行动逻辑、凝视惯习的生成与再生产，贯穿于乡村文化再生产的全部过程，当然也贯穿于由文化再生产去重建乡村共同体的全部过程。

## 二 空间连接点：作为乡村传播与文化再生产场域的乡村

布迪厄提供了一种分析文化的方法论，其文化再生产的理论视角重视文化、社会、人三者之间的互动，强调对"场域"（field）的分析，目的是要描述实践的动态结构过程，考察形形色色的社会实践是如何组织在一起的。"场域"是布迪厄社会学中的一个关键的空间隐喻，这一概念来自

---

① 高宣扬：《当代法国思想五十年》，中国人民大学出版社2005年版，第490页。
② ［澳］马尔科姆·沃特斯：《现代社会学理论》，杨善华等译，华夏出版社2000年版，第212—213页。
③ 宫留记：《布迪厄的社会实践理论》，河南大学出版社2009年版，第150页。

他对艺术社会学的研究以及对宗教社会学的解读，场域"所要表达的主要是在某一社会空间中，由特定的行动者相互关系网络所表现的各种社会力量和因素的综合体。基本上是一个靠社会关系网络表现出来的社会性力量维持的，同时也是靠这种社会性力量的不同性质而相互区别的空间"①。作为中介的场域就连接了宏观社会结构与微观个体行动，在少数民族乡村场域，国家及其"代理人"、大众传媒、市场、乡村精英、外来者等多重权力在其中博弈，而这些错综复杂的权力关系所形成的合力方向就是乡村文化发展的方向。只有透彻地分析这些行动者在文化转型和变迁中的作用，才能更清楚地认识文化再生产和社区重建的现状与未来方向。关注乡村传播，实际上就是对村民日常生活世界的关注。社区传播研究领域的著名学者弗里德兰（Lewis A. Friedland）认为，社区正是连接宏观社会系统与微观生活世界最好的接合点，也是考察传播行为中制度与人们日常生活世界如何相互作用的理想场域。②然而，日常生活本身具有情境性，无论是语言的交流，还是习惯和规则的效用都是严格地与特定情境联系在一起的。如果我们把乡村日常生活看成是外部世界多重"力量场"建构的结果，那么就可以通过某一具体的社会过程来刻画出各种社会力量，将这些多重力量场的相互作用、相互影响定格在民族志田野观察所发生的地点，探讨乡村如何实现传统的再造。

日常交往是社会关系的基础，也是社会关系的反映。多重目光交织中的"凝视"这一具体的社会过程和文化实践，可以通过乡村传播网络的社会互动呈现出来。乡村传播网络一方面体现的是信息传播过程中的构成和依赖关系，另一方面又建构了乡村社会的关系网络。因此，乡村文化再生产场域的实质可以归结于文化传播过程中形成和依赖的社会关系网络。在布迪厄的关系主义方法论中，场域是社会空间中"不同的位置之间的客观关系构成的网络"③，场域界定了社会的背景结构，任何一个场域都是关系网络形成的一个系统，传播场域的实质同样也是一个关系网络。对

---

① 宫留记：《布迪厄的社会实践理论》，河南大学出版社2009年版，第57页。

② L. Friedland, "Communication, Community, and Democracy Toward a Theory of the Communicatively Integrated Community", *Communication Research*, Vol. 28, No. 4, 2001, pp. 358-391.

③ ［法］皮埃尔·布迪厄：《文化资本与社会炼金术——布尔迪厄访谈录》，包亚明译，上海人民出版社1997年版，第142页。

于我们所要讨论的乡村传播网络与文化再生产问题,可以从乡村文化场域中的行动者惯习以及相互依存的权力关系出发,考察运行其间的关系网络,而贯穿于乡村文化场域中的动力学原则就是文化再生产实践中的行动者之间的权力关系,这种权力关系是通过行动者之间各类资本的竞争与转换策略,以及行动者惯习的建构与再生产表现出来的。

对于当下的少数民族乡村而言,其文化再生产来自两种社会力量,一种是自下而上的自然过程,另一种是自上而下的行政力量,这两种力量并存于乡村,不断博弈,推动着乡村社会发展。枫村的文化再生产与社区重建同样摆脱不了这两个传统的发展逻辑。根据布迪厄的场域理论,在乡村场域内处于不同位置的行动者对社区重建会产生不同的影响,布迪厄认为"由这些位置所产生的决定性力量已经强加到占据这些位置的占有者、行动者或体制之上,这些位置是由占据者在权力(或资本)的分布结构中目前的、或潜在的境遇所界定的;对这些权力(或资本)的占有,也意味着对这个场的特殊利润的控制。另外,这些位置的界定还取决于这些位置与其他位置(统治性、服从性、同源性的位置等等)之间的客观关系"①。在讨论乡村文化再生产机制时,我们必须把乡村传播网络中的行动者,置于其凝视实践的特定制度性结构(场域)和惯习的双重结构当中,考察文化再生产的关系网络,并从行动者的地位及其变化,分析乡村传播网络中的行动者的一切内化和外化的心态结构及其与行动本身的相互关联。还要考察行动者的惯习和外在的行动脉络在文化再生产的各个场域所产生的影响,以便从行动的实际和可能的双向结构中揭示实践的一般逻辑。因此,"文化再生产的象征性实践,乃是社会同行动者的行为之间相互地复杂交错关连成不可分割的同一生命体的'中介性因素'。以文化再生产的象征性实践作为中介(中间环节),社会和行动者、社会结构和心态结构之间,不断地相互渗透和相互转化,进行一种双向循环的互动和互生过程,形成了社会和人类实践活动的象征性结构"②。

不过,就具体分析而言,乡村传播网络各行动者之间的社会文化实践关系是极其复杂的。当我们深入分析枫村文化发展与各行动者之间的关系

---

① [法]皮埃尔·布迪厄:《文化资本与社会炼金术——布尔迪厄访谈录》,包亚明译,上海人民出版社1997年版,第142页。

② 高宣扬:《布迪厄的社会理论》,同济大学出版社2004年版,第47—49页。

时，必须将抽象的和一般的社会空间，分割成一个个相互区分开来的"社会场域"。在不同的社会场域中，具有双重结构的"乡村社会"才与传播网络中的"行动者"产生联系，从而使二者进入由"象征性实践"所驱动起来的复杂的文化互动网络中，使乡村及其内部行动者同时实现其双重结构的运作和更新。在枫村，政府、外来投资者、游客、村民及其自治组织、专家学者、大众媒体的行动实践所具有的象征性结构及其象征性运作过程，使得在乡村文化再生产中的各阶层的个人生存心态和精神活动，同客观的社会制约条件、行动者的实践活动所创造的社会场域三方面揉成一团，形成一个不可分割、相互影响、相互转化的社会文化实践过程。在此文化实践过程中，我们既可以看到社会文化对个体的决定作用，也能够体察到个体行动者对文化的反作用力。因此，由特定的乡村传播网络而确定其具体社会位置的行动者，都是在特定的乡村时空场域中行动，凭借各自特定的"惯习"，不断地消解和重构着乡村日常生活。在此逻辑下，"必须具体地结合特定的社会空间中的社会结构和心态结构的特征，即把行动者的个人或群体在特定历史环境下的实践所面临的客观的社会制约性条件、所寓于其中的社会场域及行动者自身的特殊生存心态，加以通盘地考虑和分析"[①]。

当然，作为乡村传播与文化再生产场域的乡村空间在这里已经成为一个文化现代性展示的特定概念，无论是物理的、个体体验层面上的抑或社会意义上的，乡村社区已经成为一个文化现代性展演的独特符号。游客的驻足凝视，村民的自觉呈现，制度的痕迹，管理的烙印，无不在改变着城市与乡村的关系，形塑着乡村共同体发展中历史、传统、文化与政治之间的关系，而这种关系本身也是文化的一种当代特征，构成了一种历史的当下感。在一个小小的乡村空间中折射出"在地性"与"全球化"关系的特殊融合，也反映出存在于乡村共同体乃至整个社会的纽带关系。

---

① 高宣扬：《布迪厄的社会理论》，同济大学出版社2004年版，第51页。

# 第四章　枫村的自然环境与传播生态

　　在每一个村庄里都有一个"中国"，有一个被时代影响又被时代忽略了的国度，一个在大历史中气若游丝的小局部。

　　　　　　　　　　　　　　　　　　　　　　　　——熊培云

　　质性研究是一个自在自为的研究领域。它交叉结合了不同的学科、研究领域和研究主题。围绕质性研究这个词的术语、概念和假设形成了一个复杂的、相互连接的组合。

　　　　　　　　　　　　　　　　　　　——Denzin & Lincoln，2005

　　地域环境是一个民族赖以生存的场所和发展的基础，也是文化形成、发展的场所和必需的基本条件，民族文化无不带有地域特征。① 枫村作为村民共同生活的社会空间，有着其维系自身运转的原生形态，这些原生形态往往作用于村民的生活与行为。作为文化的人类传播自然也必须在一定的环境中进行，一定的环境因素也会以其自身的特点和条件，影响、制约着人们的传播活动。在不同的环境中，传播对象、传播习惯、传播方式、传播效果等方面都存在一定的差异，环境的局限对受众的信息接收、理解和利用都有影响。在不同的地域生态环境中，会产生不同的传播形态，形成不同的传播生态链，生活或行动于其中的人的传播活动，自然也会表现出不同的特点，而且环境本身就是一个巨大的传播设施。由于乡村传播环境与乡村所处的特殊情境存在着密切的关系，所以传播主体对传播方式的选取以及他们在乡村传播行动中所构成的社会网络关系，都取决于乡村社区特有的场域逻辑。研究乡村社区的传播自然离不开对乡村生存环境总体状貌以及社区史背景的认知。

---

① 廖君湘：《南部侗族传统文化特点研究》，民族出版社2007年版，第56页。

## 第一节　枫村：我的田野工作点

### 一　区域背景：自然与社会经济状况

根据自己学习和工作的实际情况，笔者将自己开展田野调查的范围确定在鄂西南的武陵山腹地的恩施。根据恩施州 2014 年统计年鉴数据，恩施市现有国土面积 3972 平方公里，16 个乡镇、街道办事处，172 个建制村，总人口约 82.09 万人，乡村人口数 62.38 万人，城镇化率 50.10%，地区生产总值约 156.5 亿元，人均可支配收入 14026 元，其中，农村常住居民人均可支配收入为 7453 元。[①] 恩施境内资源丰富，环境优美，文化厚重，有"中国硒都""鄂西林海""华中药库""烟草王国""天然氧吧"等美誉。相关资料显示：近年来，恩施市以恩施大峡谷、恩施女儿会、恩施玉露茶"三张名片"为抓手，致力打好生态牌、文化牌、旅游牌，实现了全市经济社会又好又快发展，被评为中国魅力城市 200 强、全国最具投资潜力中小城市 50 强、湖北省园林城市和中国优秀旅游城市，先后荣获"全国双拥模范城""全国科技进步先进县（市）""全国科普示范县（市）""全国民族团结进步先进集体""全国平安建设先进县（市）""全省农村党的建设先进县（市）"等荣誉。近年来，恩施市立足生态资源优势，积极转变发展方式，提出并规划了打造"仙居恩施"的发展蓝图，即结合产业发展打造"三张名片"，结合新农村建设和旅游发展建设"八大生态走廊"，即恩施大峡谷黄鹤楼生态走廊、"恩施玉露"生态走廊、"清江源"现代烟草农业生态走廊、梭布垭石林生态走廊、"318"国道生态走廊、"清江画廊"生态走廊、莲花池生态走廊、"小溪"生态走廊。将民族特色、地域特色、产业特色、生态特色融为一体，使"恩施模式"的新农村建设内涵更加丰富和完善。[②]

---

[①] 恩施州统计局、恩施州调查队：《恩施州统计年鉴——2014》（http://www.esz.gov.cn/ztjj/tjnj/）。

[②] 《恩施土家族苗族自治州简介》，2015 年 8 月 3 日，中国硒都网（http://www.hbenshi.gov.cn/）。

本书所讨论的具体田野点——枫村，地处"恩施玉露"生态走廊线上的芭蕉侗族自治乡。芭蕉地处北纬30°08′—20′，东经109°38′—50′，平均海拔560米。西北有富尔山，东南有大架山、青龙山，中部有香花岭—鸦鸣州—大坡横亘，最高峰玉龙山海拔1690米。境内群山绵恒、沟壑纵横、溪谷相连。延绵起伏的丹霞地貌孕育了茂密的林木，二峰岩溶洞群、两河口峡谷、天桥河谷等喀斯特地质奇观。乡域内植被丰富，栖息动物种类繁多。全乡有林地287936.4亩，园地100603.5亩，常绿阔叶林、常绿落叶混交林、毛竹林或竹木混交林规模较大，森林覆盖率达86%。

芭蕉位于恩施市西南部，距州城约19公里，209国道、恩（施）咸（丰）公路沿东西方向贯穿全境，另有恩（施）来（凤）、恩（施）黔（江）高速公路经过。全乡辖17个村，1个社区，2014年年末，共有人口6.7万人，其中农业人口60388人，土家族、侗族、苗族等少数民族人口约占66.1%，其中侗族人口约占34%，是湖北省12个少数民族乡之一，是恩施市唯一的少数民族乡。2009年9月，被国务院表彰为"全国民族团结进步模范集体"。2014年6月，被国家民委表彰为"全国民族团结进步创建活动示范单位"。该乡享有"全国第五批民族团结进步模范集体""全国先进基层党组织""全国优美乡镇""中国名茶之乡""中国民间文化艺术之乡"的美誉。2013年，芭蕉侗族乡被命名表彰为首批"湖北省新农村建设示范乡镇"。①

## 二　村庄空间：枫村位置与聚落布局

枫村是芭蕉侗族乡北部的一个少数民族村寨，距恩施城区约10公里，距乡政府所在地约9公里，离其行政村中心约1公里。该村平均海拔高度约500米，面积约5平方公里，森林覆盖面积达70%，年平均气温25℃。一条清澈见底的小河流经村庄，因为这条小河流经的地方都是红色的丹霞岩石，故而被当地人唤作朱砂溪，成为村民的主要饮用水源。在朱砂溪与芭蕉河交汇处，水面较宽，潭深水疾，于是当地人便架起了一座石拱桥，修桥的年份附近的居民已无准确记忆，只知道很早。尽管这座石桥规模并不大，但因在那个生产力不发达的年代，这座不起眼的石拱桥也可以算作

---

① 《芭蕉侗族乡》，2016年4月26日，恩施新闻网（http://www.enshi.cn/2016/0426/205683.shtml）。

一项浩大的工程了，所以这座小桥便被叫作高拱桥，这个村也被命名为高拱桥村。枫村便是高拱桥行政村下辖的一个自然村组。随着退耕还林、农村产业结构调整、城镇化和新农村建设的加快，枫村成为最早的农村建设受益者。枫村现有村民 56 户、252 人。当地村民发展的农家乐有 13 户，可一次性接待上千人。在 2014 年春节前夕，恩施市公交公司开通了芭蕉、高拱桥的城乡公交专线。加上通往芭蕉、朱砂溪方向的社会运营巴士，①大大方便了村民出行和外来客人前往该村参观游玩，休闲娱乐。传统上，枫村以粮食种植为主要生计，现逐渐转变为以茶叶种植为主的生态观光农业，现有耕地 310 亩，无性系良种生态茶园 300 多亩，林地 810 亩。2006年年末，恩施市提出把民族团结进步示范村建设与新农村建设一起抓，以枫村独有的生态环境和侗乡民俗文化为基点，"唱特色戏、打民族牌、走旅游路、建风情寨"②，积极打造民族文化品牌，发展乡村体验旅游，展示民族文化风情，刺激城乡居民双向流动，以城市反哺农村，拉动农村经济增长。这种经由种种地方文化传播活动所累积的文化资源，使得当地在农村产业结构调整过程中形成了有效的社区动员。自 2008 年以来，枫村的建设成绩多次被中央电视台报道。

近几年，枫村借力国家政策，得到快速发展。在湖北省的"616 工程"③ 以及国家民委、财政部推出的"少数民族特色村寨保护与发展试点工作"等政策支持下，恩施市政府在芭蕉乡枫村、戽口等地开展了以"特色民居改造、特色产业培育、特色文化传承"为主要内容的少数民族特色村寨保护与发展的试点工作。全村统一按"青瓦、白墙、花格窗"外加"金瓜吊柱"的设计，形成上规模的侗族特色民居。2006 年以来，政府先后投入资金 2000 多万元，建成了侗族风雨桥、侗族寨门、侗族萨岁庙、侗族鼓楼、侗族踩歌堂等标志性建筑，2007 年 4 月 30 日正式开寨迎客。寨内现有供游客体验、休闲的景点 30 多处，游客在寨内欣赏自然

---

① 若当班车辆上前往枫村的乘客人数较多，只需多花 1 块钱，巴士司机还可负责把乘客送到寨门口。笔者带领学生前往该村考察调研时，都是由热心的巴士司机专门送到寨门口。

② 刘绍敏：《打民族牌，唱民族戏，建风情寨》，《民族大家庭》2009 年第 1 期。

③ "616"对口支援工程是湖北省委、省政府扶助民族地区新尝试。即由省委、省政府 10 名领导同志牵头，每位领导同志带领 6 个省直（4 个省直部门、1 个大中型企业、1 所大专院校或科研单位）分别对 10 个民族县（市）开展对口扶援，每年至少为对口支援县（市）办 6 件较大实事。2007 年 8 月，"616"对口支援工程在恩施自治州所辖 8 个县市全面展开。

美景的同时，还可根据季节从事推磨、舂米、榨油、采茶、垂钓、打铁、做瓦、踩水车、插秧、种菜等传统农事活动。将枫村打造成让游客"穿一身侗族衣、当一天茶叶人、试一回传统活（打糍粑、推响榴、纺麻线等）、看一台民族戏、品一杯富硒茶、吃一餐农家饭、歇一稍风雨桥、宿一夜侗家寨"的民族文化乡村生态旅游目的地。这样的现代式文化建构过程中形成了显著的乡村集体关怀，不仅成为能够串联枫村特色村寨的文化主题（cultural theme）的活动，也构成地方政府有效进行民族文化传播及社区动员的手段。文化传播建立文化资源，并策略性地加以运用，协助枫村的少数民族特色村寨建设。2008年，枫村被评为"国家2A级景区"。经过中央电视台、湖北电视台、新华社、《人民日报》《今日中国》《民族大家庭》等媒体报道后，枫村现已成为国内知名度较高的乡村旅游示范点，一年四季游人如织，2013年通过国家旅游局3A级景区验收。2008年，该村接待游客突破10万人次，旅游收入近300万元，2013年，枫村共接待游客30万人次，旅游综合收入突破1000万元，充分体现了"可参观性"的文化经济效益。2015年被认定为湖北省休闲农业示范点。如今，枫村已享有"湖北侗乡第一寨"的美誉，成为"全国农业旅游示范点""AAA国家级旅游景区""湖北旅游名村""湖北省首批新农村建设示范村"和"湖北省民族团结进步示范村"。F姓[①]老人告诉笔者，她以前并没有住在这个村里，后来这里的条件改善后，就被儿子接过来长住，自己觉得交通方便，空气好，环境好，人也好，不像城里那么吵，比住在城里好多了。M的一番话恰好体现了枫村人对自己所处村寨发展的整体感受：

> 我们这里原来还是比较穷，除了当地人，外面没有几个人晓得枫村这个地方，我们大家辛苦一年也就能填哈肚子。像么子村村通公路，还到家到户，想都没想过。更莫说搞旅游、整房子、买车子这些哒。这几年嘛，政府在我们这里搞试点，建示范村，说实话，你们也看到的，村容村貌真的是发生了好大的变化。要是往常，你们根本就不会来，知都不知道。现在不一样哒，好多城里人还有外地人一拨一拨地往这里跑，要是假期、周末还要多些，还是国家政策好，关心我们老百姓。以前只有在电视上看到的在我们这里也成真的了。现在，

---

[①] 遵循社会人类学研究伦理，在本书的表述中均对涉及的村民进行必要的化名处理。

我们都忙里忙外，办农家乐，端茶送水，接待客人，很少听到哪家还在为钱米油盐、锅碗瓢盆吵架拌嘴。现在大家都忙不过来，所以说还是国家政策好，老百姓得实惠啊。

## 三 时间进路：隶属沿革与人文环境

### （一）芭蕉侗族族源

侗族是中国南方具有悠久历史的稻作民族，是古代越人的后裔，主要分布在贵州、湖南、广西等省区毗邻的广大地区以及湖北省西南局部地区。地跨我国长江水系和珠江水系，位于云贵高原的东端，地势西北高东南低，属于我国集中连片扶贫地区。湖北的侗族主要公布在鄂西南的恩施、宣恩、利川、咸丰等地。侗族的分布区域基本连成一片，与汉族、苗族、土家族等民族形成交错杂居的格局。就地理分布而言，一般有南侗和北侗之分，南部属苗岭山脉主干及其支干，有㵲江、都柳江汇成融水注入珠江，属珠江水系，称为"南部侗族区"；北部属武陵山脉和苗岭山脉支系，有渠水、舞阳河、清水江等河流注入沅江后汇入洞庭湖，为长江水系，称为"北部侗族区"。北部方言侗族区大多是恢复民族成分而认同侗族的地区，侗族文化变迁较快，甚至有些地方只能使用汉语。鄂西南地区的侗族均属北侗，是200多年前从湖南、贵州等地迁移而来。芭蕉侗族乡是最东端的侗族乡。

清王朝推行"湖广填四川"移民政策，大量湖南、贵州侗族人民移居芭蕉境内，构成芭蕉侗族的主要成分，有杨、吴、姚、龙、谢、刘等姓氏，主要聚居地为黄泥塘与周边区域。有民族研究者[①]根据现存的碑文和族谱的记载发现，该村的侗族是清乾隆、嘉庆年间从湖南芷江、新晃和贵州玉屏、铜仁等地迁移而来，黄泥塘现在仍有大量记载族源及迁移的碑文和谱书。现在，黄泥塘村总人口4626人，其中侗族人口3054人，占总人口的66%，是目前芭蕉侗族乡侗族人口居住最多的村。

### （二）村庄隶属沿革

据地方志记载，明清时期，恩施县设崇宁、市郭、都亭三里，芭蕉属

---

[①] 黄柏权、葛政委：《散杂居民族的文化适应和文化变迁——湖北恩施市芭蕉乡侗族调查》，《贵州民族研究》2008年第6期。

市郭里。里下设社仓,即政府粮库,芭蕉境内有南屯堡、朱砂溪、芭蕉村、落坡村4个社仓。民国时期,初袭"里甲制",后又改为"保甲制"。1915年设团总,下辖芭蕉、朱砂等8个团首。1927团防下改设保董,辖芭蕉、丫道沟等6个保董。1931年芭蕉为第三区署,下设芭蕉、天桥、黄泥塘、盛家坝等8个联保。1937年芭蕉区下辖芭蕉、盛家坝、大集等9个乡。1940年设芭蕉乡公所,管辖8个保,编制属甲等,天桥乡管辖7个保,编制属乙等,黄泥乡管辖9个保,编制属乙等。

1949年11月恩施解放后,建立了芭蕉区人民政府,沿袭中华人民共和国成立前的行政区划,管辖区域包括芭蕉、天桥、黄泥塘、白果坝、见天坝、桅杆堡、大集、盛家坝等地。1950年3月地方政府划出部分地区到桅杆堡,建立桅杆区。1952年8月改为第十五区人民政府,划出部分地区到白果,建立十三区人民政府。1953年8月改为第五区公所,下辖朱砂、戽口、芭蕉等24个乡(镇)。1955年恩施县政府将肖家、罗家、谭家、头道划出,芭蕉管辖寨湾、浪坝、戽口、后池等20个乡。1956年农村推行农业合作社运动,将浪坝、大坡合并到瓦屋,米田合并到剩公,九道、干溪合并到石板,格草合并到水晶,由20个乡合并为13个。1957年1月改为芭蕉区公所,1958年11月改为芭蕉人民公社,下设芭蕉、戽口等14个管理区。1961年5月恢复芭蕉区公所,下辖寨湾、芭蕉、戽口、干溪等10个公社、54个生产大队、494个生产队。1968年3月改为芭蕉区革命委员会,下辖芭蕉、戽口等16个公社和芭蕉镇。1975年8月撤区并社,撤销芭蕉区革命委员会,建立芭蕉公社、干溪公社革命委员会。

1981年7月,政府统一对村(大队)按地名更名。1984年8月撤销芭蕉、干溪公社管理委员会,合并建立芭蕉区公所,并将干溪公社所辖的4个管理区、芭蕉所辖的5个管理区和1个镇,改建成为草子坝、高拱桥、朱砂、南河、白岩、戽口、天桥、干溪、米田、黄泥塘10个乡和芭蕉镇人民政府。1996年12月撤销芭蕉区公所,原属芭蕉区的黄泥塘单设为乡级行政建制,分别组建了芭蕉乡、黄泥塘侗族乡人民政府。2001年3月,恩施市政府宣布撤销芭蕉乡、黄泥塘侗族乡,组建芭蕉侗族乡,即把原黄泥塘侗族乡的民族乡建制转为新的芭蕉侗族乡。下辖芭蕉、甘溪、黄泥塘、米田、天桥、高拱桥、朱砂溪、南河、白岩、戽口10个办事处、1个居民委员会。2001年12月撤销办事处,合并为大村。2002年10月,实行村组合并，撤销乡辖办事处，实行乡直管村。辖灯笼坝、楠木园、黄泥塘、王家、米田、天桥、白果树、干溪、高拱桥、朱砂溪、小红岩、南河、白岩、黄连溪、厍口等17个行政村。① 枫村现隶属于高拱桥村。

（三）枫村文化基础

一个村庄的文化发展，除了本民族固有的特色文化之外，在民族文化交流过程中，受周边区域的文化影响较多。侗族是一个属水的民族，依山而住，傍水而居，山寨前河水潺潺流淌，尊重自然，与自然和谐相处，枫村就是这样的一个典型村庄。在特定的自然环境下和长期的历史发展中，侗族文化不仅继承了古代越人文化的主要特点，而且创造了自己绚丽多彩的民族文化。但由于地理环境和区位差异，明清以来，与汉文化接触较频繁的北部侗区，受中央王朝的控制较多，影响更深，北部侗族"呈现出社会结构、社会关系、文化特征诸方面的快速变化状况，与南部侗族文化区形成了较明显的社会的、文化的裂痕"。而南部方言侗区仍然较好地保存传统民俗，其文化流变过程中接受和吸收、融合外部文化的深度和广度都低于北部侗区，文化变迁速度相对缓慢。② 因此，在侗族研究者中经常流行着这样一句话：要研究侗必须到黎平、榕江、从江。那就是说在侗族居住的几十个县中，这三县的侗族文化保存得相对比较完整。湖北侗族从开始迁入就与当地的汉族、土家族、苗族等杂居，其生产方式和生活方式已和当地其他民族没有多大差别。只是民族记忆如本族群的神话传说、风俗习惯、宗教信仰等仍然存在并流传至今。当然，本书并不是典型意义上的侗族文化研究，因而重点不是讨论侗族文化变迁问题，而是以此侗寨的文化建设为切入点去探索城市化背景下的少数民族乡村文化的发展。

由于湖北侗族远离贵州、湖南等侗族中心分布区域，在文化上表现出与中心侗区不同的特点。也就是"在不可视文化中仍然保留特色，而可视文化则在多民族文化互动中融入当地文化，变成了一种为当地族群共同拥有的文化"③。芭蕉侗族就是在这样的情况下既保存了自己的文化特色，又在民族文化交流与传播过程中吸收了他文化的特质，形成了一套具有典

---

① 《芭蕉侗族乡历史沿革》，芭蕉侗族乡公众信息网（http://www.bajiao.gov.cn/）。
② 廖君湘：《南部侗族传统文化特点研究》，民族出版社2007年版，第1—6页。
③ 黄柏权、葛政委：《散杂居民族的文化适应和文化变迁》，《贵州民族研究》2008年第6期。

图 4-1 枫村寨门

型区域特色的生计模式和民族传统文化。

在芭蕉，现存的民间文艺形式丰富，主要包括南戏、三棒鼓、板凳龙、干龙船、唱夜歌、打莲响、耍耍、山民歌、薅草锣鼓、舞狮子、劳动号子等。此外，芭蕉境内还有众多的文物古迹，包含古遗址、古建筑、古墓葬、古碑刻、近现代重要历史遗迹和纪念地等，历史文化资源比较丰富。2007年，芭蕉侗族乡凭借独具特色的民间舞蹈——板凳龙，被湖北省人民政府命名为"湖北省民间文化艺术之乡"，2008年又获得"中国民间文化艺术之乡"的美誉。2013年4月，又被命名表彰为首批"湖北省新农村建设示范乡"，成为恩施自治州唯一获此荣誉的乡镇。

（四）村庄再造背景

在繁荣民族文化，促进地方经济发展的背景下，由恩施州、市两级人民政府主导，依托于芭蕉侗族乡的民族乡背景，为了获取资源的政策性利用，开始着力建设民族风情寨，以发展民族文化带动村民脱贫致富。不过，从侗族文化的角度考量，黄泥塘才真正具有侗民族的历史与文化根基。为什么政府要选择枫村，把"别处"资源转移到"此地"呢？主要基于两方面的原因：

一是政府试图发展乡村文化生态旅游业的需要。而现代旅游业是以交通的网络化和公路的高等级化为基本特征的，那些山高路险的地方虽备受摄影家或"驴友"青睐，但是环境优势很难转化为经济优势，大众化的旅游才能实现经济效益。枫村所处地理位置比黄泥塘村更具优势,不仅离城区近,而且有恩咸省道经过,交通便利,自然环境较好,村民居住相对集中,便于统一规划、集中开发和对外展示。

二是黄泥塘村原属黄泥塘侗族乡,而枫村原属芭蕉乡,在原芭蕉乡和原黄泥塘侗族乡合并成新的芭蕉侗族乡后,从所谓"近水楼台先得月"的思维定式出发,在发展中侧重于原芭蕉乡所属区域,也就成了理所当然的事情,即使民间有些异议,但在政府主导下,也就变得顺理成章了。所以,多方面的因素使得侗民族真正聚居地的黄泥塘村反而被相对边缘化,其民族文化资源通过移植到枫村,给枫村发展带来更多契机。

在调研中了解到,枫村居民(中侗族并不占多数),为了支持乡里的民族文化发展和致富行动,村组干部给大家做工作,宣讲民族风情寨建设的各种利好。在期盼发家致富的美好愿望下,枫村村民在自己的日常生活中更多融入侗族习俗。尽管大家知道芭蕉侗族的真正聚居地还是在黄泥塘一带,但在访谈中村民似乎并不特别在意自己到底是什么民族,或许这是内地少数民族地区民族大融合中的常见现象。年长的H姓村民告诉笔者:"其实村里(有些人户口本上)原来不是侗族,反正政府说这里要搞旅游,建侗族风情寨,根据民族政策,我们也就更改成了侗族。不过我们还是支持政府,至少我们现在的生活比原来好了,收入比原来多了。要是现在一天没几个客人来玩,那我们就少了些收入,反而不自然了。"

所以,从某种意义上说,枫村属于"传统的再造"或者是"传统的建构与再建构"的一个实践样本。传统是构成乡村社区居民的一种共同的文化信念和文化实践,多视作理所当然。对于移植而来的族群文化,在70多岁的H老看来,似乎并不是一件很重要的事情,他也没有觉得什么不妥,反倒是对这种能够改善他目前的经济生活状况的做法表示积极的支持和赞同,并且主动适应。对于选择枫村打造侗族风情寨的经过,可以在相关访谈中了解当时的情况:

当时政府决定打造侗族风情寨,我们村和黄泥塘两地都积极争取过,黄泥塘虽然是真正的侗族居住地,但相对而言,我们村的自然条件更能满足建设需求,这是枫村所具有的天然地理优势。再者我们村民也都很支持和欢迎这个建设项目。乡政府综合各方面因素,最终决定选址在枫村打造侗族风情寨。旅游开发以来,因为要申请建设侗族村，要求侗族人口必须占到一定比例，乡政府就开始给村民做工作，在自愿的前提下为部分人更改民族成分，组织他们学习和模仿侗族的文化习俗，因此拥有侗族户籍的人数在短时间内突然增加。一般经营农家乐的老板和服务员、艺术团的成员，当地的干部等都是侗族。①

图4-2 枫村特色民居

村寨是侗族人生活和互动的空间，是侗族人培育、传承和发展民族文化的场所，也是文化的载体和存在形式，它的形成主要依据其所在的自然环境、生计方式以及侗族人民对自然环境的认识和感受、族群互动的需要等因素，村寨可视作侗族文化的根基。从自然环境看，枫村坐落在依山傍水、交通相对便利的缓坡台地，水源比较充足。应该说枫村村落与自然山水相契合，是一种"顺应自然、利用自然、装点自然"的典型模式，同时结合当地主打的"恩施玉露"茶叶产业，普遍种植茶叶等经济作物。这些多样的因素结合在一起，便构成了一个生机勃勃的有机生态环境。枫村风情寨的主题是自然风、田园风和民族风。为了更好地打造民族文化景观，充分利用民族文化资源的稀缺性，使风情寨能够尽可能"真实"地展示侗族的风土人情，当地政府多次组织相关部门领导和村干部专程赴贵

---

① 陈心林：《村落旅游的文化表述及其真实性》，《西南民族大学学报》（人文社会科学版）2013年第11期。

州黔东南黎平县等侗族文化保存得比较完整的地区进行实地考察，学习和采借当地的侗族文化及其民族文化资本化模式。将黔东南侗寨的建筑、歌舞、服饰、语言等显性侗族文化符号进行复制、拼接，经过适当加工，建构出全新的枫村侗族文化。随着乡村旅游开发的深入，枫村不仅得到了政府旅游部门从政策上的大力支持，而且还通过恩施州民宗委和恩施市联合招商引资，成功引进了一家民族旅游发展有限公司在此落户，打造概念经营模式。有了外来投资者的资金输入和当地人参与，一整套"侗族风情文化"随之成型，建筑、服饰、语言、歌舞、农家乐等多种侗族文化的符号表达体系渐趋完整，不仅通过对侗族文化资源的异空间移入和符号操控，对特定文化情境中社会关系的再整合，在乡村生活秩序中生产出一个乡村共同体的日常生活空间，而且建构了一个文化拼图意义上的乡村世界和可参观的消费主义空间，构成了重要的少数民族乡村文化传播形式。

笔者在以上对枫村所处的区位及其相关文化背景与经济发展状况进行了介绍，所有这些工作都是为了更好地分析枫村文化的发展进行的铺垫。

## 第二节　枫村的文化传播生态

站在历史社会学的立场上，对于地方社会的研究，必须考虑非地方性因素对地方的影响，也必须把地方研究和一些主流的理论议题相整合。我们需要了解地方的历史演变，将社会体系放在更广阔的社会脉络中进行观察，才能明了当前的地方社会结构。考察乡村的社会传播网络，自然也有必要对传统与现代的乡村传播生态进行适当交代，这样可以形成一个今昔对比，有助于认识枫村的文化再造逻辑。

### 一　无物不媒介：传统的"泛媒体"时代

传播不仅是一种在拥有共通的意义空间的社会关系中进行的人与人之间信息传递与分享，而且传播更是"一种历史的行为、文化的行为"[①]。在这种双向互动的信息传递过程，参与社会互动的双方凭借各种语言符号、非语言符号，借助各种媒介，通过不同的渠道，直接或间接地传递信息、交流感情。人类文明的发展，始终是同传播活动联系在一起的，一部

---

① 郝朴宁等：《民族文化传播理论描述》，云南大学出版社2007年版，第1页。

人类文明史也就是一部人类传播史,民族文化价值的呈现也是通过媒介传播来完成的。而人类的传播手段随着技术进步不断更新,一部媒介发展史与人类文明史同样是联系在一起的。但是,媒介发展史已经证明,新媒介的出现并不意味着旧媒介的绝对消亡,新的传播形式并未完全取代旧的传播渠道,而是一个新旧媒介不断叠加和前进的过程。即使在互联网技术如此发达的新媒体时代,传统的传播方式和传播媒介仍然在少数民族地区的广大农村发挥着不可替代的重要功能。在少数民族乡村,受制于社会经济发展与自然地理条件,在日常生活中,人们创造了大量原始的传播方式,人与媒介、媒介与环境融为一体,一切皆可为媒介。吴定勇从传播符号的使用类型角度,把侗族地区的传统传播方式进行了归纳总结,将其划分为自然符号传播、人工符号传播、口语符号传播和书写符号传播等基本形式。① 这些传播方式既是侗族民众进行信息传递的桥梁,又是民族传统文化的存储器。而且随着民族迁徙与文化融合,有些简便易行的传播方式甚至被周边的其他民族所采借。

(一) 自然符号

按照吴定勇的分类,他把以一些有形的实物记录某一具体的事件与传说或者传递某种信息,也就是实物记数和以物记事的形式称为自然符号传播。在侗乡的日常生活中,许多与生活密切相关的普通物品都被赋予特别的意义,承担起传播媒介的作用,成为具有确定意义的符号。以物记事主要有打草标、栽岩和用羽毛、辣椒、树叶、禾穗等传达出人们长期以来约定俗成的意义。

在侗区甚至毗邻的其他农村地区,人们仍然保留着"打草标"的习俗,即用芭茅草或稻草等绾成疙瘩或箭头等形状,系在木棍上插于相应的场所,用以传达危险、告示、权属、禁止等特定的信息。笔者最初看到这些立在田间地头的树枝草结时,只是简单地以为就是起着小时候父辈们树在田间的稻草人一样的功用。后来问过当地人之后,才知道这就是"打草标"。据村里的老人们介绍,打草标的种类主要有山标、水标、田标,等等。比如砍好的柴火暂时不拿走,只要打上"标",一般不会被他人拿走。当然,打草标也要适度,一人不能同时打很多标号,尤其是表示物有

---

① 吴定勇:《侗族传统传播方式研究——基于传播符号运用之维度》,《西南民族大学学报》(人文社会科学版) 2010 年第 2 期。

所属的"山标",如果到处打标号地占物,就会受到人们的指责和反对。

另外,"栽岩"也比较普遍。因岩石坚硬,不易损坏,人们习惯于用岩石来作为不容变更的见证和标志。不过,除了侗区外,周边其他农村同样也采用这种方式来表示永恒、坚定和不可变更。尽管在侗族研究文献中提及了侗人的"栽岩"习俗,但是到底是侗区民众影响了其他地区,还是受其他民族习俗的影响,在笔者的求证中,老人们都只是表示习惯成自然,都是自觉遵守,至于说谁影响谁,他们都说不清,似乎也并不是很重要。这从侧面也反映出各民族你中有我、我中有你的生存格局。所谓栽岩,一般就是用条形岩石,通过举行一定的见证仪式,将其立于某处,一头埋入地下,一截露出地表。其功用大抵有:一是以石为据防空口无凭,二是用为界标表示权属,以防日后纷争。不同村寨、不同人家之间田土和山林地界的划分,除了道路、河谷、溪流、田埂等可作自然界标之外,通常也用栽岩来分界。一般是在双方均认可的分界线上,通过有中间人在场,竖立一块或两块岩石作为产权界限的标志,任何一方都不能私自挪动。因其简便省事,时至今日,人们仍然以岩石作为山林、田土、茶园的分界线。

**图 4-3 枫村鼓楼**

(二) 人工符号

顾名思义,这种传播方式就是以人造物件作为载体传递相关信息。在枫村的侗族文化馆里,陈列着大量传播信息的人造物件,如长鼓、芦笙、铁炮等。比如鸣放铁炮就可传递多种信息，许多重要民俗事项和社会活动都离不开铁炮。今天，它依然在侗族祭萨等活动中扮演重要的角色。历史上，侗寨都有一座或数座高耸的鼓楼，作为全寨的集体活动中心。鼓楼的顶层高悬一面木质长鼓，鼓的两端钉入铁环，悬于鼓楼顶层的梁柱上。遇紧要之事，即可击鼓报信。枫村也修建了标志性建筑——鼓楼。不过，随着移动通信的发展，长鼓也只是作为一个侗族传统文化符号而存在。芦笙是侗族重要的传统乐器之一，人们在祭萨、斗牛等传统民俗活动时，一般都有芦笙队作引导。在这些场合，吹芦笙不仅能造气氛、聚人气，不同的芦笙曲还传达不同的信息。

（三）口语符号

自语言产生以来，口语传播一直是人类日常生活中最基本、最重要的信息交流方式。通常，一个没有文字的族群，其历史的书写是通过口头传承来完成的。现实中，族群书写者（歌谣、神话故事、传说传诵者）通过特定的传承场域，把自己对宇宙世界的"直觉"和"领悟"符号化地传播给他人。每一次这样的口头表述和口耳相传，都是对族群记忆和族群根性文化的认同与演绎。① 除了日常口头交流以外，其他最具特色的口头传播还有：

歌谣。侗族谚语"汉有文字传书本，侗无文字传歌声"，道出了侗族格外倚重歌谣进行情感交流、传承历史文化的事实和缘由。在侗乡，"饭养身子歌养心"的观念广泛流传于民间。侗族歌谣种类繁多，按内容大致可分为童谣、大歌、小歌（情歌）、酒歌、山歌、祭祀歌等，作为非物质文化遗产的侗族歌谣都是通过口耳相传的方式保存下来的。歌谣内容丰富，有教育、定情、祝酒、生活技巧、祭祀及民族源起故事等。当然，最富有民族特色的就是记录和传播侗族历史文化，维系社会结构的侗族大歌。在枫村，每逢外地游客或贵宾到访，枫村农民艺术团定会献上一场原生态侗族歌舞表演，其中侗族大歌是重要节目之一。FXL老人就是枫村有名的民间艺人，他的山民歌题材很广，有生活歌、劳动歌、情歌、劝世歌，还涉及不同音乐风格，比如四季调、十二月调等小调形式。

摆古。近似于摆龙门阵、讲故事，一般是在农闲时间进行。题材起初主要是侗族神话传说、族群伦理、历史、民族人物故事等，当然也夹杂一

---

① 张泽忠等：《变迁与再地方化》，民族出版社2008年版，第123页。

些汉族说书。在没有电视、电影的时代，摆古是人们闲暇时间的一种重要的休闲活动，也正是通过听人摆古让人们开阔眼界、了解历史、增长知识。

侗戏。今天，侗戏在南侗乡村仍有一定程度的流行。扎根于侗族传统文化的侗戏用戏剧的方式记录着侗族的变迁，传播着侗族文化，表现了侗族与其他兄弟族群的良性互动和文化融合关系。枫村农民艺术团也专门请贵州侗区的老师教授和排练了侗戏，专为游客表演，虽为舞台展演，但客观上还是有利于侗族传统文化的传承。

"讲款"。"款"是古代和近代侗族民间自治和自卫的一种地缘性组织，具有氏族公社和原始部落联盟的鲜明特征，是侗族社会内部民间自治的社会组织形式。"讲款"的目的是传播和巩固侗族社会的习惯法，主要就是把枯燥的乡规民俗改编成朗朗上口的"乡条峒理"，以便传诵和遵守。现今，侗区已看不见比较正式的"款"组织活动，留下的一些遗迹也在渐渐地消失，但先前的乡条峒理仍然作为民间的习惯法发挥着一定的乡村治理、行为规范、调节关系、宣传教育、凝聚民族感情的功能。

上述侗族地区的传统传播方式，与侗族社会历史发展相适应，是侗族社会政治经济文化生活的产物，早已融入侗族文化体系之中，成为侗族文化的有机组成部分。但随着大众传播的强势进入，尤其是全球化、城市化、市场化的冲击，民族传统文化遭受巨大冲击，陷入了传承困境。许多重大民俗事项，如行歌坐夜、吃相思、唱大歌、演侗戏、斗牛等，已经或者正在消失。不过，枫村在社区重建过程中，有意识地保留和传承了正在式微的侗族传统文化。尽管是服务于旅游经济，但客观上有益于唤起侗民族的文化记忆、集体记忆，有利于民族文化传承。

## 二 遗忘与无奈：枫村的现代传播图景

文化的生产、消费和发展离不开传播，离不开媒介，大众传播媒介作为一个辐射力很强的文化装置，不仅影响到少数民族乡村文化传播的范围、内容及速度，而且也改变着文化本身的存在形态。[1] 由于现代媒介发

---

[1] 谭华：《断裂与失衡：现代传媒在少数民族乡村文化建设中的困境》，《北方民族大学学报》（哲学社会科学版）2012年第3期。

展过程中一直存在的城市中心主义的影响，农村一直被现代传播边缘化。在枫村，虽然大众传播的硬件设施比较齐全，实现了全村网络和有线电视全覆盖，但村民们在大众传媒设施的拥有、信息资源的接收与利用等方面整体上还是处于较低水平。这与大多数边远地区农村的传媒发展状况是基本一致的。

（一）曾经被遗忘的小山村

恩施偏居湖北西南地区一隅，长期以来都处于闭塞、贫穷、落后的状态，古称"蛮夷"之地，其经济、社会发展长期低于湖北省平均水平。改革开放后，恩施地区的经济建设才步入健康发展轨道。1983年成立土家族苗族自治州后，在国家政策倾斜下，区域经济进入快速发展期。地区生产总值从1985年的13.48亿元上升到2014年的612.01亿元，全州城镇化率38.38%。[①] 但与发达地区相比，还存在巨大差距，经济社会发展水平仍然处于较低水平，这也严重制约了大众传播媒介的发展。在相当长的一段时间内，贫困的、偏远的鄂西南农村被现代媒介所忽视和遗忘。在口头传播媒介占主导地位的时代，尽管乡村社区拥有非常灿烂的民族民间文化，尽管现代社会和传播科技正在不断向乡村扩张，但是由于乡村群体长期被看作"愚、贫、弱、私"的象征，现代媒介的内容不自觉地也成为压制边缘弱势群体的各种形象和符号，致使城乡之间存在着严重的信息不对称、不平衡问题。

新中国成立以前，恩施地区只有报纸，没有广播和电视。据考证，恩施地区第一份报纸是1938年由国民党中央文艺委员会主任陶希圣拨款5000元开办的《施南日报》，同年11月因经费不足而停刊。抗战期间，因武汉沦陷，恩施成为湖北省政府临时驻地，省政府机关迁至恩施。许多原本在武汉发行的报刊也随迁至恩施，如：1939年3月迁入的国民党中央宣传部驻华中的机关报《武汉日报》；1941年1月迁来的国民党湖北省政府机关报《新湖北日报》，这是国民党第六战区司令兼湖北省政府主席陈诚在恩施办的官方报纸，也是以前恩施地区最重要的报纸。此外，还有汉口私营的《大同日报》《楚风周报》，恩施人郑正等私人出资创办的《工商日报》等，给恩施的大众传播带来短暂的繁荣。虽然这些在当时出

---

[①] 恩施州统计局：《恩施州统计年鉴2014》（http://upload.enshi.cn/userfiles/ztjj/tjnj/20141/tjnj2014.htm）。

版的报纸由国民党当局控制,但不可否认,这些报纸是恩施地区大众传播的一个开端和启蒙,或多或少地推动了恩施社会经济文化的发展。① 但是,当时恩施的报纸发行量都只有数千份,仅能满足特定人群需要。而当时的农村文化生态严重失衡和退化,乡村社会失去重心,成为一个被精英遗弃、管理日趋失序的地区。有资料显示②,抗战前后湖北省人口的平均识字率仅16%,而农村则更低。据村里的老人回忆:

> 那时交通不发达,山大人稀,赶恩施城都是走路,肩挑背扛,大家饭都吃不饱,一般人家哪上得起私塾,一些保长、甲长还勉强认得几个字,我们其他的都是"扁担大的'一'字"都不认得,自己都在忙到起活命,哪还读啥报啊、书的哦。

显然,特殊的历史条件和乡村社会结构,决定了那时的枫村与恩施地区乃至整个中国其他乡村一样,都是一个在当时被精英意义上的大众传媒所遗忘的角落。

(二)"喉舌"的强势遭遇乡村的无奈

新中国成立后,报纸、广播、电视等大众传媒逐渐在恩施地区发展起来。1949年11月21日,在恩施全境解放后的第三天,作为恩施专区机关报的《恩施新闻》正式创刊。③ 1995年,恩施日报社创办了《恩施日报·晚报版》,2001年改版为《恩施晚报》。60多年来,恩施地区先后创办《新华电讯》(1951年)、《鄂西科技报》(1983年)、《信息》(1985年)、《清江日报》(2001年,曾为中共恩施市委机关报)等。在过去几十年里,这些报纸在不同的时期用特定而呆板的官方腔调,给远离都市的枫村村民勾勒出一个又一个的美好愿景。在每年的党报党刊发行任务中,地方党委和政府都会通过转移支付,让各村按要求订阅党报党刊,供党员干部了解

---

① 曹徐兰:《恩施地区新闻传播事业与地区经济研究》,硕士学位论文,中央民族大学,2006年。

② 王秩生:《民国时期乡村权力结构的演变》,周秩明《中国社会史论》(下卷),湖北教育出版社2005年版,第562页。

③ 该报于1950年改名为《恩施日报》,之后曾一度改为《农民报》,1962年改为《恩施报》,1983年12月1日,鄂西土家族苗族自治州成立,同日更名为《鄂西报》,1996年更名为现在的《恩施日报》,是中共恩施州委机关报。

时事、掌握政策，以更好地服务于政府的农村工作。但是，处于最基层的党员干部能够认真读书看报的屈指可数，只有个别造访村办公室的村民或外来客人随手翻阅。而包裹物品或者铺在布满灰尘的椅子上以免弄脏干净的衣服裤子，倒成了报纸在农村里的主要用途。枫村的农家书屋，是恩施州民宗委援建起来的，虽有一些实用农业科技、生活常识、致富经验的图书、杂志，但从窗户望进去，书架上、办公桌上沾着一层厚厚的灰，显然已是很长时间无人光顾。这与笔者在其他乡村的调研情况一致，作为一项惠农工程的送文化、送知识下乡的农家书屋，在乡村所发挥的作用非常尴尬。所以，从这个意义上说，尽管城里的报摊摆放着花花绿绿的报纸杂志，尽管政府部门捐建的图书五花八门，但它们一直都没有能够真正走进枫村人的日常生活，按一些村民的说法——"那只是他们的报纸"。

而广播开始"植入"枫村的过程也是伴随着国家政策的强力推进而进行的，或者说枫村的广播是与它的集体性联系在一起的。恩施地区的有线广播事业在 1949 年解放后才得以发展。但直到 1972 年，整个地区建立了 131 个区社放大站，通达 2821 个大队，23586 个小队，广播喇叭 24.95 万只，入户率为 40.3%，在多快好省建设社会主义、"农业学大寨"和人民公社等运动中盛极一时。从当时的媒介发展情况看，农民受众文化水平普遍不高，而广播因其传播范围广、传播速度快、渗透能力强、感染力大等传播优势，成为最适于宣传动员的首选媒体和重要渠道。20 世纪 90 年代国家实施"村村通工程"，乡广播站的施工人员把有线广播音箱安装到了每家每户，但利用率并不高，没多久便被来势凶猛的电视传播挤出了乡村的生活舞台，几近销声匿迹。在调查中发现，"村村通工程"遗留下来的、挂在每家屋檐下的有线广播音箱，在特色民居改造中被统一拆除，早已变成了历史记忆。在某种程度上使这种以"政府文件"形式进行的政治信息传播，不再成为乡村常用的传播方式。虽然在调研中，我在极个别村民家中发现了插卡收音机和便携式音箱，但这些都不是村民用来听广播的，而是他们专门用来播放从网络上下载的流行音乐或者侗族歌谣、芦笙曲和广场舞配乐的，有时还兼作游览讲解的扩音器。不过，拥有私家车的村民除了在车载音响播放流行 CD 外，偶尔还是会收听一下 100.3 兆赫的"恩施城市交通台"，随着"开心在路上"的男女主持人的风趣调侃而乐得开心一笑，减少开车的疲劳。

至于电视，1979 年 3 月，建立了恩施地区电视台，1981 年建成大微波线路，1984年8月才成立鄂西电视台，除转播中央电视台的节目外，还自办《本州新闻》、专题节目和少量文艺节目。可位于城区的差转台信号不足以覆盖至广袤的农村大地，即使在城里的收视效果也差强人意。现在，广播电视技术发展迅速，随着"地转星"的推进，农村地区可以通过"天锅"（卫星电视地面接收器），靠近城镇的则可以接入有线电视网络，收看节目数十套。据官方数据：2014年，恩施自治州的调频转播发射台共110座，调频发射机127部，有线广播电视传输干线长度25169公里。其中，恩施市农村广播综合覆盖率99.48%，电视综合覆盖率99.57%。[①] 枫村因其地理位置相对比较便利，所有的广播电视信号都能够到达且实现信号全覆盖。从官方统计口径可以发现，电视无疑是农村地区第一媒介。

枫村村民和中国其他地区的大多数农村居民一样，自从电视机进入寻常百姓家之后，电视就成为人们日常生活中的第一媒介，是他们了解国家大事、茶余饭后消遣休闲、打发时间的主要工具。我对村民拥有电视机的数量进行了统计：村民家庭电视机拥有率为100%，其中有14户家庭拥有2台，9户家庭拥有3台以上电视机，超过50%家庭的电视机是液晶电视机，只有1家使用的是卫星电视地面接收器，其他的全都接入了有线电视网。在XHY家，她家房屋所处位置已在村庄边缘，离侗寨核心区域较远，没有优越的地理位置经营农家乐，主要收入依靠十多亩茶园和农闲时做些零工补贴家用。在她家屋前场坝上，一位年过古稀的老奶奶坐在椅子上晒太阳，屋里的电视机的音量较大，我经过之时正在播放林志玲代言"我美我魅，九朵玫瑰"的广告。本以为还有其他家庭成员在家里，我打算去做进一步的深度访谈，可老人家说：

> 屋里头没别人哒，儿子、媳妇儿都下地做活路去哒。我老哒，身体又不好，田头的活路帮不到忙，不中用哒，只能留在屋头守哈屋。
> 笔者：屋里头不是有人在看电视吗？
> 老人：是我让他们上坡的时候帮我把电视开到起的。我一个人在屋头，没得趣，白天一整天电视都是开起的，我反正又不看，就是听起来闹热嘛，有时候还可以听下新闻，了解一下国家大事。

---

[①] 湖北省统计局：《2012年恩施州国民经济和社会发展统计公报》，2013年4月25日（http://www.stats-hb.gov.cn/wzlm/tjgb/ndtjgb/esz/esz/97549.htm）。

在这位老人的世界里，里屋的那台彩色液晶电视机就是一台巨大的收音机。依靠视像胜过广播媒介的电视在老人家这里并无实质性的差别。通常情况下，我们是坐在客厅"看"电视，而她却坐在屋外"听"电视。她听到的不是"台湾女神"林志玲的"嗲"，至于林志玲长什么样与老人家的生活没有任何关系，她也不用关心林志玲到底是谁。广告之后的家庭情感剧场，播放着《老米家的婚事》，从老人家的言谈举止之间，我们可以真切地感受到：她从老米家的婚事里听到的只是自家儿子儿媳"鸡毛蒜皮式"的小争吵，还有自家儿孙绕膝的亲切呼唤和东家长西家短的邻里情分。正所谓电视"既构造了我们的家庭生活，也展现了我们的家庭生活"①。而且 X 家老人听的不仅仅是电视本身，还有电视节目的声音带给她的一种精神慰藉。本来，电视制造商为了满足人类的视听享受，不断地采用新的电视技术，以期赢得消费者的青睐，赚取丰厚的利润。而作为内容生产者的节目制作团队和内容提供者的电视播出机构，同样是挖空心思、绞尽脑汁地进行各种所谓的创意，制造出层出不穷的媒介事件，企图通过与众不同的视觉盛宴去吸引观众的眼球，俘获广告商的芳心。可是，当电视机的观看语境发生了变化，其意义生产空间也随之变化，嵌入在乡村日常生活世界中以及在特定场景中的传播媒介被赋予了特殊的功能与意义。所谓的媒介娱乐化、娱乐媒介化，都离乡村里老人家的世界很遥远。那些俊男靓女的悲欢离合、爱恨情仇都只是剧中主人公自己的故事，在他们的舞台上表演着他们自己看的戏。

## 三 凝视的网络与弥漫的权力："混搭"的泛传播图景

### （一）乘坐巴士见闻：他者眼里的枫村

在恩施城区的清江桥小商贸城的客运站，有专门开往芭蕉到枫村一线的中巴车，只需花上 5 元钱，半小时左右，就能抵达到枫村的岔路口，再往里步行约 1 公里，就到了枫村的寨门口。如果一行有多人，可以每人再多出 1 元钱，司机还可以把乘客直接送到枫村的风雨桥前。2013 年 4 月 6 日，笔者开始进行蹲点调查的第一天，因为以前都是朋友专门开车送到村里，都带有走马观花的味道，很多外围的生活细节和场景无法接近。在蹲

---

① ［英］罗杰·西尔弗斯通：《电视与日常生活》，陶庆梅译，江苏人民出版社 2004 年版，第 33 页。

点期间，笔者往返枫村都是乘坐巴士车，目的就是了解与枫村有关的各种细节。为了赶上首班车，笔者一大早就来到车站，登上前往芭蕉的中巴。司机师傅见笔者挎着数码单反相机，带着采访机，便热心地问：

  司机："兄弟，到哪？"
  笔者："到不到枫村？"
  司机："可以到街上，在岔路口下车，你自己再往里走几分钟就行哒。"

  在等待乘客的间隙，笔者和司机攀谈起来，知道他家住芭蕉镇上，在这条路上跑客运已经有7个年头了。他一听说笔者是大学老师，要到枫村去做调研，立马热情地承诺要直接送到寨门口。

  现在到枫村，除了可以乘坐原来的城乡巴士外，2014年1月16日，公交公司开通了城区至芭蕉和朱砂溪的专线，票价为到芭蕉5元/人，到高拱桥3元/人，双向对开，间隔时间20分钟。同年3月13日，这条公交专线车又全线升级为空调大巴，票价不变，始发站就是恩施市区舞阳坝的硒都广场。停放在施州大道路口的专线巴士那锃亮的橘黄色车身相当吸引人的眼球。不过，与行驶在市区的公交车不同的是，这条新增的专线巴士无论车内车外，都尚未被那些或唯美或性感或直白或隐晦的色彩斑斓的公交车身广告所占有。但这并不是城市消费主义的制造者想给乡村留下一片少些商业和铜臭气息的空间。恰恰相反，洁净的车身正待价而沽，期待着企业和商家的大手笔，去把充满诱惑的流行时尚和虚幻景象带给广阔农村的千家万户。

  笔者乘坐的中巴车在恩施老城内走走停停，绕了一个大圈，才驶出南门，沿209国道咸丰县方向行驶。首先映入眼帘的便是头道水村的新农村建设成果——一排排具有土家吊脚楼风格、整齐划一的农家别墅，不得不让人感慨国家战略性社会工程的动员力量之伟大。一路上，开车的Y师傅谈兴颇浓，一边爆着粗口和车上的女售票员有一搭没一搭地搭讪和调侃，一边还不忘向笔者讲述他道听途说而来的关于枫村的逸闻趣事，尤其是枫村建设民族团结进步示范村的来龙去脉。他特别强调：

  这里原本不是侗族村，黄泥塘的侗族才多，那里才是真正的侗族村。黄泥塘侗族乡撤销，合并到我们芭蕉乡来，当然我们芭蕉就沾侗族乡的光，政策有倾斜，但是内部还是有些矛盾，尤其是干部有意见。枫村地方生得好，所以把黄泥塘的侗族文化搬过来，外面不晓得的人还以为这里真的是侗族村呢。所以，来玩的人主要还是吃饭、休闲的多。反正现在节假日多，城里头空气又不好，过来玩玩，体验下农村生活。尤其是清明前后，春天夏天来得多，大学生娃娃多。大家可能觉得和别的地方不一样，有意思就行哒，哪个管它原来是哪样子，现在是么子样子就行哒。

同车的其他几位了解情况的乘客也随声附和，都不约而同地感叹枫村赶上了好时机，正所谓他们所说的"地方坐得好不如时机赶得巧"，话语之间还是隐隐约约地流露出既羡慕又对政府扶持力度不平衡的抱怨心理。

不知不觉，我们乘坐的巴士车已行至芝麻岭隧道，当地政府为了扩大芭蕉侗族乡的影响，在隧道口修建了一座牌楼。过了隧道，拐个弯就到了枫村入口。在入口处斜对面，有一幢两层楼的平房，旁边竖立着一块"枫村旅游医疗点"的告示牌，既为枫村游客提供临时性急救服务，也为周边村民提供简单的医疗服务。公路边的土坎下，就是流经高拱桥村的芭蕉河，水量虽不大，但河水还算清澈，污染不多。河对岸就是正在建设的恩施林业文化博物馆，包含体现古巴蜀人民生产、生活的巴蜀民族民俗博物馆、培育移植适合本区域生存的珍稀林木救护科研基地、让青少年与大自然互动的青少年林业科普教育基地以及接待中心、游客休闲养生中心、购物中心、水上娱乐中心和农林手工作坊体验观赏区、乌木化石观赏区、半边街古民居观赏区、太阳能夜景观赏区、大鲵养殖观赏区等。2015年，笔者再访枫村时，林博园已初具规模，休闲观光的人络绎不绝。

（二）乡村的全息式传播空间

为了了解枫村的周边环境，笔者在枫村侗寨入口处下车，沿着公路漫步，留意着恩咸公路两旁的民族特色一条街上林林总总的商品、来来往往的路人和三三两两的顾客。重要的是，这里是枫村日常生活与生产资料的供应地，更是枫村通往恩施市区和芭蕉集镇的必经之地，它是联结城市与乡村人流、物流、资金流的纽带，是一个枫村绕不开的社会空间。用福柯的话说,"空间是任何公共生活形式的基础。空间是任何权力运作的基础"①。如果从空间社会学来观察和理解的话,恩咸公路旁的高拱桥集镇就是枫村联系城市与乡村的一个过渡空间,这里不仅是商业一条街,而且是高拱桥村支两委(村民委员会、村党支部委员会)办公地、高拱桥村民族小学所在地,呈现出一种复杂的社会权力关系和特殊的象征性意义。当然,自然地理的条件影响了政治地理和文化地理,也形成了独特的传播地理,乡村的传播问题也就和空间纠缠在一起。

图 4-4　高拱桥集镇

2012年国庆和2014年春节前夕,笔者两次专门考察枫村的传播生态,发现枫村传播环境比城市的普通社区复杂得多。一个是处于外围芭蕉集镇和高拱桥村商业街上的各种传播点,包括集镇的小摊、超市、餐馆,电子通信等ICTs经销和服务点,公交IC卡充值代办点,中国福彩销售点,居民住宅的平面墙体广告,广播电视通信设备经销店,恩施林业博览园,等等。另一个就是枫村内部的各种传播点,有商业性的农家乐餐馆、宜昌弘博健康管理中心恩施养生基地、中国移动枫村级代办点、便民小超市、路边杂货摊、露天烧烤点、卡拉OK茶座等,也有非商业性的村民和游客共享的、聚合性的公共空间和乡村公共设施点,如踩歌堂、农家书屋、侗族文化馆、茶文化长廊、侗族文化长廊、花桥、鼓楼、陆羽凉亭、

---

① [法]米歇尔·福柯、保罗·雷比诺:《空间、知识、权力——福柯访谈录》,包亚明《后现代性与地理学的政治》,上海教育出版社2001年版,第13—14页。

农事体验园、告示牌、灯箱广告，等等。这是一个由农业社会传统文化、商业信息、政治宣传、乡村文化建设、信息社会ICTs服务杂糅在一起的、多姿多彩的泛传播生态，共同组成一张密密匝匝的社会传播网络，把枫村作为一个被凝视的对象，在有限的枫村内演绎着"看"的辩证法。

开寨之初，枫村核心景区面积约1.5平方公里，虽然现在已拓展到2.5平方公里，只要你愿意，用半天时间完全可以把村庄的每一个角落走一遍。在这个狭小的空间内，其传播系统相当完整，既有移植过来再造的侗族文化景观，也有现代社区管理的基础设施和乡俗坊间的休闲娱乐。因为统计口径问题，村民户数和人口从106户450人变成了现在见诸媒体的56户252人。据不完全统计，整个枫村的流动人口每年都是数万人次。人口杂且陌生人众多，无疑是枫村不同于传统村落"熟人社会"的一大特色。根据2014年1月做的最新调查，在枫村，整个社区内公共的非商业信息和文化传播点有203个，其中村务信息公开宣传栏29个，茶文化长廊的名言锦句、诗词歌赋水泥石刻36个，侗族文化长廊的风土人情石刻70个，景区指示牌53个，道路交通、用水防火等公共安全告示牌15个，养身信息栏10个，还有农家书屋、农村青年书屋、党员活动中心、电脑农业专家系统推广应用服务站、全民健身器材安置点、公共活动广场各一个。这些林林总总的宣传栏、告示牌、信息栏所传播的信息，处处可见国家的符号、国家的在场、国家的力量，既是国家政策方针的展览场，也是政治意识形态的一种具象化控制。

除了侗族传统体育场、鼓楼、花桥、扯白堂、萨岁祠、农事体验园等传统的、仪式性的聚集点外，枫村的人际传播点在体现熟人社会的"差序格局"的基础上，有着一股浓烈的世俗商业化气息。2011年笔者第一次到枫村，在部分地方休闲还得支付一定的费用。就连侗族传统体育场上荡秋千都要额外支付5元/小时，负责管理的大爷说，因为玩的人多，通过收费可以有效防止某一个人长时间占据这些娱乐设施。现在已不再收费，不过在场内搭了5顶遮阳棚，支了几把椅子和烧烤架，开发成了自助式烧烤摊。为了招揽生意，小D还在侗族文化馆内开通了免费Wi-Fi。这一招倒是颇受城里来的游客欢迎，尤其是年轻人。当然客人在利用Wi-Fi在网络世界里畅游，刷着微博，摇着微信，看着微视频打发时间的同时，多多少少还是会在山庄里消费消费，哪怕就是一杯5元钱的恩施玉露茶。

### (三) 乡村公共空间

空间的使用与这个空间的社会活动息息相关，因为空间不只是一种地理上的存在，更是人们的社会网络与互动的基础。乡村公共空间是一个传播信息、交流情感、生产故事的场所，是一个世俗性的公共空间，比如村子中心区的农家书屋、踩歌堂、鼓楼。正是这些公共空间的存在，既连接了村民个体的家庭私人空间，同时也连接了乡村的过去、现在与未来。乡村内部的活跃程度，与公共空间的仪式化能力、交流状况密切相关，乡村空间就是一个"时间结构化"的场所，也是一个"空间叙事化"的场所。[①] 笔者曾于 2014 年元旦那天对枫村几个公共空间的社会传播状况进行过观察。笔者原以为进入了冬季，城里的市民和其他游客一般不会再愿意到枫村来休闲消遣。一是因为天气变冷，二是因为枫村的茶园、果园都进入了冬季田间施肥期，不像春暖花开的季节那样令人心旷神怡。可结果完全出乎意料。在几个主要的乡村公共空间，笔者从不同的时间段对当天出现在这些公共场所的人数进行了观察和统计：

10:15—11:20，鼓楼先后来了 12 拨共 105 人，几乎每一拨人都在鼓楼前，要么单独留影，要么招呼着大伙合影留念。然后纷纷爬上鼓楼，站在高处，俯视整个侗族风情寨，大有"登泰山而小天下"的气概。

11:30—12:00，小小的侗族体育场上竟有 45 人。一家三口在此的有 24 人，父亲或母亲领着小孩子在此娱乐的有 18 人，单独来的大、中学生 3 人。大人们坐在这里拉家常，孩子们则在这里荡着秋千，坐着跷跷板，胆子大一点的孩子则爬上刀山，向家长挥手致意，吓得家长连呼危险，招呼着让"刀山"上的孩子赶紧下来。

12:30，为了便于观察人们的行动，我们决定在侗族文化馆山庄就餐。走进文化馆，刚一落座，恰好就碰到了我所在单位后勤集团的一位职工，他带着亲戚朋友共 9 人也在山庄吃中餐；4 个操着外地口音的客人在我们旁边的方桌上坐下，每人要了一杯 20 元的顶级恩施玉露，坐在那里谈生意；另有两拨共 13 人参观完侗族文化馆内陈列

---

[①] 张柠：《土地的黄昏——中国乡村经验的微观权力分析》，东方出版社 2005 年版，第 50 页。

的民族生产、生活用品和民俗文化用品后,孩子们说饿了,于是也就找了两张桌子坐下来,在此用餐。年轻的 D 老板忙得不亦乐乎,明显感觉人手不够,后来的客人都等得有些不耐烦了。我还半开玩笑半当真的要给他打下手,当服务员。而几位学生聊会儿天后就各自低头去刷着微博、聊着 QQ、写着日志,等待着乡村风味十足的午餐到来。

13:30—14:30,戏楼。聚集在此娱乐、聊天、留影的,来来往往有 191 人之多。

15:30,在寨门旁边美食一条街前,停着 5 台小汽车。在"一鸣惊人"(餐饮特色为专营"鸡"系列)、"五股丰登"(餐饮特色为专营"杀猪饭",侗族、土家族称"吃刨汤")、"六牛大顺"(餐饮特色为专营"牛"系列)餐馆前的广场上,有二十多人围坐在石桌周围娱乐、休闲。其中有 4 个人在玩着风靡整个恩施的麻将新玩法——"一痞二癞",1 人在观战、接炮;还有 7 人分坐 2 处,玩着带彩头的"斗地主"扑克牌;有 2 人在下中国象棋;2 人在刷微博或聊微信;3 个小孩人手一台 ipad,玩着"愤怒的小鸟"游戏;1 位中年女性埋头扎着"十字绣",另外有 3 女 1 男,跷着二郎腿,悠闲地嗑着瓜子、喝着绿茶,聊着他们的生意经。

此外,早上 9 点多,与我同时抵达枫村的 3 台挂着渝 A 牌照的小汽车,从寨门左边的柏油路呼啸而去,直奔"兰溪堂"农家乐,在"屯铺金寨"广告牌下的场坝上停了下来,待我经过时,发现早前就已有 2 台鄂 A 牌照的越野车等候在此。后来才知道,他们是恩(施)来(凤)高速公路项目部的中铁某局的某项目负责人一行在此聚会。当时就听一武汉口音的女客人对同行的其他人感叹:"这里的空气蛮好,估计人都挺长寿哈。"

不过,侗族文化馆旁的运动场有一个比较有意思的场景引起我的注意。一是文化馆外墙上挂着四块做工精致的政策宣传标语牌,分别书写着——"重视计生谋发展,关注民生促和谐""树立婚育新风尚,建立和谐新农村""流动的是人口,不变的是服务""一样的蓝天下,一样温暖的家",但正对面就是"自助烧烤趣味无穷""本台座最低消费 50 元"的大红广告横幅圈起来的 4 个自助烧烤点。对比十分鲜明,游客、村民与国家政策宣传牌、商业广告横幅相映成趣,算是枫村的一道特殊景观。

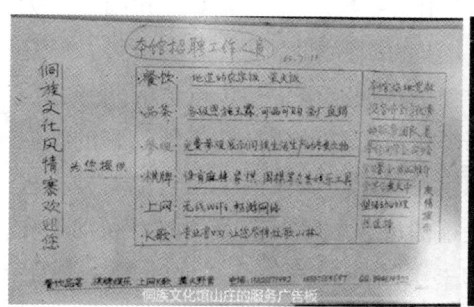

图 4-5　枫村文化馆前服务价格牌与广告板

在枫村，在村民住宅比较集中的地方修建了戏楼。传统上，这里是用于祭祀侗神祖母——萨岁、庆节及结群交往，即踩堂歌的地方。作为一种公共空间，它的存在，与村民农耕生产和生活似乎没有直接关系，但它又与这些要素有着千丝万缕的关联。它是一个实在的地点，却又是一个虚拟的空间，必须通过想象才能成立。因此，它就是列斐伏尔（Henri Lefebvre）所说的被介入的、被修改的与被支配的"再现的空间"（representational space）。① 枫村的"踩歌堂"分两层，上面是戏楼，主要是为游客进行侗族传统文化节目表演，有时也是村组开会布置工作、商议村庄发展大计的场所。在党的十八大期间，在戏楼里还专门安放了电视机，用于组织村民集中收看十八大会议现场盛况，学习十八大精神。在戏楼的下面，就是恩施州民宗委援建的枫村农家书屋和共青团恩施市委建立的农村青年书屋，以及枫村的电脑农业专家系统推广应用服务站，同时还是共青团恩施市委在高拱桥村建立的青年中心和枫村的共青团支部委员会和党员活动中心户。传统的戏楼本是侗族人民进行传统仪式的场所，今天，它已经成为枫村的一个符号。它不仅是枫村农民艺术团的文化展演空间，也是党和国家政策的传达场所，党中央的声音、政府的关怀、世界的大事，辐射到了乡村这一休闲的角落。从某种意义上看，这一混搭的空间表明：政治对日常生活一角的强制性传播和渗透仍然在延续着，国家符号随处可见。同样还表明：自然空间、传播空间与文化空间的一体化。

在枫村核心区域，进入寨门之前，迎面就可看到广场上那套巨大的

---

① 陈世平：《集体的狂热——群众身体空间的列斐伏尔式空间》，硕士学位论文，台湾中原大学，2007年。

"紫砂"茶具雕塑,包括一把日常生活用品——巨型"茶壶"和四个大大的"茶杯",基座上详细介绍了恩施玉露的渊源和特质。沿着山势,修建了1米多宽的步行道,全是土黄色的颜色水泥路面。在步行道的两旁,因地制宜,也用土黄色的颜色水泥浇铸了树桩形状的栏杆和木质纹路的护栏板,给人一种与大自然和谐统一的原生态感觉。拾级而上,可以看到栏板上面印刻着有关茶的名人名言、有关茶的诗词歌赋、有关茶的对联锦句和逸闻趣事,还有当地一些小有名气的书法爱好者关于茶文化的书法作品,有楷书、有隶书、有行书、有草书、有魏碑。在景区游览导图上,这一带被称为"茶文化长廊",这些人造景观的目的就是要向人们强调:这里是1965年被评为"中国十大名茶"、2009年被评为"湖北省第一历史名茶"的"恩施玉露"的故乡。在花桥一带,同样是依山势而建的"侗族文化长廊",用文字展示了侗族历史、传统生产、生活习俗、民间宗教信仰、岁时节庆等,既向游客传播了侗族文化,同时又作为一种文化再生产的符号强化着枫村作为侗族风情寨的特征,创造出基于怀旧情怀的乡村田园诗式的旅游凝视景观,重构着乡村共同体的"个人记忆、集体记忆和'传统'"①。

**图 4-6 枫村民居外墙上的标语和小广告**

在枫村的环村公路和景区参观步行道上,地方政府各相关部门、高拱

---

① 朱凌飞:《玉狮场的故事——1949—2009:地方国家的过程与选择》,云南人民出版社2010年版,第8页。

桥村委会以及宜昌弘博健康管理中心恩施养生基地,在各路段均设立了多块宣传信息栏,它们是枫村社区管理的重要组成部分。因为枫村每年的流动人口量比较大,来往车辆比较多,所以这些宣传栏和告示牌的内容主要涉及的就是道路交通安全、森林防火、水源保护、环境保护、健康养生、景区管理制度、枫村新风貌、计划生育、婚姻观念、党建宣传、法制教育、村务公开、现代农业技术等方方面面的信息。当然在这些信息栏之间,偶尔也会夹杂一些组织和机构张贴的商业信息和"牛皮癣"类小广告,主要涉及教育类,如"蓝天幼儿园开学了";交通旅行类,如"仁贻租车"、恩施中诚国际旅行社有限公司的"北京、云南、海南×日游"组团信息等。尽管社区管理者出于风情寨的村容村貌和对外宣传的需要考虑,把一些与乡村共同体的精神格格不入的元素,如"牛皮癣"类小广告撕掉和铲去,但小广告的边角仍在,张贴的痕迹仍在,留在枫村民心中的那点痕迹是不是也还在呢?枫村内的这些信息栏、公告板、广告牌代表着国家、企业、乡村社区三个系统的同时"在场",杂糅其间,你中有我,我中有你,共同组成一张巨大而无形的网络,一起"凝视"着这个既传统又有些时尚的乡村。

(四)弥漫的消费主义文化传播媒介

曾经的枫村,是一个具有费孝通先生眼中的"乡土中国"特征的典型"熟人社会"。今天,在现代化、全球化和城市化进程中,随着大众文化的传播,枫村的乡土气息已不再纯粹,不仅夹杂了诸多的"现代"元素,而且市场这只"看不见的手"撒下了一张无形的天罗地网,早已将这个远离都市的传统乡村共同体的每一个角落都笼罩起来,成为这张网上微不足道的一个个节点。当然这是经济发展的过程,同样也是经济发展的必然结果。这一过程和结果,从笔者到达高拱桥集镇的那一刻开始,就已经深深地感觉到了城市的妩媚对乡村的无尽诱惑。这种诱惑不仅仅是集镇上的超市、商铺提供的琳琅满目的生活必需品,更重要的是,正如前文所述,高拱桥乡村集镇作为枫村侗寨的入口和高拱桥村民自治组织的办公所在地,是枫村联系城市和国家的过渡空间。这里不仅充斥着各种商业化信息,而且也给村民提供了一个了解中央政府方针政策的窗口。

在这个进入枫村的十字路口,笔者对这里的商业信息传播点进行了调查统计,比较大型的超市有1家,经营日用百货的小卖部2家,经营生鲜水果、肉类食品的摊位5个,肥料经销站1家,酒类专营代销点1个,餐馆2个，侗族十字绣店铺1个，家用电器与卫星电视接收器专营店1个，摩托修配店1个，服装店1个，小饰品店1个，手机专营店1个（主要提供中国移动的ICTs服务，兼充Q币、充钻和外省话费充值），中国福利彩票店1个，小家电日杂经营店1个，美容美发店2个，小百货批发店1个，公用电话经销店1个。这些商铺和摊贩的主要服务对象就是枫村及其周边村组的村民以及枫村的外来人。

笔者在对手机店的老板进行访谈时了解到，这个店铺是她自家的住房，充Q币和充钻的业务还卖得很好。笔者好奇地问："一般在城里充Q币和充钻的人比较多，你这个店生意也这么火暴，是不是村里玩QQ的多？"店老板"扑哧"一声笑了出来，接着回答："您儿莫不是没看到嗦，对面就是小学嘛，学生娃儿来充Q币、充钻的多。"

其实，笔者早就发现她家的手机店恰好开在高拱桥村小学正对面，地理位置不错，只不过是想确认一下自己的猜测是否正确。除了这些店铺在传递着各种各样的商业信息外，还有另外一些信息传播点在通过另外的方式传播着城市生活和消费主义。那就是村民住宅的墙面，成为乡村公共空间的重要组成部分，自然也是各种标语、各类广告的重要载体。但凡醒目的几处村民住宅的外墙墙面都被各种营销广告所霸占了。如：

恩施汽车商贸城的"帝豪汽车"，晨华公司的由凤凰传奇代言中华V5"精于中 华于形"的汽车招贴画；"恩施城心，好房不贵，一步到位，'阳光国际'，千万巨惠，最高优惠12万元/套，'阳光花园'升级世献"的"阳光花园"商品房营销广告；土王酒业的"做客土家人，好喝土王酒"促销广告。而F家的右侧墙面则成为"澳柯玛太阳能热水器"与"黔龙一号，在公园，口味1号生活，恩施生活步入公园时代"的商品房营销广告激烈争夺的空间。"澳柯玛"最终被本土房地产土豪的"黔龙1号"击败，其墙体广告被覆盖大半，要从未被覆盖的澳柯玛公司的主页网址，通过猜测才能知晓被遮蔽的是享誉全球的"冷柜大王"。

在村委会办公楼前的电信线路杆上，挂着"恩施市党建网上服务"信息牌，"中国农业银行"也不失时机地在下方打上自己的小广告。村委会的三层办公楼门口，随时都立着一块不锈钢制作的欢迎牌。从笔者第一次看见一直到2014年1月再次进入高拱桥村委会，这块牌子所张贴着的在大红纸上书写的——"热烈欢迎各级领导来我村检查指导工作！"——这一任何时候都适用的欢迎口号就未有过更新。从办公楼顶垂挂着一幅因日晒雨淋而略微已经褪色的红色条幅标语——"学习贯彻十八大，争创发展新业绩"。而村委会办公楼前停车场两边的墙壁，则被村干部们充分利用起来，也开辟了枫村对外宣传和进行村务公开的窗口。信息栏上的内容涉及村情简介、发展规划、党务公开、财务公开、群众呼声与回应、农村党员现代化远程教育系统建设情况、人口和计划生育政务公开、现代农业电脑专家系统推广情况等。既有上至国务院总理、副总理，国家部委领导，下至地方各级政府部门领导视察与指导工作的新闻图片，也有村民被领导亲切接见的合影，这些都向外界展示出枫村通过乡村社区再造实现经济、社会、政治的繁荣发展，昭示着枫村共同体的过去、现在甚至未来的发展方向。

乡村社会是一个"熟人社会"，人们之间的社会交往空间相对狭小，传播环境和社会环境基本处于一种重合状态，人们在感受传播环境时，也就是在感受社会环境本身。任何改变周围空间的因素（社会的、自然的、技术的）又是依赖于这个空间的。从这些商业性、非商业性信息传播点在枫村所处的空间位置、排列顺序以及相互交织的状态，我们可以看到"在地性"社会历史、文化的丰富性，它不仅汇集了族群认同建构、民族文化传播，也是国家威权的呈现空间和市场利益的角斗场。其中或明或暗地体现出枫村的历史与现实、村社仪式与日常生活、认同与区隔、秩序与闲散、"少数"与"多数"的关系，流露出乡村共同体的乡土性和"地方性"，也折射出其世俗性、现代性与"全球性"。这些因素共同作用、形成合力，一起织就了枫村的传播网络，成为"在地性"乡村传播生态的基调与底色。在这一复杂的乡村传播网络中，拥有不同社会资本、权力资本、经济资本、文化资本的权力主体纷纷在乡村空间中不断地展示着自己的社会权力话语，形塑着乡村共同体的空间展现样式、形态及其发展方向。其中，"国家在场"的强势、知识力量的理想化、市场利益的诱惑与暧昧、乡村发展的期许与无奈，各种外来力量交织在一起，通过新旧时空的并置，在乡村社区实践中建构着意义世界，体现着"凝视"与"被凝视"的辩证法、权力与日常生活的辩证法及其凝视中的主体间性（inter-subjectivity），建构和重塑着新的乡村叙事，进而重构地方文化。或许这正是今日乡土中国的后乡土社会的表征。

# 第五章　他者凝视：乡村传播场域中的行动者逻辑

2011年1月29日，农历腊月二十六，恩施市芭蕉侗族乡高拱桥村枫村侗寨内热闹非凡。寨子里的男女老少齐聚一堂，挂上红红的灯笼，贴上红红的春联，燃起红红的篝火，载歌载舞共庆又一个丰收年。

"党的政策好，枫村现在发展得好，我们的日子越过越好！我也不知道还能用什么话来表达我的心情，就给大家唱一首《东方红》吧！"村民苏流英第一个站起来。"好！大家伙儿一起唱！"乡亲们应和着。……

为支持恩施市乡村生态休闲旅游发展，2008年元旦，时任湖北省省长李鸿忠亲临该村调研视察，指示恩施市要把枫村打造成茶叶产业发展、乡村生态休闲旅游和新农村建设的示范村。……

踩歌堂里的篝火越烧越旺，大家伙儿吃着、喝着、唱着、跳着、笑着……①

上面这段文字是2011年《民族大家庭》所刊发特稿的一部分，字里行间隐藏着一种权力意识形态叙事框架，直接或间接地呈现了枫村文化共同体重建中所有行动者的实践背后都隐藏着一双"他者的眼睛"，这种形似于"双向凝视"的社会互动成为乡村共同体重建的作用力。而作为"他者眼光"的"凝视"是一种泛传播行为，具有情境性或场域性，这是行动者实践的基本特色。行动者的"凝视"实践、关系系统和行动语境是"情境式"研究必须关注的重点。特定的情境是各种各样能动者互动

---

① 张云、郭郢郢：《侗乡唱出丰收的歌——枫村民团年侧记》，《民族大家庭》2011年第1期。

的结果，所以必须或多或少地考虑整体所包含的各个部分，才能了解某一特定情境。在枫村，旅游资源已经成为一种资本，并通过其自然环境和文化资源表现出来，具有布迪厄所说的"社会权力关系"。当地人与游客之间的传播并非简单的个体行动者之间的社会文化互动，而是反映了各行动者的社会资本分配情况所决定的位置之间的客观关系，在行动者惯习的引导下博弈，形成了枫村的文化再生产场域。布迪厄认为，场域不仅仅是一种"意义关系"，更是"力量关系"，是具有自身动力机制的网络结构。每个场域都有自己的运行规则和逻辑，同样权力也是一种关系，权力只有通过在某种关系中的实施才能表现出来。因此，场域中的行动也就具有了社会建构性，社会学的中心任务既要分析行动又要分析结构。用场域进行分析，必须遵循三个"必不可少并内在关联的环节"：一是必须分析与权力场域相对的场域位置；二是必须勾画出行动者所处位置之间的客观关系结构；三是"必须分析行动者的惯习，亦即千差万别的性情倾向系统"。[①] 场域所起的只是一个中介性作用，它为各种资本提供了相互竞争、比较和转换的场所，而资本反过来又会制约场域。在枫村重建过程中，通过开发旅游资源来发展少数民族乡村文化，重建乡村共同体是主要策略，政府、外来投资者、村民组织、村民自身、游客、规划专家、大众传媒等都是枫村文化共同体重建场域内的行动者，这些行动者凭借所拥有的不同类型的资本在乡村文化再生产场域内占据着各种位置，而这些不同位置"则直接约制着人类的行为和习性（'惯习'）的形成"。[②] 这就构成了枫村的传播场域或者也可以说是乡村文化再生产场域[③]，行动者及其社会位置、社会关系网络、资本就构成了整个"凝视"场域的结构。在乡村传播场中，各个场域行动者之间所发生的多元互动背后隐藏着深刻的象征性权力关系，这种权力关系通过行动者所拥有的各类资本之间的竞争与转换以及行动者惯习的建构表现出来，持续地影响着枫村的乡村文化再生产与共同体重建。乡村文化再生产实践就是乡村传播场域、资本与行动者惯习相互

---

① ［法］皮埃尔·布迪厄、［美］华康德：《实践与反思——反思社会学导引》，李猛等译，中央编译出版社1998年版，第142—143页。

② 刘拥华：《布迪厄的终生问题》，上海三联书店2009年版，第4页。

③ 从某种意义上理解，本书所涉及的乡村传播场域与乡村日常生活场域、凝视场域或者旅游场域、文化再生产场域、文化传播场域等是重叠的，因而在文中可以交叉使用。

作用的产物。我们可以把枫村的文化发展置于乡村传播场域中，分析"他者凝视"所带来的社会文化变迁、重构和再生产。

# 第一节　枫村文化传播场域的结构

## 一　文化传播场域与权力场域的关系

在布迪厄的社会实践理论中，"场域"体现了方法论上的关系主义，"根据场域概念进行思考就是从关系的角度进行思考"。① 实际上，场域并不是一个固定的社会结构，也不是某种静态的社会关系，同样不是不同的社会地位所构成的某种框架，场域的灵魂是贯穿于社会关系中的各种力量对比及其内在张力，场域就是一个"力的较量场"，一种权力的关系网络，而这张权力关系网络中的行动者所占据的位置是根据它们在争夺各种权力或不同资本的分配时所处的不同地位决定的。在枫村，乡村文化再生产场域是对乡村文化实践的一个抽象表达，它是存在于乡村内的一个客观关系网络，是进入乡村传播网络的各种社会角色所形成的一种关系构型。随着乡村文化生态旅游的兴盛，各种势力卷入其中，各类行动者通过自己所拥有的种类不同的资本向乡村渗透，在乡村场域中角逐、博弈，并通过不同的传播实践建构起枫村的文化资本来支配乡村共同体的重建。

国家是一个权力的场域，在布迪厄看来，权力场域是一种元场域（meta-field）。虽然国家权力通过村民自治实现在乡村社会的退场，但在乡村的实际运作中，国家通过发展乡村经济、加强文化建设、提供公共服务和进行社会管理，与乡村社会产生联系，形成了国家权力与乡村自治力量之间错综复杂的关系，这从枫村的文化建设可窥其一斑，我们同样能够感受到枫村其实也是一个各种科层体制场造就的聚合体。各种代表国家力量的行动者通过对乡村文化符号的征用和改造，既体现了一种权力，又呈现出一种力量。来自官方和非官方的行动者或者行动者群体，都试图在这个小小的乡村空间内谋求特定的权威形式。这种权威形式的构成因素是通过诸如枫村建设规划以及一系列涉及乡村治理的规章制度体现出来的支配

---

① ［法］皮埃尔·布迪厄、［美］华康德：《实践与反思——反思社会学导引》，李猛等译，中央编译出版社1998年版，第133页。

权力。因而,权力场域在一定程度上涵盖了其他场域而具有"元场域"的特征,作为社会子系统的乡村传播场域在权力场域中处于一个被支配的地位。在枫村的共同体重建和文化再生产过程中,乡村传播场对应于权力场域的位置反映了元资本(国家)与其他资本间各种错综复杂的关系。在枫村,体现"国家在场"的元资本的利益由各相关管理部门与乡政府和作为双重代理人的村干部来具体实现的。

从第四章的有关枫村的背景资料中可以发现,枫村在发展文化生态旅游的初期,上至中央、下至县乡等各级政府为推动鄂西生态旅游区的产业发展,通过促进民族地区经济繁荣实现民族大团结,普遍起到了催化剂和推进剂的作用,其行动实践几乎涉及乡村日常生活的各个领域。湖北省委、省政府号召实施"616工程",投入大量资金,改善乡村基础设施,地方政府主导进行族群文化移植,为枫村文化发展创造各方面的条件。基层政府邀请各大媒体,广泛报道,通过政府主导促销地区形象。枫村实施的正是政府主导型乡村文化发展战略,在此过程中,各级政府、大众传媒、外来投资者、专家学者、村民组织与村民等社会行动者都参与其中,在频繁的社会互动中达成共识,建构起一个乡村文化的凝视空间。因而,枫村的传播场域的生成与乡村文化再生产都受到各级政府权力场域中的民族政策、经济政策、新农村政策及政治权力的运作过程的深刻影响。从2006年开始,围绕探索新农村建设的"恩施模式",地方政府先后制定了一系列政策措施,诸如保护古村落、建设民族特色村寨、保护乡村传统文化、保护生态环境、组建民族旅游发展有限公司等,没有这一系列权力场域的再生产,也就不可能建构起今日枫村这种特殊的文化传播与乡村文化再生产场域。

## 二 乡村文化传播场域的关系结构

布迪厄提出的公设是:在任何社会中都有支配者和被支配者,社会组织的基础原则就存在于这种区别之中。不过,这种支配取决于形势、资源和行动者的策略。要理解这些现象,就必须认识地位和资源效应逻辑。[①]场域作为一个竞争和权力博弈的空间,其中的各种活动、策略"都同行

---

[①] [法]菲利普·卡班、让-弗朗索瓦·多尔蒂耶:《法国视角下的社会学史与社会学思想》,吴绍宜等译,北京大学出版社2010年版,第147—148页。

动者所握有的各种资本的性质、类别和总量相联系,也同整个场域中所流通和进行交换的资本数量和竞争脉络相关联"①。资本是场域理论的重要概念,布迪厄将其推广到人类社会活动的一切领域,指出资本占有者凭借资本所得到的不仅仅是经济效益,还包括符号收益和社会收益等,并且将资本分为经济资本、社会资本和文化资本三种基本形态,其中经济资本是显性资本,社会资本和文化资本是隐性资本,而且三种形态的资本之间是可以相互转化的。② 在枫村,不同行动者进入乡村传播场域,因各自所凭借的资本形态不一样,在场域中的位置和作用并不相同,自然也就形成不同位置之间的客观关系空间。对地方政府、旅游投资和开发者、经营者、村组干部、村内居民和旅游者这些乡村传播网络中不同行动者所拥有的资本数量与类型进行分析,对于揭示乡村传播场域内的关系结构和乡村文化再生产的实践逻辑具有重要意义。在乡村传播场域,任何行动者可能同时具有社会、经济、文化三种类型资本,但一般只有一种最主要的资本类型最能体现其惯习特性,主导行动者的行动逻辑和策略选择。

（一）社会资本的行动者逻辑

"社会学视角的社会资本概念基本上是把社会关系网络或特定的社会结构作为社会资本来看待。以此出发,学者们研究的重点是,置身于某种社会关系网络或社会结构中的个人,如何通过这种网络来获取各种政治的、经济的信息和资源,从而提高其社会经济地位。"③ 因而社会资本是社会性的,是通过社会关系获得的资本。社会关系具有延伸性和多样性,社会网络中的行动者能够拥有不同的社会资源。林南认为,在社会资本理论中的资本是一种社会财产,社会资本由嵌入在社会关系和社会结构中的物质或符号物品组成,它借助于行动者所在网络或所在群体中的联系和资源而起作用。④ 在枫村传播场域中,社会资本位于权力场域和文化再生产场域的结合部,主要表现为政府行政权力网络。国家实施西部大开发、扶贫攻坚战略和新农村建设,各地相继出台配套政策措施,以推动农村和贫

---

① 高宣扬:《布迪厄的社会理论》,同济大学出版社 2004 年版,第 148 页。
② 宋秋、杨振之:《场域:旅游研究新视角》,《旅游学刊》2015 年第 9 期。
③ 曾凡斌:《城市居民的社会资本、媒介使用对政治参与的影响研究》,(香港)《传播与社会学刊》2016 年总第 35 期。
④ [美]林南:《社会资本——关于社会结构与行动的理论》,上海人民出版社 2005 年版,第 18—23 页。

困地区发展，国家政策导向直接折射出元资本的权力意志，所以又称为政治资本或权力资本。在布迪厄看来，政治资本其实也是社会资本的一种特殊形式。① 在枫村传播场域内，恩施市政府、芭蕉乡政府及其代理人（高拱桥村支两委）是代表权力资本的主要行动者。对于恩施地方政府来说，由于拥有权力资本的总量和结构上的优势，成为东道主一方中举足轻重的部分，它们在枫村传播场域中所占据的支配文化再生产以及乡村共同体重建方向的地位和权威得到强化。但是，自然资源和文化资源需要与经济资本相结合，并通过一定的形态和方式才能够进行"可参观性"的生产，转化为可供消费的乡村文化产品，这就需要依赖文化再生产场域的自主化程度的增加。在枫村的文化再生产过程中，出现了一些在社会资本的数量和结构上更合适的力量，如帅巴人、华龙村、宜昌弘博健康等民营企业开始介入枫村文化旅游的开发。场域是一个高度配对的关系性空间，其中每个行动者位置的变化都会改变其他位置的边界。当其他社会资本介入枫村的文化再生产之后，此时当地政府在枫村文化再生产场域中的位置就会发生一些改变，从原来的领导者变成协调者甚至中间人的角色。一旦拥有其他社会资本的行动者介入枫村文化再生产实践并嵌入枫村的社会结构中，政府会积极主动协调各方面的关系，代表国家对乡村传播场域内的文化资本拥有者和经济资本拥有者进行管理和协调，其目的是促进地方经济发展和文化繁荣，将权力资本通过关系网络中的互动转化为经济资本、文化资本。当地政府在乡村文化再生产场域竞争中所采取的行动策略是为了维系整个乡村文化传播场域中各参与者的根本利益。但是，政府在整个乡村传播或者文化再生产场域内占据着权威位置，直接决定了政府在场域内的资本竞争中的特别优势和特殊责任，实际上还主导着乡村共同体重建的方向。

（二）经济资本的行动者逻辑

按布迪厄的说法，经济资本是"由生产的不同要素、经济财产、各种收入及各种经济利益所组成的"②，实际上也就是在场域竞争中，行动者所拥有的并可能动用的一切以物质形态存在的资本，属于显性资本形

---

① 周春发：《旅游、现代性与社区变迁：以徽村为例》，社会科学文献出版社 2012 年版，第 79 页。

② 高宣扬：《布迪厄的社会理论》，同济大学出版社 2004 年版，第 149 页。

态。在枫村文化传播场域中，拥有经济资本的主要行动者是枫村民族旅游发展有限公司、帅巴人、华龙村、宜昌弘博健康管理中心恩施养生基地和外来游客等。在布迪厄的分析中，个体、群体、机构、家庭等常常利用经济资源以维护或强化自己在社会秩序中的地位。在枫村，从事民族文化旅游开发与经营的公司、民族特色产品销售的个体承包户、农家乐经营者等，作为拥有经济资本的行动者，他们通过争取各方面政策、寻求各方支持，不断挖掘枫村的文化资源并加以开发、利用，从而进一步实现经济利益最大化，积累更多的经济资本，以争取在文化再生产场域竞争中占据更有利的位置，从而影响乡村文化发展的方向。当然，枫村内拥有经济资本的行动者也有扩大再生产的需求，他们在"经济人"的利益观指导下，沿着由功利主义的理性原则所塑造的策略性利益逻辑，对乡村文化传播场域中活跃的另一股力量——外来游客，采取或明或暗、形式多样的"掠夺"策略，以此获得一定的经济资本。当然，作为正处于文化旅游建设期的枫村，那些有违商业伦理的掠夺策略，如媒体上经常曝光的在旅游目的地所遭遇的"欺生""宰客""黑导游"等现象还不常见。在民风淳朴的枫村，这种宰客行为与乡村共同体的传统伦理与道德规范是格格不入的，是一般人所不齿的行为，更是一种经济上的短视行为。这在笔者对几家农家乐的调研、体验和游客的访谈中都可以发现，这些经济资本的拥有者非常重视诚信，看重口碑，也明白不理性的掠夺策略是不可持续的，不会因为暂时的眼前利益而"捡了芝麻却丢了西瓜"。但是，作为拥有经济资本的行动者，出于对利益的合理追求，投资商、开发者、经营户等自然也或多或少地屈从于市场逻辑，为迎合旅游凝视的需求，将乡村文化过度商品化，在一定程度上也损害了民族文化资源的本真性、完整性。比如，枫村文化旅游刚兴起的时候，部分景点和体验项目是需要单购门票方可入内参观或体验的，就属于一种典型的"掠夺"策略，不过后来村民们发现这种单售门票的方式影响了客源，最终是降低了经济收入，于是实施不久就取消了。

而对游客而言，他们作为拥有经济资本的另一类型的行动者，他们的惯习产生于其一直生活的惯常环境中，以"文化的他者"身份进入枫村文化场域，参与文化再生产资源的争夺过程。与农家乐经营者、特色产品经销商和民族文化开发与经营公司这些行动者不同，游客追逐的目标不是获得经济资本的最大化，而是动用感觉器官去感受和体会乡村自然资本、文化资本，追求的是高质量的"旅游凝视"体验和身心愉悦，强调在乡村传播场域内通过经济资本的交换来实现文化资本和符号资本的增值效应。游客所拥有的经济资本使他们成为乡村文化再生产场域内的其他行动者争夺的对象。但由于异质身份的特殊性，游客大多对枫村文化再生产场域的实际情况缺乏了解，依靠原来的惯习并不能应付乡村凝视场域中的各种情形，原有惯习的差异也可能引发文化冲突。有的游客以为自己来自城市，腰包里装着当地人渴求的钞票，有时也在当地人面前变得高高在上、颐指气使，没有表现出对当地人及其文化的尊重。在几家农家乐的老板和服务员的访谈中均表达出以下共同认识：

> 有些客人自以为有几个臭钱不得了，瞧不起我们农村人，挑三拣四，甚至鸡蛋里面挑骨头，故意为难我们服务员和老板儿。他瞧不起我们农村人，那他还来我们这里玩耍做么子啊？我们还瞧不起他那种小家子气呢。其实我们这里的饭菜价格还是比较合理的，也就一般的农家菜的价格嘛。

外来游客在乡村文化传播场域内的这种行为，其实是以一种文化中心主义的优越感去对待少数民族乡村文化及其东道主。不过，旅游者、枫村居民、外来投资者等行动者互不相同的惯习共同存在于乡村文化传播场域内，彼此之间既竞争又相互妥协，在这种交互影响下，各行动者之间会逐步进行文化调适，形成能够适应乡村文化场域的新的惯习，发展出推动乡村文化再生产的竞争策略，进而转化为推动乡村文化再生产的无形力量。无论是乡村文化经营者还是乡村文化欣赏者，他们各自的资本相对于权力场和经济场的变化而不断升值或贬值，他们在乡村文化传播场域中所处的位置也随之改变，进而影响乡村传播场域中信息的流量，最终成为影响乡村文化空间建构的力量。从根本上说，经济资本主要行动者参与乡村文化再生产是有利于乡村传统文化的保护和发展的。

（三）文化资本的行动者逻辑

在枫村文化重构之前，尽管它拥有相对优越的地理位置，但其乡村文化资源未被发掘，在政府主导下，通过移植民族文化资源，具有了新的文化资本，当地村民也就成为新的文化资本的拥有者，参与到三大资本的转换中。"文化资本又可以称为信息资本，它是行动者在场域竞争中维持或改变各种力量关系对比与结构的文化禀赋,一般来讲,它是指在场域游戏中占据优势地位的群体所表现出来的各种文化特征。"① 对于枫村文化传播场域而言,拥有文化资本的主要行动者有两类:一类是作为东道主的当地村民。作为枫村自然资本和文化资本的拥有者,当地村民在文化再生产场域中占据着重要位置,文化的发展需要他们的积极参与。在枫村,部分住宅地理位置更为有利、市场敏感性强、"有门路"的村民,他们通过开办农家乐、经营小商店或者在路边摆地摊等方式,直接利用枫村再造后形成的文化资本去获取经济资本。但是,由于收益分配不均、政府的部分承诺未完全兑现等,一部分村民得不到应有的补偿或无法共享文化资本带来的经济收益,在乡村传播场域中的话语权越来越少,逐渐导致他们对社区发展的态度发生变化,参与度也随之降低。在实地调查中,笔者发现,尽管"被展示"的枫村给当地村民的日常生活带来了整体改观,但由于这种"文化展示空间"的分配不均匀,一部分远离核心区域的村民并未直接从这种"被展示的文化"(culture on display)② 当中获得经济资本,逐渐被边缘化,对于当地发展民族文化旅游并不是非常热心,抱着一副无所谓的态度。显然,村民的态度感知与行动策略对整个乡村传播场域内的竞争秩序以及乡村文化再生产会产生不同程度的影响。

另一类拥有文化资本的行动者是作为旅游规划和民族文化研究的发展咨询专家,如来自当地和省城高校从事民族文化研究或旅游问题的研究机构和相关研究人员。这一类行动者对于行业内的状况、发展趋势有较高的敏感度,他们围绕枫村文化发展与社区重建,在不同研究领域进行着知识生产,干预和影响各种资本在文化发展中的开发模式,这些既定的文化发展规划项目为枫村的文化再生产提供了一个准绳,在为枫村的文化重构提供智力支持的同时,也对枫村文化再生产形成了一种"学术凝视",因其在文化资本中所拥有的权威性而赢得话语权,在一定程度上改变了乡村文化传播场域的规则,影响了乡村文化传播的信息流向,进而改变了乡村文化再生产的方式和方向。

---

① 蒋斌、刘延刚:《我国城乡人口单向流动的场域机制及其运作逻辑》,《湖北社会科学》2008 年第 10 期。

② [英]贝拉·迪克斯:《被展示的文化:当代"可参观性"的生产》,冯悦译,北京大学出版社 2012 年版。

通过观察社会资本、经济资本和文化资本的行动者在枫村传播场域内的行动策略和资本转换逻辑,可以发现,在社会资本、经济资本、文化资本中,经济资本是基础性的资本类型,其他类型的资本都建立在它的基础上。而不同行动者在枫村传播场域中不断竞争的结果,归根结底是要转换为文化再生产场域中的经济资本,实现生活富裕、社会和谐。不同类型的资本在乡村场域内通过互动交往实现相互转换,不仅促进了场域再生产,也推动了乡村文化的重构。显然,一个场域运作和转变的原动力,就存在于场域内的行动者各类资本之间的转换过程。社会资本、权力资本的主要行动者作为乡村文化再生产的扶持动力,承担着指引当地村民促进社区经济、政治、社会、文化、生态和谐发展的特殊责任,这类行动者通过制定文化发展政策、划定与建构文化保护体系以及增加财政预算,加强体现"国家在场"的权威和控制力,同时实现主流意识形态与乡村文化的一体化,从而强化国家认同、民族文化认同以及新的族群认同,推动着权力资本得到权威性体现。经济资本的主要行动者通过对文化资本的开发和利用来获取利益最大化,同时为权力资本奠定政治合法性的经济基础。而拥有经济资本的外来游客的异质文化传播对乡村文化重构的影响则是一个长期的潜移默化的过程。村民在外来者惯习的影响下,逐渐形成自己新的惯习,并据此选择行动策略进行文化再生产。文化资本的主要行动者通过文化资源的商品化来获取经济资本,推动文化再生产和传统的发明与创新,并为社会资本提供权力合法性的文化支持,在延续民族传统的基础上获得了文化的更新和发展。正是不同类型资本之间的相互转换,构成了枫村乡村文化传播场域内的不同行动策略的基础。采取这些行动策略的目的在于通过不同类型资本之间的转换来维持资本的再生产,以及不同行动者的关系和地位的再生产,进而实现乡村文化再生产,推动乡村共同体的重建。

## 三 枫村传播场域的行动者惯习

布迪厄强调:"我们的判断反映的都是我们在社会空间所处的地位,联系社会结构与个人兴趣爱好的东西就是惯习。它表现为一整套连贯的趣味和惯例的做法。"[①] 他从多个侧面阐述了惯习的丰富内涵,即惯习是一

---

① [法]菲利普·卡班、让-弗朗索瓦·多尔蒂耶:《法国视角下的社会学史与社会学思想》,吴绍宜等译,北京大学出版社 2010 年版,第 148 页。

种生成性结构,是与客观结构相联系的主观性;惯习具有个体性和集体性,是一种社会化了的主观性;惯习作为一种历史的产物,必须是一种动态的、开放的系统。① 枫村传播场域的惯习,是各行动者在社会互动中所形成的一套思想准则与行动规范,这些行动者惯习的形成与作为生活场域的枫村变成作为旅游凝视场域的侗寨密不可分,相互影响。而场域的变化又是由进入乡村空间的行动者的"凝视"所引发的改变。在不同行动者的凝视中乡村文化有了"前台、后台"意义上的生活文化与旅游文化之分。枫村文化传播场域内的各行动者按照场域内的运行逻辑和权力策略,进行不同类型资本的转换、支配与控制,以获得各自所需的文化权力,实现资本再生产的最大化。枫村的文化就在不同行动者资本博弈的过程中不断地进行重构和再生产。

在枫村的文化传播场域中,地方政府通过权力资本,表现出公共产品提供者的惯习特征,为枫村的文化资本与经济资本的结合与转换创造一个优良的外部环境和制度保障。作为乡村文化再生产的倡导者、协调者和指引者,从本质上来说,地方政府尤其是乡政府所代表的是乡村社会的整体利益,所追求的应该是公共利益最大化,真正关注的应该是农村可持续发展以及少数民族乡村文化建设的标本意义和示范效应。但是,地方政府在乡村文化再生产场域内所占据的位置和所拥有的权力资本,决定其本质上也是一个"经济人",在乡村文化再生产场域中也会通过公共权力去追逐诸如增加财政收入、提高政绩等特殊利益。在枫村的文化重构中,地方政府利用武陵山试验区建设和"616 工程"的大好契机,结合枫村独特的地理位置优势,通过转移族群文化资源,推动枫村的产业结构调整,发展文化生态旅游。于是在乡村文化再生产场域中,不管是通过大众传媒,还是体现国家"权力在场"的组织传播,目的就是要建构一种乡村发展的主导性话语,昭示其在乡村传播场域中的主导性权力,影响场域中的其他行动者,表现出一种权力资本的行动者居高临下的"凝视"惯习,它强有力地进入乡村文化再生产场域,并且可能干涉场域内的规则和资本的运行,对乡村文化发展方向有极大的规定制约作用。但是,值得注意的是,这种由国家倡导、地方主管的文化发展和乡村重建格局很容易陷入一种

---

① 周春发:《旅游、现代性与社区变迁——以徽村为例》,社会科学文献出版社 2012 年版,第 84 页。

"集体非理性"误区,乡村文化发展中的经济中心主义会导致重开发、重利益而轻管理的经济人趋利惯习特征,以市场需求重构乡村文化,最终影响乡村社会和环境的可持续发展,成为乡村文化再生产的阻力。

在乡村社区,村级组织(主要由"村民委员会""村党支部委员会"构成,习惯上简称为"村支两委")处于国家权力与民间社会的交汇点,在乡村治理体系中,村支两委扮演着双重代理人的角色,因而乡村文化重构主体互动的连接点也主要由他们来承担。各级政府对乡村社区的利益诉求、管理职能主要通过对村支两委相关负责人的选举、任用来体现。村支两委作为乡村社区的正式权力组织,也是枫村传播场域中占优势位置的行动者,它理论上应该代表枫村村民的整体利益。在乡村文化再生产与社区重建中发挥着上传下达、沟通民意、组织动员等功能,在组织传播中起着连接桥梁的作用。当然,由于乡村治理的需要,村级组织也有为扩大村集体经济而存在的逐利诉求,客观上他们也会为实现文化资本的经济价值和商品化增值出谋划策,推动文化的再生产。为了能够获取连任,村支两委的这种逐利诉求或许更加强烈。在此惯习逻辑支配下的行动策略选择会引发过度追求文化商品化,从而导致文化畸变。

在枫村,全体村民应该是移植而来的民族乡村传统文化的主要承担者,是乡村社区内文化资本的主要行动者,在乡村旅游场域内自然也是各种"凝视"实践的影响者、参与者和受益者。他们凭借移植而来的族群文化资本脱贫致富,在经济利益的驱使下能够继续保留和发展传统文化,推动文化的再生产。但是,村民的文化背景、经济条件、族群身份认同以及脱贫致富的强烈愿望,导致村民的思想观念日益趋于理性与功利,进而影响到他们在人际传播、组织传播和文化传播中的话语策略。

外来投资者是枫村社区重建的经营主体。由于枫村侗寨是民族文化资源移植地,这就决定了投资者的经营目标也有多重性,他们在乡村传播场域中的话语策略也具有多重性,既要追求经济效益,强调投入产出的最大化,还要兼顾枫村文化资源与生态环境的价值。在枫村,投资者的惯习特征基本上与村级组织重合。

据调查,枫村的游客多数来自恩施市区及周边省市区县的城市居民和毗邻县市乡村的考察团。近两年,浙江、北京、上海等地的旅行团也开始来到这个小山村。从外来游客那里获取其经济资本,这是枫村文化传播场域中拥有权力资本、社会资本、文化资本的行动者进行文化文本与意义建构的根本目的。进入枫村侗寨虽然不需要门票，但其目的是刺激拥有经济资本的游客在农家乐、特产经销店及村民家中消费，把枫村的文化资本直接转换成经济资本，与此同时也引入了新的思想观念，在各种凝视中实现文化资本的再生产，促进了社区的文化认同，客观上推动了乡村共同体重建。从某种意义上说，游客的凝视行为最终决定着乡村传播场域话语权的转移，以及乡村文化再生产的方向。

作为知识资本拥有者的各类发展专家，他们拥有的文化资本主要是专业知识的生产。他们在乡村传播场域中的话语权获得主要依赖其专业知识的意义生产。其专业背景、知名度、所处机构的声誉等就构成了这一群体行动者的惯习。他们从各自不同的学科背景出发，对枫村的乡村文化发展的认识也不尽相同甚至相反。一部分学者基于怀旧的田园主义，反对眼下的以逐利为目标的工具化开发；另一部分则大力支持和倡导用经济问题来解决乡村文化的可持续发展问题。不管持何种立场，在乡村传播场域中，专家是神秘的、权威的、可信的，相对于普通村民而言，发展专家就是公权力的代表，属于"有能量的""有影响力的"、有话语权的行动者，因而在乡村文化传播场域中所处的位置相对比较特殊，其话语策略、行动逻辑等会对地方政府、投资者产生一定的影响，因而对当地村民的影响也是非常直接的。

## 第二节 多元建构：人际传播网络的实践逻辑

在所有的人类传播活动中，人与人之间的沟通与交流是最原始、最基本和最重要的传播形式。在"关系本位"和"差序格局"的中国乡村"熟人社会"，人际传播更是集中展现了乡村社区人与人之间交往的独特性以及乡村居民的心理与行为特征。人际传播渗透进了乡村日常生活的方方面面，发挥着极其重要的沟通、影响和说服功能，是乡村社区传播效果最显著的传播方式，也是推动乡村社会进步、文化传承和社会关系形成以及维系乡村社会秩序的重要纽带。在乡村，人际传播网络处于整个社区传播网络的核心圈内，是乡村大众传播和组织传播下多级传播的一个重要组织部分。所谓"村看村、户看户，社员看干部"的口头禅就是对乡村社区人际传播功能的形象表达。虽然人际传播是影响乡村社会发展变迁的微观因素，但又是直接的因素，在乡村文化再生产中发挥了十分积极的作用。

在枫村，人际传播网络中的主要行动者就是枫村的内部成员和乡村的外部参与者。不过，枫村的"村民"主要有两类：一类是世代居住于此的原住村民，另一类是认购了旅游发展有限公司开发的特色民居的投资者及其家属等法律意义上的"枫村人"，可以称这部分村民为"内部的他者"或"家门口的陌生人"。枫村的外部参与者主要是指与乡村社区传播系统发生关联的群体。他们以各自在村庄内的身份和地位以及与外界联系的角色，作用于乡村传播系统。包括外来游客、进入枫村参观考察的各级政府官员、来枫村学习取经的外村干部，以及在乡村社区进行市场信息、知识信息、政策信息等传播中介和研究人员、发展专家等。简言之，枫村人际传播网络中的传播者主要包括：一是乡村社会外部的个体传播者，以集文化信息媒体于一身的游客为主体；二是乡村社会内部的个体传播者，即当地村民。不过，在枫村的人际传播网络中，传播者与接受者的角色是不固定的，常常发生彼此换位的现象。因为身体本身就是信息传播手段，是人的思想的终端媒介，所以人际传播实践中的传播者同时又是受传者，受传者同时又是传播者。而传播的根本问题是文化问题，枫村社会结构的变迁引起乡村传播结构的变化，而传播结构的改变又推动着对乡村社会结构转型，影响着乡村共同体重建的整合逻辑。

## 一 陌生人的潜在影响

人体是天然的、最高级的、综合的传播媒体，也是一个综合的文化载体，"无论现代技术媒体怎样泛滥，人的身体仍然是最有力的语言和传播媒介"[1]。人体所表征的他族信息、文化思想、深层文化心理，甚至随身携带的行李、物品及其凝结的技术和文化信息都会随着人体的移动而散播，[2] 包含着非常丰富而复杂的社会文化关系。传统的乡村是一个相对静态的社会，乡村社会网络以血缘、地缘为纽带，成员流动性低、内部信息比较充分。一般而言，"熟人社会"里的乡村对陌生人的警惕和拒绝已经成为一种下意识。张柠从"陌生人社会"这一思路出发，认为乡村陌生人社会就是乡村熟人社会的镜像，他把乡村陌生人区分为"明显陌生人"

---

[1] 余艳青：《作为原初性媒介的身体》，《现代传播》2015年第1期。
[2] 赵建国：《人的迁移与传播》，中国社会科学出版社2012年版，第38—52页。

和"潜在陌生人"两类,成为影响乡村共同体重建过程中的非介入性和介入性因素。① 在传统的封闭的乡村,本是一个费孝通笔下有着差序格局的熟人社会。但随着现代化、城镇化进程的推进,枫村已从封闭走向开放,尤其是旅游场域的形成更是让各种异质文化随着外来者的进入而弥漫在乡村日常生活中。

枫村里的明显陌生人就是那些缺乏"共同地域"和"共同口音"的外乡人或外地人。而这一类明显的陌生人又分为介入性和非介入性两类。非介入性陌生人在村庄内停留的时间短暂,可能是一个普通过路人,也可能是走乡串户卖货的、换沙发修电器的、补锅换底磨菜刀的。这一类陌生人与村民之间的传播通常限于偶发性的,如打听人或事、问道路或者谈买卖,只是保持在就事论事的较浅层面,一般不会对枫村居民的日常生活造成深度的直接介入,加上这种人际传播持续的时间较短,一般不会导致直接的深层次矛盾。近几年,在枫村经常会有不同的,或官方或民间的团体来举行文艺联欢和送戏下基层活动,他们也属于明显的非介入性陌生人。尽管这类传播实质上具有较强的功利性,给村民们相对简单的生活平添了一抹色彩,但这些团体的成员与村民之间的交往是短暂的,事实上不可能直接介入村民的日常生活。不过,这些演出团体的到来给安稳、平静的乡村传播了一系列异质性因素,如光鲜靓丽的服饰、新潮的发型、音色各异的乐器音响等,在一定程度上强化了成年人希望自家孩子"跳出农门"、走南闯北的信念,以离开那个看似不变、能够预知一生结局的乡村世界,为离土、出村、不回村、不返农的乡村代际分别产生潜在影响。

曾经影响乡村许多年的流动货郎,早已随着市场经济大门的打开和城乡流动而销声匿迹。不过,现在经常能够碰到的就是安徽开来的补漏大军,他们开着各式微型小货车,拖家带口,风餐露宿,走乡串户,车上的小喇叭播放着高亢的流行歌曲,在环村公路上转一圈,他们凭着自己的技术辗转南北。村里很多老人看着这些人拖家带口,小小的车上锅碗瓢盆,一应俱全,也情不自禁地感叹这些讨生活的手艺人的艰辛。可感叹归感叹,几乎没有一家人招手让他们替自家修补漏水的屋顶,这不是一个施舍的时代。村里人一般都是自己动手,丰衣足食。除非超出自家人能力之

---

① 张柠:《土地的黄昏——中国乡村经验的微观权力分析》(修订版),中国人民出版社2013年版,第167—187页。

图 5-1　在枫村拍照的动漫女孩

外,不然是不会轻易花钱雇人做事的。而河南、山东翻新旧沙发的,他们一人骑一辆摩托车,车后行李箱上的小喇叭重复着那句夹杂着方言的"换沙发包沙发翻新沙发"。这倒很受村民欢迎,原来的沙发、椅子与新建的楼房不匹配,扔掉是万万不能的,换个外套,翻新一下,既经济又美观,符合当地人的传统生活惯习。这些非介入性的陌生人带给乡村的不仅仅是生活的多姿多彩,而且提供了村民与外来者进行生活对比的参照系。

在枫村,介入性陌生人的情况相对比较复杂。以是否具有血缘关系为标准,可以将他们区分为血缘性的永久介入,如招赘入门的女婿、外村嫁来的媳妇等,以及非血缘性的临时介入,如政府工作队、外来投资商和游客等。有笔者所熟悉的 Q 姓人家就在枫村作为经营性投资认购了一栋特色民居。但她自己一家三口则长年居住在恩施市区。在枫村购买的民居都是自己年迈的父母常年居住于此看家护院。无论是政府工作组,还是外来投资商,他们以其所拥有的权力资本优势或经济资本优势,对乡村共同体的同一性施加着行为介入性影响,成为推动乡村"现代化"和文化再生产的骨干力量之一。

而潜在的陌生人产生于乡土社会内部,虽然他们都生活在枫村,拥有同样的口音,但缺乏共同的经验和价值观念。这一类陌生人主要是指生活在村里的一些与传统乡村价值观念不一样的人。比如当兵复员的、务工返乡的、大学毕业赋闲在家或中学辍学的,以及极少数生性就与乡土价值观念和审美趣味格格不入的人。他们身上所具有的一些违背多数乡村居民生活惯习的异质因素，影响了乡村共同体内部的同一性，在乡村居民们看来，他们是陌生的。尤其是那些游手好闲、好逸恶劳的人，他们迷恋都市"非主流"的时尚文化，膜拜乡村社会以外的日常经验，经常遭到村里年长人的批评甚至责骂。现在通过游客带入、电视传播的外来生活经验，虽然已让村民们司空见惯，但并未习以为常。"是什么样的人做什么样的事，是什么样的命吃什么样的饭"的观念，在乡村共同体内根深蒂固。村里家长在教育子女时，常用的语言大多如此："你又读不得书，考不起学，找不到像样的工作，那不下力还能做么子？尽学着穿衣打扮赶时髦，阴阳怪气，花里胡哨的，那哪能够安心种地，不种地，不打工，你又吃么子、穿么子、用么子呢？"其实，从这种话语体系可以感受到，城乡二元对立观念根深蒂固，在乡土社会的日常生活中，始终在无意识中将乡村与城市进行比较，实际上乡土社会对异质性的排斥，并不一定是对某一具体个体的拒绝，而是对几千年所积淀而成的传统乡土秩序的忠实维护，是对那种农业社会里生产至上的朴素价值观的维护。枫村里的年轻人，大多宁可游荡在城市的街区，也不愿意主动返乡，倒是"回不去的乡村，进不去的城"的真实写照。哪怕现在枫村居民的茶园收入还可以，但毕竟春季采茶、冬季保养，这些都是体力活。

## 二 个体化的文化资本转换策略

侗族素来能歌善舞，有"音乐的民族"之美誉。在侗族的传统观念中，侗歌是用来"养心"的，因此"侗歌不仅仅是一种音乐、一种艺术样式，某种意义上，它是一种俗信文化，一种生存方式"[①]。地方政府推动再造枫村侗寨的人文景观的同时，为了更好地展示侗族民俗风情，增加当地村民的文化资本的积累，当地政府先后组织枫村部分村民到贵州侗族聚居区进行考察学习，因为南侗地区的民族文化保存比较完整，模仿南侗地区的文化习俗，能够比较真实地再现侗族风情。为此，当地还专门从被誉为"侗乡之都""南侗腹地"的贵州黎平县请来文化馆的民俗专家和老师，结合枫村的风土人情，量身打造了一台侗族大戏，教会农民艺术团的成员唱侗族大歌、吹奏芦笙曲等，同时还在当地村民普及一些侗族日常用

---

① 张泽忠等：《变迁与再地方化——广西三江独峒侗族"团寨"文化模式解析》，民族出版社2008年版，第258—259页。

语。枫村还统一制作了春秋两季的侗族服饰，供村民进行文化表演时穿戴，而且也在日常生活中作为侗族村寨展示文化身份的符号，其目的就是要重新建构一个"原真性"的侗族文化共同体。

2012 年 8 月，笔者邀请来自省城的客人 C 先生一行到枫村体验少数民族风情。我们一行在当地朋友的陪同下在村里游览完毕后，原计划到寨门口的特色美食一条街用餐后返回市区休息。但在城市丛林中生活多年的 C 先生意犹未尽，提议就在村子里面的农家乐吃饭，他觉得山村空气好，原汁原味，心旷神怡。于是朋友 G 建议我们去叮卡谷旁边的花桥人家。花桥人家的 F 姓男主人，已花甲之年，是当地有名的山歌王。他听说是省城里来的专家，对枫村的民俗文化感兴趣。于是，主动提出要再给我们当一回导游，给我们一行讲讲枫村的故事，一看时间才下午四点多，大家一致同意再在村子里走走。一路上 F 老人即兴演唱了不少当地的山民歌。从生活劳动到儿女情长，内容丰富，风格迥异。在花桥一带游览完毕，F 老人接到家里打来的手机，通知酒饭已备好，请返回用餐。当天天气好，大家想体验一把"悠然见南山"和"开轩面场圃，把酒话桑麻"的怡然自得，饭桌就摆在 F 家的农事体验场，一路陪伴我们的 F 老人兴致盎然，从里屋拿出自己珍藏的烧酒，端起酒碗，即兴唱起了祝酒歌，活跃了席间气氛，也激起大家的酒兴。在此期间他还演唱了他自编的"十劝歌"，还特别自豪地说这是他的专利，"享有独家版权"。朋友们在 F 的激情感召下，一边吃着喝着，一边和着，酒兴浓处，有客人提出要与 F 的儿媳妇对唱现学来的恩施山民歌《六口茶》。在大家突然忘词接不上时，都是 F 补台，声情并茂。不知不觉中一餐饭竟吃了两个多小时，大家都已醉意朦胧。据知情人介绍，F 老人对枫村贡献很大，他是一个老党员，在建寨之初，为了调动村民们的积极性，消除大家的顾虑，支持政府和"村两委"的工作，他带着大家一起种茶叶、修路，一心想枫村生活好起来，乡邻们对他的口碑都不错，也都称他是"有板眼儿"（笔者注：很了不起的意思）的人。

当然，在我们同他交流时，他也发了几句牢骚："上边一些人时不时就来采访他，一搞几个小时，搞完哒屁股一拍就走哒，白白浪费我这么长的时间，我一天到黑，忙得不得了，哪个天天有时间陪他们瞎扯哟，真是划不来。"笔者在调研时，曾经请他当过报告人，耽误了他许多时间，恰好下午看见他家儿子刚从茶园采回的新鲜茶叶，品质上乘，他儿子手工现炒后，我直接买了下来，也算是对老人家做报告人的补偿。老F很高兴，还盛情邀请我留下来。在他看来，政府在枫村打造侗族风情寨，能够让大家走上富裕之路，这是一件大好事。所以他积极响应，带头修路、种茶，并拿出多年积蓄，开办农家乐。用他自己的话说，就是"这里不搞风情寨，哪有我们农家乐"。

从F这里，我们可以看到，他能够在乡村文化传播场域里，充分利用自己所拥有的文化资本，即侗寨文化资源和自身的民间艺术资源，在同外来者的社会互动过程中，他善于将自己从场域内被凝视的位置转换角色，进行反向凝视，掌握传播主动权。并且他能够根据不同的传播对象，主动展示自己的文化资本，采取不同的话语策略，吸引对方注意自己的文化资本价值，从而增加资本转换的可能性，在文化传播场域内获取新的社会位置，实现其文化资本向经济资本的转换，也就是文化传播与物质交易的联动。在文化资本的转换过程中，处于枫村核心区域的村民的文化自觉也逐渐养成，乡村共同体的归属感也得到增强。但这种资本转换并不是随时都能够达成，不仅F遇到过这样的情况，其他经营农家乐的村民也遇到过：

> 不要以为城里人的生活就有多好，穷的人比我们农村人还难些，至少我们有田有土可以填饱肚子，城里人下岗了，没得田没得土，么子都要用钱买，那个日子才叫扎实（笔者注：困难）。你以为来玩的就都是有钱人啊，不见得，四十块钱一人的农家乐他还嫌贵哒，就买一碗方便面泡来吃，你说他有钱还是没钱，就是啬巴（即"吝啬"的意思）得很。

村民们发现，有一部分城里人来此就是"洗肺"而不是"消费"，这种行为超出了村民的预期，一旦发生，他们多少会产生一些不适应甚至不屑，文化冲突就产生了。可见，在外来者凝视的文化作用力和经济作用力之下，枫村正在重拾文化诠释的主动权，开始倾向于在"他者凝视"中展示被重构的乡村文化，不断进行着传统文化的再生产。更有趣的是，被游客、旅游公司和政府官员以"没有文化"而排斥于体制之外的原住村民，正在以文化资本作为他们进行"生活抵抗"的筹码。

## 三 文化展演的资本交换逻辑

每逢春暖花开的季节，正是旅游踏青的好时候，也是枫村的休闲旅游旺季。尤其清明、"五一"和"十一"小长假，是外来游客最多的时候。久居城市钢筋水泥丛林中的都市人，近年来纷纷转变了闲暇消费观念，钟情于乡村休闲游。用游客 Z 先生的形象表达，就是"出门花钱图个心情，现在哪是去散心，那是成心找烦恼。不是看风景，是去看人，就像有句诗是怎么说的？好像就是：你在看风景，看风景的人在看你，你已成为别人的一道风景。我们不去给首都添堵，不去给上海添乱，我们就留在家乡做贡献，到农村来看一看、走一走，亲近大自然，呼吸新鲜空气比么子都好"。正是这种旅游消费形式的变化——体验属于他人的生活而又与自我息息相关的不同事物，这种"后现代旅游"观念催生了"可参观性"的文化经济，让拥有丰富生态资源、文化资源的恩施地方政府努力抓住新的经济增长点，主动开发各民族特色村寨和古村落的文化资源，以满足城里人对差异的追求，促进地方增收，农民致富。

枫村就是在这种"可参观性的生产"背景下被建构起来的。其中，"可参观性"成为规划乡村空间的一项关键原则，各种空间被生产或被转化，积极召唤或吸引游客的注意力。自 2007 年开寨以来，枫村的旅游收入不断增长。2012 年，共接待游客 28 万人次，旅游综合收入突破 800 万元，形成了集山水旅游、田园观光、文化娱乐、农事体验、侗家餐饮于一体的乡村旅游产业链。干部 H 算了一笔账：

> 枫村有茶叶面积 300 多亩，平均每亩能产鲜茶 125 公斤左右，以现行销售市价计算，每亩收入有五六千元，可以增加收入最少 150 万元。整个高拱桥有 7000 多亩有机茶园，光买鲜茶就有 3000 万元的收入。加上农家乐，有的村民一年纯收入有八九十万元。

据报道，2014 年恩施旅游开启"中国旅游新发现·恩施洗肺之旅"，仅 4 月 7 日这一天，枫村就接待游客 5400 人，收入 32.4 万元。[①] 对于

---

① 《中国旅游新发现·恩施洗肺之旅》，2014 年 4 月 17 日，恩施旅游网（http://www.estour.gov.cn/news/lvyouxinwen/2014/47/14472347568J8KAG286I3EAA01661H.shtml）。

图 5-2　踩歌堂的枫村农民艺术团演出

这种发展模式，当地媒体用了一个高端、大气、上档次的概念，称其为恩施休闲旅游的"枫村速度"。享受了枫村社区重建甜头的村民，对目前这种文化发展模式普遍肯定。谈起枫村变化的前前后后，71 岁的 FDX 说："过去出门刺就挂脑壳的样子没得哒，这几年的变化太大了！往常到街上买点盐都要捏捏掐掐（笔者注：日子过得紧张，需要精打细算的意思），现在都在赶时髦、买名牌。家用电器样样有，手机就是不中用的老年人和小娃儿没得哒，你看我这把年纪哒都配上了老人机，要是没赶上好政策，那我们现在天天真的都要抠脑壳哟……"尽管 FDX 说得有些夸张，但对枫村生活的今昔对比倒是贴切，能够感受到村民们从乡村文化再造中获得的经济资本改变了他们在文化传播场域里的惯习。

为了吸引更多的外来投资者和旅游者，提升枫村文化吸引力，增强媒体关注度，通过学习贵州侗区保留下来的传统文化，枫村村民先后组建起自己的农民艺术团、芦笙队、琵琶队，能够在舞台上比较完整地向外来者展示当地的风土人情。由 53 位村民组成的枫村"农民艺术团"是恩施第一个农民艺术团，成员最小的 8 岁，最年长的 74 岁。经过 4 个多月的艰苦培训，打造了一台《欢迎您到侗乡来》的传统歌舞。平时大家各自下地劳作，若有需要，立即从田间地头赶回家里，换上统一制作的民族传播服饰就是演员，从村子里的四面八方赶往"踩歌堂"，为游客表演"原汁原味"的侗戏、大歌。每当旅游旺季或者有贵宾到来之时，村里还专门举行隆重的入寨仪式——唱拦路歌、喝拦路酒、献侗带、抬官人等活动。

从"他处"移植到"此地"的侗族传统文化空间得以建构，在意义和价值强加于特定场所的背景下，枫村文化共同体的民族文化身份特征也随着时间的流逝被渐渐凝固在再造的物质结构和文化空间中，成为"会说话的环境"和"可读的文化"，传递着枫村文化信息。此时的乡村当然功能也更加多元化，日益成为消费空间，而不再只是农业生产空间，乡村被消费是通过文化商品化来实现的。

**图5-3 村民前往踩歌堂为游客表演节目**

与所有乡村民俗旅游地一样，文化展演是枫村最有代表性的乡村文化商品化表征，是文化再生产的显性表达，也是人际传播网络中一种重要的、特殊的人际互动和文化传播形式。其目的就是想让外来的客人觉得有能力参与其中，从而在参观者和被展示的文化间搭起一座沟通的桥梁。透过这种传播形式，不仅为游客、消费者提供了某种文化表达，这些表达也同样面向其文化被展示的人群和乡村共同体。在文化展示空间所进行的双向互动式的文化传播，乡村共同体的成员可以确保其可能丢失的文化传统在发明或者创新中得以延续。但是，游客在带来大量异质文化信息的同时，也会影响乡村共同体成员的价值观重建、生活方式改变和文化习俗的自我调适。在乡村共同体的成员发现自身文化的经济和社会价值的同时，文化展示也从玻璃柜台中走出来。追求体验的旅游传播将参观者带入环境之中，不管这种环境是真实的还是虚拟的，不可避免地会影响"被凝视者"重新看待自己的文化以及从中获利的方式，也就是乡村的文化资本向经济资本转移的方式。

2012年国庆期间，笔者赶上了一场枫村农民艺术团在戏楼的"踩歌堂"为客人表演侗族歌舞。当时市区内一家民营企业组织员工到枫村游玩，因为错过了固定时间段的民俗表演，企业负责人特地给当地政府官员打了招呼，希望能够专门进行一场演出。虽说当天艺术团表演的节目相对比较简单，表演也显得不是非常专业，但笔者还是有机会观察到了枫村"传统文化"的"真实"再现以及村里如何将传统艺术进行商业化运作的过程。这一次表演虽然是应外来客人和地方政府的要求而进行的，但也不是义务演出，而是要视情况收费的。表演队员是村里的农民艺术团成员，都经过培训。但都是属于临时召集，在旅游旺季，遇上客人比较多的情况时，每天都会从家里换上民族表演服装，按时来到戏楼前集合，定时表演。表演结束，脱下演出服，自行散去，继续着自己原来做的事情。表演的内容是请专业人士精心编排的民族舞蹈和山民歌、侗族大歌。也许是当时只有20多名观众，客人不多，兴致不高又缺少回应的缘故，所以艺术团的演出者并不十分投入，而客人也并没有表现出特别浓厚的观看兴趣。在表演完侗族大歌后，有几位观众就有点坐不住了，低声抱怨希望快点演完，他们好去吃饭，有的甚至直接起身走到茶园边赏景闲聊了。于是表演队走过场似的把节目演了一通，也没有像往常一样，邀请观众上台参加互动的娱乐节目，与农民演员一起体验民族传统歌舞的魅力。在整个表演过程中，笔者没有看到观众对农民艺术团的文化表演表现出节目策划者所"想象的"那种兴趣。之后，笔者访问了其中一位起身离开的 Y 先生：

问："您不是第一次来这里吧？"
答："是第一次来，公司组织的。"
问："以前看过今天这样的表演？"
答："这里的演出肯定没看过嘛，不过其他地方的我是真的看过到的。"
问："那您觉得这里的演出怎么样？"
答："不怎么样，同我想象的差得远了一点。我到过贵州、广西和湖南的一些地方，人家也是民族村寨，也打的是民族文化牌。我觉得人家的侗族村寨好像更名副其实一些，吊脚楼是成片成片的，保护得好完整，真的是原生态的。这里的好像还是缺了那么一点么子东西，我也说不上来，反正就是一种感觉，少了那么一点点味道。不过，听来过的朋友介绍过，说这里的饭还是真的搞得好吃。"

从 Y 先生的话语间，可以体会到他对枫村的刻板印象——"这里的饭还是真的搞得好吃"，猎奇心态——"同我想象的差得远了"和对族群形象的刻板印象——"真的是原生态的"。这种选择性的符号消费及其话语背后体现出外来者的凝视话语里其实包含着一种"内部东方主义"①（Internal Orientalism）态度。

图 5-4 枫村农民艺术团在表演

在乡村的旅游传播情景中，形成规模的游客携带着大量的信息随着人的流动而传播，成为信息传播的一股潮流。人的移动带动了信息的流动。

---

① L. Schein, *Gender and Internal Orientalism in China*, Modern China, Vol. 23, No. 1, 1997, pp. 69-98. 内部东方主义是美国当代人类学者路易莎·沙因（Louisa Schein）提出的一个分析概念，她认为中国在 20 世纪 50—70 年代经历了反"右"运动和十年"文化大革命"后，很多传统文化因素失落。面对西方文化的冲击，中国人有了身份认同危机，于是人们希望找回传统来证明自己，在此过程中，人们把目光转向保留着更传统的中国文化的少数民族，把这些文化当作现存文化的真实来源，通过对少数民族形象进行想象和建构，以取得自我认同。这就是所谓东方内部的东方主义，即沙因所说的东方人里也有把不同的东方人看作一种"落后"的"他者"。

人成为信息与媒介的集合体,既是信息来源,又是信息的物质载体。① 实际上,枫村戏楼里的侗族文化表演是地方政府花了相当大的功夫,村级组织和当地村民也付出了很多努力,主要是想让枫村更具有侗族传统文化特色,以实现文化搭台、经济唱戏的资本转换目标。其实同时也吸引了那些被展示的人的"自我凝视"(self-gaze),但在旅游传播的主客交往过程中,这种借助于旅游符号的交往并未达成有效的互动。村民想要在展示中发现他们自己,游客只是简单地期待对他者的一种固有印象的反映,这就引起了一部分游客对脱离乡村日常生活秩序的"舞台化真实"产生一种"底色文化回应"② 现象。

当然,在乡村文化传播场域的凝视行动中,"东道主"和游客之间的不平等关系也时有体现。游客作为乡村生活的旁观者,他们的凝视背后隐藏着"旁观者的知识观",他们比那些被凝视的人更具有流动性,并占有更多资本。因而对拥有文化资本的枫村而言,他者的眼光也就在某种意义上成为高低、好坏的评判标准。现在,枫村农民艺术团的表演在原来的基础上有了许多创新,增添了一些新的形式和内容,可观赏性和互动性更强,更能够吸引游客驻足观看。在调研中,报告人F告诉我:"尝到了甜头后,大家也愿意每天抽空来给游客表演节目,主动学习侗族传统文化技能的人也慢慢多了起来。就是看准了这个城里人的新时尚,村里人的钱袋子。"显然,乡村社区在向外来者展示文化的时候,不仅瞄准的是游客的经济资本,而且还希望获得外来投资商者和游客的社会资本,企图通过外来者的体验式传播,将枫村的文化资本转换成经济资本和社会资本,形成乡村共同体的良性发展机制。

## 四 在凝视中重构乡村空间

乡村是一个空间地域系统,与城市相互影响、相互依赖,城市化进程中必然伴随着乡村的空间重构。乡村社区变迁的动力一方面来自城市化的

---

① 顾雪松:《旅游传播与少数民族乡村的变迁——对西江千户苗寨的多维度研究》,中国书籍出版社2013年版,第48—49页。

② 赵建国等:《旅游传播论》,中国社会科学出版社2011年版,第23页。所谓"底色文化回应"是指遇到任何文化表现,观察者总是与自己的母文化相比较,观察者自己的母文化是审视、置放和接受所遇文化表现的背景和底色。这是旅游中一再出现的现象。

扩散，另一方面源自乡村内部的各种动力，受到当地自然、经济、基础设施和社会等多种因素的影响。左晓斯认为，乡村居民日常实践、体验及形塑独特景观的方式应当成为研究乡村重构与景观变迁关系的出发点。① 在枫村社区重建背景下，外来者在社区重建中的作用尤为突出和关键。在乡村传播场域，不仅作为凝视客体的整个乡村日常实践已经成为乡村社区的文化表征，向外来者传播乡村共同体的文化信息，生产着意义，而且作为凝视主体的外来者本身也已经被客体化，成为乡村日常实践的被凝视对象。在外来者将乡村模式化的同时，当地人也已经将外来者模式化。在这种互为"他者"的传播实践中，乡村共同体的社会文化得以再生产。其中，游客的摄影行为被当作引起凝视对象社会变化的外力之一。② 近年来，由于前往枫村休闲的人数大量增加，这一部分经济资本的行动者已由乡村景观再造和文化再生产中相对被动和微弱的干扰力量，开始转变成影响乡村经济、文化、环境乃至政治变迁的重要元素。他们不由自主地利用着自身的消费实践的冲击力不断改变着村民的生活模式和惯习，重新结构化了乡村社会的日常生活结构。

自从枫村开寨以来，一直受到摄影爱好者的追捧，甚至成为城里一些婚纱照相馆的外景地。围绕枫村举行过很多主题摄影比赛，有官方的，也有民间的。如"林业杯"生态恩施有奖摄影大赛、"大美恩施"网络摄影大赛、"森林城市杯"摄影大赛等。一些摄影爱好者也经常自发组织起来，在枫村采风，相互交流经验，评选优秀作品。有的还上网撰写游记，把拍得好的照片传至网络，如新恩施论坛、清江社区、恩施摄影论坛、中国数码摄影家协会的摄影论坛等。这些"色友"③ 在乡村传播场域中的摄影实践是一种典型的凝视，也是一种典型的文化传播。旅游与摄影本是一对孪生兄弟，无论是大众传媒，还是人际传播，抑或网络传播，所谓"最佳旅游摄影线路"一直成为旅游目的地最好的广告营销词。在"色友"走南闯北的挖掘下，很多在地图上名不见经传的地方被发现，一个

---

① 左晓斯等：《城乡移民与乡村重构》，《广东社会科学》2011年第6期。
② 刘丹萍：《元阳哈尼梯田旅游地发育过程研究：在凝视与被凝视之间》，博士学位论文，中山大学，2005年。
③ "色友"是网络流行语，指摄影爱好者之间的称呼，因为有共同爱好，以摄影结友，取"摄"之谐音"色"，故戏称为色友。

新兴的旅游胜地也随之开始发育并逐渐被世人所了解。

笔者在 2010 年 5 月和 2013 年 4 月，先后两次对枫村的游客进行过调查，发现恩施本地游客中近七成是通过熟人介绍知道枫村。而恩施州外的人了解枫村主要通过三种渠道：一是电视报道，二是旅行社推介，三是自己通过网络资源获取。笔者从来自石家庄的十几位老年游客那里了解到：她们都是退休干部，每年都要外出旅游两次，都是自己在网上查，想到哪去就查那里的资料。枫村的美景就是在网上查恩施资料时发现的，于是大家伙商量就决定到此一游，她们说感觉还真不错。由此可见，摄影和图片对于乡村文化再生产和社区重建具有重要影响，是乡村旅游目的地形成和发展的强有力的媒介。

在枫村调研期间，笔者经常见到有摄影爱好者挎着不同型号的相机，在枫村体验生活，寻找创作灵感。在这种摄影者的凝视中，枫村人也逐渐习惯在日常生活中穿着侗族传统服装，也愿意成为这些摄影爱好者镜头中的义务"模特"。笔者曾与经常来枫村采风的 WRQ、SXH、HXG 等专业摄影者请教过摄影技术，也从他们那里了解到他们对于枫村文化景观的理解。HXG 告诉笔者：

> 枫村这几年在打造侗族文化风情寨上确实还是下了很大功夫，但还没有做足文章。你比如说，虽然重建了侗族风雨桥、鼓楼、萨岁祠，搭建了戏楼，统一了民居的建筑风格，每天也进行传统文化表演，但还缺少一点侗族日常生活中的原生态特色，也就是说村里人的日常生活还不是按侗族人的模式在进行，重大节庆不像真的侗族人那样举行一些庆祝活动，所以缺点味。一般人可能都不知道这里是政府造的一个侗寨，外地人只要看到一些侗族的特色就以为真的是侗寨，其实这是政府发展乡村旅游，打的民族概念牌。不过我们还是愿意为宣传这里做力所能及的一些事，毕竟这对发展当地的经济有帮助，对改善老百姓的生活有帮助。所以我们经常约几个朋友，来这里拍点片片，发到网上，扩大影响。政府有时也把我们拍得好的照片拿过去，印在一些宣传册上搞宣传。我们有时也同一些政府里工作的朋友谈论过，觉得应该把日常生活中的民族文化元素重视起来，不仅仅是外在的一些东西，光靠点建筑风格不是长久之计，还是要把这个地方搞得像个真正的侗族村。我觉得这可能对保护民族文化更有效果。

HXG 作为一个比较了解枫村的外来者，他对枫村文化发展的认识是相当深刻的。意识到了外在的符号表征与内在的文化心理养成并重对于少数民族乡村文化可持续发展的重要性。他们的凝视行为有助于推动枫村社区形象的塑造。摄影是游客凝视的有形化、具体化，是一种被社会建构的观看方式、记录方式和传播方式。他们的凝视不仅介入了文本的生产过程，也介入了与他人的社会互动，也正是在这一过程中，他们把自我塑造成为了具有特定社会意义的个体，间接地凝聚了枫村文化共同体的社区认同意识，再生产了乡村文化。

游客凝视对乡村生活原真性的追求，是乡村社区重建的重要参照系。在枫村共同体重建过程中，为了使村庄经济获取持续发展壮大的机会，在地方政府的指导下，着力打造的民俗风情寨自然把市场作为第一导向，以满足城市消费者的需求为经营原则。因此，枫村的生活休闲环境和人文景观的建构，都是倾向于迎合城市游客的既有想象。然而，外来游客对枫村的想象，除了亲朋好友的描述之外，更多的是从电视、报刊等大众传媒中获得，是一种"被中介化的经验"，也正是这种被中介化的想象刺激着城里人的对乡村的消费欲望。乡村为了成为外来者的"凝视"目标，在乡村空间重构中刻意迎合外来者的乡村想象，按他们框定的方式来确定自己的文化身份，进行乡村文化的再生产。旅游投资者和规划者根据与特定地区相关的"原真性"地方文化的需求创造出了凝视的"前台"与"后台"，而游客凝视就被限制在前台区域的"舞台化真实"和对外展示的文化空间——乡村景观，在这里，我们可以看到空间的社会生产塑造了"乡村社区重建的政治学"。

其中，旅游摄影这种特殊的文化传播实践是乡村社区景观再造和文化空间再生产的重要中介。为了成为文化传播的舞台，乡村空间必须体现一定的社会文化意义。空间的社会文化意义不但体现着国家制度层面和地方社会结构中的价值体系，而且反映出社会关系的联结与再生产。当空间发生重构的时候，社会也随之变迁。"空间本身是排他性的，一个主体只能占据一个空间，其他主体想占据同一空间，必然会发生社会互动。空间也因其占用者而具有了社会性。"[①] 在空间的占用和支配过程中，权力无疑

---

① 叶涯剑：《空间重构的社会学解释：黔灵山的历程与言说》，中国社会科学出版社 2013 年版，第 61 页。

图 5-5 摄影爱好者在枫村采风

是空间实践的核心，具有举足轻重的作用。因为"空间不但在进行社会生产，同时也在进行历史传承。空间首先是权力运作的物理性场所，置于其中的行动主体通过社会联结与互动而产生新的社会关系，这种社会关系通过在空间上的映射而对空间进行了重新塑造和再生产。空间的隐喻则通过社会集体实践、记忆、传承与创造而结构化"①。所以乡村空间生产的目的是进行文化展示，而文化展示又是乡村传播策略的关键之处，致力于向外来者表达可读的文化。在枫村，文化的可读性就意味着执行经过设计的传播策略，也就是将其刻画在茶园、鼓楼、花桥、民居上，镌刻在行步道两旁的栏板上。显然，"对于空间的控制是日常生活中一种根本的和普遍的社会力量资源"，权力关系总是暗含于空间和时间的实践之中。②这种隐含的权力意识形态控制着乡村的选择性记忆，建构起主导性的记忆内容，或许可以把这种乡村文化景观再造策略看作一种由政府推动的"社会主义乡村美学"。这些具有现代性的公共空间现在已与村民融为一体，在村民的情感、信息交流及社区认同方面发挥着重要作用。从这个意义上讲，乡村文化传播场域内的乡村环境本身就已经成为一个巨大的泛传播设施，有明确的连接点、路径、地标、边缘和有特色的区域——使人们能够

---

① 周如南：《都市冒险主义下的社会空间生产：凉山地区彝族人口的城市流动及其后果》，《开放时代》2013 年第 4 期。
② ［美］戴维·哈维：《后现代的状况：对文化变迁之缘起的探究》，阎嘉译，商务印书馆 2013 年版，第 281—282 页。

看到复杂事物的相关性。但是，正如左晓斯等人所认为的，"地方社区生活及其与景观的整合常常正是营销形象和乡村旅游产品品牌化的基本组成部分"，因此，避免使地方吸引力根植于其中的生活方式和生活生产环境遭到破坏就显得十分重要。然而，对于可持续的乡村传统田园诗形象的现实化、外在化及商品化的需求，远甚于对乡村空间身份的渴望和表达。①

### 五 关系的发展——乡村内部的往来与馈赠

对于我们很多人而言，没有什么比与他人保持或建立良好的、有意义的联系更重要的了，一份人际关系就是一种有意义的联系。在农村，邻里这一狭小的空间内浓缩了居住、休闲、劳动、经济合作、利益分配、社会交往等众多功能，② 村民之间通过日常生活中的打招呼、聊天、说闲话甚至骂街等看似肤浅的人际传播形式，发挥着积极的社会功能，生成了乡村的内生秩序，促进了人际关系的和谐。转型期的中国农村的日常生活发生了诸多实质性的变化，但大部分人都对居住空间有强烈的归属感，共饮一河水，同住一个村，彼此之间的亲密程度在频繁的日常交往中不断增加，尽管"我属于哪个村、哪个组"的意识比较强烈，但在日常交往中似乎他们又不是特别在意。正是这种比较稳定的地缘关系决定了乡村本身还是一个熟人社会，人与人之间有着相对较强的依赖性，村民之间人际交往频繁，与城市社区相对发达的大众传播相比，乡村无疑具有特别发达的人际传播。

在中国的传统伦理文化中，亲缘关系被视为一种天然的道德义务。在乡村居民眼里，亲缘关系远比地缘关系重要得多，但是"远亲不如近邻"又说明了乡土社会日常生活中对邻里关系的倚重。枫村这个由邻里关系所组成的相对狭小的空间，不仅是个人成长的自然空间，也是个人生存的社会生活共同体，是社区整合的基础。同处于一个共同的生活环境中，生活经验也带有普遍性和共同性，彼此之间相互了解和熟悉，对于发生在邻里间的事情，村里人尤其关注，无论是隔壁人家为家居生活中的鸡毛蒜皮之

---

① 左晓斯：《可持续乡村旅游研究——基于社会建构论的视角》，社会科学文献出版社2010年版，第89页。
② 桂勇：《城市"社区"是否可能——关于农村邻里空间与城市邻里空间的比较分析》，《贵州师范大学学报》（社会科学版）2005年第6期。

类事情的争吵，还是村里的土地延包、集体利益分红问题，都会吸引左邻右舍的关注，成为茶余饭后的谈资。因此，无论是过去还是现在，作为社会关系网中的一个分支，邻里关系是村庄所有村民共有的特征和基本的社会关系，有其独有的重要地位。邻里关系的深化推动着乡村熟人社会的深化，村民的集体认同感和自我认同感也随之增强，形成了较强的社区凝聚力。

在以前交通不方便、信息不发达的时候，村民之间的交往大多局限于村庄及周边非常有限的范围之内，偶尔前往芭蕉集镇赶乡场或进恩施城也是有事情不得已而为之。从村子里上了年纪的几位老人那里了解到，他们多数时间只在村庄内活动，参与人际传播的对象和范围也相对固定，他们的关系圈主要建立在亲缘关系、地缘关系上，人际交往也多局限于亲缘性和地缘性交往。一方面是经济上不宽裕，不容自己拓展关系；另一方面是在他们的世界里，自己的"先赋性"① 关系是稳定可靠的，"有什么事，给几个老伙计支呼一声，大家有钱出钱，有力出力，用不着把自家的生活与外界搅和在一起"。可现在村庄的情况大不一样，柏油马路都通到家门口了，家里的电话装了，手机有了，电视有了，而且钱也有了，日子自然比从前逍遥自在多了，大家在一起谈话的内容也更多了。在调研中，总能听到村里老人们说"自己赶上了好时候，趁身板还硬朗，可以出去见见世面，开开眼界，还要多享几年福"之类的话，他们也主动与村里的陌生人套近乎，拉关系。71岁的H老人以前除了"逢场日"② 走到芭蕉集镇上赶过场，一般都不轻易出门。他对枫村现在的发展是赞不绝口，连连称道国家的政策好，而且渴望自己的村子能够被外界更多地关注。"没客人不自在，希望客人到寨里来得越多越好，说明我们寨的影响大，这样我们的收入也就更高嘛。"而且他还特别强调："往常来搞调查的人都还专

---

① "先赋性"是区分不同类型的社会资本获得方式时使用的概念。先赋性社会资本是与生俱来的，也称为先天性社会资本或者原始性社会资本，与习得性资本相对。在农村，这种先赋性关系主要指的是通过家庭、家族、宗族、邻里和村落等初级群体所提供的原始性的社会资本或建立起来的社会关系网络。

② 逢场日既是计划经济的产物，也是乡镇的一种传统，毗邻的集镇开市的日子一般都是错开的，这里是逢农历尾数为一、四、七的日子赶场，那里就是逢二、五、八，下一个就是三、六、九为开市日。农村一般都叫"赶场日"，每逢这几天，村民们都会吆喝着到镇上进行买卖活动。

门请他唱山歌，还录像了的！"得意之情溢于言表，当然他表示"山歌肯定不是白唱的"，这是需要支付一定报酬的。

邻里间的人际交往大多发生在白天。在没通电以前，更是如此。因为山村的夜晚十分黑暗，加上崎岖的羊肠小道，相互串门不太方便，自然妨碍了邻里交往的发生频率。通电之后，邻里交往比以往有所增加，大家在一起聊聊生产，拉拉家常。后来，有门路、有"板眼"的村民买了电视机，这对20世纪80年代的少数民族地区农村家庭而言，当时能够买上一台黑白电视机那就是很了不起的奢侈品，电视机在使用之前就已经突破自身的物质性和技术性而被符号化了。在当时能够拥有电视机的这户人家自然也就成为村庄社会交往空间的中心，关系要好的邻里一家大小都会准时来观看电视，一起与电视剧的主人公同悲欢，一般都会看到电视机屏幕上出现了"雪花点"，这时大家尽管意犹未尽也只得相互道别，各自返家。一旦哪天有人落下一集，一定会在第二天让邻居详细复述一下剧情方才心甘。此种场景的电视把村民之间联系得更为紧密。不过，一旦伤及自尊的时候，这种特殊的黏合剂也会失灵。老F就对我讲述过村子里曾经发生的因小孩看电视起争执而引发双方家长发生激烈争吵的冲突事件：起因就是H家的孩子到M家看电视，小孩天性顽皮，都想争着看自己想看的节目，但M家的小孩不同意，于是起了争执，M家的小孩子就说了一句大概就是有"欺穷"意思的话，H家小孩自尊心受伤害，回家告诉了其母亲。第二天，两家女主人在一起说这事的时候话不投机，可能M有些护短，说了一些尖酸刻薄的话，于是引发了两家激烈的骂街事件。这次冲突事件之后，两家很长一段时间互不来往。在20世纪90年代以后，村民们的经济条件有所改善，许多家庭添置了电视机，每到晚上一家人围坐在电视机前，一边吃饭一边看电视一边拉家常和安排第二天的农事，自然串门也相对少了许多。现在，开办农家乐的村民必须得等到客人全部离开，收拾完毕后才能吃上饭。因而，遇到生意火热的时候，一天下来，已经累得精疲力竭，虽然很累，但他们都是笑着在抱怨，心里偷着乐。遇到客人少或者茶园农事不是很忙的时候，邻居间也会站在大门口，闲谈一会，但时间一般都不会太久。农闲时节，天气很好，女人们就从家里搬个板凳，坐在场坝里嗑瓜子聊天，手里头一边做着十字绣，一边和邻里东家长西家短地谈闲话。聊天的内容自然总是离不开村庄日常生活，诸如张家今年的茶园收成怎么样，李家餐馆的生意如何，冯家的孩子学习有长进，马家的媳妇很能干……在枫村，村民之间偶尔也会因为田边地角问题发生一些争吵，在驻村干部的调解下往往也是大事化小、小事化了，不会因为鸡毛蒜皮的事情而发展到双方"道路以目"，老死不相往来。毕竟都在一个村庄生活了几十年，地缘关系在很多时候超越了亲缘关系，血缘关系再亲，如果疏远了就不如"低头不见抬头见"的邻居。况且，乡村熟人社会决定了邻里之间多少都会沾亲带故，呈现出复杂的关系结构。

在村里没有实行田改土种茶树时，大家种田的积极性不高，外出务工的村民比较多，村庄空心化现象比较严重，青壮年劳动力缺乏，互助行动成为村民生活中的重要组成部分。即使当时在劳动力缺乏的情况下，人情作为乡村基本的道德规范，还是村民之间相互交往所遵循的一个最重要的准则和依据。人情关系的传播中同时也可以传播"关心"和"照顾"，具体包括走亲访友、送礼还情、请客、结亲、帮工等。村民之间的人际互动富于情感化，邻里之间互通有无、守望相助，整个村庄弥漫着浓厚的人情互惠之风，这也是中国传统乡村社会的整体写照。遇到农忙时节，李家人手不够，张家腾出人来搭把手，在一起吃顿饭喝碗酒，一般也不讲什么报酬。下一次轮到张家忙不过来，李家自然也会主动来帮忙，大家称之为换工。作为待人接物的行为规范，乡村里的人情往来是至关重要的，家家都有一本或明或隐的"人情账"。这里的人情不仅仅是礼尚往来的"随礼"，也还有相互之间不计报酬的"换工"等非物质性的交换。相互帮衬是常见的现象，以弥补人力资本不足，体现出乡村内部人际交往的互助性，人与人之间保持着亲密的交往关系。在乡村社会的人际传播中，人情的意义、价值和作用都大于理、重于理、超越理，是一个道义共同体。所以林语堂才会说，中国人是把"人情"放在"道理"的上面。①

在枫村，乡村社区内的日常传播看似习以为常，司空见惯，却有着难以觉察的深刻之处，既遵循一定的乡土逻辑，又折射出乡村共同体内共有的价值观。村庄里"人情的运作期待不是直接利益最大化，而是互惠的最优化，即里面有很多非（直接）利益上的考虑"②，这其实更多的是一

---

① 林语堂：《吾国与吾民》，陕西师范大学出版社 2002 年版，第 74 页。
② 翟学伟：《人情、面子与权力的再生产——情理社会中的社会交换方式》，《社会学研究》2004 年第 5 期。

种互惠与回报。正是对这种共同价值观的认同和理解赋予了人们判断对错的标准,维系着乡村共同体的人际关系、规范着乡村共同体的秩序,从而实现了群体团结。笔者在调研期间,每在一家做完调查和访谈,为表示感谢,也对耽误他的劳动表示歉意,都会送上"一支中性笔、一块橡皮擦、一盒改正贴、一个彩色笔记本、一支荧光笔"① 作为小礼物,当然同时也是为了迅速建立起良好的关系,让自己成为这个"熟人社会"里的一个"熟悉的人"而被村民接受。每当我离开时送给他们小礼物的时候,乡亲们都异常高兴。从他们的举止,笔者能够觉察到小礼物已出乎他们的意料。纯朴的乡亲们打心眼里就从未曾想过,在接受笔者的访问后还要从笔者这里得到一些"回报"作为误工的补偿。他们根本就没有把我同他们的交流看作是一种社会交换,需要通过所谓的一报还一报,即"礼物的流动"② 来达成关系的建立和维系。但田野调查中的这种交换毫无疑问会影响村民与外来者的交往策略。

  当然,一个乡村要发展,物质或经济交往关系还是应该存在的。这是由于每个人内心深处都有作为"经济人"互惠理性的一面,所以人与人之间的往来关系不能单靠人情来维系,它同时必须依靠可以计算的媒介来衡量。③ 尤其是农村走向市场化、城镇化以后,农村人际交往中的"经济人理性"不断增强,人际传播与经济利益挂上了钩,关系的发展变得越来越理性化,乡村也就越来越走向"半熟人社会"。随着枫村茶叶种植和加工业、旅游餐饮业的兴起,村民在处理人情交往和经济交换关系方面已经与市场紧密联系在一起,在处理一些大事情或耗时耗力耗物比较多的事情上,为他人提供帮助时就不再是不计报酬的劳动力交换了。虽然开办的农家乐请的是自己的亲戚朋友或者邻居来帮忙,经营者的"经济人"理性决定了亲戚朋友间的帮忙不可能回到从前的那种互帮互助不索报酬的帮工或换工时代,而是需要按月支付工资,像在城里打工一样,需要双方事先议定价格,按时上下班,回归市场理性。有的人家

---

  ①  这些礼物都是在调研前由笔者的女儿在文化用品专卖店,特意一件一件地精心挑选出来的,她说要保证每一件礼品都不雷同而且实用、美观、精致、大方,这样村民家里的小孩子们都会喜欢。

  ②  阎云翔:《礼物的流动:一个中国村庄中的互惠原则与社会网络》,上海人民出版社2000年版。

  ③  牛喜霞:《农村土地交易中社会资本运作研究》,博士学位论文,上海大学,2005年。

茶园面积比较大，一个工、两个工是帮不完的，这时候主人家会主动提出多少钱一天请临工，而且主人家还会好吃好喝招待请来的临时工，主顾双方都认为这是理所当然而且是必需的。其实，即使这种带有市场理性的社会交换在乡村这个情理社会，仍然摆脱不了人情和面子的成分。有的人家的为人处事在村里口碑不佳，即使出的工价比其他人家高，一般也不会有人愿意主动去给这种人家帮忙。这就是乡村社会人际交往的质朴之处。尽管现在市场经济的资本转换逻辑在乡村盛行，但多数时候还是按人情与面子的法则来决定市场行为策略，把人情关系与市场理性融合在一起，即使看在交往中考虑物质利益，但也讲究关系的远近，把道德、理性和情感原则统一在了乡村内部的人际传播之中。表面上看，这种经济交往似乎就是一种简单的金钱往来，就是一种工具性的交往关系。其实不然，在乡村社会，这种行动策略背后体现的文化内涵博大精深，与现代契约社会的工具性交往关系有着天壤之别，这种交往不仅是工具性的，它也是一种情感性的、道义性的，体现着较为紧密的人情化关联，是乡村的一种社会网络关系，人情、面子、道义三位一体，维持着交换结构自身的延续性和稳定性。

不过，市场经济的运行逻辑对乡村日常生活的介入已经在逐渐改变着乡村的社会结构与关系，人情关系中的传播在减少，而完全为了一个实际利益去建立关系的工具性传播在增加。每逢农忙和旅游旺季，每家都是采茶正当时，大家的繁忙都赶在一起，自然没有哪家能够抽出多余的人手来互帮互助。在这时就只能开价招工，聘请人手，动员自己的亲戚朋友介绍一些熟人来帮忙，当然帮忙只是乡亲们的一种委婉而善良的表达，这"忙"显然不再是人情互惠型的，而是需要按市场价格支付劳动报酬的经济互惠模式，用 ZHY 的话说就是："现在大家都在忙到起挣钱，你耽误了别人的时间，别个也有损失嘛，人再好你也不能让别个白帮你呀，时间就是金钱，多多少少都得意思意思一下嘛。"其实口头上虽说是"多多少少"，但实际上还是有价格标准的，按某村民的说法——"现在在城里头的工地上和砂浆、搬砖头的小工一天也要一两百块嘛，你还不一定请得到呢！"言外之意显然绝不会真的只是"意思意思"。由此可见，乡村内部所出现的这种转变，"一方面反映了市场化背景下农民思想观念的改变，表现为社会交往对象的扩展以及交往中理性因素的增长，另一方面也反映了传统人际关系在农村社会生活中的渐变"①。随着城市化的推进，城乡社会流动性的加强，市场经济中的利益原则在乡村社会中逐渐被接受而变得理所当然，乡村社会人际关系的发展方向逐渐从人伦关系的远近向价值关系的大小转化。不过，有趣的是，正是基于人情社会的交往原则，李家往往会把他请过来的帮工介绍给平时关系不错的张家，实现关系资源在村庄内的循环。看似一种简单的工具性交往，其实所包含的文化内涵和"人情"一样博大精深，与现代契约社会那种纯粹的工具性关系有着明显差别，这也说明枫村正在经历着转型。

所以，现在枫村居民的经济资本、社会资本、关系资本相互之间的转换关系是混合在一起的，社会资本与人力资本是相互影响、相互补充的。社会资本不仅是人力资本的一种聚合，也是人力资本的一个表达媒介，而且人力资本只有通过社会资本才能得以实现和发展。通过社会资本、经济资本获得的人力资本最终又转化成经济资本和社会资本，在乡村社区内不断扩展，产生一种循环效应。也正是这样一种基于市场理性的普遍化交往互惠惯例，促进了乡村社会信任的产生，最后演变成一种社会网络关系，向"情理合一"的"情理社会"转型，②维持着乡村共同体内各种资本之间的协调、交流，从而提高相互间的信任，有利于解决集体行动的困境，实现社区整合。从人际传播网络中的行动者实践逻辑来看，乡村社会中居民行动背后的深层逻辑既不是一种理性选择，也不是一种结构性选择，而是一种生存文化的选择。村民们的集体行动的逻辑也是嵌入在个体的行动逻辑中。

## 第三节　权力下渗：组织传播网络的实践逻辑

实体集体的瓦解使国家力量在某种程度上从农村撤出，将主要的注意力放在了经济和政治的关键部门，对私人生活的控制逐渐减弱。③党的十

---

① 仇小玲、屈勇：《从"叫人"到"雇人"：关中农村人际关系的变迁》，《西北农林科技大学学报》（社会科学版）2008年第5期。
② 翟学伟：《人情、面子与权力的再生产——情理社会中的社会交换方式》，翟学伟《人情、面子与权力的再生产》（第二版），北京大学出版社2013年版，第197—216页。
③ 阎云翔：《私人生活的变革：一个中国村庄里的爱情、家庭与亲密关系（1949—1999）》，龚小夏译，上海书店出版社2006年版，第258页。

一届三中全会后，为了让一部分地区和一部分人先富起来，经济落后的少数民族地区，还不是国家关注的重点，村民只能在村社生活中各自为政。当那部分地区和那部分人富裕起来后，我们却发现另一部分地区和另一部分人依然处于贫穷落后，甚至刀耕火种之中，社会发展已经出现了严重的区域失衡和贫富差距。对于少数民族地区的发展来说，来自民族外部的推动力是必不可少的。所以，国家在民族地区先后实施了西部大开发、扶贫攻坚计划、新农村建设等一系列战略举措，通过政策倾斜和经济支持，经由基层政府和扮演着"国家代理人"与"村庄当家人"的村干部，① 再度介入乡村社区日常生活之中。事实上，随着国家行政权力退出农村社会，传播正成为乡村治理过程中的主要策略和手段，乡村治理中的国家、精英与村民之间的互动关系本质上就是一种传播关系。②

恩施州所辖的8个县市都处于武陵山地区，属于国家级贫困县，也是国务院确定的11个集中连片特殊困难地区之一。2009年10月，国家发改委建立了为困难地区发展探路的区域性合作组织——武陵山经济协作区，统筹协调湘、鄂、渝、黔四省市毗邻的武陵山区的经济发展。湖北省人民政府又以恩施为中心建立了武陵山少数民族经济社会发展试验区，确立了"特色开发，是试验区建设的方向；绿色繁荣，是试验区建设的根本；民族团结，是试验区建设的使命；民生改善，是试验区建设的目标"。③ CCX把枫村侗乡的今日面貌归结为"得益于政府的引导，州、市帮扶部门的支持"。他介绍说，枫村在实施户建"七个一"④ 工程时，都是通过"以奖代补、先建后补"，每户平均获得扶持资金3000元左右。在今日的枫村，这种通过经济干预介入乡村日常实践的"国家权

---

① 徐勇：《村干部的双重角色：代理人与当家人》，（香港）《二十一世纪》2002年第10期（http://www.cuhk.edu.hk/ics/21c/supplem/essay/9704023g.htm）。

② 费爱华：《话语交易：乡村社会及其治理中的人际传播》，浙江大学出版社2013年版，第3页。

③ 《建设武陵山试验区》，湖北省人民政府（http://www.hubei.gov.cn/zwgk/rdzt_v12/2012mhwzt/2012yydczl/jjdt/eshzh/201207/t20120703_383123.shtml）。

④ 这里的"七个一"工程指的是为了改善村民居住环境而提出的，也就是建立一口沼气池、一套舒适民居、一处安全饮水源、一条硬化出行路、一套完善的通信设备、一个致富园、一口垃圾池。

力在场",① 对乡村的"凝视"逻辑都体现在乡村组织传播网络中,随处可见,随时可见。甚至可以说,在"公司+农户"的发展模式下,乡村的公共生活形态也与权力凝视的运作逻辑密切相关。

## 一 文化下乡对乡下文化的凝视

1997年开始正式实施的文化科技卫生"三下乡"活动,是新时期国家意识形态和主流话语传播的重要渠道,是统筹城乡经济社会发展的一个有效举措,更是一种重要的城乡互动的传播机制。"文化下乡作为建设社会主义新农村的重要内容之一,它的发展走向,关系到农村的日常文化生活、新农村的文化建设和精神文明建设。"② 税改之后的枫村,也会经常接受各种"下乡"活动,因为上级政府认为这是一项丰富农村群体文化业余生活的具体措施,基层政府有义务让先进的文化占领农村。因而,这种体现"国家在场"对乡村文化的凝视行为,成了一项政治任务,不得讨价还价。实际上,在枫村的文化下乡既是一种政府行为,更是一种典型的组织传播实践。

2010年1月24日,枫村迎来了一年中最热闹的日子,因为市政府决定在枫村举办2010年新春大联欢活动。当天,民族文工团、文化馆、枫村农民艺术团、乐老艺术团、市中心医院、黄泥塘中学、芭蕉小学都编排了节目。恩施市委、市政府及相关部门的领导与干部职工、当地群众一起参加了新春大联欢活动。当天下午1点,和着枫村侗家人的芦笙曲,演员们跳起了开场舞,20多名穿着侗族传统服饰的小演员们的《竹马迎春》,引来阵阵喝彩。为了突出枫村文化,联欢会的情景歌舞还把枫村旅游发展有限公司打造的十大特色美食展现在来宾与乡亲们面前,书法家现场为"十大名吃"题字。看到联欢会上表演的靠种茶和打工致富后的两个儿媳争相服侍婆婆的小品,老F评价:"富裕了还要讲孝心,《抢婆婆》这个

---

① "国家在场"作为一种研究视角和解释框架于20世纪90年代从西方引入中国,在理解和分析当代中国特定场域下的国家权力与民间社会的互动关系起到了积极作用。很多社会学、人类学和民族学研究者将其应用于某一社区发展的个案研究,考察国家力量在社区事务、社区变迁和社区权力分配中的特殊影响,是一个有益的理论分析工具,但也需要结合"地方性知识"反思这一舶来品的解释局限性。

② 王雪梅:《"文化下乡"与"乡下文化":民族社区文化冲突的个案分析——以宁夏H村的文化下乡实践为例》,《民族艺林》2013年第8期。

小品很有意义。""市里的新春大联欢活动能在我们村里搞是村里的荣誉,这是解放后村里搞的最大的活动,一些节目很有教育意义,不仅仅是孝心一项,我们还要保持房屋内外的卫生、整洁,把枫村建成富裕、文明的新农村。"① 村民 FXC,属于枫村外出务工人员中较早返乡创业,又取得了巨大成功的村民,他认为"要过年哒,政府在我们这里举办的这样一台有意思的大联欢活动,不但提前给我们这里增添了过年的味道,而且还能够宣传我们风情寨,提高知名度,希望这样的活动可以多搞点,一举两得"。对于代表国家主流意识形态的文化下乡,是具有文化标识意义的文化活动,并未受到村民的排斥。相反,这种文化传播也许在外人眼里是形式重于内涵,但对于村民而言,那是一种区别于他村的荣耀,一种被政府重视的表征,具有一种象征性意义。从中可以看到,"民间社会在已经与国家疏离的场景中又主动用符号把国家接纳进来,而国家也在征用自己曾经完全否定的民间仪式,把民间仪式纳入国家事件,让民众通过仪式参与国家活动,实现国家与社会在仪式上的互动",达到一定程度的互惠。②

乡村共同体重建过程中,乡村文化重建是重点。最近一两年,枫村开始注重的日常生活仪式问题,力求让借用的民族文化资源在社区内得到普遍认同。说明作为公共权力体制性力量外显的村组干部在一定程度上重视外来者在村庄内的凝视体验,也说明他们希望在国家体制内维系现有的代理人身份,获得政治合法性,同时也希望通过村庄经济文化的健康发展而得到村民更多的认可。在枫村的文化仪式中重申和强化自己的权威,充分体现了他们的双重代理人角色地位。无论如何,我们可以看到,国家在枫村的权力在场是明显的。政府不仅通过开展类似的群体文化活动向乡村共同体内注入主导文化,而且还通过在乡村建立各种各样的公共宣传信息牌,向村民传递乡规民约、道路管理、水土保持、环境保护、优生优育等方面的信息,在乡村共同体内提倡一种健康的生活方式,传播现代社会文明,培养村民的现代社会观念,唤起一种新的共同体意识。

文化下乡是由政府主导的主流意识形态传播活动,强调国家权力的社

---

① 伍功勋等:《欢乐新春在侗乡——恩施市 2010 年新春大联欢活动侧记》,2010 年 1 月 12 日,恩施新闻网(http://www.enshi.cn/20100112/ca169682.htm)。

② 高丙中:《民间的仪式与国家的在场》,《北京大学学报》(哲学社会科学版)2001 年第 1 期。

图 5-6　在枫村举办的 2010 年春节大联欢

会深入，是"国家权力试图在其有限权力的边缘地带以文化方式建立或强化自己的权威"①，通过日常生活的仪式化和仪式象征的实用化过程，实现国家对乡村社会的重建和改造。因而，在选择下乡地点时是经过多方面考虑，目的性和导向性都比较强，从一开始就是一种权力运作的战略和落实群众路线的当代策略。但是，文化下乡面临的乡村场域首先必须直面"乡下文化"，而这种"乡下文化"实际上是一种地方知识和地方文化，在送文化下乡时，不能忽视这种地方知识和地方文化的存在，② 不能以一副"拯救者"的姿态"凝视"乡村地方的内生型文化，而是应该重视乡村社会自身的文化再生产逻辑，方能达到权力渗透的效果。

## 二　乡村组织传播与权力嵌入

考察我国乡村治理所经历的几次转型可以发现，乡村治理模式和路径的不断变化也反映了国家与乡村社会之间关系和地位的交替，总体上还是可以看到一个"国退民进"的发展过程。在农村税费改革之后，国家、

---

① 刘勤：《自我、主体性与村庄》，博士学位论文，华中科技大学，2008 年。
② 王雪梅：《"文化下乡"与"乡下文化"：民族社区文化冲突的个案分析——以宁夏 H 村的文化下乡实践为例》，《民族艺林》2013 年第 8 期。

集体和个人在农村中的利益得到调整，在"乡政村治"后进一步体现出国家在乡村治理中的潜在退出。但随着城乡差距的矛盾日益尖锐，乡村公共性趋于消解，国家提出建设社会主义新农村，统筹城乡发展，重构城市与乡村的有机联系和统一性。但从乡村治理的实际情况看，国家事实上从未退出治理过程，而是一直在不同层面"见缝插针"，主导着乡村治理，只是国家意志的介入策略在乡村社会有"前台"和"后台"的角色区分。① 从传播学的角度来看，国家意志向乡村的组织性渗透进程其实就是一个复杂的组织传播过程。

随着枫村社区的乡村旅游日益升温，村民所经营的"农家乐"的发展极不均衡，乡村社区内所拥有的文化资本在转换成经济资本时，出现了结构上的不均衡。处于村内核心地理位置的村民获取的各种资本相对较多，这就导致其他村民之间产生矛盾，影响到社区稳定与和谐。在调研的时候，曾有村民把我们当作"上头派下来的人"而发牢骚：

> 去年政府派的人也来做过你们这样的调查，他们搞的是关于农村水污染方面的，最后也没有给我们解决什么实际问题。你看嘛，现在村里是发展起来哒，但像我们离得这么远，坐在边边上，又没有得到么子政策实惠，我话不收起说，有意见就是有意见，一些人得到便宜，但另一些人又没跟到起沾政策的光，这个还是有点不公平，国家扶持的资金是给我们整个村的，又不是给哪几个人的，你说是不是？所以你们还是要帮到我们给上头反映反映。

针对枫村社区重建中的出现资源分配不均衡问题以及村民之间的利益矛盾，当地乡政府牵头组建了"枫村乡村旅游农民专业合作社"。据了解，成立专业合作社这一村民自组织的目的主要是让枫村村民主动参与到社区建设，平衡村民在文化资本转换过程中存在的收益差距，专业合作社理事会的主要职能就是统一维护和管理村寨的公共建筑，另外就是对村寨内农家乐的经营者和其他一些经营场所收取一定的管理费，用于村庄内的垃圾处理、日常公共事务支出等。另外，据当地媒体报道，在枫村社区建

---

① 刘涛、王震：《中国乡村治理中"国家—社会"的研究路径——新时期国家介入乡村治理的必要性分析》，《中国农村观察》2007年第5期。

设过程中，涉及的工程项目多，资金投入比较多，当地政府围绕权力行使、资金运用、项目建设和干部成长等重点环节，建立健全监督制度，由乡纪委牵头、村级纪检组织协助，成立了枫村侗寨旅游区管理委员会，负责侗寨建设工作的管理、监督和协调。① 从乡政府主导成立的两个村民自组织现阶段的运行情况看，国家力量嵌入乡村的地方性结构来实现对乡村社会的再整合，而村民自组织也援引国家力量来获得自己的合法性，并据此强化自己在村庄内的权威。在国家意志与乡村社区内源性组织力量之间的互动中，将国家权力与地方社会连接起来，实现了组织再造与秩序重建，在一定程度上缓解了村庄内的部分矛盾，增加了社区社会资本，促进了村民之间信任和互惠关系的形成，有利于培养村民的责任感、认同感，有助于现代意义上的乡村共同体精神的养成，最终实现传统再造和现代治理的融合。

近几年来，枫村可谓远近闻名，当地在对外宣传中将其发展速度冠之以"枫村速度"，其发展模式也被称为"枫村模式"，成为恩施乃至周边地区新农村建设的样板，也是恩施自治州生态文化旅游和休闲旅游的样本，每逢上级领导来恩施视察工作，枫村就是当地政府手中的一张政绩名片。如果我们将枫村置于更广泛的区域来考察其与周边村庄的互动关系，将有助于加深我们对枫村的认识和了解。村民基于社会关系网络的维护，会与周边的村组保持着密切联系，因为作为村民个体而言，与周边村组或远或近、或多或少都有一定的亲属关系，村民个体间的村际交往性质实际上是由地缘关系拓展的亲缘关系。而作为共同体的村庄与周边村组乃至其他县域的村庄之间的交流，则属于组织传播视野下的村际交流范畴。但这种村际间的信息传播并不是自发的，同样体现的是国家权力对于乡村社会的控制和渗透。

从干部 C 那里了解到，自 2007 年 4 月枫村开寨迎宾以来，州内外有二三十个村访问团在当地政府的组织和各对口支援机关领导的带领下先后造访过枫村，来此学习新农村建设和农村产业结构调整经验，其中被地方媒体报道的就有十多次。当然 C 最后也有些抱怨说："接待的任务实在太重了，有时一连好几天都没得空闲的时候，根本搞不成各人屋头的事。明

---

① 《为侗乡旅游护航》，2010 年 9 月 29 日，恩施新闻网（http://www.enshi.cn/20100707/ca192495.htm）。

明正是采茶的好季节,耽误不起,但又没得法,只好请人帮忙,搞得屋头的人对我意见大不过。"有时候,一些参访团在参观完毕,就顺势在枫村召开现场办公会。2009年5月,恩施白果乡政府就组织瓦场坝村的50多名村民到枫村参观学习新农村建设。他们在参观了村里的户建工程、基础设施建设及产业发展情况,听取了村委会的新农村建设经验介绍后,该乡直接组织村民在枫村戏楼内召开了瓦场坝新农村建设动员会。此外,为了推动地方经济发展,恩施市政府也专门召开枫村旅游推介会,邀请各旅行社负责人、新闻媒体记者以及各地游客前来参会,借以带动整个乡村文化旅游产业的发展。

当然,在这种体现"国家在场"的乡村组织传播实践中,来自其他村庄的村组干部和群众在枫村参观考察期间的"凝视",不仅被基层政府视为一种可资炫耀的政绩荣誉,而且整个行政村的干部也觉得脸上有光。因为来自"他者"的啧啧赞叹不仅是对枫村新农村建设的肯定,而且也被理解为是对基层领导和村民自治组织管理者的羡慕,这是一件"相当有面子"的事情。这种在国家权力主导下的村际互动无疑巩固了枫村的社区重建路径和方式,并通过村庄公共生活去进一步强化现有的乡村共同体意识,培育村民的村庄认同感和主体性。无论是村庄之内的规则建立,还是村庄之外的村际互动,不同的组织传播实践都体现着国家权力的介入,以村组干部为代表的地方权力精英就是国家由上而下的治理轨道上的一个连通环节。在乡村文化传播场域中,我们可以发现很多"国家在场"一竿子插到底的现象,国家力量在乡村事务、乡村文化空间再造、乡村权力分配中都发挥着特殊影响。按照福柯的说法就是"国家的在场"对乡村社会具有弥散化的特征,即所谓"权力的微观化"或者说"毛细血管化"。① 村庄作为一个国家与社会交叉的组织单位,正是国家以其意识形态、政策方针对农村家庭和个人产生影响的重要形式,同时也是外部社会与内部社会发生互动的舞台。国家力图通过各种象征符号介入乡村日常生活实践,重建与乡村的联系,保证国家的意志在农村中能够得到贯彻执行,体现了"地方国家"(local state)在乡村存在的现实状况。

---

① 叶涯剑:《空间重构的社会学解释:黔灵山的历程与言说》,中国社会科学出版社2013年版,第5页。

## 三 乡村精英再造与文化传播

国家、乡村精英和乡村居民是乡村文化治理中三个重要的行动者。在乡村文化传播场域内，社区重建无法脱离乡村政治的实践。对于乡村精英，笔者将其概化为乡村社区中精明能干、具有较高威望的人，他们以其德行和才干赢得了共同体成员的认可与尊重，而其行为对共同体的身份认同又起到了较大的表率作用。在枫村，乡村精英不仅仅是那些有钱的人物或村民眼里的"掌权"的村干部，而且还包括德才兼备的人，其为人处世和家庭状况成为村民羡慕的对象，这部分人属于非体制内的乡村精英。在枫村，设有党员中心户、农村青年中心等，体现了国家权力通过"政党下乡"的方式对乡村社会结构的整合。党员中心户的确定不是靠关系，主要是依赖个人所拥有的经济资本、社会资本在乡村场域内的地位，能够拥有这种称号的家庭一般都是乡村能人，也就是民间所说的"有板眼的人"。以村干部为主体的乡村体制精英的传播行为基本上是在乡政府的指导下开展，总是有些上级"精神""文件"作为其合法性与权威性的支撑。他们在枫村的文化重建在主观上并非完全出于一种文化自觉，客观上还是"压力体制下的乡村文化传播"①，但在乡村公共文化空间重建起来之后，在文化资本与经济资本、社会资本的转换过程中，村民的文化自觉意识在一定程度上被唤起，认识到乡村文化的价值。在湖北省戏剧家协会牡丹花奖艺术团"送欢乐下基层"活动在枫村举办后，当地某领导YHA说：

> 枫村建设成为民族团结进步示范村，不仅给了枫村一个全新的面貌，而且还吸引了城里人的目光。我们如果不着力打造民族风情寨，就不可能形成今天这样一个发展的大好局面。这次送文化下乡把高雅艺术带到我们农村，在给老百姓送来文化大餐的同时，也促进了我们的民间艺术的交流，枫村的民族文化发展的成果也得到了展示。城里的艺术家把优美的歌舞送到我们农村，丰富了我们侗乡人民的精神生活，我们侗乡人也可以把我们自己的传统文化带给城市，让更多的人

---

① 陈楚洁、袁梦倩：《文化传播与农村文化治理：问题与路径——基于江苏省 J 市农村文化建设的实证分析》，《中国农村观察》2011 年第 3 期。

重视我们的传统文化，保护我们的传统文化。

说起要把民族文化带给城市的问题，一位地方官员在接受媒体记者采访时曾对记者讲了一件事：

> 2009年有一段时间来枫村游玩的人一下子减少了。查来查去，其他的方面都没变，就是这场歌舞变了，演一场戏要600元，由于没有出处，就没有正常演出。于是决定迅速恢复，由乡财政每场补助350元。这政策一出台，游客立即大量回流，枫村的人气又旺了起来。通过这件事情，要说文化是旅游的灵魂，我真是有切身体会。按乡党委、政府的思路，枫村要提档升级，其中文化占有很大分量，要把老祖宗的那些已经锁进柜子里的文化重新拿出来，融入枫村日常生活中，实现真正意义上的文化大众化。①

这番话体现了体制内权力精英的文化自觉意识，这种意识直接影响着枫村的文化再生产实践。值得重视的是，这样的乡村文化建设所生产的新的地方性文化传统，即便在现实中是一种相对较短的小历史，但这样的小历史和新乡村文化建构不仅能够凝聚地方性资源的生产与再生产（比如召集人力组建农民艺术团和进行文化展演等），同时也生产了新的社会网络关系和新的经济机会，更作为证明"我们"存在意识的文化场域。在此文化场域中，枫村侗寨文化被展演和浓缩，成为枫村再生产社会资本的文化力量，也具有一种复兴少数民族乡村文化的动员意义。目前，村支两委共有11人，其中包含一名选调生和一名农业技术人员。在传统乡村文化网络中，他们与老百姓眼中的"当官的"身份相对应，所以在客观上成为国家与村民的中间人、代理者。在调研中，许多村民对已去世的原村民委员会主任Y赞不绝口，说：当初是Y主任努力动员大家将水稻改种茶树，但有相当一部分村民不理解，不配合。当后来发现改种茶树的效益比种水稻要强得多时，大家才开始念起Y主任的好来。现在枫村的茶园都是那时Y主任发展起来的，只不过现在又增加了一些新品种。

---

① 《枫香坡，如何香飘万里》，2011年11月17日，恩施新闻网（http://www.enshi.cn/20111117/ca227580.htm）。

而少数非体制内精英则依靠其才干和致富能力获得了村民的认同和国家体系的认可。显然，能给村里办实事，把个人的社会资本转换成全村的经济资本的村干部在村民心目中就是他们认可的带头人。枫村发展民族文化生态旅游后，乡村精英结构出现分化和重新组合，一些返乡创业的致富能手迅速成长起来，成为乡村新的精英。而且在乡村地缘政治生活中，乡村精英或者"村里的带头人"扮演着非常重要的角色，他们的动员能力是同他们作为民间权威分不开的，并且影响着乡村集体行动的达成。外来媳妇M就是新乡村精英的代表。在一系列日常生活的场景或事件中被塑造为富有威信、"有板眼"的"前台"人物。她如今有两个身份：一个是枫村一农家乐饭庄的老板，一个是湖北大学商学院的特聘讲师。另外她还身兼两职：一个是枫村农民艺术团团长，一个是枫村农业观光旅游经济合作社理事长。从M的身上，很大程度上映射出国家与社会关系的投影。

2007年，枫村建设侗族风情寨，曾经在桂林当过景区讲解员的M找到了自己的用武之地，根据她自己的经验，要打好民族特色牌，就必须有自己能够吸引外地人的真正特色，于是在当地政府组织到贵州侗乡考察回来后，就由她领头成立了"农民艺术团"，后来又组建了芦笙仪仗队、开寨门迎宾队、茶文化表演队等，把枫村的新民俗文化展演搞得有声有色。据不完全统计，自枫村开园迎宾以来，枫村农民艺术团为游客演出数百场，接待观众数万人次。在恩施原生态山民歌大赛中，由M带队的农民艺术团演出的《二月布谷催春忙》还获得过三等奖。[①] 每逢节假日，尤其是春夏两季，枫村经常是游人如织，艺术团更是忙得不可开交，他们要为游客表演侗族歌舞，有时一天要表演四五场。这台精心打造的侗族民间歌舞展示了"一幅浓郁缤纷的侗乡风情画"，这种凝视客体的建构是地方政府主导、民俗学者指导、社区群众参与的结果，是村民在文化重建中对一些典型文化事项的策略性应用，也是乡村文化在新的发展语境下的再生产过程及其结果，其中自然也体现了各行动者自身的凝视惯习。这种由多元行动者共同协力规划的地方文化传播活动，以乡村文化发展和经济增收角度动员居民参与社区事务，也借由地方文化传播发展出以文化、地方意义为基础的社区动员行动，在移植的民族文化资源中重新建构起地方文化与社区感。

---

① 张云、武功勋：《村姑的精彩蝶变》，《民族大家庭》2012年第4期。

随着枫村的知名度提升，富有经营头脑的 M 投资开办了一家农家乐，她把自家房屋按侗族传统民居结构进行了改造，在饮食特色上也着力突出"无酸不成宴、无糯不成侗、无酒不成席、无茶不成喜"的侗族饮食文化特点，把唱侗族敬酒歌、吃合拢宴等民族文化事项融入自己的经营活动中，把仪式化的侗族传统文化娱乐化。她还结合自家的农业生产资源，给外来游客增加水果或茶叶采摘、打糍粑、推磨等农事体验活动，把乡村日常生活程式化、游戏化。M 正是结合自己过去的工作经验，深刻洞察到在民族文化旅游中，必须满足游客"凝视"中对乡村的想象和期待，于是在自己的理解框架下对乡村文化资源进行了个性化的整合，把乡村文化的一些关键符号进行了资源化利用，突出了其媒介化、工具化、舞台化的功能，让自家的日常生活空间成为外地人寻觅"他者真实生活"的一个窗口。通过这种方式，M 增加了个体文化资本、社会资本和经济资本，同时对外传播了乡村文化，形成了枫村文化传播的品牌，但这种文化再生产的方式又是对少数民族乡村文化符号的功能异化。

在 M 个人家庭富裕起来后，她又于 2008 年 10 月组织村民成立了农业观光旅游经济合作社，积极传承民族文化，她先后获得"恩施州青年岗位能手""恩施州十大杰出女性""恩施市十佳新型青年农民""恩施市十大创业女明星"等荣誉称号，加入了中国共产党。M 引领枫村侗寨沿着"唱特色戏、打民族牌、走旅游路、建风情寨"的道路，发展特色农业和乡村休闲旅游，成了农村发展的"领头雁"。为此，她还两次在中央电视台的新闻联播节目中亮相，畅谈乡村文化发展和新农村建设感想。M 参加过恩施自治州农业局的乡村旅游导游员培训、恩施市妇联的阳光工程培训、文化馆的恩施山民歌培训、旅游局的农家乐服务员培训等，成为枫村的形象代言人。湖北大学旅游系看中了她不仅能唱山民歌，而且对山民歌、恩施少数民族风情也有一定研究和独到见解。2012 年 2 月，聘其为该系"中国旅游案例教学研究中心培训名师"。①

虽然从 M 的精英成长路径我们仍然可以发现组织传播与国家在场的影响力，而且从她身上也可以发现代表国家符号的体制精英与代表乡土社会符号的非体制精英在枫村的文化再生产场域中出现了重叠。但 M 作为乡村本土符号的精英代表，在文化传播与社区重建中更容易形成文化自

---

① 张云、武功勋：《村姑的精彩蝶变》，《民族大家庭》2012 年第 4 期。

图 5-7　湖北大学中国旅游案例研究中心的聘任仪式

觉，能够基于村庄文化现实语境，寻找到新的文化权力空间，积累起自己的文化资本，并能够把自己的文化资本转换成经济资本、社会资本甚至政治资本等形式，既强调了自我利益的表达，客观上又获得了乡村文化网络中的新的文化权力，成为乡村文化传播的代理人。这种资本转换路径有利于枫村村民对移植的民族文化文本的认同，实现社会文化适应中的自觉调适与身份转换。而文化认同是构建社会整体性的基础，也是恢复村庄公共文化行动的基础。只有构建起基于共同理解的经验共同体，在双向互动、主动参与、认同导向的文化传播实践中，才能激发乡村社区公共文化建设的能动性，消解集体文化表达的困境，从而有助于新的乡村共同体意识（sense of community）的建构。

但是，文化精英与乡村文化也是矛盾的统一体。他们以看得见的身份、手段，在传统与现代的转换语境中，不断地改造着、建构着、表述着枫村的乡村文化身份，在这过程中，他们自身也被其同化和形塑。M 在乡村文化场域中的行动实践表明认同的形塑过程也就是传播的运作过程，当然也显示出资本转化与精英流动，也就是乡村精英再造的乡土逻辑。

## 第四节　意识唤醒：大众传播网络的实践逻辑

20 世纪 90 年代中后期以来，大众媒介特别是电视在中国农村迅速普及，打破了自然村落的封闭状态，把外部世界的"真实面貌"与亿万农民以及城市里的贩夫走卒、芸芸众生连接在一起。随着以电视为代表的大众传媒进入乡村，村民与外部世界的信息交流呈现出日益扩大的态势，原本紧密内聚的乡村开始发生深刻的变化，村民们也开始有意识地把自己与外部世界联系起来。在芭蕉侗族乡，政府不仅开通了芭蕉侗族乡公众信息网，实行信息公开、政务公开，而且还建设了灯笼坝、高拱桥两处电脑农业示范村，建立了远程教育流动影院，枫村就是其中之一。在芭蕉整个乡建立了移动、联通、电信的通信网络基站15座，综合覆盖率达到98%。以209国道和恩咸省道为主轴的有线电视网络已初步建立起来。大众传媒在乡村的扩张，客观上为国家介入乡村治理并对乡村社会进行整合提供了一个"经济"而有效的策略，这种整合逻辑主要通过对乡村居民的意识唤醒来实现的，而这种意识唤醒的社会实践又是在多种乡村日常生活语境中被建构起来的。

## 一 乡镇集市是大众传媒辐射乡村的桥梁

乡镇集市是在传统乡场的基础上发展起来的，往往处在交通相对便利、人口相对集中的地方。作为农村商贸活动的中心，乡镇集市是城乡经济文化传播的桥梁，传承着城市的辐射力。乡镇集市通常作为基层集市，被纳入区域乃至整个国家贸易层级体系，人们也以此来观察乡村与外界的联系情况。① 到乡镇集市去进行买卖活动或闲逛，农村俗称"赶场"。开集之日在当地俗称"逢场日"，周边乡村的居民都会"涌入"集镇。现在，赶场日早已摆脱计划经济的束缚走向了自由市场。在芭蕉集市，很多原来的行商已成坐商，沿街居民都把自家房屋改作铺面或经营或出租，成为适应本地需要的各种外地商品的汇集地，服务对象也不限于当地居民，汇聚的商品也不只是农副产品，大到摩托车、电动车、各类家用电器，小到日杂百货，一应俱全，也就不存在传统乡场意义上的"逢场日"，每天都可以是赶场天。但"赶场"作为农村居民的传统社会生活由来已久，具有很强的本地特色和自主性。尤其在民族地区，市场的民族性很强。人们已经把那些特定日子到镇上赶场当作了一种日常生活习惯。赶场犹如当

---

① 秦红增：《村庄内部市场交换与乡村人际关系》，《广西民族学院学报》（哲学社会科学版）2004年第5期。

地老百姓的一个盛大节日，一般 5 日一场，为避免时间冲突，相邻乡镇赶场日一般都会错开。这时村民们尤其是妇女、小孩会换上漂亮服装，背上竹背篓，相约一道，有说有笑，集体前往，用身体的具体行动不断重复着赶场的记忆。赶场时，多数村民都会把自家多余的农产品带到集镇来交易。当然，也有一些人只是去置办一些生产和生活必需品，还有一部分就是单纯来凑凑热闹，打发一下农闲的时光。每逢赶场天，附近的生意人都涌向集镇，向农民朋友销售自己的商品。而地方政府也往往不失时机，在人流量大的地方，摆上几张桌子，架上一个扩音喇叭，向过往村民发放各种科普、健康、安全方面的宣传单，或者宣讲国家的方针政策、法律法规，乡镇集市成为政治传播的重要平台。

**图 5-8 芭蕉集镇上的七鑫超市**

在乡镇集市，每到年关，就是最热闹的时候，附近乡村居民都会到集市上来置办年货。在 2013 年农历腊月初十到腊月二十八这 18 天时间里，笔者每天早上 8 点左右从清江桥头车站搭乘前往芭蕉集市的中巴车，和农民朋友们一起赶场。恩施的冬天也相当寒冷，但临近年关，尤其是到腊月十八后，芭蕉集镇几乎天天都像过节一般，赶场的民众来自四面八方，男男女女、老老少少，人头攒动，熙熙攘攘，热闹非凡。笔者每天乘坐的中巴车都有专门"跑乡场"的生意客，南腔北调，有恩施城里的，也有恩施其他乡镇，如屯堡、龙凤坝、山岔等乡镇的，还有操着武汉、重庆、贵州、湖南等口音的外地生意人，扛着大包小包，涌到芭蕉镇上摆地摊，携带的商品有中草药、服装鞋袜、廉价装饰品，也有土特产。

腊月十五那天，笔者坐在前往芭蕉的车上等着发车，上来四位操着武汉话的中年男子，他们问司机可不可以到黄泥塘，司机告诉他黄泥塘的车还要等一个小时左右才能到，四个人返身下车嘀咕了几句，后来他们又返回车上，把两个大包搁在发动机盖上，说还是先去芭蕉。大约40分钟后，到达了芭蕉集镇。芭蕉乡政府正在对芭蕉集镇进行改造，在大坝新区修建了一条具有侗族民居特色的现代商贸步行街，不过还在进行最后的路面铺设和绿化、亮化阶段，施工负责人说年后二三月就可以全部完工。

芭蕉集镇依山而建，所以地势起伏，巷道很多。在集镇上，每一地段都各有分工，卖农产品的，卖肉类的，卖日杂百货的，卖水果的，卖服装的都相对固定在某一路段位置，各式条幅和宣传海报悬挂在各种摊位上。喧哗声，汽车、摩托车喇叭声，商贩叫卖声，还有贩卖廉价歌碟的老人拉着的移动音箱里传出的凤凰传奇的《民族风》高亢的节奏旋律，混杂其间。L投资开办的"七鑫超市"里人来人往，热闹非凡。就连恩施市好又多集团打造的民俗购物广场——享买乐超市的广告宣传车也依托集市这个公共空间来凑热闹。他们租用了一台长安牌厢式小货车，在车厢周围贴满了享买乐超市"扫年货，特价优惠"的促销广告，小货车上的小红喇叭反复播放着香港歌星刘德华的《恭喜发财》歌曲，在集市街道上走走停停，给本已嘈杂的芭蕉集镇带来一场场听觉盛宴，给集镇平添了一份"年味儿"与繁华。

在一家小杂货店旁边的体育彩票店门口，站着三个小青年，从外表判断，十五六岁的样子，个个穿着腿上有窟窿的牛仔裤，上身有的穿着印有足球明星贝克汉姆的大头像球服，有的是印有黑白相间打着红叉骷髅头的套头衫，大冬天的也只套着一件薄夹克，脚蹬一双颜色鲜艳的花板鞋，站在风中直哆嗦，冻得发紫的嘴唇上叼着香烟，吞云吐雾，头发颜色很鲜艳，个个都像火鸡头，他们拥在一起窃窃私语，眼睛不停地扫视着来来往往的村里人，两条大腿还不时地随着不远处超市传出的音乐节奏抖动和摇晃，活脱脱一个港台影视剧里的古惑仔形象。当地人称这类人为"小混混儿"，路上偶遇，一般都躲避三分。他们混迹于乡镇集市，靠着摸、蒙、吓、诈等手段参与到集市中来，成为集市交易中的"灰色"参与者，构成芭蕉集镇上一道特殊的风景线。

图 5-9　集镇赶场日一角

笔者在一个卖歌碟和小音响的地摊前停下来，看到三四个身背花背篓的老乡，有的蹲着在低头挑选歌碟，同时又咨询摊主有关一些想买歌碟的歌曲信息；有的拿着两三张歌碟，在和摊主讨价还价；有的站在那里，两只眼睛直勾勾地紧盯着小液晶屏幕里的图像，随着图像的变化，脸上神色或喜或悲，久久未离去。只留下地上的小喇叭在反复播放着"机会不会天天有，该出手时就出手，十元一张，一张十元，快来买呀快来看，走过路过不要错过"的吆喝声。

与笔者一同上车的那四个操着一口汉腔的生意客，下车后背上行李径直走向农产品集贸市场，待我经过时，他们已经在那里叫卖开了。原来，那两大包行李中装的是所谓的"毛领皮夹克"，100 元一件，一个人叫卖，另外三个假装顾客拎着两件衣服和摊主讨价还价，原来是托儿！在芭蕉河的小桥人行道上，一位老伯面前摆着现在很难在城里商店内见到的各式各样的老皇历，旁边是卖当地的特色手工艺品——竹背篓的老大爷，对面就是离枫村不远的花圃老板站在他的易拉得广告牌前，向过往的路人推销他种的花花草草。

从芭蕉集镇赶场天的素描图可以看到，乡镇集市这一杂糅性的社会交往空间，已经把赶场作为一种乡村公共生活模式，深深嵌入乡村社会的经济交往与社会关系结构中。乡镇集市正以开放的姿态吸引着形形色色的人参与其中，就像一个浓缩的社会大舞台，把乡村社会的生活画卷呈现出来，同时也把异质性的大众文化带到乡村的四面八方。

## 二 媒介的空间想象与被中介化的乡村

世界会因我们观察角度的差异而具有不同的面貌。物质的外观加上无形的意识作用可以形成多样的地理。地形、距离、中心、边缘等指标可以将一个个空间描述为有形的状态，并进一步影响人们在文化、社会等方面的认知。在科技日益发达的今天，不仅是个人，甚至连整个社会都加深了对媒介塑造的经验世界的依赖。媒介镜与像的虚实相生，构筑起人们不同的社会认知。① 托马斯·德·曾戈提塔（Thomas de Zengotita）使用"中介化"（mediated）来表述媒介的这种空间想象力。她将中介化界定为"所有艺术及人力所创造出的媒介所表现、所传播的情感历程，同时还特别包含着这些媒介对我们每个人对世界、对个人生命体验所产生的影响"②。其实，在"中介化"的社会中，文化一直都在用某种方式对现实进行过滤，然后通过一些"表现"方式支配我们的生活，"表征"（representation）符号推动了"中介化"，潜移默化地改变了人类的生活、思想方式以及文化本身。在今天这个媒介化社会里，报刊、电视、网络等大众媒体都在符号化或"中介化乡村"的创造和传播方面发挥着不同的话语建构作用，客观上提供了乡村共同体的身份认同、价值认同和文化认同的意义。

围绕芭蕉侗族乡的相关报道，笔者通过网络梳理了 2014 年以前的媒体文本（包括新闻报道、论坛发帖、博客游记、摄影图片），发现有关枫村侗族风情寨的信息 63 万多条，图片约 1790 张，新闻 318 条，其中最早的一条信息是恩施新闻网于 2006 年 11 月 8 日发布的"全州旅游工作就总体目标任务进行细化安排"中提到了枫村侗族风情寨，之后就是 2007 年 4 月 16 日由恩施新闻网发布的"农事、农耕、民族风情体验尽在乡村游，恩施市乡村休闲游正破题"，专门报道了枫村侗族风情寨的乡村体验游。1790 张有关枫村的图片中全部反映的是风情寨建设起来后的乡村风土人情、领导视察等内容。从这些简单的数据我们可以发现对于媒介对枫村的

---

① 方玲玲：《媒介空间论——媒介的空间想象力与城市景观》，中国传媒大学出版社 2011 年版，第 1—4 页。
② [美] 托马斯·德·曾戈提塔：《中介化：媒体如何建构你的世界和生活方式》，王珊珊译，上海译文出版社 2009 年版，第 6—11 页。

介入与湖北省政府在 2006 年实施"616 工程"的时间是同步的。正是有了政府对枫村的关注,枫村的人、事、物才具有了新闻价值和时代特征。2007 年 4 月 30 日风情寨正式开寨迎客,前前后后已有中央电视台、新华社、人民网、凤凰卫视、湖北卫视、民族大家庭、今日中国、中国民族报等数十家媒体涌入高拱桥村,采访报道湖北省的"616 工程"和枫村的生态旅游建设,一时引发了所谓的"轰动注目"(sensation sights),[①] 成为各类媒体的话语焦点和追逐对象,激发起人们对于枫村的"乡村想象",建构出一种能供众人共享、消费与想象的民族文化资源。

　　笔者在调研中了解到,不少外地游客对枫村的了解主要来自两个渠道,一是熟人介绍,二是新闻报道。来自河南洛阳的 LYH 就是其中一位,他就是看了中央电视台的新闻联播对枫村的新闻报道才知晓了恩施的枫村,然后上网查阅关于枫村的资料和相关图片,被大山的秀美和山村的风土人情所吸引,于是他就认准了枫村。2013 年"五一"小长假时,他就带着一帮朋友驱车过来,白天到周边一些地方去玩,开烧烤"party",晚上回到村里住在干净、舒适的农家乐,享受着乡村的宁静与安逸,一住就是好几天。可以说,当一种民族文化或旅游目的地进入大众传播领域并广为传播时,传播者和接受者都必然从自身出发,"根据自己的经验和价值观念重新界定和认识这种文化。在这个过程中,人们不仅估价和确定这一文化的价值,对之进行解读和诠释,而且还会增殖,并赋予它新的意义"[②]。但可以肯定,"传媒介入人们的民俗生活中,这时人们在活动中接受到的文化信息,已经不再是原初的自然形态的信息,而是经过加工过滤的信息"[③]。这是一种被中介化的仪式和一个被中介化的乡村。经过报刊、广播、电视、网络等现代传媒的广而告之,尤其是 2008 年 4 月 5 日,中央电视台新闻联播对枫村建设的报道,更是让枫村名噪一时,此后有关枫村的新农村建设事迹又曾两次出现在中央电视台新闻联播的屏幕上,让更多的人知道了这个名不见经传的鄂西南小山村,不断地吸引着越来越多外来者的凝视目光,并以各自不同的方式影响着枫村人对生态环境和传统文化的观念和行为,影响着乡村文化再生产和社区重建。

---

[①] 赵建国、王大钟:《旅游传播论》,中国社会科学出版社 2011 年版,第 77 页。
[②] 李勤:《大众传播对少数民族文化的影响》,《当代传播》2005 年第 5 期。
[③] 仲富兰:《民俗传播学》,上海文化出版社 2007 年版,第 453 页。

然而，在文化表达视觉化的时代，现代传媒对于枫村乡土风情所传达的"乡村感"（senses of rural），就是一种被中介化的乡村，即"媒体给那些甚少或根本没有直接、真实乡村体验的人们送达的一种'乡村'"。①而媒体对于枫村的文本呈现，也就是在各种宣传推介、网络论坛、微博晒图、摄影作品及游记中，枫村侗寨的突出形象集中在"仙居生活""侗族风情""绿色""生态茶园""特色美食""新农村""乡村体验""产业调整""休闲旅游"等一系列关键词建构起来的新"乡村"意象。枫村被形塑成"田园牧歌式"的"人间仙境"，乡村形象被观众广泛消费，城市人希望提供一种特别的"乡村奇观"甚至是"异域风情"。而当地人似乎习惯于沉浸其中，并乐于享受这种"他者眼光"建构起来的乡村想象。在调研中，当地一村民告诉笔者："一位俄罗斯客人到枫村参观后说，这里有别致的风光，浓郁的民族风情，在这里居住的人是世界上最幸福的人。"他在向我讲述这句话时的自豪之情溢于言表。为了让外来者比较便捷地了解侗族历史与文化，高拱桥村利用市政府农村远程教育办公室的投资，在枫村办起了远程教育分站点，在接待外来客人时，就利用远程教育教学流动影院向游客播放侗族大歌、侗族民间舞蹈和山民歌，向外界传播民族传统文化。

在大众传媒的"凝视"下，媒体生产者成为"符号乡村"（symbolic ruralities）的叙述者和潜在影响的赋予者，使"中介化乡村"成为联结媒介文本与社区再造、乡村传播与共同体认同实践的，这一更广阔的文化再生产循环过程的组成部分，成为乡村共同体重建实践和话语生产的重要影响因素。因而，乡村传播场域中的媒介凝视及其"媒介景观"再生产，在重新利用和转变乡村话语中发挥着特别作用。正是在这种对乡村想象的重新利用和话语转换的不断互动中，中介化乡村的"具象内核"② 开始形成并释放其影响力，推动着乡村共同体的转型、变迁与再建构，村庄现实因媒介的乡村想象而变革。于是，进行乡村文化景观的再生产，排演一些早已失传甚至根本就不曾有过的仪式或舞蹈，以增加乡村的民族传统文化气息。这就是作为行动者的大众传播网络的"凝视"，在乡村传播场域内

---

① 左晓斯：《可持续乡村旅游研究——基于社会建构论的视角》，社会科学文献出版社2010年版，第75页。

② 左晓斯、刘小敏、缪怀宇：《城乡移民与乡村重构》，《广东社会科学》2011年第6期。

的策略性利益逻辑。大众传媒在这里看似拉近了我们与乡村生活的距离，其实是对乡村的一种陌生化的表现方式，使人产生一种新鲜感、新奇感，乡村成为一个被媒介建构起来的意义集合体。

### 三 农家书屋的孤独与权力凝视的尴尬

读书是获得技术和知识的主要手段，也是文化农民生成的重要途径，还是现代乡村文化再生产过程中的内源式发展动力。随着民族团结进步示范村的民族文化建设的深入，由恩施州民宗委对口帮扶枫村建立了"侗寨第一家农民书屋"。① 村里还建立了"文化中心户"、共青团恩施市委在枫村建立了"农村青年书屋"，并且在农家书屋设置了"电脑农业专家系统推广应用服务站"，进行乡村农业科技推广。在农家书屋的书架上摆放着数千册涉及茶树种植、果树栽培、乡村旅游管理、民族文化、医疗保健、优生优育、民族政策、国家法规、电脑实用技术、环境保护、花卉栽培、农药知识等，与农村日常生活与生产密切相关的农村实用科技书刊。

"农家书屋"是中共中央、国务院《关于推进社会主义新农村建设的若干意见》和《关于进一步加强农村文化建设的意见》中提出的一项惠民政策和五大公共文化服务工程之一，其目的就是解决广大农民群众"买书难、借书难、看书难"的问题，切实保障农民群众的基本文化权益，同时也是为了缩小城乡文化差距和知识鸿沟，巩固农村文化阵地，引导农村文化建设向健康方向发展，营造社会主义新农村的新气象。但是，在笔者驻村调查期间，并没有看到，也没有了解到有谁到"农家书屋"去阅读这些资料。显然，村民们获取知识的习惯和能力并没有因为"农家书屋"的存在而得以养成、改变和提高。

为了准确地了解农家书屋利用的基本情况，笔者组织了6位学生在枫村采取偶遇抽样的方式对村民的阅读状况进行了一次基本调查，最后的结果如图5-10至图5-13所示。

图5-10的数据表明：在调查的72位村民中，仅9人去过村里的农家书屋，竟然有39人不知道村里还有农家书屋，24人表示从未到过农家书屋借阅过任何书籍报刊。从整体上来看，虽然我们使用的是拦截式访问的

---

① 刘绍敏：《枫村——民族文化建设的样本》，2008年12月24日，恩施新闻网（http://www.enshi.cn）。

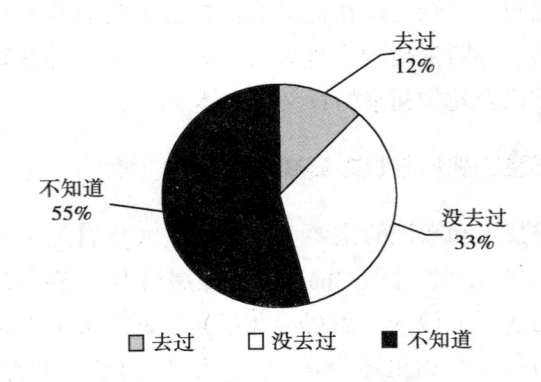

图 5-10　枫香坡村民农家书屋利用情况

方法，但仍然能够说明乡村阅读的基本问题，即"农家书屋"的利用情况严重不足，基本作用远未达到国家层面的制度设计初衷，国家文化工程基本上处于失灵状态。

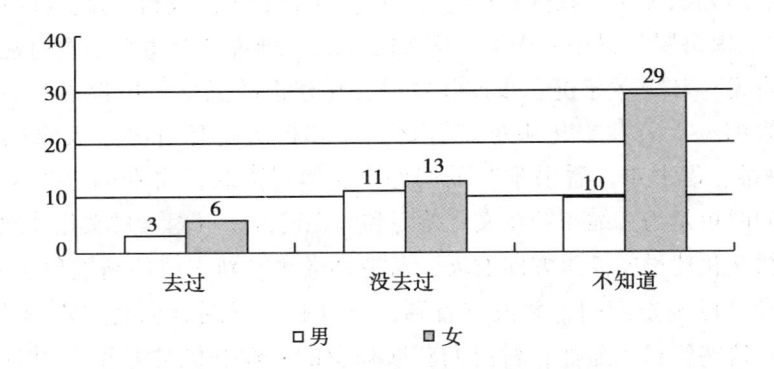

图 5-11　不同性别的村民对农家书屋的利用情况

图 5-11 的数据表明：在被调查的 72 位村民中，无论是到农家书屋看过书刊，还是从未去借阅过，或者根本不知道村里还有农家书屋的存在，这三种情况中都是女性的人数比男性要适当多一些。这是由于留守在村庄的妇女本身就比较多，一些家庭的男性劳动力在农闲时间都到城里打零工去了，所以我们的调查样本也多集中在村庄里的女性村民。

从图 5-12 可知，不知道村庄里还设置了农家书屋的村民主要集中在中老年群体，尤其是 50 岁以上的村民。同时我们也能够从中看到一个令人担忧的现象，那就是在 20—30 岁的年轻村民群体中，尽管他们都知道

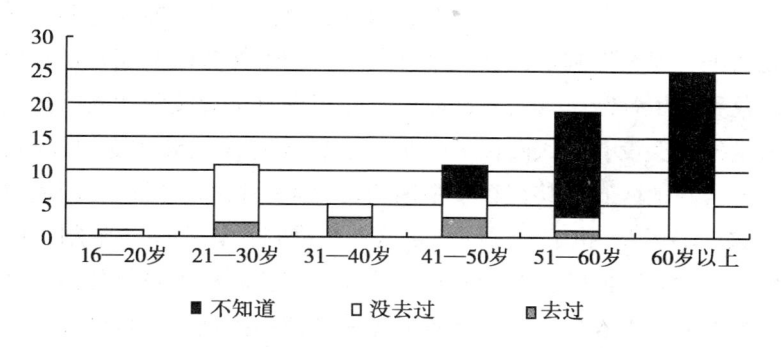

图 5-12 不同年龄段的村民对农家书屋的利用情况

村里在"踩歌堂"楼下设有专门的"农家书屋",但还是有 9 位年轻的村民从未去过图书室看书读报,而这一部分人也许是枫村未来的生力军。图 5-13 告诉我们,在枫村的村民中,受教育水平越低的群体对农家书屋的利用情况也低,36 位小学及以下学历程度的村民要么不知道村庄里有农家书屋,知道的也根本没去过。事后,笔者了解到,他们不去的主要原因也在于识字率不高,一般都是小学未毕业,他们认为自己"看不懂那些书,看了也是白看"。在调查到的 6 名大学学历或者大学在读的村民中,竟然有 5 人知道农家书屋的存在,但就是从未曾光顾那里。这 6 人中有 2 人是当地职院的大三学生,他们都是在枫村民族旅游发展有限公司进行旅游开发时认购了股份的投资者,也是村庄新移民,属于"村庄内部的他者"。有 1 人利用假期在家里农家乐里帮忙,有 2 人在城里有工作,有 1 人待业在家,报考了湖北省的公务员公开招考,正在努力复习备考。

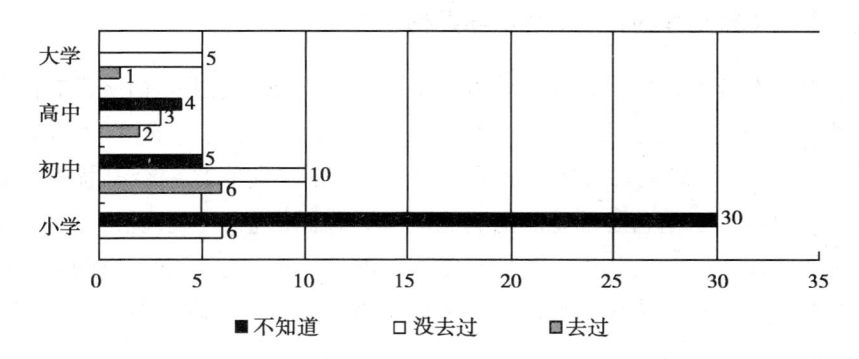

图 5-13 不同教育背景的村民对农家书屋的利用情况

显然，这是一个很粗糙的调查，极其有限的样本量抑或有偏的样本自然也无法进行相关性判定，但在某种程度上还是能够印证笔者在实地观察中的印象和基本判断。其实，枫村民并非很少有机会接触和阅读报纸、杂志。只是他们还没有形成阅读的习惯，也很少有人能够享受阅读的乐趣，这与广大西部地区农村甚至整个中国的情况是一致的。所以，即使政府建立了"农家书屋"，也鲜有人问津。这不仅受村民识字率的限制，而且说明这种国家意志下的灌输式的农村文化建设措施脱离了乡村传播语境，才遭遇了当下的这种农村公共文化服务体系的使用困境。乡村公共文化建设是以公共文化服务体系和公共文化空间的构建为基础，以培育和激发乡村居民的文化自觉为主体，其核心还是要通过公共文化体系的构建、公共文化空间的培育，推动乡村文化自觉和新的乡村文化形态的形成。我们在枫村农家书屋所看到的，政府提供的公共文化产品在内容和形式上并不能很好地满足村民的需要，书刊陈旧，时间距离相对太远，而且村支两委也未给予应有的重视。农家书屋在很大程度上已被当作应付检查主展示政绩的工具，离村民的生活看似很近，其实还很远。倒是在经营农家乐餐饮的村民家里经常能够看到《楚天都市报》《恩施晚报》《参考消息》等报纸。老板说："这些都是来吃饭的客人带来的，看完之后就扔在这里，没人要了，我们就顺便拿起来看看。还可以给另外来的客人提供点消磨时间的东西。"对于大多数枫村民而言，电视才是他们了解地方、国家、国际信息的主要渠道。尤其是对村庄内的非精英群体来说，电视是通往大都市甚至全球化的主要入口。

### 四 电视对乡村生活的消解与建构

在所有的大众传播媒介中，电视最受村民欢迎。电视传播所具有的低门槛、生动性、家庭性等特点，使电视这种媒体具有了温暖的"家庭成员"感。① 电视融入日常生活的明显之处在于："它既是一个打扰者也是一个抚慰者，这是它的情感意义；它既告诉我们信息，也会误传信息，这是它的认知意义；它扎根在我们日常生活的轨道中，这是它在空间与时间上的意义；它对人造成的冲击，被记住也被遗忘；它的政治意义在于它是

---

① 杨星星、孙信茹：《电视传播语境中的少数民族乡村文化建构》，《现代传播》2013年第6期。

现代国家的一个核心机制；电视彻底地融入到日常生活中，构成了日常生活的基础。"① 正因如此，需要我们超越节目内容去思考电视媒介本身的形式、电视建构新的世界观和创造新的社会领域的方式。在乡村传播场域中，电视进入了家庭关系的日常模式之中，能把每个家庭成员团聚在一起，成为调节家庭成员之间关系的重要因素和人们情感与认知能力的中心，给人带来安全感或舒适感。对于乡村生活场域内的留守老人而言，因子女在外劳作或外出务工，自己年事已高，无法继续下地劳动，只能留守在家干点力所能及的家务活，平日里又没有什么人可以交谈，随着时间的流逝他们也就逐渐远离了乡村社会活动中心，或多或少会产生一些孤独感、隔绝感。就像在白天"听电视"的 X 家的老奶奶，电视对于老人家来说，只是让她产生一种与周围的事物和社会还有关联的感觉，通过电视提供的情感体验，支配着他们的经验和想象，使她晚年生活相对充实和充满希望。青壮年人则通过电视去了解大量的新鲜事，在耗费了大半天时间的电视节目中，他们知道了外部世界风云变幻，从奥巴马到卡扎菲，从富士康到华龙村（恩施本土民营企业），足不出户尽览天下事，整个世界就浓缩在小小的堂屋，塑造着他们心中的外部世界图景。小孩子则从电视知道了奥特曼、哆啦 A 梦，知道了灰太狼和喜羊羊，也知道了巴西足球和 NBA。一台小小的电视机把外在的世界带到内在的空间中来，把枫村与整个世界体系连在一起，这种跨越时空的"媒介化的全球化"②（mediated globalization）正在给乡村社会的日常生活提供一种全球化体验，改变着社会生活的情景地理，在乡村的内部和外部创造了新的空间。

在 20 世纪 80 年代的枫村，拥有电视机的家庭只是极少数，因而此时的电视机是把左邻右舍聚集在一起的娱乐工具，强化着家庭经济与邻里和社区的联系，这时候的家庭私人空间因为电视就变成了一个临时性的公共生活区域，拓展了乡村的社会交往空间。现在，村民们的经济状况得到巨大改善，电视机成为村民日常生活的必需品，再也没有村民把看电视作为邻居之间串门的一个目的，大家各自待在家里按自己的兴趣选择电视节

---

① ［英］罗杰·西尔弗斯通：《电视与日常生活》，陶庆梅译，江苏人民出版社 2004 年版，第 4 页。

② ［英］特希·兰塔能：《媒介与全球化》，章宏译，中国传媒大学出版社 2013 年版，第 21 页。

目,曾经把邻里集中于共同的空间及社会框架中的电视又成为把村民分隔起来的工具,电视收看行为回归到一种家庭性的、私人化的休闲活动。不仅如此,电视通过内容的组织、节目的编排和时间的提示等,完成了时间参考标准的转化,而且改变了村民传统的时间感知方式和家庭的生活结构,建构了他们的日常生活时间,实现了以媒介时间为参照系的日常生活和工作的新节奏、新次序和新结构。[①]

在枫村,村民一般都不佩戴手表或者根本就没有手表,他们在具体的实践感知中,一直习惯于没有被现代机械时间拆解的"前现代"时间,其生活与生产实践是依附在自然运行规律之上的,遵循着"生态学时间",[②] 通过对环境的感知来把握他们的社会生活,体现着他们对自然的一种皈依。而电视的介入创造了时间的新概念,实现了他们从"模糊的自然时间"向"精确的媒介时间"[③] 转移,或者说是"生态时间"向"结构时间"转化。[④] 因为电视节目总是与相对固定的时间保持一致,村民们所形成的对固定节目的固定收视习惯,促使他们对现代性时间概念中"时段"的分割有了新的认知和精准把握。而作为结构化的媒介时间的存在依赖于村民对媒介的使用。当他们打开电视机,就开始遵循媒介时间,当他们按下遥控器的关机按钮,媒介时间也就不复存在,开始转向了模糊的自然时间。白天劳作时,他们遵循着传统的模糊的自然时间,通常依靠经验和身体对饥饿的反应判断着时间的早晚,安排生产实践和控制自己的身体节奏。尽管有手机,也有时间提示,在村民看来,手机是交流的工具,不是他们支配劳动作息时间和进行身体管理的工具。村民的身体也不像城里人那样被机械时间所规训,无所谓工作时间与下班时间的区别,一般也没有城里人那样有时间固定的一日三餐,基本上凭着生理饥饿和疲劳程度来决定是否应该吃饭或者休息。到了傍晚吃饭的时间点,家里人会来

---

① 邵培仁等:《媒介理论前沿》,浙江大学出版社2009年版,第99页。
② [法]乔治·古尔维奇:《社会时间的频谱》,朱红文等译,北京师范大学出版社2010年版,第37页。
③ 陈俊妮:《少数民族村落的边缘化社会生活与现代媒介的影响》,张志等《人·媒介·社会:互动与发展——当代媒介环境下的社会生活地域文化与人类传播考察》,中央民族大学出版社2012年版,第483—507页。
④ 张柠:《土地的黄昏——乡村经验的微观权力分析》,东方出版社2005年版,第26—33页。

个电话,通知正在茶园里劳动的亲人——回家吃饭或者做饭的时间到了。这时,模糊的劳动时间结束了,当然也意味着自然时间的结束,开启了媒介时间所规定的社会生活模式,在这种以客观的、世俗的物理时间为基础,从一种"自我时间"(self-time)转向另一种与电视媒介的"互动时间"(interaction-time)①内,乡村和城市之间具有了同时共存性,地理距离和文化滞后之间的关联不复存在。而媒介时间的长短则由电视节目的内容是否足够吸引村民的兴趣来决定。"不同的人有不同的时间体验。"② 电视的黄金时段不一定就是村民的黄金时间,因为在电视的黄金时间段,村民们还在劳动。但毫无疑问,电视改变了村民对日常生活中的社会时间体验,影响着他们作为文化再生产的主体对社会生活的行为参与。

科塔克在实地调查了阿伦贝皮村民的电视收视行为后,发现电视对这个巴西小渔村来说,不仅是"最强大的信息传播者、观点塑造者和社交中介之一。电视在转瞬之间传递着国内外的图像和信息",而且推动了消费文化在阿伦贝皮的扩张,"刺激了货币经济的参与"。③ 对于远在中国内陆中部地区的枫村而言,电视的全球传播同样扩展了村里人的视野,使其超越家庭和社区的边界,在家庭和国家之间架起了一道桥梁。丰富多彩的电视节目正成为村民与世界同步并"对话"的重要方式,成为乡村生活方式的建构者。从这个意义上看,现代传播是全球化的加速器,枫村与阿伦贝皮的命运都一样。就日常实践层面而言,电视把异国景象、他乡风情和亲戚、朋友、邻居之外的"陌生而又熟悉"的人群带进家庭、带入生活。电视,让村里人看见了大都市,让城里人看到了乡下人,也让村里人看到了他们自己。枫村的第一台电视机,村民早已不再有清晰的记忆,许多村民家里的电视机也早在几年前开始的扩大内需、刺激消费的"家电下乡"等国家宏观经济调控政策,或者"以旧换新"等商家促销优惠活动中,换成了和城里人一样的平面数字电视。对于电视,村民给我留下的

---

① [英]约翰·哈萨德:《时间社会学》,朱红文等译,北京师范大学出版社2009年版,第68—69页。

② Alan B. Albarran & Angel Arrese, *Time and Media Markets*, Lawrence Erlbaum Associates, Inc., 2003, p. 3.

③ [美]康拉德·科塔克:《远逝的天堂:一个巴西小社区的全球化》(第四版),张经纬等译,北京大学出版社2012年版,第196页。

最深刻印象就是——电视增长了见识,有了电视你可以足不出户就能了解整个中国,整个世界。在调研中笔者也发现,那些从未去过和不知道"踩歌堂"下还有个农家书屋的村民,一般都是以电视作为获取信息的第一渠道,而且最喜欢看的节目也集中在电视连续剧。无论多么"雷人"的抗日剧,他们也能从头追到尾,眼里和口中流露出的都只有佩服和赞叹,哪管戏中人和事是真还是假,只要打的是"日本鬼子"就行了,电视的政治教化和社会记忆唤起功能就在这种"即得即享乐"的乡村传播场中"润物细无声",爱国情感与政治意识由此习得。

在乡村地区存在着一种自相矛盾的情感,对过去的生活方式眷恋不已,但又清楚过去的方式如今已不再可行。而电视连续剧的内容每天进入家庭,越发强调和固化了这样的观念。久居山村的村民通过电视所构建的"媒介世界"来获得对社会场景的认知。电视媒体"以现代性的外观表达着感性化的、非理性化的潜在内容",进行着"消费主义意识形态和视像的欲望化生产"。① 电视把大城市带到了小山村,不仅带来了城市的魅力,也带来了城市角落里那光怪陆离的复杂景象。电视中的高富帅、白富美与真人秀,带给乡村年轻人"灰姑娘也有春天"的梦想,所以他们赋闲在家,无所事事,成为离土不离乡的"新农民",他们与土地的关系越来越疏离了,他们与土地的感情在电视提供的都市想象中却没有得到重构。电视中的众多节目和画面为村民提供了一种真实生活的替代品,有研究者认为,"电视正在摧毁乡村(认同)"②,弱势的乡村在强势的电视中被边缘化了。其实,与城市相比,乡村并不像城市丛林里的个人和家庭一样的原子化存在,也不像城市社区中邻里之间的沟通机制缺失,人际疏离。社区里的居民大多"宅"起来"个人看自己频道,个人看自己节目"的异质现实。③ 乡村里的电视很多时候不仅是邻里之间交流的桥梁,同时也为邻里之间"谈家常"提供了丰富的内容,从而参与到邻里的生活,推动村庄内部的互动行为,无形中增加了乡村共同体的内群("我们群体")

---

① 戴俊潭:《电视文化与农民意识变迁》,山东人民出版社 2012 年版,第 186 页。

② 左晓斯:《可持续乡村旅游研究——基于社会建构论的视角》,社会科学文献出版社 2010 年版,第 77 页。

③ 雷蔚真:《社会与电视转型——媒体数字化理论研究》,中国大百科全书出版社 2012 年版,第 129 页。

凝聚力。枫村在 2008 年曾两次上了央视新闻联播，MSE、FXL 也出现在央视屏幕上，这在边远的少数民族乡村可是件大喜事。因为在村民们的观念里，从来都只有少数人才能得到电视的恩宠而出现在荧屏上被宣传和肯定，而更多的只能永远扮演旁观者。所以 MSE、FXL "上了中央电视台"，自然让村民十分羡慕，一度成为村民茶余饭后的谈资。到今天，仍然是枫村村民对外炫耀的资本，大家都认为：如果没有枫村侗族风情寨的建设，也就没有电视里的枫村的现在。电视无形中建构起了一种共同体认同，成为村民们对自我、集体和社会定位的重要参照系，新的文化认同也得以建构和巩固。

图 5-14 央视里的枫村人

当然，电视在乡村也启蒙了村民对社会问题的关注。在笔者借宿的 L 家，央视的"今日说法"、湖北电视台的"调解面对面"是他们家每天必看的两档节目，而且男主人也经常同笔者交流对社会时事的看法，发表他们的见解。或许是这两档节目的播出时间正处于他们一天中能稍微空闲下来的时间段，另一个原因就是"太贴近我们的生活哒，有时候放的就跟我们各人身边的事情一样，还真是让我们长了不少见识"。这种贴近生活的亲近感，使电视"融入了日常生活的经纬和体验，发挥着一种温和的效力，其构成方式复杂之至，以至于抵制和颠覆都难之又难"①。这种习

---

① ［美］劳拉·斯·蒙福德：《午后的爱情与意识形态——肥皂剧、女性及电视剧种》，林鹤译，中央编译出版社 2000 年版，第 15 页。

以为常的经验、当下的体验与行动、共同的愉悦感交织在一起，共同构筑了电视在 L 家庭的日常化体验图景。

L 家是三代同堂，上有七十多岁的老母，下有两个正在念书的儿子，大的在上寄宿中学，每个礼拜回家一次，小的在村里上小学。夫妻俩对孩子教育都相当重视，要求严格。哪怕就是对上小学的小儿子也是如此，每天都必须先完成作业，然后再帮父母做一些力所能及的家务事后才能看电视，当然这时候他基本上也只能无奈地和大人们坐在一起，观看大人们爱看的节目，对他而言，也算是聊胜于无。从另外一种意义上说，收看电视本身就提供了一种媒介，有助于家庭成员共同在场，也是家长根据电视内容对子女进行现身教育的时间。每当看到电视节目中出现的草根阶层的生活状态，老 L 总会拿出来给孩子说道，尽管上小学的小儿子根本就听不懂甚至还有些不以为然。对于孩子的教育和约束，按 L 的说法就是：

> 自己吃哒没好生读书的亏，只能天天下苦力，面朝黄土背朝天，辛辛苦苦一年，还不如你们大学老师动动嘴皮子。我们的态度是，娃儿有好大的本事我们就支持好大，他各人有那个命，读到哪里算哪里，拆屋卖瓦我都供他读到哪里，不能让他们还吃和他妈呀老汉一样的亏。我们那个时候没得人管，妈老汉又没得钱送，所以现在我们当家长的只要有这个能力，就一定要吸取教训，把他们管好。父母尽心了，他们各人不鼓劲，那就怨不得哪个哒。

所以，老 L 夫妇对孩子收看电视节目的认识并不在于学者们所讨论的电视节目内容对孩子成长的"教化"或"培养"作用，而他们首先想到的是看电视对学习时间的侵占和浪费。联想到自己的青春被浪费，曾经年轻过的父母自然拥有决定收看电视的时间和内容的绝对支配权。

电视除了嵌入村庄的日常生活之饮食起居，带给村民城市想象之外，电视也是乡村里的一种社会性、集体性的仪式化工具。当人们在同一时间聚集在电视机前观看同样的节目时，电视为人们提供了一种共同的体验，塑造了一种集体的仪式参与感，无形中进行了有效的社会动员。在枫村，看电视有时就是一个政治任务，建构着村民心目中的国家认同，是村庄里

图 5-15　枫村村民收看党的十八大电视直播

重要的"政治社会化工具",成为一种融入生活的政治社会化手段。①
2012年11月8日,适逢中国共产党第十八次全国代表大会召开之际,村委会根据上级要求,也要组织村民收看党的十八大电视直播、学习十八大精神。当天,村委会组织枫村的村民积极分子,在踩歌堂上收看现场直播,听一听、议一议看有没有什么新政策。聚集在舞台中间的电视机前的村民们,他们的脸上、行为表现和语言都充满了专注、崇敬和虔诚。当听到胡锦涛总书记说将继续加大对少数民族地区、贫困地区的扶持力度时,大家不由自主地也跟着鼓起掌来。在报告结束后的座谈会上,FDF率先发言:"我们枫村的茶叶产业、休闲旅游能发展到今天这个样子,我们能过上现在的好日子,以前真的是想都没想过,还是全靠国家对我们少数民族地区的扶持政策。听了总书记的报告,反正我的信心是更足了,趁着政策好,我们各人要使力,争取搞得更好。"这种集体的收视行为恰好说明了现代性政治经过大众媒介所传播的公共信息(以及公共娱乐)与大众消费的形象、实物与观念的混合建构起来的互动过程,说明乡村社区内部个体、家庭和集体为了建构自我的身份接受了这种方式,也说明个体与集体社会行动的基础。

---

① 张昆:《大众媒介的政治社会化功能》,武汉大学出版社2003年版,第66—68页。

电视作为一个意识形态话语场域,"创造了各种符号网络"①,成为乡村生活中的另一个仪式中心,每一个细枝末节都成为社会文化与国家意识的符号性象征。每一个电视机前的村民都成为这个政治仪式的参与者,其认知触角已从乡土社会的文化"小传统"向国家利益与民族复兴的政治意识形态"大传统"拓展。在乡村社区,以电视为首的大众传播作为一种媒介仪式或集体庆典,已经嵌入乡村社区日常实践的方方面面,其传播的"信息结构是按照国家意识形态战略的要求来安排的,而且被赋予特定的意义"②。电视媒体通过一系列动态的、弹性的国家叙事策略促进了国家对乡村社会的整合,建构着国家政权和政府的合法性,在有形的地域塑造着无形的"想象认同空间",激发着村民的集体意识、民族责任感和国家归属感,建构起一种占统治地位的、主流的国家文化。显然,就枫村的电视媒介来说,它在被镌刻上社会与文化意义的同时,也在社会与文化之上镌刻了自己特有的意义,所以作为技术的电视在乡村社会里"既是象征之物也是有形之物",③能够让我们在一个超地方的(supra-local)框架内审视不同地方的政治和文化。

不过应该强调的是,电视的影响并不是当地社会对不可抗拒的外来刺激所表现出来的一种简单、自动反应,乡村居民并不是电视的消极受害者。相反,很多村民通过自己的方式,把电视传播的信息和观念,融入他们自身的生活与生产中。因此电视虽然不是唯一的,却是能够卓有成效地改变社会文化环境的一种工具,它不仅改变着乡村社区内的公共空间与私人空间,也改变着乡村日常生活的物理空间与社会空间之间的关系。当然乡村居民与电视之间的互动,也会导致出现不切实际的计划、虚妄的奢求等。要真正理解电视在乡村的作用,就不能脱离电视这个"象征之物""有形之物"的系统,它已日益嵌入乡村社区的政治、经济和文化维度之中,其影响被它在乡村里所处的多样化的时间和空间的位置置换并扩散开来。不管怎样,电视已经嵌入乡村日常生活的多重话语中,其影响过程并

---

① [美]罗伯特·C.艾伦:《重组话语频道》,麦永雄等译,中国社会科学出版社2000年版,第343页。
② 卿志军:《电视与黎族生活方式的变迁》,中国传媒大学出版社2013年版,第72页。
③ [英]罗杰·西尔弗斯通:《电视与日常生活》,陶庆梅译,江苏人民出版社2004年版,第118—120页。

不是一种简单的事情，我们不要只把电视理解为影响之源，实际上它既不是简单的有益，也不只是简单的有害。

## 第五节　个体赋权：新媒体与乡村日常生活的现代性

保罗·霍普说："技术的发展是共同体生活所面临的另一个挑战，尤其是它对工作与休闲的方式所带来的影响。"① 而新媒体技术的发展，更为我们提供了无须囿于现实社会的地理环境就可以建立起社会关系网络的新途径，在人们的工作、休闲和人与人之间的相互关系上产生深远的影响。这些新的ICTs"能够满足人们呼吁的更自由、民主、休闲、权力分散和个人创造性的需求"②，体现了人对媒介的深度依赖以及媒介的以人为中心，一切皆为媒介，人也是媒介形态。从这个意义上说，技术为我们带来了交往的便利，打通了人类媒介环境的各个空间，形成一个泛在连接的大空间，不断地改变着人类传播方式，"让人随时随地'在场'，使沉浸传播从'遥在'拓展到'泛在'"③，重构了媒介与人的关系，不仅深入社会的各个领域并促进了环境的媒介化，同时也突出了以个人为中心的行为方式，改变了人们交流、体验与生活的传统环境，减少了人们参与地方共同体生活的直接需求，让身处乡村社区场域中的个体突破传统的"共同体边界"④，步入新的共同体空间。确切地说是从一种空间的身体"在场"（presence）进入另一种空间的心理和情感"在场"，处于一种"不在场（absence）的在场"或"在场的缺席者"状态。他们在新的共同体空间中生产意义，实现关系转换，并获取新的社会资本，建立新的关

---

　　① ［英］保罗·霍普：《个人主义时代之共同体重建》，沈毅译，浙江大学出版社2010年版，第63页。

　　② ［英］凯文·罗宾斯、弗兰克·韦伯斯特：《技术文化的时代：从信息社会到虚拟生活》，何朝阳译，安徽科学技术出版社2004年版，第139页。

　　③ 李沁：《沉浸传播：第三媒介时代的传播范式》，清华大学出版社2013年版，第41页。

　　④ 共同体的边界包括地理的、血缘的、感情的、社会的界限。对于乡村社区边界问题，折晓叶在《村庄边界的多元化》一文中作了专门讨论。她认为村庄边界既包括村庄疆域性界线，又包括村庄主要事物与活动的非疆域性边界。前者是地理上的概念，是以地缘和亲缘关系为基础的地域共同体的实际范围。后者则包括了村庄的经济组织，组织、群体与个人的市场经济网络，人群与个人的日常交往网络以及社会关系网络所涉及的范围。这里的共同体边界更侧重于社会边界。

系网络，形成新的认同。

## 一　无线Wi-Fi与"扯白堂"空间功能的新拓展

"扯白"为当地方言，类似于四川人的"摆龙门阵"，西北人的"拉话话"、东北人的"唠嗑"，也就是我们所说的聊天、拉家常。不过，闲聊一定是建立在拥有大量空闲时间基础上的。只有在生产力不发达，生活节奏不快的情况下，村民才会有大量的"农闲"时间。这时候，如果乡村公共文化服务体系缺失，乡村公共文化活动缺位，那闲来无趣的村民，除了看电视，就只有靠打牌、聊天打发时间。分管旅游工作的H说："过去，这里的老百姓守着金饭碗没饭吃，地少人多，贫穷落后，思想保守。农闲时无所事事，打牌赌博，酗酒闹事，社会秩序比较乱。"

今日的枫村，在当地政府主导下，进行了农村产业结构调整，村民不再为日常生计而发愁且手头有了富余资本的时候，原来那种站在家门口、蹲在田埂上就能东家长西家短的"扯散白"，除非针对特定的事情需要交流，已很少能够在村庄内的男人之间维持下去。村民们一旦清闲，一般都会走到户外"找活路"，绝不会像城里人一样"宅"在屋里。而且今日的"扯白"还就得有一个合适的场所和媒介，"斗地主""打麻将"的牌桌就是维持"扯白"时间的常用工具和空间。遇到天气晴好又闲来无事，吆喝上三五个人，搬张四方桌，拧几把竹椅子，在家门口的院坝上，泡上一壶绿茶，几个人就可以一坐一聊一下午。玩也玩了，事也说了，赢了的笑逐颜开，输了的骂骂咧咧，心有不甘却又自认晦气。但这种形式的"扯散白"一定是建立在地里的农活该做的已经做了，要处理的事情也处理完了的基础上的所谓"休闲"，与H领导评价语境里的"打牌赌博，酗酒闹事"还是有所区别。辛苦劳动之后，放松紧张的肌肉和神经也是一种生理需要。大家都知道每个季节劳动内容的轻重缓急，绝不会看着长在茶园里的绿色"黄金"，由嫩绿的毛尖变成不值钱的老叶掉落在地里"化作春泥"，而自己躲到一边"三个一群、五个一党"去喝酒打牌。其实，在乡村传播场域中，"扯白"这一乡村日常的人际传播形式是维持乡村内生秩序的重要方式，人们用"扯白"维持着日常生活中的社会关系，凝聚着村民的社区认同。

"扯白堂"，言下之意就是专门用于"谈散白""摆家常"的场所。

**图 5-16　枫村文化馆里的"扯白堂"**

枫村的扯白堂是在建构侗族文化空间过程中，设计规划者根据侗族日常生活习俗而创造出来的一个具有文化符号意义的"聊天空间"。它设在侗族文化馆内。文化馆里陈列的是从民间收集上来的侗族人民日常生活的各类物件、生产工具。作为空间的"扯白堂"与侗民族的其他民间生产工具、生活用品一起陈列在文化馆，组成了一组"可读性"的民族文化符号。看似保留着民族民间的文化记忆，通过传统的再现实际上在新的乡村共同体内生产着新的文化记忆，成为乡村社区内的一个文化、社会与政治的交互活动而产生新文化的场所。

显然，枫村侗族文化馆里"陈列"的"扯白堂"不是专为乡村共同体成员"扯散白"的场所，而是民间文化记忆符号的展示，是一个专供游客凝视的空间，属于当代可参观性的再生产。但是，为了维持文化馆的日常运转，现在的"扯白堂"又不能只是一个具有象征意义的民俗文化符号。于是，精明的 D 馆长把原本作为一个被展示的空间，利用其真实的文化意涵，摇身一变，实现了"扯白堂"的空间再生产，开辟成为游客休闲娱乐区——卡拉 OK 的大舞台，扯白堂后面安放了一套卡拉 OK 电脑点歌系统，休闲的游客可以在此引吭高歌，歌声的优美动听与五音不全在这里已然不重要，重要的是能够让都市生活的匆忙与疲惫化作一首首流行风，遁形于乡村的山谷。

2011 年笔者第一次带女儿进入文化馆参观时还得按成人 10 元、小孩 5 元购买门票；后来就演变成最低消费 10 元免门票；2013 年我们再次进入时，既不需要购买门票，也没有最低消费的"霸王条款"，进出自由，参观自由，消费自由。不仅如此，"侗族文化馆"的牌匾上方还拉起了一条长长的大红横幅——"枫村侗族文化馆山庄欢迎您"。为此，他们还专门设计了山庄的 Logo。文化馆的馆长还是 DDL，而文化馆山庄的经理就是 D 馆长的儿子小 D。

小伙子很热情，他逢人都笑嘻嘻地递上一张山庄的优惠卡，背面印有服务项目："品茶就餐，自助烧烤，小型会议，各类聚会，卡拉 OK，棋牌娱乐"，正面强调："凭此卡来山庄消费 8.8 折优惠"。他还在游客必经的路口立了一块天蓝底色的醒目广告牌，上面写着"侗族文化馆免费开放，团年宴现杀年猪火热预定中……赠送篝火"。在文化馆门口又立了一块白板，上面不但把山庄的服务项目和环境布置进行了简洁介绍，而且还突出了山庄的比较优势——"上网：无线 Wi-Fi，畅游网络；K 歌：专业音响，让您放歌山林"。学市场营销的小 D，他想通过"上网 K 歌"的独特性吸引"年轻、优质、高端"的游客，因为这些群体有他期待的购买力。这从白板上的友情提示——"本馆场地宽敞，设备齐全，有优秀的服务团队，是举行同学会、同乡会、生日聚会、商品推介会等各类大中型活动的理想选择"，可见一斑。

在村庄内的 13 家农家乐中，D 的文化馆山庄是唯一一家提供免费无线上网服务的。也正是受"上网 K 歌"的诱惑，来侗寨游玩的客人尤其是年轻人都会怀着一颗好奇之心，到文化馆里去看一看，逛一逛，歇一歇，坐一坐。在扯白堂里休息的间隙，自然会习惯性地打开手机，玩个自拍，刷刷微博，摇摇微信，发个说说，表明自己到此一游。此时，虽然"扯白堂"的确给人们提供了一个休息"扯白"的场所，但是 Wi-Fi 的存在又让人们改变了自己"扯白"的地理场景，在虚拟空间和遥远而似乎又近在咫尺的他（她）"扯白"。

## 二 小 J "蹭"网与社会交往空间的拓展

在枫村，互联网入户率不高，但对于年轻一代的村民而言并不陌生。在调研中，笔者发现有 5 户世居于枫村的人家买了电脑，也接入了互联网，电脑的操作者无一例外都是他们的子女。不过，多数中青年的村民还是表达过想买电脑安装宽带的愿望，主要目的就是让孩子学习方便，"现在小学生的作业我们都搞不来哒，搞一半天也做不出来，还不如娃儿各人做呢。你说老师让家长辅导，我自己都搞不来，怎么去辅导嘛，没得办法辅导，所以就听别个说你买台电脑撒，娃儿们搞不懂的可以让他自己上网去查，这下就省事多哒"。在年长的村民那里，互联网就是高科技，互联网是一个很时尚的名词，是一种很神秘的技术，"想学，但没处可学；想学，但又学不会"。这一现象在张明新等人对农村互联网使用情况的量化研究中也得到佐证，他们的研究表明，"中国大陆乡村地区，互联网的低采纳率是人们关于互联网的知识过少这一因素的直接后果"[①]。

在寨门旁"美食一条街"上的店铺和饭庄，没有接入互联网的中青年一般都使用手机上网，手机 QQ 和微信是第一大应用。这些作为旅游开发投资认购者的村民虽然具有法律意义上的"村民"身份，但寨子里的村民一般和这些以投资者身份进入村庄的人家交流得不是太多，真正的村里人还没有认同这些人家的村里人身份，他们仍然属于"村庄内的他者"。不过，在田野作业中，我发现寨子里的本土村民对这些"外来的村里人"的挣钱门道和他们所带来的新信息，倒有相当大的兴趣，总觉得这些人还是"有些名堂、有些门路和板眼的"。

无线 Wi-Fi，对绝大多数 40 岁以上的村民而言，是绝对的新鲜概念，前所未闻，不知道怎么读，更不知道怎么用。但在城里上过大学、外出务工返乡的年轻人就不一样，他们不但了解，而且还善于利用。20 多岁的小 J 是我遇到的第一个使用手机上网的村里人。除了家里的父母兄弟姊妹，她在平时生活中联系最多的就是同学和打工时结识的朋友。2009 年她从恩施职院毕业，父母想她就在恩施城里找个工作，处个对象，把家安在城里。但她没听，只身一人来到广州一家仓储公司当保管员。挣的工资勉强能够应付她在广州租房、吃饭及其他日常开支，一年下来，几乎没什么结余寄回家里。每次给家里打电话，父母就催她赶紧回来，家里的茶园收益不错，缺人手。反正觉得在外面打工又苦又累，工资又低，于是她在 2010 年年底就辞掉广州的工作，返乡做起了"农民"。在我和小 J 的闲聊中，她知道了我的大学教师身份后，主动表示可义务做我的报告人，后来笔者在村里做调研时，她只要有空，就陪同笔者走家串户，介绍情况，还真正帮了笔者不少忙。

在小 J 看来，政府在枫村开发乡村文化旅游后，对村民们的生活带来

---

① 张明新、韦路：《知识、态度与乡村社会的家庭互联网采纳》，（香港）《传播与社会学刊》2009 年总第 10 期。

不小影响。她觉得枫村最吸引外来游客的一个是美食，一个是优美的环境。至于民族文化，她觉得除了传统建筑外，还要注重日常生活的民族特色，不单单只是为了表演，这样就更好了，更像真实的侗族文化村了。这也反映出小 J 对经过民族文化资源移植后的乡村共同体有清晰的认识和比较，但新的社区认同也正在逐渐形成。在访谈中笔者发现，其实小 J 在踩歌堂楼下看到过农家书屋的牌匾，但她就是没有进去看过。她告诉笔者：平时没什么事情的时候，最经常做的事情就是看电视连续剧，要么就是打牌和上网。她还为此花了 3000 多块钱给家里买了一台电脑，装上了电信宽带。笔者与小 J 进行了深入访谈：

笔者："你上网一般都做些什么？"

J："反正现在不是回来哒嘛，帮屋里做点事，管理一下茶园。但我又不太懂嘛，所以弄台电脑可以上网查资料，不懂的还可以在网上提问，比到那个农家书屋去看么子书快得多，而且网上的意见回得也及时，方便。我现在上网主要就是看一些实用科技致富信息、农产品销售信息，再就是法律方面的，还偶尔看看网易新闻啦。还有一个就是我经常也在网上淘东西，家里的好多东西就是我从网上淘回来的，比在市场上买要便宜好多，而且不满意你还可以直接退货。就是我妈和老汉儿他们不太相信网上的，总是觉得事先没看到东西，还是不放心，怕上当，其实也还好啦。"（在芭蕉集镇，申通快递公司设置了代理网点。）

笔者："你还喜欢在网上看法律方面的东西？"

J："是啊，我还打算在淘宝上开个店呢，专门卖茶叶。现在的人都还是要各人懂一点法律知识好，有时候遇到不公平的事情了，政府解决不了的话，可以到网上，扩大影响，把事情闹大了，自然就会有人管哒，你看现在网上曝出的一些强拆迁呀、强征地呀、城管打人啦，网络曝光后不是好多都得到关注了嘛。"

笔者："嗯，开个淘宝店这个主意还真的是不错哟，可能比到芭蕉街上和城里卖给茶叶贩子要好一些，开始可能影响不大，慢慢来，尝试一下也不损失么子。那你可以先开个微博，先慢慢把影响弄起来。对哒，你有没有微博？"

J："有啊有啊，就是粉丝不多，才百把个。您关注哈我撒。"

笔者："没得问题。你把你的账号告诉我嘛，我记到起，回去后就加你。"

J 有点不解，反问："您不是有手机么，手机不就能上网吗？马上就可以加呀！"

笔者笑着回答："我没你们那么高大上啊，你看嘛，我还处于 2G 时代，我的手机上了不网。是不是觉得不可理解？"

J："确实确实，连我们都用苹果哒，您家堂堂一个大学老师，哪门还用个几百块钱的破手机哟，我怕您的学生都笑话你哟，他们用的手机肯定都比您的高大上。那您把账号告诉我，我粉哈你就行哒。"

笔者把自己的微博账号告诉她之后，她熟练地在手机上很快就操作完毕，还说："那我也不问您的微信号哒，估计没得，看您也不像个老古董，哪门一点都不与时俱进呢？"

笔者笑笑，不置可否，继续问："你有微博关注的人主要是哪些？"

J："哈哈，我是个吃货，粉得最多的就是美食的、保健的。还有就是一些名人，大 V，他们说的有些话还是很有道理，能够给我们好多启发。"

笔者："你屋里可以上网，那你还用手机上网，一个月开销应该不少嘛。"

J："那是的嘛，回去哒就上电脑，在外面用手机上网嘛。反正我的手机套餐送得有流量。嘿嘿，就是我每个月都不够用。"她还坏笑着告诉我："所以我有事没事就喜欢跑到下面的文化馆去蹭 D 经理的网呢。免费 Wi-Fi，这样流量就耗得少了，爽。"因为是同龄人还是大学校友，小 J 和小 D 经常相谈甚欢，还经常通过微信频繁互动。

当笔者问到小 J 手机上网一般都做些什么时，她说："和同学、和朋友聊聊天呗，再就是看视频，哦，对哒，我还喜欢在手机上看小说。只是视频流量大得很，一个月下来都要百把块钱，上个月交了 100 块，被我妈诀糟哒的嘛（'骂惨了'），说屋里头安得有电脑，还找手机上网，钱多得没处花哒，跟您前头说的一样，看来您和我妈、老汉（指母亲和父亲）一样，我们有代沟哒，哈哈。"说话间，她手里的粉红外壳的手机"叮咚"一声，她瞟了一眼，说："刚才加的一个微信好友跟我招招呼了。"

笔者："可不可以问你一个很私人化的问题？当然不是打听你的隐私哦，你可以不告诉我，你的微信好友一般都加哪些人？"

J："这个没得么子了不起的。我一般都是加的认识的人，不熟悉的加得很少，尤其是那些不怀好意的，我都不理，刚刚加的这个是我大学同学的朋友。我们也就是经常聊聊一些同学时候的故事，相互问问近况，证明还没失踪,哈哈。"

在传统媒体背景下,人们必须依赖于面对面的交流才能实现社会参与和人际互动,微观层面的个体社会资本都需要靠个体直接使用和积累。现在,基于移动互联技术的新媒体已经代替了人体的许多功能,打电话、发短信、刷微博、发朋友圈等就能够参与到社会交往当中,完成自己的社会资本积累。笔者关注了小J,虽然她的粉丝当时只有103个,而她关注的账号有上千。她的微博原创内容都与枫村风土人情、恩施玉露和自己的生活琐事相关,数量不多,更多的是转发自己感兴趣的内容。其中,转发和@较多的就有"@恩施土家女儿城""@恩施同城会""@吃喝玩乐在恩施""@美食达人""@时尚健康生活SHOW"等。

由于技术的区隔性和村民的节俭习惯,枫村原住村民的新媒体使用还相当有限。对于手机,功能机是村民消费的主流,以同家人、亲戚、朋友打电话为主,发短信在父母辈群体是极为罕见的,他们保持着固有的生活节奏和状态,安静而惬意。利用手机上网获取信息甚至进行社会交往,只发生在极为有限的年轻人群体,相对于微博,微信使用更多一点,但并不频繁,尤其是微信语音聊天等社交媒体的新功能,在使用微信的村民间极少使用,相互联系仍以电话或短信为主。他们每月的手机通信费用一般都在30—50元。尽管他们现在的经济条件已大大改善,甚至比生活在城市里的相当一部分人家都富裕,但资费仍然是多数村民选择手机时的首要考虑因素。

在小J身上,可以看到村庄里的年轻一代使用新媒体的"一斑":她在广州务工时的生活和工作场域中形成的"惯习"仍然深刻地影响着返乡后的行动逻辑。从农村到城市务工的村民一般都是熟人之间相互介绍,很少有人在没任何信息来源的情况下在一个陌生城市单独行动。小J的QQ好友、微信朋友圈、微博粉丝都与以前的学习、生活和工作场域密切相关,依然在原有的关系网络中交换信息和资源,但与此同时,原来的关系网络又在她回到乡村社会场域后生产着新的社会关系,形成一张社会关系网络,给她带来新的社会资本。所以,"新媒体不仅在虚拟的意义上建构着事实上的社会关系,也在一定意义上成为使现实中的社会交往和社会关系得以发生的重要媒介"[①]。手机、网络等ICTs不仅是她维系个人社

---

[①] 李环:《新媒体环境下新生代农民工自我身份认同研究》,硕士学位论文,汕头大学,2011年。

关系网的工具，更是她展示个性、表现自我的一个舞台和表达利益诉求的理想渠道。所以，不管是传播行为所产生的社会关系还是由此延伸出来的信任关系，都与人所处的时间和空间的结构变迁联系在一起的。而且通过小J的新媒体使用场景，同样可以看到技术与乡村的政治、经济和文化之间的内在关联，小J在"扯白堂"的"蹭网"行为已经证明了技术不仅仅是属于它本身，技术在决定社会生活的其他因素的同时，正在不断地改变着环境与主体。

　　小J对ICTs的主动采纳和使用，在一定程度上模糊了对自我身份的认同。既不认可甚至反感笔者给她贴上的"枫村的新生代农民"的文化身份标签，但没有固定工作单位的小J又不属于村民眼中"拿按月块块（指工资收入）"的"单位人"。① ICTs的使用在很大程度上帮助了她对自身社会关系网络和混合身份的建构与管理。更重要的是，智能手机在年轻一代的村民间日趋普遍，并在潜移默化中改变着他们之间的互动模式，甚至是群体形态。在新媒体的使用过程中，当这些乡村里的年轻人与不同的人建立真实或虚拟的关系时，ICTs所提供的虚拟化联系不但让他们可以暂且搁下"新生代农民"的身份标签，自觉不自觉地忽略他们身上的原有痕迹，自由扮演不同的社会角色，以新的文化身份获得自我的意义，还可以抽离他们现实生活中的不如意，给予他们对未来生活的想象，让他们在不断地身份探索中收集各种不同身份的信息，结合自己的期望，体验着不同身份所带来的内心感受和情感意义，并且通过自己的生活体验来重新诠释乡村日常生活的变迁，又依照自己在城乡的时空交替中所形成的新的生活体验建构起自己新的日常生活规则。小J在"扯白堂"的"蹭网"行动，既掺杂着传统乡土社会的"扯白"成分，更是以"扯白"为由头，实则利用的是现实空间中的ICTs服务，到虚拟的社会空间中去"扯白"，建立新的社会关系，获取新的社会资本，城乡、地区、技术与经济的支配

---

① 在农村人眼里，辛辛苦苦送孩子上大学的目的就是要跳出农门，出人头地，成为按月拿薪水的"单位人"，这才是体面的工作，这才是读大学的意义，哪怕他们在农村的收入比所谓的单位开出的薪资要高出许多，但你仍然局限在农村。虽然他们知道现在国家不再对大学生实行计划经济时代的"统包统分"，是自主择业，但是大学毕业找不到工作，在村民看来仍然是件想不通的事情。花了这么多钱读书，最后还是回到农村，这完全超出了村里人的认知范围，还没有实现从计划经济的"单位人"向市场经济的"社会人""市场人"的观念转变。实际上这就是农村发展的困境与文化危机——身份认同危机。

性力量重叠交织于她的生活世界。小 J 就在移动互联这张流动的网中去发现"手机之外的江湖",传统的乡村生活空间产生出"新的延伸"。"扯白堂"只是她使用新媒体的地点、时间和社会语境,生活空间被重塑,行为方式也逐渐改变,而且小 J 乡村公共生活空间的这种新媒体使用行为其实还有一种自我身份建构作用,处处显示着自己的与众不同。

在新媒体语境下,"我们与他人的相遇并不需要双方同时身体化地在场"①。小 J 一直在枫村长大,身边的社会网络均是与自己沾亲带故的熟人圈子,后来她到城里谋职业,虽然工作和生活在城市,但人际关系网络、聚集组合方式、情感归属仍然属于"生于斯"的乡土社会与离不开的故乡,属于城市里的"边际人",在身体上和社会上都与城市居民隔离开来。对于小 J 这类村里人而言,"走出去"是他们进行个人社会资本积累的一种策略,和他们在城市里创造自己的安身之地并不必然意味着他们就与故乡之间在情感和事实上的联系被割断。实际上,即使他们迫于生计而辗转各地,却与自己的乡土保持紧密的社会、经济联系。在广州打工的日子里,小 J 用乡村的文化为城市日常生活行为提供指引,在行动策略中重新进行一种关系的组合,所以大都市里的"同乡"才是最可靠的圈子。现在,他们逃离都市回到乡村,可他们的社会关系网络又与曾经学习和工作过的城市生活场域、文化场域发生着密切的联系,往返于城乡之间,成为城乡文化的混合体,成为传递城乡文化信息的使者,因而更具有传播学意义。但小 J 她们返回乡村并不意味着对乡村有真正的认同,基于乡土关系的初级关系不是其人际交往的重点,通过社交媒体与外界保持联络,不断扩充新的社会关系网络,以实现自我的新突破。不过,新媒体的技术赋权② (empowerment) 使以小 J 为代表的村庄里的"新生代力量"能够借助网络表达自己并介入社会,实现自己的主体地位,成为他们获得个人现代性(人的现代化)的催化剂。这不仅改变了自己的微观意义上的生活,而且通过在"替代世界"(the alternate world)③ 中所获取的信息资源与社会资本帮助他们的父辈指导生产和生活,给乡村带来了新信息、新观念、新思维,同样也引发了对乡村生活的批判。由此可见,乡村内的互联网和

---

① [英] 菲利普·梅勒:《理解社会》,赵亮员等译,北京大学出版社 2009 年版,第 42 页。
② 丁未:《新媒体与赋权:一种实践性的社会研究》,《国际新闻界》2009 年第 10 期。
③ G. J. Krug, *Communication, Technology and Cultural Change*, London: Sage, 2005, p. 160.

新媒体使用行为也正在变成一种新型的社会结构方式，改变着乡村里年轻一代的话语方式和行动逻辑。

　　尽管当下枫村的村民对新媒体的使用并不普遍，但不可否认的是逐渐出现的年轻一代的文化反哺现象，在一定意义上为乡村共同体重建增加了一些时尚和技术社会的新元素。我们没有理由不相信，村庄里的新生代和外来者在新媒体使用上的"示范效应"不会"随风潜入夜"般地改变枫村的乡土社会日常生活逻辑，重构其乡村文化再生产模式，这只是一个时间早晚、快慢的问题。

# 第六章 植入的自我：乡村文化再生产的主体性逻辑

> 我从未要求自己生产一种有关社会世界的一般性话语，更不用说生产一种以关于这个世界的知识为分析对象的普遍性元话语。我的确认为，一旦论述科学实践的话语取代了科学实践本身，后果会不堪设想。因为一种真正的理论是在它推动产生的科学工作中不断磨砺，才最终完成的。
>
> ——[法] 皮埃尔·布迪厄

"植入的自我"本是作为"看世界"的"新方式"的"新哲学"——社会建构主义（social constructivism）的人本分析在反思人的存在方式时，基于"对话中的人"这一立场对"自我"的一种重新认识。"对话"体现了主体间性，每一个个体总是在与他者的互动中建构知识、建构自身、建构世界。因而所谓的"自我"不过是我们在参与社会各种活动、参与各种社会关系中产生的，是社会和文化的建构物，是语言的建构物。换句话说，"自我"是"关系的自我"而非"本质的自我"，是"植入的自我"而非"内生的自我"。具体而言，"自我"是"社会关系的产物"，是"文化和话语的建构"，是"权力、利益的建构"，同时自我也是一个"过程的建构"。① 从社会建构论视角来看，乡村文化再生产以及乡村共同体重建的过程又何尝不是在"自我"与"他者"的互动中建

---

① 刘保、肖峰：《社会建构主义——一种新的哲学范式》，中国社会科学出版社 2011 年版，第 162—176 页。社会建构主义作为一种哲学新视界，1999 年出版的《剑桥哲学辞典》的解释认为：它虽有不同形式，但一个共性的观点是，某些领域的知识是我们的社会实践和社会制度的产物，或者相关的社会群体互动和协商的结果。温和的社会建构主义观点坚持社会要素形成了世界的解释。激进的社会建构主义则认为，世界或它的某些重要部分，在某种程度上是理论、实践和制度的建构。因而，社会实在是我们制造的，而不是被我们发现的。社会建构主义作为一种哲学视野，现在已从起初的一种知识论立场，扩展为一种普遍性的方法，最后被泛化一种本体论世界观，在今天几乎成为无所不指的一种视角。

构起来的呢？而且无论是文化再生产，还是共同体重建，都不能离开特定的乡村社会场域及其行动者之间的相互作用。此时的乡村文化再生产，就是通过与"他者"的"对话"而实现了"自我"的植入，让作为社区成员的"我"不再是"一个"，而是"群集"，不断建构着一个新的乡村共同体。植入的过程是一个解构的过程，也是一个重新建构的过程。这种解构或解体、重构或整合两种作用力之间的对抗问题是客观存在的，"但整合或解体是好是坏并不相关，真正的理论问题是从概念上说明整合或是解体的过程是如何运作的"①。

在枫村传播场域内，乡村共同体本身就是一个由想象建构起来的整体。而建构它的，正是人类的传播行为。传播活动是深深根植于整个社会脉络中的关键性社会要素。传播建构了社区，不同的传播建构了不同的社会有机体。乡村场域内多种传播网络的行动者参与了枫村的乡村共同体重建。只不过，传播的力量在于社会感知和社会关系、时空的重新配置，是乡村社会日常生活实践中的一种中介化力量。我们透过动态的乡村传播网络，能够发现有生命力的乡村社会如何形成。在新的城乡互动语境下，枫村已经成为一个开放的空间，乡村内外的社会互动日益频繁，文化传播生态变得越来越复杂多元，影响着乡村共同体的重建路径。"不过共同体的建构并不依赖其封闭性，而是在与内外的他者互动的过程中创造出共同的理解与认同。"② 枫村在政府主导下，虽然通过族群文化资源的移植重建了新的乡村社区，但是村民经由长期共同生活所形成的原社区认同及其文化意义体系的影响仍然存在。当这种由长期的历史积淀所形成的意义体系制约了社区再造时，乡土社会内部就会根据他者的凝视逻辑进行文化再生产，积极寻求应对策略，并按照乡土社会的运作逻辑去直面外力冲击，在与外源性力量的互动中使乡村传统的共同体要素得到重构与再生产。而再生产是社会结构与主观能动性的互动过程，在此过程中，与希尔斯讨论传统从一个社会迁移到另一个社会时一样，枫村的文化再生产也出现了同样的排斥、接受和融合，经历了一个从"脱域"（dis-emdededing）到"再

---

① [美] 乔纳森·H. 特纳：《社会宏观动力学》，林聚任等译，北京大学出版社2006年版，第104页。

② 黄娟：《社区孝道的再生产：话语与实践》，社会科学文献出版社2011年版，第23页。

嵌入"（re-emdedding）① 的过程。

## 第一节　差异性：乡村文化的他者化生产

### 一　他者化生产的外源动力机制

在今天这个时代，现代化对传统社会的解构是空前的。我们已经明显地感受到了现代性对个人主义的强调，冲击了乡村社会固有的、仪式化的权威，削弱了传统的信仰和实践。而现代化的力量所带来的城市化、全球化，又消解了传统的社会秩序和生活方式。不过，现代性也是一柄双刃剑，在解构、冲击乡村传统文化的同时也在重新建构、整合新型的地方知识体系。"现代社会只有发生深刻的变化才能够发展。这样一来，我们可以把发展的危机看做是变化的首要推动力，变化中所出现的相对于规范的偏移预示着未来可能的动向。"② 因而，回归从前是不可能的，这也不是我们的初衷，毕竟对发展的愿望和追求已经成为村民的自觉意识和行为。

乡村共同体作为一个具有共同利益诉求和伦理取向的群体，虽然"现代性和市场经济的持续作用瓦解了传统乡村共同体，但这也为新型乡村共同体的重建提供了契机"③。这一进程既有被动的成分，也有主动的因素，其间糅合了国际、国家、地方的互动与冲突，也包含着政府、村民、精英、外来者之间多元复杂的内在关系，这些乡村传播场域内的多元力量、多元因素既构成了当下枫村地方知识体系的构建图景，同时也是这一村庄的文化与生活的组成部分，这里既有历史记忆的传播与延续，也有新的乡村文化前行的方向。

但是，正如保罗·霍普所强调的，贫困是共同体发展的一大障碍。如果一个人居无其所、老病缠身，就很难要求他发扬公共精神，他首先需要考虑与解决的是自身的生存困境，这也是国家进行顶层制度设计时突出民

---

① 脱域与再嵌入是指文化实践和产品以某种方式从一个环境中被抽离出来并被置于另一个环境（再嵌入）的过程。其中文化实践的原创性和真实性都在嵌入的过程中受到质疑。

② ［法］艾德加·莫兰：《社会学思考》，阎素伟译，上海人民出版社 2001 年版，第 475 页。

③ 周永康、陆林：《乡村共同体重建的社会学思考》，《西南大学学报》（社会科学版）2014 年第 3 期。

族地区经济发展重要性的一个缘由。从文化与经济的关系来看，文化多依附于经济，贫困的经济会消解文化的传承与发展，二者之间的恶性循环，侵蚀着乡村传统文化生态，如果一个地区在经济上长期处于贫困状态，这个地区的文化就会缺乏生命力和影响力。于是，在中央政策的支持和地方政府的主导下，枫村有了移植异质文化资源进行文化再生产的权力。乡村被赋予了特别的象征意义，乡村日常生活实践经过"社会主义乡村美学"的符号化重构，产生了新的审美意义，成为市场化语境下的发展文化产业的重要资源。这些脱离乡村传统生活方式而独立或半独立存在的文化，已经不是所谓的原生态文化，而是在原生文化基础上一种传统的再造，乡村作为一种诗意的栖息地被拼贴上时尚的标签而获得了新的意义。从这个意义上来看，枫村乡村文化的意义在很大程度上是由他者赋予的，即由文化旁观者，而非文化的持有者所赋予。这种乡村文化的他者化生产可以看作是对枫村地方知识体系的解体作用力。当地政府通过经济搭台、文化唱戏的策略，在乡村文化再生产与社区重建实践中，牢固树立了"以经济发展为中心"的强势话语霸权，试图以经济富裕来唤醒村民对重构后的乡村文化的认同。

## 二 他者凝视对差异性的期待

随着乡村休闲旅游的发展，乡村场域的社会互动日益频繁，给传统的乡村输入了新的发展动力。在这一过程中，不同层级传播网络中的行动者之间直接或间接地相互影响、相互作用，不断地重新界定着乡村社区的地方身份，影响着乡村文化再生产的方式和结果。其中，文化差异化就成为乡村文化产业发展的目标，无论是比照南侗地区进行文化景观构建，还是按照侗族习俗进行日常生活空间化，无一例外，都是突出差异性特征，将乡村他者化了。而这种差别是由社会反身行动引起的，为了增加外来者对乡村文化的本真性体验，乡村文化传播场域内的行动者正在这种他者凝视下，在各种各样的凝视力量不断地交锋、协商和妥协中，乡村文化再生产的主体也就不断做出自我地方身份的调整和妥协策略。其中，往往都是自觉不自觉地强调日常生活的差异化，利用"我们"与"他们"之间的差异，有目的地突出这些差异，并对外展示。所以，乡村的差异化策略既关乎"硬件"即自然、环境等地理空间生产，也关乎软件，也就是社会、文化及制度等社会文化空间的再生产。

对于主导枫村乡村文化发展的地方政府、投资者和规划者而言,这些乡村文化再生产场域中的行动者正是基于自己的凝视体验对乡村文化的想象,为了满足外来者对于少数民族乡村文化"原真性"的追求,在枫村内建构着"原真性",制造着差异性,通过文化移植,再造了一个侗族乡村文化空间,试图通过借鉴现代传媒对乡村文化的描摹范本,把枫村打造成城市之外的"桃花源"。当然,从社会建构论视角看,"本源或传统本身也是根据人们当时所处背景和需要发展和建构的。传统或本源的建构涉及权力,因而是一个社会过程"①。实际上,乡村文化体验的原真性是对"存在的原真性"(existential authenticity)② 的追求。乡村为都市人群提供了一个让他们有机会进入同自己日常生活场域有很大反差的他者世界,山野土菜、乡村风味、民俗风情等契合了都市群体对乡村的中介化想象,使他们在对乡村的凝视中能够以他者的方式认识自我。"这种创造和诠释他者之地、他者其人、他者文化的过程就是社会学上的所谓的他者化过程(a process of othering)。"③ 从枫村的社区共同体再造的实践来看,这种他者化过程一直贯穿于乡村文化再生产的全过程。族群文化资源移植本身就带有内部东方主义色彩,以复兴民族传统文化为名,对枫村进行了他者化的社区文化再生产。在这里,传统的乡村日常生活和文化被赋予意义丰富且原真的色彩或标识,将乡村之他者投射到城市消费者的生活中,并经由大众传媒得以广泛传播,成为一种乡村文化再生产的支配性潜意识。而大众传媒对乡村文化的他者化生产与传播更加刻板化了都市人群的"东方主义"式的乡村"迷思"。不过,在少数民族乡村文化发展中不容忽视的一个问题就是,如果我们只是简单地把地方文化看作一种旅游吸引力,将地方文化本身被当作商品,那么民族成员就会将自己视为一种真正的生活方式的活态代表,明显的文化特点确实可能"博物馆化"。④ 但这种"脱域"的地方文化舞台化展演及过度的文化商品化,就有可能存在冲淡地方文化内涵的危险。

---

① 左晓斯:《可持续乡村旅游研究——基于社会建构论的视角》,社会科学文献出版社 2010 年版,第 104—105 页。

② Wang Ning, "Rethinking Authenticity in Tourism Experience", *Annals of Tourism Research*, Vol. 26, No. 2, 1999, pp. 349-370.

③ 左晓斯:《乡村旅游批判——基于社会学的视角》,《广东社会科学》2013 年第 3 期。

④ 兰林友:《本土的解说》,中国社会科学出版社 2012 年版,第 172 页。

在消费社会语境下，枫村对侗族文化资源的移植及其展演化、身份再造，也是族群文化和少数民族乡村文化再生产的具体表现，只不过比之其他方式，这种文化再生产是基于一种更为广阔、复杂、多元的时代语境。从本质上说，在乡村文化再生产中对差异性的强调实际是对现代社会追求多元化的一种回应，少数民族乡村的差异性体现的就是其独特的"地方性"，是一种现代性的本土化。在文化植入与差异性生产过程中，乡村传播场域内各行动者之间的社会互动日益频繁，将少数民族地区的乡村迅速裹挟进城市化和全球化的洪流。而全球化的过程实际上是标准化的过程。根据全球化的标准，文化商品也有标准的要求，但"他者凝视"追求的恰恰不是"麦当劳化"的统一标准，而是差异的巨大化。所以，差异与多元是对"地方性"与"全球性"的调和与回应，是乡村文化再生产中所有外源性动力的表征。

## 第二节 兼容性：他者经验的重新地方化

### 一 重新地方化的一般路径

马歇尔·萨林斯（Marshall Sahlins）认为，"在某种程度上，全球化的同构性与地方差异性是同步发展的"①，传统本土的力量总是顽强地存在，而且乡村传统本身也不是一成不变、抱残守缺，它是一个动态的、整体的概念，是经历了漫长历史洗礼、时代的大浪淘沙后不断总结、整合、吸纳时代合理性因素而得以可持续传承与发展的。乡村文化在不断转换形式的过程中也在发明着传统，包括当下诸多现代性因素，也在与传统融合过程中形成传统的组成部分。"全球化、现代化与乡村文化，这两组看似矛盾的概念以各自的逻辑各自前进，并行不悖，并微妙地改变着彼此的边界。"② 无论是弥散在乡村的指示牌、公告栏、文化长廊、墙体广告这些静态的信息传播媒介，还是内嵌于乡村社会日常生活的人际交往、组织力量、大众传播和新媒体使用，它们共同作用于乡村文化场域，拼就一幅生

---

① ［美］马歇尔·萨林斯：《甜蜜的悲哀》，王铭铭等译，生活·读书·新知三联书店2000年版，第123页。

② 李佳：《从资源到产业：乡村文化的现代性重构》，《学术论坛》2012年第1期。

动的乡村社区传播地图。乡村中这些不同层级的传播网络通过各自不同的整合逻辑和作用机制，在一个小小的乡村内产生了或隐或显的影响力。

尽管有不少学者对这种族群文化资源移植再造乡村的方式持质疑态度，批评其为族群文化符号的盗用与消费，"选择展演的内容肯定会产生一种伪文化，与自然居住地的族群身份表达显示出显著差异"[①]，但如果站在自主性的立场，将乡村社区的文化重建放在现代化发展的背景中，我们就应该反思"谁的乡村？谁的共同体？"这类问题，本质上一个乡村社区有其选择发展路径的权利。笔者在田野调查中发现，在族群文化资源移植后的枫村，因为侗族文化符号的确给村庄发展带来新的契机，多数村民也从中获得了不同的经济利益，所以他们对文化的自我坚守以及"再地方化"（re-territorialization）的诉求是强烈的。其特点是在异质文化与"自我"文化的碰撞过程中，村落文化在移植、竞争、冲突、顺应、控制、分化、同化的反复冲击中逐渐磨合，再造了一个非典型意义的"文化有机体"。正如希尔斯（Edward Shils）在讨论传统的迁移问题时所指出的，"一种共同文化的形成既要抛弃传统，亦需获得传统。社会的各个部分都取得了其他传统中的某种东西，从而也获得了一种不同于其先辈们所具有的文化。它们都获得了一种先前从未有过的关于自身过去的形象"[②]。显然，从这个意义上看，他者的集体凝视虽然解构了枫村的在地性文化，但同时又建构了一种新的乡土精神，为重建乡村共同体提供了一种结构性的整合作用力：一些新的少数民族乡村文化符号被再生产出来，使个体依附于相同的社会文化结构模式的复制品上。而且在使个体依附于相似的结构模式以及相关文化符号系统的过程中，一系列所谓的规则等同性得到了维持，村民能够共享村庄再造所带来的利益。在改善经济条件的迫切期待中，大多数村民都以相似的方式行动与思考，从而形成了一种"结构性归属与嵌入性"，产生了一种"结构性相互依赖"。[③] 这是枫村社区对他者经验再地方化的一般路径，也是乡村文化再生产由外源性压力整合成内源

---

[①] 兰林友：《小黄山畲族风情村：符号盗用、表述真实与文化消费》，《中央民族大学学报》（哲学社会科学版）2008 年第 3 期。

[②] ［美］爱德华·希尔斯：《论传统》，上海人民出版社 2009 年版，第 265—266 页。

[③] ［美］乔纳森·H. 特纳：《社会宏观动力学》，林聚任等译，北京大学出版社 2006 年版，第 105—106 页。

性动力的主观性逻辑。

本来,枫村是一个典型的土家族、汉族、侗族等多民族杂居的村庄,并没有特别鲜明的侗族特色,不是一个典型意义上的侗族聚居地。在扶贫开发的大背景下,依靠异地民族文化资源的借用,进行了村庄文化的再造。在当地进行枫村再造的过程中,一些土家族文化因子、茶文化因子也穿插在侗族文化建构场景中,尤其是一些本地生活的符号化展示,是对当地农民传统劳作生活的模拟、叙述和提炼,成为侗族文化建构的碎片化补充,① 力求突出地方性特色和全面真实地呈现侗族文化的细节。在村庄再造过程中,更是把"理性人""经济人"等现代观念输入乡村社区内部,内化为社区的一种共同认识,从而培育起适应新时代的乡村共同体精神,具有了明显的兼容性和多元性。

## 二 外源动力转化为内生动力的基本逻辑

在田野调查中,当涉及其民族身份问题时,有少数村民向笔者强调:"原来我是土家族,现在我的户口本上是侗族,都能找到依据,所以你要问我是什么民族,我就只能这样回答你哟。"从这种回答中或多或少还是透露出一种民族身份认同的模糊性。实际上也说明,村庄内还存在部分成员在其身份诉求上未将新的民族成分真正内化为其个人的身份认同。不过,他们同时又声明,"这样搞,让我们的生活变好哒,经济收入增加哒,我还是支持。到了在戏楼表演的时间,我都是放下手头的活路,赶紧去参加。不为别的,能够吸引客人来我们这里玩,我们就能够有收入。以前演还有点扭扭捏捏,慢慢地现在都习惯了,三不哪时(笔者注:偶尔的意思)还哼几句"。由此可见,即使是内在身份认同有冲突的村民,他们在日常生活中还是接纳植入的异质文化。他们起初完全出于对异质文化的一种简单的工具性使用,由心领神会的利害关系主导,现在开始自觉地将他者经验逐渐再地方化,整合成地方记忆的一部分,形成新的地方文化认同。村民 FZC 曾说过:"以前我们穿起统一发给我们的侗族服装上街赶场,大家像看稀奇,搞得我们很不自在。现在不同哒,我们穿起出到处逛,没得哪个看稀奇哒,别个也晓得我们是枫村的,还说我们是侗族人,可能是大家都习惯哒的原因,我们自己也没觉得有什么不一样的地方。"

---

① 向丽:《恩施市枫村侗寨的现代建构》,《清江论坛》2013 年第 3 期。

一种少数民族乡村文化的自觉意识被启蒙，并试图在与"他者"文化的对话关联中凸显自我，形塑自我。移植而来的民族文化资源通过社区认同再造实践，客观上起到了整合乡村社会结构，形塑乡村共同体，协调社会秩序的作用。

在调查中了解到，当地村民面对民族文化资源的植入，他们的心态是复杂的。一方面，在民俗文化旅游资源开发背景下所做的民族成分调整与他们原有的文化认同有差异，在短时间内不可能形成真正的新的文化认同；另一方面，地方政府描绘的发展致富的愿景，又让他们期盼通过"文化移入"来争取更加美好的生活。而真正具有侗族历史文化根基的 H 村村民又持有异议，并对枫村的文化展演不以为然。

当 H 村真正的侗族人看到被借用的文化资源带给枫村村民巨大的利益，获得重大政策利好的时候，H 村村民更加意识到民族文化资源是当代社会的一种宝贵的、先赋性的稀缺资本。这不仅唤醒了他们的文化自觉意识，而且也给被移植的枫村文化以再生产的精神动力，客观上起到消解枫村人对新文化空间再造曾有的疑虑的作用。所以，当枫村人发现被植入的文化自我的确给他们带来好处，他们开始意识到民族民间文化艺术的价值所在，这不仅是经济利益上的回报，同时也是社会地位的提升和社会关系网络的拓展。那些头脑灵活、胆子大的村民，主动适应新的文化认同，并在不同的社会场域进行着新的共同体文化的符号再生产，通过区别他者塑造一种稀缺性属于民间的存在与力量，以巩固共同体内的文化资本，为更多地获取其他资本和利益并实现资本转换而争取话语权。枫村的社会生活因非物质文化的传承活动（尽管是"表演的文化"）而得以重建，人们的社会联结因这一场域而得到一定程度的强化，曾经被宣告终结的集体化又得以恢复。

2007 年 4 月 30 日开寨迎客后，在新华社、《人民日报》《中国民族报》、中央电视台、湖北电视台、恩施电视台、《民族大家庭》等媒体的报道下，四面八方的客人慕名而来，村民直接受惠，最早开办农家乐餐馆的村民现在已成为当地的"土豪"，在修了新房买了小车，生意越做越大。一般家庭光买茶叶每年都要挣六七万元，少的也有两三万元。文化的植入，侗寨的建立，打破了枫村的封闭状态，使这个再造的侗族村寨一夜之间走向了整个自治州乃至全国民族乡村发展模式的前台。原本"无序"的乡村文化生活在政府、发展专家和投资者的主导下，正向一种"有序"

的状态转化。在政府引导下的民间文化活动增多，乡村精英组织下的民众参与积极性提高，作为共同体重建之基础的公共精神被重构，这无疑有助于社区认同的回归。笔者在调查中了解到，当地村民对建立侗族风情寨的反应是，"搞起来还是好，搞起来后，生活比以前好了，收入增加了。这是硬道理。当然也对保护少数民族文化有好处"。他们认同了这种传统，他们也是通过这种认同来认识自己，区别他人，形成了"我们"与"他们"，城市与乡村文化的边界。乡村被景观化的同时，乡村文化价值获得了主体性自觉。

## 第三节 乡村共同体重建的定位与导向问题

从整体上讲，通过国家在场与权力赋予，枫村社区通过移植族群文化资源，借用民族文化的表征性符号，获得了实施文化权力的合法性与标识，在以经济发展为中心的脱贫致富的实践逻辑下，形成了乡村传播场域内的文化再生产的核心惯习——乡村文化的商品化。通过对枫村的文化重构对移植来的族群文化资源进行重组、创新或改造，即所谓"传统的发明"（the invention of tradition），① 从而在乡村文化传播场域中实现文化资本向经济资本、社会资本的转换。但是，作为乡村共同体的公共文化资源，在文化商品化过程中，同样存在着资源分配不平衡的问题，自然会在文化资本与经济资本的转换中产生新的矛盾。不同群体由于所处地位不同，观察视角不同，所获利益和所受影响不同，对文化再生产和乡村共同体重建的感知和态度也就不同。在田野访谈中，一位处于社区边缘的村民就不以为然地告诉笔者："以前没搞侗族风情寨时，大家都是一样的，穷也穷不到哪里去，富也富不到好多，反正就是搞个'望天收'。一搞起来后，哪些位置坐得好的人家，去搞表演的，开农家乐的得钱了，找大钱了。像我们坐在这个村子边边上的，能搞些么子撒，开个农家乐，客人找都找不到，哪个还得来嘛，我们这些还是做原来的活路，反正就靠种点茶叶，一年就两三万块钱的收入，格外好哪样嘛，只好哒一些人。"这位村民的话语中所流露出来的某种失望情绪（这种情绪被一位属于"只好哒一些人"的村民称为酸葡萄心理），实际上并非一个简单的追求平等和

---

① ［英］E. 霍布斯鲍姆、T. 兰格：《传统的发明》，顾杭等译，译林出版社 2004 年版。

共同富裕的问题，而是隐含着乡村文化发展与社区重建中一个相当深刻的价值转型问题，即乡村文化再生产的定位与导向问题。所谓定位，也就是发展为了谁的问题；所谓导向，也就是如何发展、朝什么方向发展的问题。解决了这两方面的问题，才能在乡村内部建立起合理的利益共享与分配机制，乡村文化的发展才是真正可持续的。所以，通过输入资源的方式，重建乡村文化共享机制，目的还是应该回归重建乡村的价值生产能力，让村民充分认识和适应民族文化资源的价值，借力社会参与，赋权乡村居民，使其形成真正的自我发展能力。只有村民广泛、积极、真正地参与，"村庄才能真正成为与农民生活密不可分的村庄，而不是供城市人怀旧、观赏、消费的商品"①。

在村民的传统观念里，政府主导的民族文化风情寨建设应该惠及每个村民，人人都应该享有利用和分配公共资源的权利。如果当地乡村文化发展一味采取市场化的、公司化的大强度开发模式，而忽视了当地村民的话语权，忽略了乡村社区及居民自身的需要，使他们成了旁观者和局外人甚至被边缘化，如果借发展的名义对村民进行剥夺，发展就不可能发生，还会对乡村社区造成社会文化乃至经济上的巨大冲击，使广大乡村居民对乡村文化建设保持距离甚至冷漠。正如保罗·霍普（Paul Hopper）所言，"共同体作为满足人类对于归属感及其合群特性需求的一种途径，就是能够让个体感受到他们的生活以及相互关系是真实而实在的。因此，共同体不仅是一个抽象的准则，而且，还是一种生动而重要的人类体验"②。如果这种体验中感受到了不平等，这可能会成为乡村共同体重建过程中的绊脚石。没有作为文化再生产主体的全体村民的参与，就会使民族文化的发展失去源头活水和坚实的根基，发展自然就不可能了。

显而易见，共同体的重建与村民经济状况的改善密切相关。我们不可忽视或低估共同体赖以发展的经济要素的重要性。2014年元旦，笔者带领几名学生再次来到枫村走访。所见所闻已与笔者在2012年看到的有了一些变化，大多数村民家里都是老年人驻守，年轻人都利用农闲季节外出务工去了，乡村民俗文化旅游开发给枫村带来了经济的增收，但移植的文

---

① 王德福：《再识"乡土中国"》，《中国图书评论》2015年第12期。
② ［英］保罗·霍普：《个人主义时代之共同体重建》，沈毅译，浙江大学出版社2010年版，第139页。

化资源的可持续发展成为一个需要认真思考的问题。一旦他者的目光发生转移，凝视场域发生变迁，文化资本转换成经济资本的能力出现不足，或者资源分配不公时，必然会导致新的阶层分化，在乡村内部产生新的社会分层，诱发村庄内部新的矛盾，影响共同体的重建，也影响和谐社会的构建。

实际上，村民走出村庄、走向外部社会的行为，并不只是人口学意义上的简单的人口流动，而是更深层面的乡村社会结构的调整，作为内部的村庄与外部社会、与国家的关系，因人口向外的、向上的流动而发生了变化，村民借此而与另外的文化体系、社会机制甚至利益集团建立了联系，并反过来可能影响到村庄的社会文化变迁。[①] 当年轻人从城市回到乡村的同时，他们往往也带回来一整套的都市文化的价值和审美观念，从奇装异服到炫耀性消费，从韩日明星到 Lady GaGa，这些流行文化的异质性会不断冲击重建起来的乡村共同体的文化精神。

如何重塑乡村文化自信，这不仅仅是枫村需要面对的问题，也是整个中国少数民族乡村文化建设面临的问题。以上这些现象都是通过植入的文化资源重建乡村共同体时需要深入思考的问题。文化是表演，更是日常的行为实践，必须防止陷入"发展的迷思"[②] 之中而对乡村造成"创造性的破坏"。

---

[①] 朱凌飞：《玉狮场的故事——1949—2009：地方国家的过程与选择》，云南人民出版社2010年版，第190页。

[②] ［瑞士］吉尔贝·李斯特：《发展的迷思：一个西方信仰的历史》，陆象淦译，社会科学文献出版社2011年版。

# 第七章　超越村落，超越传播：凝视的力量

> 今天的世界实际上是个混杂、迁徙与跨界的世界。
> ——爱德华·萨义德（Edward W. Said）

在布迪厄文化再生产理论的指引下，笔者透过一个族群文化资源移植与再造的民俗文化村落的考察，结合乡村传播场域内不同层级传播网络的行动者实践，揭示了乡村共同体的重建逻辑与文化再生产机制。而且笔者把不同行动者在乡村场域内的信息交流、物质交易，甚至包括乡村传播环境本身视作一个由语言符号与非语言符号建构的全息式传播实践。在这个身体即媒介、环境即信息的泛传播场域内，每一社会行动者的传播实践或明或暗地体现着一种权力关系，呈现出"结构化凝视"[①]的特征，建构着知识和话语，生产着意义。尽管人们并没有察觉甚至会予以否认，但这种隐含的权力逻辑它就在那里，客观存在并影响着乡村文化再生产的方向，这在某种程度上也吻合了乔纳森·特纳的权力动力学观点。"凝视"在这里是一种隐喻，是对乡村传播网络在共同体重建中的作用机制的一种理论抽象。这样的一个理论视角对于枫村这种特定的乡村研究具有较强的解释力，尽管这个概念本身也是语言建构的产物。

## 第一节　双向凝视中的传统再造

### 一　双向凝视中的权力互动

就枫村的文化再生产而言，不可否认，枫村的村庄再造是国家的政治

---

[①] 郭强：《知识与行动：结构化凝视》，《社会》2005 年第 5 期。

资本、市场的经济资本和专家的文化资本三者"合谋"的结果。目的是进行一种"可参观性"的再生产，建构一个视觉体验与文化消费的目的地，实现文化资本的转换，推动乡村经济发展，使大部分村民摆脱贫困。乡村在这里被当作需要救赎的"他者"或者"问题乡村"而存在，这一认识出发点非常契合文化研究的"凝视"主题。有研究者认为，"无论在何种学科语境下，凝视已经超越了'观察'，或者任何关于'看'的词汇，它最为核心的意义是凝视背后的制度支持、规训、建构产物和压迫性"[①]。在泛政治化的凝视概念框架里，其理论内涵与主体性同权力密不可分，而一旦涉及主体性与权力，"他者"的概念就自然而然地浮出水面。凝视是一种携带着权力机制的"看"，观看者是权力的主体，被看者是权力的客体。正是这样，观看的行为产生了"我者"和"他者"。我们完全可以这样理解，枫村的乡村文化再生产体现出了"他者凝视"的社会文化实践特征。而这种"凝视"实践又通过乡村传播场域中各行动者的社会互动反映出来，乡村传播网络带来了社会权力的变化和社会结构的改变。而权力本身就是具有生产性的。事实上，乡村传播网络中的行动者"凝视"实践不仅介入了文化文本的生产过程，也介入了与他人的社会互动，介入了社会结构的再生产。

在凝视实践中，主体与他者是双生的概念，相互定义、相互生成。如果没有他者的承认，主体的意识是不可能认识到自身的。在布迪厄的实践理论里，实践是连接主体和客体的行动。实践在当下发生，依赖于过去的共同理解，由人的主观能动性操控，而不是机械地服从固定的规则。社会结构影响着人们的实践，人们又通过实践来加强社会结构。从这个角度来看，乡村文化传播场域中的行动者实践本身是一种关系与意义的建构，内嵌于乡村日常生活，具有结构化特征。传播是双向互动的，凝视也是双向互动的。在布迪厄看来，社会文化本来是一套超出个人的外在力量，但是经过它对生活其中的主体日常生活的渗透，为个人的实践提供了规则。布迪厄把实践看作沟通主观能动性和客观社会现实的中介，一方面实现了个人的利益，另一方面也是社会结构得以不断再生产的中介。对于乡村传播网络的行动者而言，他们的社会互动既是策略性的个人行动，也是乡村文

---

① 周雷、杨慧：《"凝视"中国旅游：泛政治化的视觉经验》，《思想战线》（社会科学专辑）2008年第S2期。

化再生产的结构性力量，具有建构性作用，枫村的文化就在国家、市场、社会的互动和权力角逐中得以建构，政府、投资商、经营者、发展专家、游客、村民均参与其中。我们可以把这一互动过程看作外源性的"他者凝视"与主观能动性的"地方凝视"共同作用，也就是双向凝视下的外生因与内生因相互转化，再生产了乡村文化。显然，这种"凝视"的作用是两方面的，一方面建构了一种权力关系，另一方面又具有一定的社会推动力。这种作为泛传播的行动者"凝视"即使有作为交换的行动（如旅游凝视），但笔者更倾向于把这种凝视看作一种"作为互为权力的行动"。行动实现的内在规定就是权力，行动实现本身也是行动者向他者实施权力。"在费埃德伯格看来，即使互动也是一种实现权力的机制，所以权力构成行动或者互动的核心内核。"[①]

在枫村的文化传播场域中，各种行动者的权力交织其间，不断交锋、不断博弈。当然各行动者所关注的出发点和最终目标有很大差别。在恩施地方政府眼里，改善民族地区乡村的村容村貌以及振兴地方经济是当地政府的责任和使命。投资商和发展专家眼里，枫村的自然地理条件和移植而来的族群文化资源具有开发的价值，可以为他们创造巨大的经济价值。在人类学者的学术凝视逻辑中，枫村却是"族群文化资源移植的活标本"，可供研究和批判。在外来游客的眼里，枫村就是一个诗意的栖居地和消费场所。而对村民来说，任何一方的注视都是他们所需要和欢迎的。所以，在枫村的文化传播场域内，那些拥有权力的行动者几乎总是使用符号去调节和控制其他行动者，这些符号要么是象征政治资本的，要么是表征经济资本的，要么就是依附于文化资本的，形成一种"凝视"合力，共同作用于这个乡村社区，进行着意义生产，推动着社区再造。

## 二 凝视引起的内卷化问题

在乡村传播场域内，对乡村文化的"凝视"惯习内化于乡村传播的每一个主体，并将场域内的行动者连接在一起，使得权力的分布呈网状结构，每个行动者都是这张网络的一个节点，他们相互制约又相互联系，构成不可缺少的一部分，共同制造了枫村这一地方性"神话"。显然，在乡

---

[①] 郭强：《社会根理论：知识行动论研究》（第一卷：社会根论），广西师范大学出版社 2013 年版，第 489 页。

村传播场域,这种带有强烈的泛传播意义的"凝视"是对乡村日常生活逻辑的一种结构性嵌入,在乡村文化再生产中具有结构化作用。社会结构产生文化,文化引发实践,实践最终再生产社会结构。由于族群文化资源移植已成为我国少数民族地区乡村发展和文化传播的常见路径,是在政府主导、专家指导、社区参与、游客介入等多种行动者实践的博弈中"催生"出来的产物,有其特殊的发生逻辑和制度环境的限制,难免会出现各种问题。从2015年"五一"和"十一"两个小长假重返枫村进行观察时所了解到的情况来看,在场域内各行动者的凝视实践中发展起来的乡村文化,如果只是停留在借用其他少数民族的文化表征关键符号进行一种文化展演,而没有从细节上全面真实地展示移植来的族群文化,没有建立起真正意义上的乡村共同体情感,乡村文化旅游产业和乡村文化本身的发展就无法产生新的边际效应,也无法真正通过乡村文化传播策略建立起社区成员共享的乡村文化资源,进而创造有效的社区动员动力(dynamics)。如果乡村文化发展过程中,乡村文化再生产场域中的各方行动者都只是在不断重复经济增量发展逻辑所主导的文化再生产与差异化策略,就可能陷入乡村文化发展的"内卷化"(involution)[①]困境,进入一种没有发展的增长误区,这样的乡村文化发展是不可持续的。必须有效运用地方文化传播策略所建立起来的乡村社区成员共享的文化资源,使地方文化历经一段时间的传播与建构后得以构成一个有用的、有效的动员机制,让社区成员一起动起来,自觉投入到乡村社区建设和文化传播活动,共同解决自己的生活问题。

---

[①] 内卷化又译为过密化,是一个应用领域相当广泛的开放式的学术概念,是一个可以用来回应、分析和解释许多层面现象和问题的概念和社会学分析工具。内卷化的概念是康德、戈登威泽提出,由格尔茨系统化。格尔茨在《农业的内卷化》一书中系统运用了这一概念工具,以此来描述印尼爪哇地区一种生态稳定性、内向性、人口快速增长、高密度的耕作,但缺乏有效技术方法和工业因子的引入的传统农业经济的再置,它是不同于演进和革命的社会深化机制。戈登威在使用内卷化的概念时,指的是当某种文化发展达到定型这种最终形态之后,它趋于稳定以至于无法进行创新,只能对它的既定形式进行一些属于修饰性的细加工而使其更趋于细腻化、复杂化。由此可见,"内卷化"既指一种现象,也指一种机理,尽管格尔茨、黄宗智、刘世定和邱泽奇等各个论者对这一概念及其解释范围和效力的理解并不完全一致,但该概念的基本所指还是能大致确定的,就是指一种社会或文化模式在某一发展阶段达到一种确定的形式后,便停滞不前,无渐进式的增长无法转化为新的形态的现象。参见计亚萍《"内卷化"理论研究综述》,《长春工业大学学报》(社会科学版)2010年第3期。

笔者在这里将"内卷化"概念予以扩展，把枫村的文化再生产过程看作一种"凝视的内卷化"，并将其视作当下枫村乡村文化发展的一种路径依赖。如何超越"凝视"主体的权力生成逻辑对文化再生产的影响，从日常生活仪式再造乡村生活的意义，进而超越乡村文化发展的"内卷化"，是一个需要深入调研和思考的问题。从枫村文化发展的现实情况来看，需要通过对乡村文化建构与传播，在乡村社区内形成一个有效的社区动员机制，重建乡村社会秩序，促使乡村居民参与社区建设实践，形成"赋权式"（empowering）参与，建立乡村社区从"自在"（in itself）到"自为"（for itself）并形成能够自我主导生活方式的能力，包括社区参与意识和实际的参与行动，形成常态性的传播互动和集体性（collectivity），[①] 促使人们相互联结、相互支持，共同解决"为了我们"的乡村文化发展问题，方能真正实现乡村文化的可持续发展，并成为乡村共同体重建的文化资源，以及乡村居民持续实践、维系与发展社区文化的行动资源，形成有特色的地方文化形态，推进新农村建设。

## 第二节 他者凝视中的权力关系

当一种文化和另一种文化相遇时，将对方他者化是一个常用策略。在乡村共同体重建过程中，乡村社区和乡村人口应该是社区发展的主角，但在现实中，他们却又处于话语权缺失的状态，在乡村发展中被排除在规划、决策、运营甚至最后的利益分配过程之外。在枫村的文化再生产中，主导乡村文化发展的主角是政府、投资商、发展专家甚至大众传媒和乡村休闲旅游者，他们来自都市地区或者中心区域，也就是说，这些行动者一般都是目的地社区之外的陌生人。它们对乡村文化再生产拥有各种资本和话语权优势，不仅掌控着乡村旅游资源，包括自然资源、社会文化资源，当然更有经济资本和游客资源。它们在乡村环境以及景观设计、文化空间的重构等方面都具有绝对的主导性话语权和支配权。乡村和乡村居民成为它们凝视的客体，成为被消费的客体，整个乡村日常生活都被作为"凝视物"而建构。自然，这里也就成为福柯所说的权力无处不在的一个"权力场"。

---

[①] 张春炎：《地方文化传播与社区营造：苗栗"湾宝社区"动员之初探研究》，（台湾）《新闻学研究》2013年夏季号（总第116期）。

虽然他者凝视的权力在乡村文化再生产中具有举足轻重的作用，但从社会的视角出发，权力是一种有助于双方实现各自目标的手段，具有双向作用特征。在乡村的文化空间再生产中，"权力关系可以被认为是双方参与的一种交换关系和协商关系，尽管这种关系也是不平衡和不对称的依赖关系"。权力关系一旦形成，必然会产生的一种结果就是能够在个体与个体、群体与群体或者个体与群体之间形成支配与被支配、控制与被控制的关系。"这样的支配可能是长期的，也可能是短期的，但不可能不存在。"①

## 一 旅游凝视中的权力关系

作为外来者的游客，虽然他们在村庄里的行动主要是旅游体验、视觉消费，而旅游本身就是一种特殊的文化传播。在乡村传播场域，游客与当地居民（东道主）之间的人际传播，除了具有工具性的社会交换意义外，其实游客本身已经是信息与媒介的有机体，②他们的言谈举止、服饰打扮、文化习俗甚至空间移动，都已经形成了一个小小的传播场，将附着其中的文化信息传递给乡村居民，逐渐成为文化来源地到文化扩散地的中间环节，成为乡村居民的"镜中我"。人们选择旅游，实际上就是选择购买一种"特殊与新鲜"的经验，承担着"区隔"（distinction）③与象征的功能。游客凝视在消费社会被当作建构身份认同的重要途径。在厄里看来，游客与东道主之间的"凝视"与"被凝视"的关系隐含着一种不平等。游客因其所拥有的经济资本，在乡村场域中处于主动、支配地位，通过现实与符号两个世界的互动，在对乡村的想象中建构起凝视对象，造成乡村原有经济社会文化结构的变迁和重构。客观上，乡村目的地社会文化空间的再造或者重构都是以满足外来者的"凝视"需要为基本出发点的，带有一种后殖民主义的意识形态色彩。

---

① 叶涯剑：《空间重构的社会学解释：黔灵山的历程与言说》，中国社会科学出版社2013年版，第38—40页。
② 顾雪松：《旅游传播与少数民族乡村的变迁——对西江千户苗寨的多维度研究》，中国书籍出版社2013年版，第45期。
③ "区隔"这一概念是布迪厄在《区分：判断力的社会批判》一书中提出的用以对社会阶层进行分类的概念。在他看来，人们在日常消费中的文化实践，从饮食、服饰、身体甚至音乐、绘画等，都表现和证明了行动者在社会中所处的位置和等级。

## 二 政府、市场、专家之间的权力转换逻辑

从全球范围来看，政府在乡村发展中扮演的角色千差万别，总体上呈现两种基本形式，一个是不具体干涉，另一个是全面纳入国家控制之下。当然这两种模式体现的是"小国家、大社会"和"强国家、弱社会"的不同的政府权力运行方式。后者一般属于强势政府，权力运用较为直接。但是我们从社会学的角度来看，地方本来就是整体（国家、全球）的一部分，没有任何选择置身其外的可能性，并且存在于同一时态结构中，甚至互为条件。在当下的乡村传播场域，组织传播网络中处处可见"国家在场"的影子，乡村文化再生产和共同体重建体现出一种泛政治化的特征。政府也是经济人，有自己的利益诉求并追求自身利益最大化，同时还带有强烈的功利主义、机会主义色彩，政府与投资商配合，在"凝视物"的形塑中融入了区域文化和政治愿景，伴随着政治合法性和政治炫耀。所谓乡村文化发展的"恩施模式""枫村速度"等概念无不反映出一种"地域中心主义"和"行政绩效前台"，让乡村社区具有了一定的"政治修补"和"政治夸富"功能，可以为地方政府和官员创造更多的政治资本和政绩展现机会。① 枫村侗族文化风情寨项目自2006年启动以来，已经接待上至国家总理、省委书记、省长、部长的视察，下至基层干部群众的组团考察上百次。

从目前政府主导下的乡村建设实践看，"凝视物"的建构往往又与招商引资或者"文化搭台，经济唱戏"的行动策略密切相连。招商引资数量的多少甚至成为基层官员政绩考核的重要指标。恩施市政府提出把民族团结进步示范村建设与新农村建设一起抓，以枫村独有的生态环境和侗乡民俗文化为基点，着力开发枫村的侗族文化特色，展示侗族风情。并在政府主导下，成立了枫村侗寨民族旅游发展有限公司，通过与华龙集团、帅巴人酒店发展有限公司等民间资本合作，并由中国国学研究院高级顾问、枫村总寨主HZB倡导的"吃在枫村"概念经营模式，在移植侗族文化资源的基础上，充分利用本土化资源，开发枫村的茶文化、民族特色饮食文化，共同推进民族文化资源开发。HZB是这样描述他的"第一"概念经

---

① 周雷、杨慧：《"凝视"中国旅游：泛政治化的视觉经验》，《思想战线》（2008年社会科学专辑）总第34卷。

营方略的：

一、必须树立"第一"的概念

由于珠穆朗玛峰是世界上最高的山，才成为人们向往的天堂，尽管它不是世界上最美的山；尼罗河是世界上最长的河，才成为人们的精神寄托，尽管它不是世界上最美的河。可口可乐是世界上第一饮料品牌，纯利润达到了18%；屈居第二的百事可乐纯利润仅为3%。可见第一和第二产生的影响有天壤之别。反过来问：世界第二高的山是什么山，第二长的河是什么河？可能很难有人说清楚。人民往往只记得第一，不记得第二。

做经营就只能做第一，不能做第二。根据经营项目资源等级高低决定是做世界第一，还是中国第一，还是区域第一。所以很多国家和地区都钻天打洞地挖掘第一，炮制第一来增强吸引力。哪怕发现一个第一都非常振奋，并竭力渲染唤起人们的认购欲望。我所开发的"吃在枫村"旅游新农村模式就是炮制"第一"的范例。

二、"吃在枫村"旅游新农村发展模式

1. 形象定位："吃"在枫村。
2. 促销口号：侗寨美食多，芭蕉枫村。
3. 发展模式：产业带动，龙头拉动，服务联动，行政推动。
4. 经营模式：免费观景、低价乘车、平价吃饭；统一管理、分户经营、联合促销。
5. 建设模式：一个侗寨，两大品牌，三大亮点，四大组团，五大标志，六大要素，七大文化，八大配套，九大节庆，十大美食。

三、"吃在枫村"旅游新农村建设模式

1. 一个侗寨。恩施芭蕉侗族风情寨。
2. 两大品牌。全国农业旅游示范点（全国253个，湖北省仅6个）；中国十大名茶——恩施玉露的发源地（日本的蒸气杀青技术就源于芭蕉）。
3. 三大亮点。范家坝的"吃"（一是物质范畴的吃，即：十大美食，二是精神范畴的吃，即：八贤堂和扯白堂）；叮卡谷的"钓"，踩歌堂的"戏"。
4. 四大组团。高拱桥休闲娱乐组团（在高拱桥半岛拟建全州最大的玉露娱乐城）；范家坝美食游乐组团；金家堡农业观光组团（农科院进驻枫村后拟建"四百园"，即：百蔬园、百卉园、百果园、百畜园）；枫村民族风情组团。

5. 五大标志。侗族风雨桥；侗族寨门；侗族萨岁庙；侗族花鼓楼；侗族踩歌堂。

6. 六大要素。逐步完善"吃、住、行、游、购、娱"六大要素。

7. 七大文化。"富硒"健康文化；北纬30度生态文化；侗族的干栏式建筑文化；侗族的民族文化；侗族的饮食文化；芭蕉的"名茶"文化；朱砂溪的纯水文化（弘扬煮酒文化，推出寿酒、状元酒、爱情酒、事业酒、青竹彪酒等）。

8. 八大配套。土地政策配套；税收政策配套；民族政策配套；治安环境配套；景区建设配套；交通体系配套；宣传推介配套；服务功能配套。

9. 九大节庆。春节，清明节（茶文化祭祀节），五一国际劳动节，六一儿童节，七一党的生日，八一建军节，九九重阳节，十一国庆节，侗族喊天节。

10. 十大美食。一鸣惊人（鸡庄）、二泉映鱼（鱼庄）、三羊开泰（羊庄）、四季发财（茶宴及药膳）、五股丰登（土家刨汤）、六牛大顺（牛庄）、七味无穷（腊肉）、八鲜过海（甲鱼及海鲜）、九经烤炼（侗族烤鹅）、十犬食美（侗族花江狗肉）。

对于这种文化再造的规划方案，HZB是这样描述其效益的：政治荣誉上得到了推广，投资项目上得到了政府支持，经营理念上得到了社会承认，经济效益上得到了丰厚回报。如果我的理念不是第一而是第二效果，将是怎样呢？显然，这一话语背后隐藏着深刻的权力凝视关系。枫村少数民族特色村寨的再造过程展现出一定程度上的社区集体性，不仅受到舆论的支持，更受到不少大众媒体的关注。从近几年有关枫村的报纸、电视、网络媒体的大量专题报道中可以清楚看出媒体赞扬和政府肯定的枫村模式所凸显的强烈的共同体意识。一个由专家的知识话语权、企业的经济支配与政府的权力主导三者结盟，坚固稳定的利益"铁三角"得以形成，共同主导着枫村共同体重建和文化再生产的方向。在政府或者政府官员、投资商和企划专家看来，自己一方属于精英阶层，既有智慧、知识，又有权力见识，而且还掌握着经济资本，而乡村居民属于草根阶层，没有文化，缺乏决断力，只是需要被扶持的对象，村庄再造过程就深深地融入了主导者的想象和观点。因此，在传播过程中，双方的关系不可能是平等的，专家的凝视、政府的凝视、市场的凝视都体现了一种权力、一种权威，把乡村文化框定在"展演舞台"上。"我说你听""我策划、我决策、我投资，你接受、你照办、你受益"，带有偏见的信息单向流动和充满话语霸权的文化传播就理所当然且司空见惯。这种在他者凝视下的有选择性地展示部分民族文化元素，以满足外来者猎奇式的体验异文化的需求，将移植而来的民族文化资源再造为适合游客的"新文化"，这中间会产生一种伪文化、伪民俗，而且是不可持续的。不过，这个问题已经引起了当地的注意，开始有意识地把移植而来的民族文化融入乡村日常生活，这对于少数民族文化传承与发展是好是坏，有待持久观察和思考。

### 三　大众传媒对乡村的凝视

在作为"特色凝视物"的乡村共同体重建过程中，大众传播媒体则是自觉、积极、主动、高调地加入，甘愿充当建构凝视物的共谋者。媒体影像对乡村的"凝视"吸纳了社会上业已存在或者流行的文化观念和话语结构，将其整合到统一场景之中。不仅成为乡村文化再生产中具有相对主导性的场点（site），建构了一个中介化的乡村，而且更是成为"政治夸富"的传声筒和录像机。以电视、网络为主的现代传媒，通过本雅明所谓"上帝的眼睛"，把摄入眼球的物体进行重构，重新给予乡村以心目中的形象，表达着对凝视对象的一种理解和认知，再生产了乡村及其文化。而乡村居民也通过照相机或摄像机镜头前的反应来表达被观看者的权利。国家在场、资本权力、知识话语乃至社区权利都被整合成一个个"视觉文化的奇观"，激发着外来者的视觉消费欲望，帮助他们实现了这种审美体验和"凝视的快感"。

在重构乡村凝视场域中，外来者、专家学者、民间团体、村民组织、地方政府、民间资本、大众媒体等多个行动者的社会互动所形成的文化凝视已经渗入乡村传播场域，互相交织在一起。尤其是游客，更是无意中成为乡村"凝视物"塑造者的共谋。外来者在凝视中获得了视觉体验和精神享受的满足，而凝视物的塑造者则由此获得了一种经济和政治资本，并通过凝视造成的"戏剧性"，上演着政治夸富，炫耀着政绩。"妙笔绘就民族情""恩施玉露茶、硒都枫村""仙居恩施""洗肺之旅""吃在枫村、看在灯笼坝、游在屌口湾""玉露润泽山区"等宣传口号无不展示出他者话语操纵下的政治夸富属性。在这种不平等的社会权力关系中,"凝视物的建构是在规训下完成,充满了制度性、现代性和宰制性"[①],乡村社区及其居民成为被想象、被刻画、被支配的对象,成为权力资本、经济资本和知识资本的凝视物。从客观上说,这种隐含不平等权力关系的"凝视"逻辑起到了整合社会资源,凝聚社区力量,促进乡村社区认同的作用。所以,在乡村传播场域内,人际传播网络、组织传播网络、大众传播网络中的行动者都直接或间接地介入了社区重建,成为乡村文化再生产的作用力。族群文化的移植,就是"集体"凝视作用的结果。乡村建设比城市复杂得多,乡村有生产、生活、生态、社会和文化等多种功能,是一个十分丰富又充满智慧的体系,在这个关于"凝视"的游戏中,人人都曾经是一个施动者。

## 第三节 地方凝视中的乡村调适

### 一 乡村自我凝视机制的产生

社会经济的总体发展趋势是枫村人无法拒绝的。随着全球化的发展、城市化进程的加快,枫村将不可避免地融入更大范畴的政治经济过程中。传统的木瓦房或土墙屋已经过时并且日益老朽,"青瓦屋面、飞檐翘角、白脊白墙、咖啡墙裙、木门木窗"有特色民居更受村民的青睐。年轻人选择进城务工,他们更加喜欢当下流行的娱乐方式。年轻人接受新鲜事物快,他们更乐意通过手机上网获取资讯,进行人际互动。对于乡村社会的这种变迁,我们不能站在文化中心主义的立场上,以一种凝视者的优越性去呼吁拯救所谓"逝去的乡村社区""失落的乡村文化",追求一种所谓远离现代性的乡村田园诗般的"迷思",这种出发点会导致乡村及其原住民的生活被化石化的危险。因为任何民族或者个人都有改善其生活环境、提高生活水平的要求,都有其自主选择发展路径的权利,发展的目的是

---

① 周雷、杨慧:《"凝视"中国旅游:泛政治化的视觉经验》,《思想战线》(2008年社会科学专辑)总第34期。

"要通过共同的努力，使人们能够自己养活自己，有意识地自己教育自己，并且不用暴力来实现自己的解放"①。乡村社区的居民作为发展的主体，他们能够而且应该发出自己的声音、表达自己的意愿、追求自己的利益是应该被充分重视和尊重的。

无论是建设社会主义新农村，还是打造少数民族特色村寨，其核心关怀除了促进经济发展之外，更应该是促进乡村共同体的形成，形成集体性，建立一种乡村内部成员相互联结、相互支持的机制。文化作为维系群体的力量，理应是维系乡村社会秩序的重要因素。对枫村地方居民而言，再造的侗寨文化若要能成为促进乡村共同体形成与维系的知识和对话的基础资源的具体动力，就必须依赖共同体成员是否能够共享、持续实践及发展乡村文化，创造出持续的集体社区认同与成员凝聚及行动资源。在枫村再造过程中，乡村文化传播场域内的各类"他者"的凝视客观上激发了与"地方性"相联系的文化再生产的集体行动，也促使乡村内部"自我凝视"或者回望性凝视机制的产生。对强调地方性的乡村社区而言，无论是社区中的团体（如农民艺术团和乡村旅游专业合作社），还是个体，都需要掌握地方文化资源，并借此作为参与社会网络互动的文化基础，以及乡村居民自我建构行动策略的基础，进而发展成为有利于社区重建的行动机制。因此，在乡村社区上，地方文化再生产作为一种行动资源，能提供乡村共同体行动可能有的内容和意义，透过文化内容和意义的传播或建构，形成有利于社区发展的动员。而乡村社会动员的形成则能够进一步创造个体对文化内涵的认可，通过文化传播有效地将地方文化作为促进社区集体行动、建立共同认知的资源，进而吸引乡村共同体成员共同建构彼此的文化价值，维系与再生产乡村文化资源，同时创造集体行动，以实践乡村社区的目标或进一步重建具有乡村特色及地方性意义的乡村文化形态。

## 二　乡村自我凝视的内在逻辑

通过分析枫村的文化发展实践，笔者揭示了隐藏在乡村传播网络中"他者凝视"的权力运作逻辑对乡村文化再生产的影响，呈现了"凝视"主题背后那种福柯式的"知识与权力话语"对他者的规训机制，关注的是占支配地位的"目光"，是单向度的"凝视"。如果说这种单向度的凝

---

① ［法］弗朗索瓦·佩鲁：《新发展观》，张宁等译，华夏出版社1987年版，第117页。

视突出的是权力关系流动的一极,那么在这里,笔者更要强调的是,权力的运作不仅不是单向的,而且也未必和强制相伴随,它还能够起着沟通作用,并引起新的事物。安东尼·吉登斯也认为,"权力并不是必然和冲突相联系在一起的,不论冲突是指利益的分划,还是指各方积极的斗争;而且权力也并不一定是压迫性的。权力是实现某种结果的能力;权力存在的前提,是各种支配结构的存在,在社会再生产运作的过程中,权力可以借助这些结构顺利地流通"①。这种认识与马克思主义将阶级斗争结合在一起的压迫性权力形成鲜明对比,揭示了权力更为隐秘的一面,即权力还是"社会互动的润滑剂"。②虽然权力未必要以强迫的方式运作,但强迫是其中的一个组成部分,权力意味着对某种资本的掌握,资本的性质也就决定了权力的性质。从权力动力学关系出发,拥有资本的行动者在实现权力时,被支配的一方实际也在与支配方协商。在乡村传播场域,他者凝视虽然体现的是掌握各种社会资本的行动者对乡村文化再生产的调节作用,但是作为社会行动的凝视结构也体现了一种主体间性,也就是说"凝视"与"被凝视"是互文(intertextuality)的概念,即伽达默尔所谓的"视域融合",在凝视里面,被动与主动的边界是不确定的,凝视的主客体相互依存、相互定义。在现象学社会学看来,"在主我的眼中,他我是客体;而在他我的眼中,主我是客体"③。萨特基于存在与虚无的辩证关系,认为"'注视'与主体性发生联系之处就在于,当他人注视着我的时候,我也可以反过来注视他人,当我让自己注视一个'注视着我'的他人时,我就是在别人的主体性崩溃之上建立了自己的主体性"④。从某种意义上说,在"看"与"被看"的过程中,人的意义、世界的意义才由此得以产生和确立。

所以,在枫村的乡村文化再生产场域,不能忽视被凝视者的主体性。在政府、规划专家、投资者、游客、民间团体、大众媒介等众多社会行动者凝视乡村的同时,当地人也在"凝视"着"凝视者"。在社会

---

① [英]安东尼·吉登斯:《社会的构成》,李康等译,生活·读书·新知三联书店1998年版,第376—377页。

② 叶涯剑:《空间重构的社会学解释:黔灵山的历程与言说》,中国社会科学出版社2013年版,第40页。

③ 吕炳强:《凝视与社会行动》,《社会学研究》2000年第3期。

④ 朱晓兰:《文化研究关键词:凝视》,南京大学出版社2013年版,第46—47页。

交往中主动调适，双向"对话"，通过主动调适社区内不同行动者力量之间的关系而重新建构自我。正是在这种社会交往过程中，"人们之间互为主体和客体，实现着物质、能量、信息和情感的全面交流，实现着对于对方的了解和理解。因而上下之间、左右之间才可能形成群体规范，产生健康的内聚力，才可能有共同的态度，共同的目标，行动一致，步调统一，产生和谐的社会整体生产和社会生活"①。在既相区分又相融合的氛围中实现社区团结，唤醒了社区参与意识。这从枫村农民艺术团的村民每天按时自发地从乡村的各个角落赶到戏台踩歌堂就能够看出，他们追求的不单单是表演一场有些额外的收入，更重要的是大家意识到自己的表演是突出枫村的差异化特色、吸引更多游客、扩大村庄影响力的重要方面。

显然，"凝视者"与"被凝视者"相互依存、相互影响，共同促成了两者的相遇，从而促进了地方文化与外来文化、传统文化与现代文化的"妥协"与"整合"，推动了村庄再造和共同体重建。短时间来看，虽然这种地方文化传播与再生产并不直接影响乡村居民的某些行动，却能够提供乡村共同体重建行动的文化工具箱，建构乡村共同体行动策略的资源，进而有利于未来形成集体行动的意义系统和情感资源，成为凝聚与连接乡村社区成员的动力来源。其实这一文化发展逻辑也恰好说明了文化是作为"积极的人类能动性（active human agency）的实践"，"社会关系组织了……特定的实践活动"②。乡村文化作为自洽的有机体，解构的同时也在建构。对于枫村民而言，虽然他们没有选择外来者尤其是游客的自由，在乡村产业结构调整和旅游开发中处于被动一方，但他们从外来者那里感受到了他们所处的生活环境以外的某些信息和状态。各种明显的介入性或非介入性的陌生人所携带的信息、符号、生活方式、价值观念等，与大众传播媒介相比，这样的信息更细致、更真实、更具体，更贴近当地人的生活实际，更容易被当地人感受、接受和整合。无论是国家力量对乡村社区的渗透，知识权威、市场资本对乡村文化再生产的介入，还是游客的旅游凝视的文化空间生产，这些"凝视者"的认识和关注点在"地方凝视"

---

① 欧阳康：《社会认识论导论》，中国社会科学出版社 2010 年版，第 258 页。
② [美] Dan Schiller：《传播理论史：回归劳动》，冯建三等译，五南图书出版公司 2010 年版，第 251、294 页。

中触动了当地人对民族文化资源的自觉与自省,以比较积极的方式实现了再整合。乡村传播网络中的各个行动者在乡村场域内的社会行动,实现了信息与物质的双向交流,传播的过程也是乡村社会化的过程。从地方凝视的视角来看,乡村传播场域内的互动其实是互为"他者"的一个过程。

# 结语：反身思考与延伸理解

## 第一节　田野与知识：在乡土逻辑中重构传播的力量

行走在枫村的乡间小道上，就如同行走在现代文明和传统文明交织的现实图景中，传统的厚重鲜活和现代的炫丽时尚构成这个五彩斑斓的乡村世界。笔者在小小的山村里凝视着那些正在"凝视"着村庄的男男女女，老老少少。笔者同他们交流，听他们叙述，看他们"表演"。这时，笔者突然联想到了大学时代曾经阅读过现代诗人卞之琳的《断章》：你站在桥上看风景，看风景的人在楼上看你。明月装饰了你的窗子，你装饰了别人的梦。这不就是凝视的环形结构吗？当"凝视"完自己的田野，笔者又开始凝视自己的研究，反思传播在乡村共同体重建中的力量。

反观自己的研究，本书讨论乡村文化共同体重建的用意在于沿着社区研究的传统，尝试从传播学、文化人类学和乡村社会学的概念工具入手进行个案的拓展，追寻构建本土社会理论的线索。乡土情理构成了日常生活的逻辑和规矩，社区个案的日常生活情境模式自然也就成为我自己思考和阐述的立足点。前面讨论过，在这种情境模式中，社区研究都有着自己的学术追求——从代表性到超越性再到建构性，从类型比较到深描分析再到扩展分析。笔者也努力沿着从情境性个案到区域性个案再到关系性个案的路线图去展开自己的研究。在这里，必将与格尔茨相遇，也必定会发现布洛维。本书的情境化模式，主要在于力图从乡土逻辑下的村民叙述到现象阐释再到理论建构，从个别问题到一般问题再到拓展问题。在平面的个案中，通过村民叙述和现象观察，从乡土的日常生活实践中寻找个人与社会、地方与国家的互动与连接。

有关乡村社会传播网络与社区之间的关系，郭建斌、吴飞等都曾经进行相关讨论。对于社会传播网络在少数民族社区的作用，吴飞认为，社会传播网络在乡村社区具有整合功能、解放功能、交换功能、认知功能、区隔功能。① 笔者并不否认，乡村传播网络在传统社区的确具有这些结构性功能。但是中国农村尤其是少数民族乡村，情况相当复杂，不仅存在地区发展差异，而且同一地区同一民族内部的发展也不尽相同。随着乡村社会发展路径的转变，社会交往关系和传播结构也随之发生变迁，身处其中的任何文化都在面临着制度变迁和生活场域转换的挑战。正如布洛维所认为，"地方文化肯定会影响着人们的生活模式和行为方式，但是这一定是融入整个社会制度和结构转型的历史过程，通过具体的生活实践场域中的组织结构发生作用，而不是直接融入他们的头脑，禁锢他们的行为"②。

在枫村的村庄再造过程中，国家与社会、现代性与在地性知识互动。传播只是其中的一个"扰动"因素和中介化的力量。而这一中介化力量一定是融入乡村社会结构和整个社会转型的宏观制度语境中才能实现其功能。乡村文化再生产与共同体重建中出现的"这些变化并非在真空当中产生，而是许多社会力量和潮流聚焦在一起的结果"③。大小传统是互相交融的，不可能在大传统中看不到小传统，也不可能在小传统中看不到大传统。而且小传统是融入在大传统，遵循着大传统的演变逻辑不断适应、不断转型、不断变迁的。阿帕杜莱（Arjun Appadurai）用"景观"（scapes）的概念去描述这一宏观过程，认为："这些景观乃是深刻的视角建构，受制于不同行动者的历史、语言、政治的处境，这些行动者包括民族—国家、跨国公司、散居共同体、族内群体和运动……甚至包括面对面的群体如村、邻、家。"④ 而且这些行动者的影响是深刻的、深远的，又是全方位的、无所不包的。

在研究过程中，从田野观察到民族志书写，笔者始终坚持一种媒介去中心化策略，力图破除传媒中心主义画地为牢的局限，避免将乡村社会日常生活实践简化成现代媒介传播的逻辑，而忽略了更广泛、更普遍的社会

---

① 吴飞：《火塘·教堂·电视——一个少数民族社区的社会传播网络研究》，光明日报出版社 2008 年版，第 197—210 页。

② 郭伟和：《"身份之争"：转型中的北京社区生活模式和生计策略研究》，北京大学出版社 2010 年版，第 9 页。

③ ［英］贝拉·迪克斯：《被展示的文化：当代"可参观性"的生产》，冯悦译，北京大学出版社 2012 年版，第 8 页。

④ ［美］安德鲁·斯特拉森、帕梅拉·斯图瓦德：《谣言·想像·身份·历史》，梁永佳等译，中国人民大学出版社 2005 年版，第 123 页。

进程，让自己掉进传播本质主义的陷阱。同时笔者也在努力避免李金铨在《传播研究的典范与认同》一文中提出的学术研究的"内卷化"问题，防止纯粹"从传播看传播"，而与政治、经济、社会和文化脉络脱节。① 当然，本书是通过"地方性知识"去生产意义、诠释社会，同样也力图避免在民族志叙事中陷入特殊性的狭隘主义（parochialism）泥淖。

从本书的研究设计而言，没有尝试用地方性知识去进行普适性理论话语生产的妄想，一个小小的乡村社区研究自然不敢说能够"表述中国问题"，而且在人文社会科学研究领域，"只有特殊的学术模式，没有普适的理论"。② 本书切入点是"社区"，关注点不是作为天然体系的"中国"，而是中国语境乃至世界体系中的乡村，是"地方"与"国家"关系过程的分析，是"小地方"在"大体系"中如何运作的问题，所以不追求乡土情理—家国天下这样的宏大叙事。本书追求的仅仅是在强调理解现象的意义的同时，更加关注其后的权力逻辑在宏观的社会转型语境中的运作方式，目的是寻找"小地方"如何链接"大社会"的内在机制。虽然这些看起来是理所当然的一种存在，但正如保罗·拉比诺（Paul Rabinow）所说：就我自己天真的意识来说，看起来"不证自明的"东西其实是最需要解释的。③ 国家、市场、社会等多种权力在枫村的文化传播场域内不断博弈、相互作用，决定着乡村文化再生产的形式和内容，在此过程中，必然会有一些文化事象被激活、被消解或者被重构，这几乎是不可避免的。这也充分说明，在全球化、城镇化进程日益加快的社会转型期，少数民族乡村如果不能依靠自身的文化资源谋求可持续的发展之路，那乡村面临的不仅是空间意义上的消失，更是自身命运的终结。

## 第二节　潜在的威胁：审视我的研究方法

### 一　拓展个案法的反思意识

拓展个案法提醒我们，"在看待个案的价值时，不只是从正面思考

---

① 李金铨：《传播研究的典范与认同》，《书城》2014年第2期。
② 黄宗智：《连接经验与理论：建立中国的现代学术》，《开放时代》2007年第4期。
③ ［美］保罗·拉比诺：《摩洛哥田野作业反思》，高丙中译，商务印书馆2008年版，第118页。

（普遍性、代表性），也可以从负面思考个案具有的策略性意义（理论的异例）"①。布洛维指出，拓展个案法应该立足于反思性科学，强调自者与他者、研究者与研究对象之间的对话过程。② 从前面有关"如何走出个案"的讨论可以看到，对于田野民族志所存在的显著性和分析层次问题，也就是个案的代表性和理论的普遍性问题，常人方法学、扎根理论、诠释性个案研究的认识是不一样的。"常人方法学否认了抽象分析的必要性，坚持从特殊性和微观角度来研究社会现象和问题；扎根理论虽然认同普遍理论的价值，但是却坚持从微观个案进行逐步比较归纳的逻辑，来走出个案；诠释性个案研究则直接把普遍的社会理论化约到个案基础上，否认了个案的独特性。"③ 而拓展个案研究的个案分析策略之所以能够超越个案，并不在于由个案归纳理论的具体技术手段，而是所秉承的科学观不同，对待这些经验材料的方法论不同，从理论出发，由个案中反思理论的有效性，并在此基础上进行理论延伸。

与实证科学（positive science）相比，布洛维认为，拓展个案法克服了实证科学所受到的四个情境化效应（context effect）的限制，具有独特的研究优势。在他看来，实证科学无法实现它所标榜的价值中立、客观真实等知识观，是"被违背的实证科学""受限制的实证科学"。在研究实践中一定会受到"访问效应"（interview effects）、"回答者效应"（respondent effects）、"场所效应"（filed effects）、"情景效应"（situation effects）四种类型的情境效应的限制。④ 如何规避社会科学研究中客观存在的这些情境效应的负面影响，捍卫实证科学的研究者力图发展新的技术工具来测量、约束和控制它们。当他们发现情境效应的必然性是实证研究无法医治的顽疾时，就主张放弃实证科学的准则，走向相对主义的情境性

---

① 瞿海源等：《社会及行为科学研究法 II：质性研究法》，社会科学文献出版社 2013 年版，第 82 页。

② Michael Burawoy, *The Extended Case Method: Four Countries, Four Decades, Four Great Transformations, and One Theoretical Tradition*, University of California Press Ltd, 2009, p. 25.

③ 郭伟和：《"身份之争"：转型中的北京社区生活模式和生计策略研究》，北京大学出版社 2010 年版，第 19 页。

④ ［美］麦克·布洛维：《公共社会学》，沈原等译，社会科学文献出版社 2007 年版，第 94 页。

知识，支持一种通往在不同社会世界的解释学取向（interpretive approach）。① 而拓展个案法则试图介于实证科学与诠释主义之间，面对实证原则和研究实践之间存在的不可避免的裂缝，主张既坚持科学性态度，又反对所谓的普适性原则，"提出了一个科学的替代模式，也就是反思性模式，将情境看做是起点而不是终点"②。相对于实证主义的主客二元对立性，反思社会科学则承认社会学的田野研究过程本身就是一种对话过程，一种主体间性的过程，把实证科学担心的情境化效应当作基本原则，试图通过把田野个案的微观情境扩展为社会互动模式过程，把田野研究中的特殊个案的发生逻辑与宏观制度等结构性力量相连接，以展示宏观和微观、过去和现在之间独特的相互影响关系，从而保留了社会科学研究的科学性。③ 布洛维通过四个向度的延伸（或拓展），层层递进，去实现从一个单一的个案研究阐述宏观的过程，即：

在研究过程中研究者从观察者向参与者延伸（Extending the observer to the participant）、观察在时间与空间上的延伸（Extending the observations over space and time）、微观过程向宏观力量的延伸（Extending out from process to force），最后是根本的并促进了其他每一种延伸的"理论的延伸"（Extending theory）。④

这样就很好地落实了反思性科学的基本原则，使干预、过程、结构化和理论重构成为可能，立足于微观问题的宏观视角，通过个案的逻辑关联或理论意义进行外推，借助于理论推理的力量去说明社会结构性力量如何形塑了特定环境中的结果，从而突破了实证主义在实践中所受到的"情境效应"的限制。布洛维的这一取向与兰德尔·柯林斯（Randall Collins）

---

① Michael Burawoy, "The Extended Case Method", *Sociological Theory*, Vol. 16, No. 1 (Mar., 1998), p. 13.

② [美]麦克·布洛维：《公共社会学》，沈原等译，社会科学文献出版社2007年版，第96页。

③ 郭伟和：《北京市某社区国有企业下岗失业职工的生活方式和生存策略转变的研究》，博士学位论文，香港理工大学，2009年。

④ [美]迈克尔·布若威：《制造同意——垄断资本主义劳动过程的变迁》，李荣荣译，商务印书馆2008年版，第5页。

的互动仪式链（interaction ritual chains）①理论所强调的以微观为基础、把微观分析扩展到宏观层次的观点比较一致，代表了国际学术界一种新的综合性的理论倾向，为许多社会学问题提供了新的分析视角和解释框架。

## 二 拓展个案法的潜在威胁及应对

尽管拓展个案法提出了一个与理论对话、透过否证积累知识的研究策略，但同样遭遇到不少来自外部与内部的批评。由于拓展个案的研究策略假定了普遍性结构和法则的存在，无论研究者如何谨慎，理论拓展本身都可能存在一定的悖论。布洛维也承认，反思性科学和拓展个案法并非完美的万能药方（panacea），虽然"介入""过程""结构化"和"再结构化"（重构）的四项原则可以避免实证研究的情境化效应，但同时却会受到"支配"（Domination）"沉默"（Silencing）"客体化"（Objectification）和"标准化"（Normalization）陷阱四种"权力效应"（effects of power）的威胁。②尤其是重建理论的企图可能导致"套理论"的"标准化"陷阱是最严重的一种权力效应：一方面，为了追求与特定理论的对话而对复杂的社会情境进行选择性描述，把丰富的田野化约为"个案"；另一方面，理论本身也被修改以使个案看起来像一个"异例"，于是研究者在过度强调与理论对话的状况下，选择性地呈现对田野的观察与诠释。③拓展个案研究最受诟病的地方也在于此。不过，"反思性科学的缺陷虽归于无所不在的权力，但并不能推论应该放弃拓展个案法，就像不能因为存在情境效应就放弃调查研究一样。考察这些缺陷的目的是将它们纳入研究视野以力求弱化这些威胁"④。而且从本质上说，我们对田野的观察与诠释永远是局部的，所有研究都不可避免地会选择性地呈现现实，只是基于不同的原因以及研究者意识到的程度不一罢了。关键在于研究者需要对自身所处的理论、社会与历史的"关系性结构"进行反思，以追求一种布洛维

---

① [美]兰德尔·柯林斯：《互动仪式链》，林聚任等译，商务印书馆2012年版。

② Michael Burawoy, "The Extended Case Method", *Sociological Theory*, Vol. 16, No. 1, Mar., 1998, pp. 22-25.

③ 瞿海源等：《社会及行为科学研究法Ⅱ：质性研究法》，社会科学文献出版社2013年版，第75页。

④ Michael Burawoy, "The Extended Case Method", *Sociological Theory*, Vol. 16, No. 1, Mar., 1998, p. 22.

所说的"嵌入性客观"（embedded objectivity）。因此，这就要求研究者在从本土叙事与学术理论进行对话，进而进行理论拓展时，辅之以历史的经验事实，将在田野之上的历史和当下的各种社会力量纳入分析之中，通过比较分析历史经验材料以减少偏差。

总之，在乡村社区研究中运用拓展个案法，必须对宏观、微观因素予以整体观照，既要从上至下透视日常生活实践，又要从具体的日常生活反观宏观社会结构性力量的变迁。通过宏观与微观因素的反复互动，从而努力实现跳出微型社区研究的狭小天地，寻找其外推结论和拓展理论的可能。① 努力从"内在的个案研究"（intrinsic case study）走向"工具性个案研究"（instrumental case study），从理论重构的视角进行结构性的把握。当然还需要强调的是，拓展个案研究的价值与理由是不依赖于科学—实证化体系而独立成立的，我们"不应该用实证主义的批判来要求反思性方法，也不应该用反思性批判来要求实证方法"②。正如布洛维所强调的，实证研究和反思社会科学就像一对帮手，各自有其应用范围和效用。拓展个案研究的民族志叙事不是为了说明"树木如何形成森林"，而是强调"树木何以成为树木"。所有这一切，都意味着我们所做的乡村研究需要重新培育一种"社会学的想象力"，也就是需要培育一种"在微观现象与宏观结构之间穿梭，将具体情境中的个人或群体行动转换为社会结构上的公共议题的能力"③，从而使我们的乡村研究能够超越传统民族志的表述模式，不仅要"走近"乡村，更要"走进"乡村，走向更高层次的文化自觉和文化对话。

## 第三节　我的身份问题：反思研究伦理

### 一　民族志叙事中的伦理审视

回想起来，那已经是 2008 年 5 月，在笔者从武汉出差返回的路途中，

---

① 刘小峰等：《质性社区研究的三种模式：以费孝通社区研究史为参照》，《学习与实践》2012 年第 12 期。
② ［美］麦克·布洛维：《公共社会学》，沈原等译，社会科学文献出版社 2007 年版，第 124—127 页。
③ 瞿海源等：《社会及行为科学研究法Ⅱ：质性研究法》，社会科学文献出版社 2013 年版，第 75 页。

经过 209 国道旁一排别具特色的民居时,同行的同事对笔者说:你的左手边就是刚开发不久的枫村,这里的农家乐搞得不错,我们干脆就到这里去解决晚餐问题,顺便也让你这个研究文化传播的土家人去感受一下侗族风情。那时笔者才与本书研究的"田野"有了第一次亲密接触。当时笔者也是怀着一颗和许多旅游者一样的好奇甚至猎奇之心。未曾想,三年之后,这个经由乡村传播场域内的各种力量交互作用而建构出来的乡村"神话"却成为笔者作为一个研究者"凝视"的对象。这种心态和行为动机的变化,是否影响了自己对它的观察、理解和诠释呢?

在本书中,笔者虽然通过"凝视"这一包含"权力关系"的概念去审视乡村传播网络在共同体重建中的结构化特征,但无意于对当前少数民族乡村文化发展模式的优劣作出评判。其实,这种研究立场或多或少契合了人类学的方法论立场。"以其'自下而上'的独特路径进行研究,坚持对权力说实话,充当发展程度不一样的世界和社区的文化媒介(中间人),收集各地的资料和观点,将地方社区和项目纳入政治经济的大环境中,并且历史地看待文化。"① 即使这样,仍然免不了会受到民族志书写中隐含着不平等的权力关系的质疑。在后现代人类学批评者尤其是实验民族志看来,认为"写文化"② 只不过是民族志学者的一种话语游戏,"他们在调动社会资源,创造社会资源,在运用修辞学技巧,掩饰学者的无知,在运用虚构的'真相',表达自己的权威",其后深深地隐藏着民族志的政治学。这种西学反思中的伪经验主义批判恰恰为中国学术的"后现代"找到一个"优美的借口",直接从伪经验主义跃入反经验主义的歧途,主张将学术当成"真相的虚构"③ 而拒绝田野工作。这种看似"反思"的批判其实是相当危险的,它可能会给民族志工作者一个以言辞替代观察的借口。当然,反思民族志田野工作中的观察者地位是相当必要的,因为"田野工作者是不可避免地要引起自己在调查中所接触的对象

---

① 朱凌飞:《玉狮场的故事——1949—2009:地方国家的过程与选择》,云南人民出版社 2010 年版,第 279 页。
② [美]詹姆斯·克利福德、乔治·E. 马库斯:《写文化——民族志诗学与政治学》,高丙中等译,商务印书馆 2006 年版。
③ 王铭铭:《人类学讲义稿》,世界图书出版公司 2010 年版,第 24—25 页。

文化产生某些变化的，对此必须要有深刻地认识"①。

而且民族志叙事所呈现的"真相"不能只被视为孤立的文本，而必须置于脉络中，使其特殊再现与丰富的文化乃至历史知识相结合，通过研究者与被研究者的互为主体而共同塑造出来。正如安·格雷（A. Gray）所说，"文本必须被视为既是特定社会、文化与历史条件下的产物"，更是理解文化的循环传播与意义生产的主要载体。② 但是，民族志叙事绝对不只是简单述说被研究者提供的资料，研究者对事实的再现本身就是一种知识再生产。不同的再现方式隐含了研究者所建构的不同理论架构。然而，民族志的这种认识论基础却"被对故事和民族志或其他表述的信任的普遍丧失动摇"，在学术界，经常会遇到对民族志的如此质疑——"你如何知道你所知道的，这是一个用实践和经验主义之外的术语常常问及的问题：证据是什么？它是如何被收集的？它表明了什么？"——而文字与世界、文本与经历、作品与人生是如何关联的，他们从未问及。③ 所以，李金铨在反思传播研究的"在地经验"与"全球视野"问题时指出，"局内人"与"局外人"的观点应当相互滋养，没有理由彼此排斥。因为社会科学把我们训练为专业上的"多重人格"（multiple persons），穿梭于两个经验区域，对于某些问题有局内人的直觉洞见，对于其他问题则必须靠冷静分析和系统理解。这两种知识交叉重叠，活泼交流，我们既相信直觉，又要否定直觉。学术活动其实就是把局内人的"熟悉知识"（acquaintance with）转化为研究者的"系统知识"（knowledge about）的过程。④

## 二  对田野工作的伦理检讨

在田野作业中，笔者原本是尽可能悬置自己的研究者身份，把自己当

---

① ［日］深尾叶子等：《黄土高原的村庄：声音·空间·社会》，林琦译，民族出版社 2007 年版。

② ［英］安·格雷：《文化研究：民族志方法与生活文化》，许梦云译，重庆大学出版社 2009 年版，第 18 页。

③ ［美］克利福德·格尔兹：《论著与生活：作为作者的人类学家》，方静文等译，中国人民大学出版社 2013 年版，第 190 页。

④ 李金铨：《在地经验，全球视野：国际传播研究的文化性》，《开放时代》2014 年第 2 期。

作社区的一员参与他们的生产与生活。但实际情况并不能够完全做到这样,当自己和村里人相当熟悉,他们把笔者当作"自己人"之后,向笔者讲述了许多在他们看来不足向"外人"道的事,因为是"自己人"了才会说点"掏心窝子"的话。其实,这时候,乡亲们还是把笔者当作了"陌生人",当作了一个明显的"行为介入性陌生人"。他们把研究者当作了心目中、充满权威而神秘的"上边来的人",对研究者有着巨大的心理期待。于是,当老人们把他们的委屈、他们的不满向笔者倾诉时,当他们向笔者讲述农村的水污染、土地政策、农村低保的不公平问题时,笔者虽然认真倾听,但笔者知道,自己其实只是一个所谓的知识话语生产者,根本没有能力介入他们的日常生活。虽然拓展个案法的魅力就在于寻找异例去重构理论,甚至允许研究者有意地采取一些适当的话语或行动策略去影响研究对象,并从研究对象的异乎寻常的反应中发现信息,但面对乡亲们把笔者当作"自己人"所说的"掏心窝子"的"秘密"时,笔者只能选择倾听,根本无力给出他们所期待的答案。否则,又能怎样呢?究其实质,笔者只是一只"墙壁上的苍蝇",只能作壁上观。但是,笔者在枫村的田野调查又确实是一种"有影响的存在",自然会对村民产生一种"反应效果"①,这种来自田野的权力关系构成了自己的"民族志凝视",在很大程度上形塑了笔者在村里的所见所闻,也决定了笔者的所为。

在田野调查中,参与观察者与当地村民生活在一起,当来自不同文化背景的人相遇时,双方是互为"他者"的,当地人的文化和生活必然给笔者某种程度的"文化震撼"。然而,这种文化震撼与笔者 2008 年作为一个食客与村庄第一次亲密接触时,所产生的震撼是不一样的。如果那时的"我"是怀揣猎奇之心去寻找视觉体验的话,现在的"我"是进入了村庄内部的日常生活,在"他者"的世界中"凝视",笔者震撼的是曾经让自己那么"熟悉"的乡土社会,当下又是如此"陌生"。不一样的心境,不一样的凝视。文化的涵化在调查过程中不知不觉地进行着。当调查者作为"他者"介入调查对象的生活时,"我"已经无可避免地干扰了他

---

① [美]罗伯特·埃默森等:《如何做田野笔记》,符裕等译,上海译文出版社 2012 年版,第 4 页。

们,"我"的"在场是一个影响原有文化平衡的因素"①。实际上,这里出现了两种生活和一个文本,作为研究者的"我"的生活与作为研究对象的枫村人的生活。在多数时候,两者是截然分开的,只有在田野过程中两者才在一定程度上相结合,并在某种程度上,都重建了另一方。如果说研究者的思维方式及语言风格脱离不了自身的生活烙印,那么现在呈现出来的叙事"文本"就是这两种生活的一种相遇。

按照人类学田野工作的理论与实践,田野工作的迷人之处在于它不只是一种收集数据的方法,更具有认识论上的意义,有助于培养田野工作者具备人类学家应有的能力与视野。但是,"进入研究场域的调查者同调查对象之间有着极其繁复、敏感而微妙的关系,因而不可能不介入无所不在的权力关系"②。正如中国台湾人类学者黄应贵在《反景入深林》一书中反思他自己的田野工作实践时所指出的:田野工作实践本需要剔除研究者自身的文化偏见,具备被研究者的观点、比较的观点、整体的全貌观、前瞻性的批判性等。随着人类学理论的发展,不同的理论对于田野工作的定位、意义及收集资料的方向与内容等,都有所不同。故田野工作是与人类学理论知识不可分的。事实上,除了理论之外,个人的自我实践、民族志知识,乃至个人的文化背景等,也往往无意识地影响了研究者对被研究者的了解,从而影响田野工作的成效与结果。这在人类学知识建构上,是一个重要的难题。而如何剔除已有的人类学知识乃至文化偏见,不仅是人类学田野工作的目的,也是人类学进展的关键,更是人类学知识的特色。而田野工作所造成研究者与被研究者之间的不平等关系,也只能在长久而深入的田野工作本身的反省与实践中去寻求解决之道。直到今天,有许多问题仍待进一步厘清与克服。同时,随着认识的深入和学科的发展,研究者与被研究者之间的"不平等关系"本身就有许多不同的性质与意义,有待我们进一步思考。③

---

① [美]大卫·费特曼:《民族志:步步深入》,龚建华译,重庆大学出版社2007年版,第99页。

② 胡玉坤:《政治、身份认同与知识生产——嵌入权力之中的乡村田野研究》,《清华大学学报》(哲学社会科学版)2007年第3期。

③ 黄应贵:《反景入深林:人类学的观照、理论与实践》,商务印书馆2010年版,第85—101页。

## 第四节　研究局限

行文至此，似乎应该给自己的写作画上一个句号。但是，出于对学术研究严肃性的重视，也出于结构完整性考虑，在接下来的文字中，笔者想对自己的研究作一番内在的"凝视"，以表明自己还是有一些自知之明。

### 一　理论阐释的局限

沿着拓展个案研究法的逻辑，面对自己曾经观察过的村庄，笔者不知道用什么理论来勾连经验与理性之间的对话。因而理论问题曾经一度反复折磨着我。起初笔者从文化研究和旅游人类学那里发现了"凝视"理论，萨特、拉康、福柯到厄里、毛茨对于"观看"的论述，让自己眼前为之一亮，这不就是隐藏在笔者的田野中的权力关系问题吗？但自己仍然没有信心，害怕陷入套用理论的怪圈。为了建立本书的理论概念的合法性，笔者从知识社会学、现象学社会学那里寻找理论支撑力量。韦伯、舒茨、帕森斯、加芬克尔、康德、黑格尔、胡塞尔、利科等对于社会现象、知识与行动的关注，为社会行动确立了一个合适的社会学归宿，即"凝视的二重时间结构和社会行动的符号学矩阵"[1]。于是，笔者决定借用凝视理论话语来搭建研究的"微观—宏观链"。虽然倾慕于这一理论思想的巨大魅力，但并不意味着自己对这一理论亦步亦趋。必须承认，本书所研究的特定对象展现出的文化再生产与社区重建模式是特定时空背景下的现象。它虽然包含着一般理论范畴，可以从中抽象出一些理论关系，但笔者并不想把这些认识绝对化，它只是在特定时空环境下的相对真实的认识。而且，其中的分析似乎还带有功能解释的影子，在逻辑上可能会存在"事后解释与循环论证"的局限。[2] 但在定性社会研究中，还是可以在功能分析的基础上，进一步探讨社会结构是如何发生变化，是哪一种结构的功能发生了变化导致了系统结构的变迁，以及变迁中的系统结构又依靠何种功能维持系统的延续等问题。只是必须时时提防落入单一因素决定论的窠臼。

从社会事实的层面来说，所谓事实归根结底又是一种研究者自己的建

---

[1] 吕炳强：《凝视与社会行动》，《社会学研究》2000年第3期。
[2] 陆益龙：《定性社会研究方法》，商务印书馆2011年版，第237—239页。

构。而建构的基础来自两个方面，一方面是研究者的所见所闻，另一方面是研究者头脑中存在的观念。从本书的叙述来看，采用的是选取式或切片式研究的风格，可能会给人产生一种裁剪生活，对材料进行"理解符合性取舍"的印象，也许这是在地化研究无法绕开的另一面。对于这种质的研究中的经验和故事而言，"一个研究者无论多么努力，记下所有的事情也是不可能的"，"所有的现场文本都不可避免的是解释性文本"，"都是现场经验选择性的重构"，甚至文件收集过程也是一个选择的过程。①不仅如此，从现场文本移动到研究文本又是另一种困难和复杂的转换。围绕特定主题，通过某种修辞结构和写作策略进行的选择、塑造和重新安排，表达对某种社会生活的某种特定理解，这也是一个解释性过程。而"解释自身则是非决定性的、视角性的以及循环性的"，所以解释也就无法逃脱"诠释学循环"（hermeneutic circle）的困境。②

## 二 研究资料的局限

在民族志研究中，田野工作者通常以具体生活场景的切身体验来阐述学术问题，存在一种"文化翻译"问题。因而也经常被批评者所诟病，认为这种表述缺乏严谨性和规范性，无法足够证明其效度和信度。不过，需要明确的是田野工作本身就是在分析人类族群自身及其文化，"这种记忆书写和事后分析依然是有意义的，是可深描的，也是可以反思的"③，毕竟能够提供一个可以解释的合理框架。正如 Barbara Czarniawska 在讨论社会科学研究中的叙事问题时所指出的，"对于叙事，并没有什么必须、应该或者应当'处理'的内容。所有的阅读都是一种解释，所有的解释都是一种联系：把想要解释的文本同其他文本、话语、时间和地点联系起来。比特定的解释或分析技术更重要的是结果：一种有趣的重新放入背景

---

① ［加］D. 简·克兰迪宁、F. 迈克尔·康纳利：《叙事探究：质的研究中的经验和故事》，张园译，北京大学出版社 2008 年版，第 101—102 页。

② ［美］詹姆斯·博曼：《社会科学的新哲学》，李霞等译，上海人民出版社 2006 年版，第 138 页。

③ 潘绥铭等：《论方法：社会学调查的本土实践与升华》，中国人民大学出版社 2011 年版，第 185 页。

的过程",这才是"有希望的叙事"。① 不管如何为自己的研究辩护,笔者都不得不承认,在嵌入了复杂权力关系的乡村田野作业中,本书的民族志的知识生产一定存在盲点和纰漏。实地研究无法被复制或再现,因此"放马后炮"在所难免,而且还会因自己学科专业与研究主题限制,对田野产生"文化识盲"甚至误读,这只能通过自己的学术经验积累和不断的田野实践去弥补和修正了。

通过参与观察法所获取的资料,肯定会因为研究者自己作为研究工具的有限性,自己所获得的田野资料以及获取资料过程也必然存在着历史的局限性。在本书中,因多方面的原因,所收集的区域社会史的资料比较有限,建立的村落口述史的脉络还不清晰,让自己的叙述缺乏历史纵深感,比较的视野无法建立起来,所以过去、现在与未来之间的链接还有些模糊。共时性分析比较多,而历时性分析比较缺乏。在理论、经验、现实以及更广阔的历史之间的对话尚未全面展开。笔者准备接受这样的责备和批评,并希望有进一步完善自己的阐释的机会。这也是在后续研究中需要予以补救和完善的地方,从而真正实现历史与逻辑的统一、经验与理性的统一。

悬置理论与带着理论进入田野,这是两种不同的研究取径。解释人类学强调理论悬置,用地方性知识建构理论。而拓展个案方法强调带着理论进入田野,研究对象的特殊性是和特定的理论问题相关联的,秉承波普尔的演绎逻辑,通过地方性知识中的"异例"去重构理论,显示出与扎根理论方法论不同的取向。但是,这种田野资料收集的方式可能影响到研究者套用理论寻找异例的危险。对此笔者尽管有深刻的认识,并且在田野调查中力图避免,无奈作为一个拓展个案研究方法的初学者,这种情况在本书中仍然难以避免。而且在全球化、城市化语境下,"地方"在网络社会中已具有相当复杂的含义。乡村日常生活不再单调乏味,它是如此丰富、如此复杂,完全超出笔者的预期。网络社会中的乡村也是一个多种权力交织的场域,枫村只是网络社会中一个小小的节点,但它又呈现出与这张巨大的权力之网复杂的互动关系。不是通过几个月的观察、运用几个理论化的关键词就能够完全把握和呈现的。因此,以后的研究中,有必要进一步

---

① [瑞典]芭芭拉·查尔尼娅维斯卡:《社会科学研究中的叙事》,鞠玉翠等译,北京师范大学出版社2010年版,第172页。

拓展类型比较和历史分析的深度与广度，补之以更多的经验事实，通过比较区分以减小研究的偏差。

### 三 叙述文本的局限

民族志叙事不是一个简单的田野调查报告，更不是研究者所收集的田野资料的机械堆砌，而是需要将地方历史、地方性知识与研究者的诠释结合起来进行理论概括。从这一意义而言，本书仍处于起步阶段，甚至让人感觉有一种新瓶装旧酒的嫌疑，但笔者的初衷是怀着一种把窖藏的旧酒变作陈酿的学术期许。目前呈现出来的这个文本只是一种阐述的方式，是一个研究者与其研究对象合作的叙述文本，或者是"共谋"的结果。尽管本书力图将村民的观点同笔者的再现融合在一起，但作为一个研究者的"学术凝视"，在田野调查的日常互动中难免会掺杂进个人好恶、"偏见"、价值取向乃至立场。而且由于自己阅历肤浅、能力不逮（大胆和毅力并不能直接转化为能力和水平）导致自己的叙述不够成熟和流畅，无法在经验、语言和思想之间自由驰骋和自然转换，也无法把自己实地调查所获取的那些"杂乱无章"的田野资料用一种轻松活泼的叙事方式予以表述。所以本书坚持问题主导型的结构安排，使用了社会科学的传统表述与民族志叙事的"杂交类型"，似乎有些生硬。不能让读者看到人类学与文学以及浪漫主义之间的关系，也就无法让读者感受到"人类学诗学"的无限魅力。"常言道，人类学乃人文学中最为科学之学科，乃科学中最为人文之科学。"① 在笔者看来，《金翼》《银翅》一般的叙事，那不仅仅是一种民族志的呈现方式，而且那更是学术大家的手笔，自己只能高山仰止。虽不能至，心向往之。不过，标杆就立在那里，那是促使自己前行的动力。

总的来说，枫村这个看似特殊而又普通的村庄已经基本呈现了国家与民间互动下的少数民族乡村文化发展中的一个横断面，时代正以其自身特有的方式塑造、打磨着枫村。固然有其独特性，但还是可以在很多的实际问题上带给我们一些思考和启示。最后，笔者希望自己所意识到的这些自身认识的局限性，能够成为自己以后不断超越这些局限性的起点。

---

① ［美］伊万·布莱迪：《人类学诗学》，徐鲁亚等译，中国人民大学出版社2010年版，第3页。

# 参考文献

## 中文著作

［美］康拉德·科塔克：《远逝的天堂：一个巴西小社区的全球化》（第四版），张经纬等译，北京大学出版社2012年版。

熊培云：《一个村庄里的中国》，新星出版社2011年版。

［德］汉斯彼得·马丁等：《全球化陷阱——对民主和福利的进攻》，张世鹏等译，中央编译出版社1998年版。

［英］安娜贝拉·穆尼、［美］贝琪·埃文斯：《全球化关键词》，刘德斌等译，北京大学出版社2014年版。

［美］约翰·博德利：《发展的受害者》，何小荣等译，北京大学出版社2011年版。

［美］乔尔·S.米格代尔：《社会中的国家：国家与社会如何相互改变与相互构成》，李杨等译，江苏人民出版社2013年版。

周晓虹：《传统与变迁：江浙农民的社会心理及其近代以来的嬗变》，生活·读书·新知三联书店1998年版。

李桂平：《被颠覆的村庄》，江西人民出版社2012年版。

张柠：《土地的黄昏——中国乡村经验的微观权力分析》（修订版），中国人民大学出版社2013年版。

彭大鹏、吴毅：《单向度的农村》，湖北人民出版社2008年版。

［法］H.孟德拉斯：《农民的终结》，李培林译，中国社会科学出版社1991年版。

李培林：《村落的终结——羊城村的故事》，商务印书馆2004年版。

陆益龙：《农民中国：后乡土社会与新农村建设研究》，中国人民大学出版社2010年版。

吕新雨：《乡村与革命：中国新自由主义批判三书》，华东师范大学出版社 2013 年版。

曾一果：《想象城市：改革开放 30 年来大众媒介的"城市叙事"》，中国书籍出版社 2011 年版。

［英］雷蒙德·威廉斯：《乡村与城市》，韩子满等译，商务印书馆 2013 年版。

［英］威尔·赫顿、安东尼·吉登斯：《在边缘：全球资本主义生活》，达巍等译，生活·读书·新知三联书店 2003 年版。

［英］罗宾·科恩、保罗·肯尼迪：《全球社会学》，文军等译，社会科学文献出版社 2001 年版。

薛毅：《乡土中国与文化研究》，上海书店出版社 2008 年版。

徐杰舜等：《中国社会的文化转型：人类学高级论坛十年论文精选》，民族出版社 2012 年版。

廖君湘：《南部侗族传统文化特点研究》，民族出版社 2007 年版。

［比］瑟韦斯、［泰］玛丽考：《发展传播学》，张凌译，武汉大学出版社 2014 年版。

吴文藻：《论社会学中国化》，商务印书馆 2010 年版。

秦红增：《乡土变迁与重塑——文化农民与民族地区和谐乡村建设研究》，商务印书馆 2012 年版。

王铭铭：《村落视野中的文化与权力——闽台三村五论》，生活·读书·新知三联书店 1997 年版。

［美］詹姆斯·凯瑞：《作为文化的传播》，丁未译，华夏出版社 2005 年版。

周鸿雁：《隐藏的维度——詹姆斯·W. 凯瑞仪式传播思想研究》，中国大百科全书出版社 2012 年版。

旷宗仁：《乡村传播中的农民认知行为研究》，中国农业大学出版社 2013 年版。

谢咏才、李红艳：《中国乡村传播学》，知识产权出版社 2005 年版。

孙秋云等：《电视传播与乡村村民日常生活方式的变革》，人民出版社 2014 年版。

陈卫星：《传播的观念》，人民出版社 2004 年版。

杨孝溁：《传播社会学》，台湾商务印书馆 1979 年版。

张磊：《焦虑与希望：对北京城市贫困群体的传播社会学研究》，中国广播电视出版社 2010 年版。

［法］埃里克·麦格雷：《传播理论史：一种社会学的视角》，刘芳译，中国传媒大学出版社 2009 年版。

［美］C. 赖特·米尔斯：《社会学的想像力》，陈强等译，生活·读书·新知三联书店 2012 年版。

李苓、陈昌文：《现代传媒与中国西部民族：汉藏羌区域传媒使用与影响的类型化研究》，中华书局 2012 年版。

钟鸣：《乡村·影视·生活——论传统的延伸》，文化艺术出版社 2008 年版。

［美］凯瑟琳·马歇尔、格雷琴·B. 罗斯曼：《设计质性研究：有效研究计划的全程指导》（第 5 版），重庆大学出版社 2015 年版。

王铭铭：《西方作为他者：论中国"西方学"的谱系与意义》，世界图书出版公司 2007 年版。

［日］沟口雄三：《做为"方法"的中国》，台湾"国立"编译馆 1999 年版。

瞿海源、毕恒达、刘长萱、杨国枢：《社会及行为科学研究法Ⅱ：质性研究法》，社会科学文献出版社 2013 年版。

黄应贵：《反景入深林——人类学的观照、理论与实践》，商务印书馆 2010 年版。

［英］迈克尔·吉本斯、卡米耶·利摩日、黑尔佳·诺沃提尼、西蒙·施瓦茨曼、彼得·斯科特、马丁·特罗：《知识生产的新模式：当代社会科学与研究的动力学》，陈洪捷等译，北京大学出版社 2011 年版。

［美］肯尼斯·赫文、托德·多纳：《社会科学研究：从思维开始》（第 10 版），李涤非等译，重庆大学出版社 2013 年版。

［美］马茨·艾尔维森、卡伊·舍尔德贝里：《质性研究的理论视角：一种反身性的方法论》，陈仁仁译，重庆大学出版社 2009 年版。

张银锋：《村庄权威与集体制度的延续："明星村"个案研究》，社会科学文献出版社 2013 年版。

王铭铭：《社会人类学与中国研究》，广西师范大学出版社 2005 年版。

［美］罗伯特·芮德菲尔德：《农民社会与文化》，王莹译，中国社会科学出版社 2013 年版。

［美］詹姆斯·博曼：《社会科学的新哲学》，李霞等译，上海人民出版社 2006 年版。

［英］哈维·弗格森：《现象学社会学》，刘聪慧等译，北京大学出版社 2010 年版。

［美］罗伯特·K. 殷：《案例研究：设计与方法》，周海涛等译，重庆大学出版社 2010 年版。

［美］诺曼·K. 邓津、伊冯娜·S. 林肯：《定性研究：策略与艺术》，风笑天等译，重庆大学出版社 2007 年版。

杨懋春：《一个中国村庄：山东台头》，张雄等译，江苏人民出版社 2001 年版。

［美］古塔·弗格森：《人类学定位：田野科学的界限与基础》，骆建建等译，华夏出版社 2005 年版。

陈向明：《质的研究方法与社会科学研究》，教育科学出版社 2006 年版。

［法］莫里斯·郭德烈：《人类社会的根基：人类学的重构》，董芃芃等译，中国社会科学出版社 2011 年版。

［美］艾伦·G. 约翰逊：《见树又见林——社会学与生活》，喻东等译，中国人民大学出版社 2008 年版。

郭强：《社会根理论：知识行动论研究》，广西师范大学出版社 2013 年版。

马杰伟、张潇潇：《媒体现代：传播学与社会学的对话》，复旦大学出版社 2011 年版。

陈庆德等：《人类学的理论预设与建构》，社会科学文献出版社 2006 年版。

费孝通：《江村经济：中国农民的生活》，商务印书馆 2001 年版。

［美］克利福德·格尔茨：《文化的解释》，韩莉译，译林出版社 1999 年版。

［美］马歇尔·萨林斯：《甜蜜的悲哀》，王铭铭等译，生活·读书·新知三联书店 2000 年版。

［美］詹姆斯·皮科克：《人类学透镜》（第 2 版），汪丽华译，北京大学出版社 2009 年版。

［瑞典］彼得·赫斯特洛姆：《解析社会：分析社会学原理》，陈云松

等译，南京大学出版社 2010 年版。

［美］麦克·布洛维：《公共社会学》，社会科学文献出版社 2007 年版。

［美］艾尔·巴比：《社会研究方法》（第 10 版），邱泽奇译，华夏出版社 2005 年版。

郭伟和：《"身份之争"：转型中的北京社区生活模式和生计策略研究》，北京大学出版社 2010 年版。

［美］迈克尔·布若威：《制造同意——垄断资本主义劳动过程的变迁》，李荣荣译，商务印书馆 2008 年版。

［美］兰德尔·柯林斯：《互动仪式链》，林聚任等译，商务印书馆 2012 年版。

［美］克莱德·M. 伍兹：《文化变迁》，何瑞福译，河北人民出版社 1989 年版。

陈世敏：《大众传播与社会变迁》，三民书局 1983 年版。

［美］柯克·约翰逊：《电视与乡村社会变迁——对印度两村庄的民族志调查》，展明辉等译，中国人民大学出版社 2005 年版。

［美］戴维·斯沃茨：《文化与权力——布尔迪厄的社会学》，陶东风译，上海译文出版社 2012 年版。

左晓斯：《可持续乡村旅游研究——基于社会建构论的视角》，社会科学文献出版社 2010 年版。

潘绥铭、黄盈盈、王东：《论方法：社会学调查的本土实践与升华》，中国人民大学出版社 2011 年版。

［法］艾德加·莫兰：《社会学思考》，阎素伟译，上海人民出版社 2001 年版。

［美］罗伯特·埃默森、雷切尔·弗雷兹、琳达·肖：《如何做田野笔记》，符裕译，上海译文出版社 2012 年版。

谢立中：《日常生活的现象学社会学分析》，社会科学文献出版社 2010 年版。

［美］克利福德·格尔兹：《文化的解释》，纳日碧力戈等译，上海人民出版社 1999 年版。

［奥］阿尔弗雷德·舒茨：《社会世界的意义构成》，游淙祺译，商务印书馆 2012 年版。

萧楼：《夏村社会：中国"江南"农村的日常生活和社会结构（1976—2006）》，生活·读书·新知三联书店 2010 年版。

［美］朱莉娅·伍德：《生活中的传播》（第四版），董璐译，北京大学出版社 2009 年版。

韦路：《传播技术研究与传播理论的范式转移》，浙江大学出版社 2010 年版。

吴飞、王学成：《传媒·文化·社会》，山东人民出版社 2006 年版。

李岩：《传播与文化》，浙江大学出版社 2009 年版。

Dan Schiller：《传播理论史：回归劳动》，冯建三等译，五南图书出版公司 2010 年版。

［美］丹尼尔·杰．切特罗姆：《传播媒介与美国人的思想——从莫尔斯到麦克卢汉》，曹静生等译，中国广播电视出版社 1991 年版。

徐耀魁：《西方新闻理论评析》，新华出版社 1998 年版。

［美］E. M. 罗杰斯：《传播学史——一种传记式的方法》，殷晓蓉译，上海译文出版社 2002 年版。

庄晓东：《传播与文化概论》，人民出版社 2008 年版。

［美］詹姆斯·罗尔：《媒介、传播、文化——一个全球性的途径》，董洪川译，商务印书馆 2012 年版。

［英］丹尼斯·麦奎尔：《受众分析》，刘燕南等译，中国人民大学出版社 2009 年版。

［美］刘易斯·芒福德：《技术与文明》，陈允明等译，中国建筑工业出版社 2009 年版。

［加］哈罗德·伊尼斯：《传播的偏向》，何道宽译，中国人民大学出版社 2003 年版。

李洁：《传播技术建构共同体——从英尼斯到麦克卢汉》，暨南大学出版社 2009 年版。

［美］约书亚·梅罗维茨：《消失的地域：电子媒介对社会行为的影响》，肖志军译，清华大学出版社 2002 年版。

［英］拉德克利夫-布朗：《社会人类学方法》，夏建中译，华夏出版社 2001 年版。

［美］叶海亚·R. 伽摩利珀：《全球传播》，尹宏毅主译，清华大学出版社 2003 年版。

［英］科林·斯巴克斯：《全球化、社会发展与大众媒体》，刘舸等译，社会科学文献出版社2009年版。

钟瑛、余红：《传播科技与社会》，华中科技大学出版社2006年版。

陈昭郎：《传播社会学》，黎明文化事业公司1992年版。

［法］阿芒·马特拉：《世界传播与文化霸权：思想与战略的历史》，陈卫星译，中央编译出版社2001年版。

［英］约翰·汤林森：《文化帝国主义》，冯建三译，上海人民出版社1999年版。

谢咏才、李红艳：《中国乡村传播学》，知识产权出版社2005年版。

蒋旭峰等：《抗争与合作：乡村治理中的传播模式》，浙江大学出版社2011年版。

郑欣等：《对农传播：基于受众的实证分析与对策探讨》，浙江大学出版社2011年版。

庄晓东等：《网络传播与云南少数民族文化的现代建构》，科学出版社2010年版。

陈刚、张卉、陈经超、郭嘉：《中国乡村调查——农村居民媒体接触与消费行为研究》，高等教育出版社2015年版。

赵建国：《人的迁移与传播》，中国社会科学出版社2012年版。

方晓红：《大众传媒与农村》，中华书局2002年版。

王锡苓：《互联网与欠发达地区社会发展研究——互联网在西部农村的两种应用模式的探讨》，兰州大学出版社2006年版。

郭建斌：《独乡电视：现代传媒与少数民族乡村日常生活》，山东人民出版社2005年版。

吴飞：《火塘·教堂·电视：一个少数民族社区社会传播网络分析》，光明日报出版社2008年版。

［美］杰里·D. 穆尔：《人类学家的文化见解》，欧阳敏等译，商务印书馆2009年版。

［英］凯蒂·加德纳、大卫·刘易斯：《人类学、发展与后现代挑战》，张有春译，中国人民大学出版社2008年版。

黄淑娉、龚佩华：《文化人类学理论方法研究》，广东高等教育出版社2013年版。

［美］罗伯特·C. 尤林：《理解文化：从人类学和社会理论视角》，

何国强译，北京大学出版社 2005 年版。

肖文评：《白堠乡的故事：地域史脉格下的乡村社会建构》，生活·读书·新知三联书店 2011 年版。

戴俊潭：《电视文化与农民意识变迁》，山东人民出版社 2012 年版。

王先明：《走近乡村——20 世纪以来中国乡村发展论争的历史追索》，山西人民出版社 2012 年版。

［美］丹尼尔·哈里森·葛学溥：《华南的乡村生活：广东凤凰村的宗族主义社会学研究》，周大鸣译，中国知识产权出版社 2012 年版。

黄宗智：《华北小农经济和社会变迁》，中华书局 1986 年版。

彭大鹏、吴毅：《单向度的农村——对转型期乡村社性质的一项探索》，湖北人民出版社 2008 年版。

黄平：《乡村中国与文化自觉》，生活·读书·新知三联书店 2007 年版。

李友梅等：《快速城市化过程中的乡土文化转型》，上海人民出版社 2007 年版。

徐杰舜、刘冰清：《乡村人类学》，宁夏人民出版社 2012 年版。

曹锦清：《黄河边的中国——一个学者对乡村社会的观察与思考》，上海文艺出版社 2001 年版。

［英］德斯蒙德·莫里斯：《人类动物园》，刘文荣译，文汇出版社 2002 年版。

秦红增：《乡土变迁与重塑：文化农民与民族地区和谐乡村建设研究》，商务印书馆 2012 年版。

［日］富永健一：《社会学原理》，严立贤译，社会科学文献出版社 1992 年版。

徐家林：《"人文发展"：维度及其评价》，上海人民出版社 2009 年版。

李佳：《制度与环境：西部乡村文化产业》，云南大学出版社 2011 年版。

曹锦清：《如何研究中国》，上海人民出版社 2010 年版。

冯广圣：《桂村社会传播网络研究》，广西师范大学出版社 2013 年版。

何威：《网众传播：一种关于数字媒体、网络化用户和中国社会的新范式》，清华大学出版社 2011 年版。

［英］丹尼斯·麦奎尔：《麦奎尔大众传播理论》，崔保国等译，清华大学出版社 2006 年版。

［美］埃尔弗特·M. 罗杰斯：《创新的扩散》，辛欣译，中央编译出版社 2002 年版。

［美］彼得·R. 芒戈、诺什·S. 康特拉克特：《传播网络理论》，陈禹等译，中国人民大学出版社 2009 年版。

［美］曼纽尔·卡斯特：《网络社会的崛起》，夏铸九等译，社会科学文献出版社 2003 年版。

王素洁：《社会网络视角下的乡村旅游决策研究》，山东大学出版社 2011 年版。

［英］菲利普·梅勒：《理解社会》，赵亮员等译，北京大学出版社 2009 年版。

刘保、肖峰：《社会建构主义——一种新的哲学范式》，中国社会科学出版社 2011 年版。

孙绍谊、郑涵：《新媒体与文化转型》，上海三联书店 2013 年版。

杜骏飞：《弥漫的传播》，中国社会科学出版社 2002 年版。

［英］A. R. 拉德克利夫-布朗：《原始社会的结构与功能》，潘蛟等译，中央民族大学出版社 1999 年版。

［美］杜赞奇：《文化、权力与国家：1900—1942 年的华北农村》，王福明译，江苏人民出版社 2008 年版。

［德］斐迪南·滕尼斯：《共同体与社会：纯粹社会学的基本概念》，林荣远译，北京大学出版社 2010 年版。

王玉亮：《英国中世纪晚期乡村共同体研究》，人民出版社 2011 年版。

［英］齐格蒙特·鲍曼：《共同体》，欧阳景根译，江苏人民出版社 2003 年版。

［英］保罗·霍普：《个人主义时代之共同体重建》，沈毅译，浙江大学出版社 2010 年版。

［美］本尼迪克特·安德森：《想象的共同体：民族主义的起源与散布》（增订版），吴叡人译，上海人民出版社 2011 年版。

丁未：《流动的家园："攸县的哥村"社区传播与身份共同体研究》，社会科学文献出版社 2014 年版。

［英］保罗·威利斯：《学做工：工人阶级子弟为何继承父业》，秘舒等译，译林出版社 2013 年版。

［法］P. 布尔迪约、J.-C. 帕斯隆：《再生产：一种教育系统理论的要点》，邢克超译，商务印书馆 2002 年版。

赵旭东：《本土异域间：人类学研究中的自我、文化与他者》，北京大学出版社 2011 年版。

［法］居伊·德波：《景观社会》，王昭风译，南京大学出版社 2006 年版。

高宣扬：《布迪厄的社会理论》，同济大学出版社 2004 年版。

车裕斌：《村落经济转型中的文化冲突与社会文化——楠溪江上游毛氏宗族村落个案分析》，中国社会科学出版社 2010 年版。

朱晓兰：《文化研究关键词：凝视》，南京大学出版社 2013 年版。

肖伟胜：《视觉文化与图像意识研究》，北京大学出版社 2011 年版。

叶涯剑：《空间重构的社会学解释：黔灵山的历程与言说》，中国社会科学出版社 2013 年版。

［美］戴维·哈维：《后现代的状况：对文化变迁之缘起的探究》，阎嘉译，商务印书馆 2013 年版。

［英］John Urry：《游客凝视》，杨慧等译，广西师范大学出版社 2009 年版。

包亚明：《权力的眼睛——福科访谈录》，严锋译，上海人民出版社 1997 年版。

［英］贝拉·迪克斯：《被展示的文化：当代"可参观性"的生产》，冯悦译，北京大学出版社 2012 年版。

［美］乔纳森·H. 特纳：《社会宏观动力学》，林聚任等译，北京大学出版社 2006 年版。

郭华：《乡村旅游社区利益相关者研究：基于制度变迁的视角》，暨南大学出版社 2010 年版。

高宣扬：《当代法国思想五十年》，中国人民大学出版社 2005 年版。

宫留记：《布迪厄的社会实践理论》，河南大学出版社 2009 年版。

［澳］马尔科姆·沃特斯：《现代社会学理论》，杨善华等译，华夏出版社 2000 年版。

［匈牙利］阿格妮丝·赫勒：《日常生活》，衣俊卿译，重庆出版社

2010年版。

［法］布迪厄：《文化资本与社会炼金术——布尔迪厄访谈录》，包亚明译，上海人民出版社1997年版。

［法］菲利普·卡班、让-弗朗索瓦·多尔蒂耶：《法国视角下的社会学史与社会学思想》，吴绍宜译，北京大学出版社2010年版。

周春发：《旅游、现代性与社区变迁：以徽村为例》，社会科学文献出版社2012年版。

郝朴宁等：《民族文化传播理论描述》，云南大学出版社2007年版。

张泽忠等：《变迁与再地方化》，民族出版社2008年版。

朱凌飞：《玉狮场的故事——1949—2009：地方国家的过程与选择》，云南人民出版社2010年版。

［瑞士］吉尔贝·李斯特：《发展的迷思：一个西方信仰的历史》，陆象淦译，社会科学文献出版社2011年版。

刘保、肖峰：《社会建构主义——一种新的哲学范式》，中国社会科学出版社2011年版。

刘拥华：《布迪厄的终生问题》，上海三联书店2009年版。

顾雪松：《旅游传播与少数民族乡村的变迁——对西江千户苗寨的多维度研究》，中国书籍出版社2013年版。

赵建国、王大钟：《旅游传播论》，中国社会科学出版社2011年版。

阎云翔：《礼物的流动——一个中国村庄中的互惠原则与社会网络》，上海人民出版社2000年版。

翟学伟：《人情、面子与权力的再生产》（第二版），北京大学出版社2013年版。

阎云翔：《私人生活的变革：一个中国村庄里的爱情、家庭与亲密关系（1949—1999）》，龚小夏译，上海书店出版社2006年版。

叶涯剑：《空间重构的社会学解释》，中国社会科学出版社2013年版。

方玲玲：《媒介空间论——媒介的空间想象力与城市景观》，中国传媒大学出版社2011年版。

［美］托马斯·德·曾戈提塔：《中介化：媒体如何建构你的世界和生活方式》，王珊珊译，上海译文出版社2009年版。

［英］罗杰·西尔弗斯通：《电视与日常生活》，陶庆梅译，江苏人民

出版社2004年版。

邵培仁等：《媒介理论前沿》，浙江大学出版社2009年版。

［法］乔治·古尔维奇：《社会时间的频谱》，朱红文等译，北京师范大学出版社2010年版。

［英］约翰·哈萨德：《时间社会学》，朱红文等译，北京师范大学出版社2009年版。

仲富兰：《民俗传播学》，上海文化出版社2007年版。

［美］劳拉·斯·蒙福德：《午后的爱情与意识形态——肥皂剧、女性及电视剧种》，林鹤译，中央编译出版社2000年版。

卿志军：《电视与黎族生活方式的变迁》，中国传媒大学出版社2013年版。

李沁：《沉浸传播：第三媒介时代的传播范式》，清华大学出版社2013年版。

费爱华：《话语交易：乡村社会及其治理中的人际传播》，浙江大学出版社2013年版。

黄娟：《社区孝道的再生产：话语与实践》，社会科学文献出版社2011年版。

兰林友：《本土的解说》，中国社会科学出版社2012年版。

［英］霍布斯鲍姆、兰格：《传统的发明》，顾杭等译，译林出版社2004年版。

［英］安东尼·吉登斯：《社会的构成》，李康等译，生活·读书·新知三联书店1998年版。

欧阳康：《社会认识论导论》，中国社会科学出版社2010年版。

［法］弗朗索瓦·佩鲁：《新发展观》，张宁等译，华夏出版社1987年版。

［美］安德鲁·斯特拉森、帕梅拉·斯图瓦德：《谣言·想像·身份·历史》，梁永佳等译，中国人民大学出版社2005年版。

［美］保罗·拉比诺：《摩洛哥田野作业反思》，高丙中等译，商务印书馆2008年版。

王铭铭：《人类学讲义稿》，世界图书出版公司2010年版。

［日］深尾叶子、井口淳子、栗原伸治：《黄土高原的村庄：声音·空间·社会》，林琦译，民族出版社2007年版。

［英］安·格雷：《文化研究：民族志方法与生活文化》，许梦云译，重庆大学出版社 2009 年版。

［美］詹姆斯·克利福德、乔治·E. 马库斯：《写文化：民族志诗学与政治学》，高丙中等译，商务印书馆 2006 年版。

［美］克利福德·格尔兹：《论著与生活：作为作者的人类学家》，方静文等译，中国人民大学出版社 2013 年版。

［美］大卫·费特曼：《民族志：步步深入》，龚建华译，重庆大学出版社 2007 年版。

李正东：《河村水会：日常生活、集体行动与生存文化（1978—1987）》，光明日报出版社 2013 年版。

陆益龙：《定性社会研究方法》，商务印书馆 2011 年版。

［加］D. 简·克兰迪宁、F. 迈克尔·康纳利：《叙事探究：质的研究中的经验和故事》，张园译，北京大学出版社 2008 年版。

［瑞典］芭芭拉·查尔尼娅维斯卡：《社会科学研究中的叙事》，鞠玉翠等译，北京师范大学出版社 2010 年版。

［美］伊万·布莱迪：《人类学诗学》，徐鲁亚等译，中国人民大学出版社 2010 年版。

刘海龙：《重访灰色地带：传播研究史的书写与记忆》，北京大学出版社 2015 年版。

## 学位论文

王星：《从"分配政治"到"生产政治"：转型过程中的单位政治研究》，博士学位论文，吉林大学，2008 年。

冯广圣：《桂村社会传播网络研究》，博士学位论文，华中科技大学，2012 年。

张斌：《大众传媒与少数民族乡村政治生活——对湘黔桂毗邻边区三个民族村寨的民族志调查与阐释》，博士学位论文，华中科技大学，2012 年。

郭建斌：《电视下乡：社会转型期大众传媒与少数民族社区——独龙江个案的民族志阐释》，博士学位论文，复旦大学，2003 年。

赵国宏：《少数民族文化网络传承的教育人类学研究》，博士学位论文，中央民族大学，2010 年。

杨瑞：《发展传播学视角下电视媒体的地方戏曲传播研究》，硕士学位论文，西南政法大学，2009 年。

李春霞：《电视与中国彝民生活：对一个彝族社区电视与生活关系的跨学科研究》，博士学位论文，四川大学，2005 年。

张硕勋：《大众传媒与黄河上游藏区社会变迁研究》，博士学位论文，兰州大学，2012 年。

刘丹萍：《元阳哈尼梯田旅游地发育过程研究：在凝视与被凝视之间》，博士学位论文，中山大学，2005 年

曹徐兰：《恩施地区新闻传播事业与地区经济研究》，硕士学位论文，中央民族大学，2006 年。

陈世平：《集体的狂热——群众身体空间的列斐伏尔式空间》，硕士学位论文，台湾中原大学，2007 年。

李环：《新媒体环境下新生代农民工自我身份认同研究》，硕士学位论文，汕头大学，2011 年。

周军：《中国现代化进程中乡村文化的变迁及其建构问题研究》，博士学位论文，吉林大学，2010 年。

郭伟和：《北京市某社区国有企业下岗失业职工的生活方式和生存策略转变的研究》，博士学位论文，香港理工大学，2009 年。

## 期刊论文

陈浩天：《乡村"空心化"治理：样态扫描与政府服务》，《理论月刊》2013 年第 7 期。

龚春明、朱启臻：《村落的终结还是纠结：文献述评与现实审视》，《内蒙古社会科学》2012 年第 6 期。

龚春明、朱启臻：《村落的终结、纠结与未来：经验反思及价值追寻》，《学术界》2012 年第 6 期。

徐杰舜：《中国农民守土与离土的博弈：孟德拉斯〈农民的终结〉的启示》，《中南民族大学学报》（人文社会科学版）2006 年第 1 期。

李飞、杜云素：《中国村落的历史变迁及其当下命运》，《中国农业大学学报》（社会科学版）2015 年第 2 期。

毛丹：《村落共同体的当代命运：四个观察维度》，《社会学研究》2010 年第 1 期。

吴重庆：《农村空心化背景下的儒学"下乡"》，《文化纵横》2012年第2期。

陈楚洁、袁梦倩：《传播的断裂：压力型体制下的乡村文化建设——以江苏省 J 市农村为例》，《理论观察》2010 年第 4 期。

赵旭东：《乡村成为问题与成为问题的中国乡村研究：围绕"晏阳初模式"的知识社会学反思》，《中国社会科学》2008 年第 3 期。

曾一果：《全球想象与传统的再生产——全球化语境中的大众传媒的"城市叙事"》，《文艺研究》2011 年第 4 期。

曾一果、潘阳：《大众传媒与"新农村"的文化重建》，《新闻大学》2009 年夏季号。

张生祥、何晶：《试论区域传播学》，《河南社会科学》2002 年第 3 期。

殷晓蓉：《当代美国发展传播学的一些理论动向》，《现代传播》1999 年第 6 期。

李金铨：《在地经验，全球视野：国际传播研究的文化性》，《开放时代》2014 年第 2 期。

张小林：《乡村概念辨析》，《地理学报》1998 年第 4 期。

庄孔韶、赵旭东等：《中国乡村研究三十年》，《开放时代》2008 年第 6 期。

孙瑞祥：《传播社会学——创新与发展》，《天津师范大学学报》（社会科学版）2004 年第 2 期。

邵培仁等：《探索文明的进路：西方媒介社会学的历史、现状与趋势》，《广州大学学报》（社会科学版）2013 年第 5 期。

韦小鹏、徐杰舜、张艳：《中国乡村人类学回顾》，《广西民族研究》2009 年第 2 期。

庄孔韶、生龙曲珍：《田野调研：布局、论证、发现、转换与交叉》，《广西民族大学学报》（哲学社会科学版）2013 年第 3 期。

［美］乔治·马尔库斯：《合作的想象》，钱好等译，《思想战线》2007 年第 4 期。

狄金华：《中国农村田野研究单位的选择——兼论中国农村研究的分析范式》，《中国农村观察》2009 年第 6 期。

肖林：《"'社区'研究"与"社区研究"——近年来我国城市社区

研究述评》，《社会学研究》2011 年第 4 期。

石腾飞、刘敏：《走进个案——从比较、抽象到理论建构》，《华东理工大学学报》（社会科学版）2015 年第 5 期。

吴毅：《何以个案，为何叙述——对经典农村研究方法质疑的反思》，《探索与争鸣》2007 年第 4 期。

乔健：《中国人类学发展的困境与前景》，《广西民族学院学报》（哲学社会科学版）1995 年第 1 期。

王宁：《个案研究的代表性问题与抽样逻辑》，《甘肃社会科学》2007 年第 5 期。

钟涨宝、狄金华：《中国的农村社区研究传统：意义、困境与突破》，《社会学评论》2013 年第 2 期。

陈涛：《个案研究"代表性"的方法论考辨》，《江南大学学报》（社会科学版）2011 年第 3 期。

彭拥军、姜婷婷：《个案研究中的学术抱负：兼论个案的拓展与推广》，《西安交通大学学报》（社会科学版）2010 年第 6 期。

卢晖临、李雪：《如何走出个案——从个案研究到扩展个案研究》，《中国社会科学》2007 年第 1 期。

肖俊明：《文化人类学的转折：戈尔兹的解释理论述评》，《国外社会科学》1994 年第 2 期。

王富伟：《个案研究的意义和限度——基于知识的增长》，《社会学研究》2012 年第 5 期。

刘小峰等：《质性社区研究的三种模式：以费孝通社区研究史为参照》，《学习与实践》2012 年第 12 期。

宗晓莲：《布迪厄文化再生产理论对文化变迁研究的意义——以旅游开发背景下的民族文化变迁为例》，《广西民族学报学报》（哲学社会科学版）2002 年第 2 期。

郭伟和：《街道公共体制改革和国家意志的柔性控制——对黄宗智"国家和社会的第三领域"理论的扩展》，《开放时代》2010 年第 2 期。

卢晖临：《迈向叙述的社会学》，《开放时代》2004 年第 1 期。

吴予敏：《功能主义及其对传播研究的影响之审思》，《新闻大学》2012 年第 2 期。

刘海龙：《中国传播研究中的两种功能主义》，《新闻大学》2012 年第 2 期。

胡翼青：《超越功能主义意识形态：再论传播功能研究》，《现代传播》2012 年第 7 期。

林颖、石义彬：《反思与超越：论媒介与文化研究的功能主义意识形态》，《北京理工大学学报》（社会科学版）2015 年第 4 期。

殷晓蓉：《从电报的两重性看"传播"的神秘意蕴——对功能主义传播学研究趋向的思考》，《新闻大学》2012 年第 2 期。

[英] 布里恩·温斯顿：《媒介的产生：技术决定论抑或文化决定论》，来丰编译，《江西财经大学学报》2001 年第 1 期。

孙玮、黄旦：《超越结构功能主义：中国传播学的前世、今生与未来》，《新闻大学》2012 年第 2 期。

李萌：《技术迷思与发展传播研究》，《国际新闻界》2013 年第 2 期。

陈卫星：《关于发展传播理论的范式转换》，《南京社会科学》2011 年第 1 期。

李金铨：《传播媒介与国家发展——一个学术典范之消逝》，（台湾）《新闻学研究》1981 年冬季号。

韩鸿：《墨西哥乡村传播系统对中国西部大开发的启示》，《西南民族大学学报》（人文社会科学版）2010 年第 3 期。

韩鸿：《参与式传播：发展传播学的范式转换及其中国价值——一种基于媒介传播偏向的研究》，《新闻与传播研究》2010 年第 1 期。

韩鸿：《参与式影像与参与式传播——发展传播视野中的中国参与式影像研究》，《新闻大学》2007 年第 4 期。

关琮严：《媒介与乡村社会变迁研究综述》，《中国传媒报告》2012 年第 4 期。

李红艳：《关于乡村传播与新农村建设的几点思考》，《中国农业大学学报》（社会科学版）2006 年第 3 期。

张明新、韦路：《知识、态度与乡村社会的家庭互联网采纳》，（香港）《传播与社会学刊》2009 年总第 10 期。。

高红波：《我国城乡受众 IPTV 使用与需求的比较研究》，《中国传媒报告》2013 年第 1 期。

刘亭亭：《农村青少年的互联网使用研究：对隆里村的民族志考察》，《中国传媒报告》2013 年第 2 期。

蔡麒麟：《乡村社区媒介使用与传播现象研究——以安徽省黟县碧山村为例》，《现代农业科技》2012年第16期。

章兴鸣：《民间精英与乡村治理——20世纪前期中国乡村政治传播机制》，《东方论坛》2007年第5期。

王越、费爱华：《从组织传播到大众传播：国家治理乡村社会的策略演进》，《南京社会科学》2012年第4期。

张斌、张昆：《文化视域下少数民族乡村政治传播贴近性思考——基于湖南通道侗族自治县独坡八寨的民族志调查》，《新闻界》2012年第11期。

郭良文、林素甘：《从参与式传播观点反思兰屿数位典藏建置之历程》，（台湾）《新闻学研究》2010年春季号，总第102期。

樊水科：《乡村仪式传播初探》，《新闻知识》2009年第7期。

樊水科：《乡村仪式传播的研究意义》，《新闻知识》2008年第7期。

张雯：《中国乡村传播特点与消费文化的发展》，《广告大观》（理论版）2007年第1期。

申端锋：《电视下乡：大众媒介与乡村社会相关性的实证研究》，《华中科技大学学报》（社会科学版）2008年第6期。

张世勇：《电视下乡：农民文化娱乐方式的家庭化》，《华中科技大学学报》（社会科学版）2008年第6期。

许斌、胡鸿保：《追寻村落——对两种不同的人类学田野研究的省思》，《思想战线》2005年第3期。

王先明：《历史演进与时代性跨越——试述"新农村建设"思想的历史进程》，《史学月刊》2014年第2期。

黄志辉：《"嵌入"的多重面向——发展主义的危机与回应》，《思想战线》2016年第1期。

邓大才：《超越村庄的四种范式：方法论视角》，《社会科学研究》2010年第2期。

吴定勇：《南侗大众传播发展及其对侗族传统传播方式之冲击》，《西南民族大学学报》（人文社会科学版）2009年第8期。

方玲玲：《全球化背景下移民传媒的文化建构作用与生存空间：基于传播人种学的角度》，《中国传媒报告》2005年第3期。

郭建斌：《传媒与乡村社会：中国大陆20年研究的回顾、评价与思考》,《现代传播》2003年第3期。

杜骏飞:《泛传播的观念——基于传播趋向分析的理论模型》,《新闻与传播研究》2001年第4期。

孔德斌、刘祖云:《社区与村民:一种理解乡村治理的新框架》,《农业经济问题》2013年第3期。

林福岳:《社区媒介定位的再思考:从社区媒介的社区认同功能论谈起》,(台湾)《新闻学研究》1998年春季号,总第56期。

王小章:《何谓社区与社区何为》,《浙江学刊》2002年第2期。

李国庆:《关于中国村落共同体的论战》,《社会学研究》2005年第6期。

汪火根、曹卉:《新农村建设中的乡村共同体与社会秩序的重构》,《经济研究导刊》2011年第31期。

陆林、冯建蓉:《转型时期乡村共同体的衰落与重建》,《西南农业大学学报》(社会科学版)2011年第10期。

[法]让·克洛德·帕塞隆:《社会文化再生产的理论》,邓一琳等译,《国外社会科学杂志》(中文版)1987年第4期。

方李莉:《西部人文资源与西部民间文化的再生产》,《开放时代》2005年第5期。

桂榕:《文化再生产视角下的少数民族民间教育文化圈研究——以云南回族为例》,《西南边疆民族研究》第8辑,2010年。

胡海霞:《凝视,还是对话?——对游客凝视理论的反思》,《旅游学刊》2010年第10期。

成海:《"旅游凝视"理论的多向度解读》,《太原城市职业技术学院学报》2011年第1期。

吴茂英:《旅游凝视:述评与展望》,《旅游学刊》2012年第3期。

何景明:《国外乡村旅游研究述评》,《旅游学刊》2003年第1期。

黄柏权、葛政委:《散杂居民族的文化适应和文化变迁》,《贵州民族研究》2008年第6期。

陈心林:《村落旅游的文化表述及其真实性——以鄂西枫村侗寨为例》,《西南民族大学学报》(人文社会科学版)2013年第11期。

吴定勇:《侗族传统传播方式研究——基于传播符号运用之维度》,《西南民族大学学报》(人文社会科学版)2010年第2期。

谭华:《断裂与失衡:现代传媒在少数民族乡村文化建设中的困境》,《北方民族大学学报》(哲学社会科学版)2012年第2期。

宋秋、杨振之:《场域:旅游研究新视角》,《旅游学刊》2015年第9期。

周如南:《都市冒险主义下的社会空间生产:凉山地区彝族人口的城市流动及其后果》,《开放时代》2013年第4期。

翟学伟:《人情、面子与权力的再生产——情理社会中的社会交换方式》,《社会学研究》2004年第5期。

王雪梅:《"文化下乡"与"乡下文化":民族社区文化冲突的个案分析》,《民族艺林》2013年第3期。

高丙中:《民间的仪式与国家的在场》,《北京大学学报》(哲学社会科学版)2001年第1期。

刘涛、王震:《中国乡村治理中"国家—社会"的研究路径——新时期国家介入乡村治理的必要性分析》,《中国农村观察》2007年第5期。

陈楚洁、袁梦倩:《文化传播与农村文化治理:问题与路径——基于江苏省J市农村文化建设的实证分析》,《中国农村观察》2011年第3期。

左晓斯、刘小敏、缪怀宇:《城乡移民与乡村重构》,《广东社会科学》2011年第6期。

丁未:《新媒体与赋权:一种实践性的社会研究》,《国际新闻界》2009年第10期。

周永康、陆林:《乡村共同体重建的社会学思考》,《西南大学学报》(社会科学版)2014年第3期。

郭强:《知识与行动:结构化凝视》,《社会》2005年第5期。

周雷、杨慧:《"凝视"中国旅游:泛政治化的视觉经验》,《思想战线》(2008年社会科学专辑)总第34卷。

李金铨:《传播研究的典范与认同》,《书城》2014年第2期。

胡玉坤:《政治、身份认同与知识生产——嵌入权力之中的乡村田野研究》,《清华大学学报》(哲学社会科学版)2007年第3期。

黄宗智:《连接经验与理论:建立中国的现代学术》,《开放时代》2007年第4期。

吕炳强:《凝视与社会行动》,《社会学研究》2000年第3期。

张春炎:《地方文化传播与社区营造:苗栗"湾宝社区"动员之初探

研究》,(台湾)《新闻学研究》2013 年夏季号,总第 116 期。

陈庆德:《发展理论与发展人类学》,《思想战线》1998 年第 8 期。

## 英文论著

K.H.Halfacree, *A New Space or Spatial Effacement? Alternative Futures for the Post-productivist Countryside*, 1999.

M.Tehranian, "Communication and development", *Communication Theory Today*, Stanford University Press, 1994.

Delbert C. Miller, "Handbook of Fesearch Design and Social Measurement", *Contemporary Sociology*, Vol.30, No.4, 2002.

Peter Hedström, "Explaining Social Change: An Analytical Approach", *Papers Revista De Sociología*, Vol.80, No.80, 2006.

Cock Jacklyn, "Review of Michael Burawoy's 'The Extended Case Method' ", *Global Labour Journal*, No.2, 2010.

Small Mario Luis, " 'How Many Cases do I Need?' On Science and the Logic of Case Selection in Field-based Research", *Ethnography*, Vol.10, No.1, 2009.

Michael Burawoy, *The Extended Case Method: Four Countries, Four Decades, Four Great Transformations, and One Theoretical Tradition*, University of California Press, Ltd., 2009.

Michael Burawoy, "The Extended Case Method", *Sociological Theory*, Vol.16, No.1, 1998.

L.Manyozo, *Media, Communication and Development: Three Approaches*, London: Sage, 2012.

Paulo Freire, *Reflections on the Theory and Practice of Development Communication*, Global Media Journal: Indian Edition, Vol.2, No.2, 2011.

Ghazala Mansuri and Vijayendra Rao, *Localizing Development: Does Participation Work?* The World Bank, 2013.

Petersone Baiba, *Integrated Approach to Development Communication: A Public Relations Framework for Social Changes*, International Communication Association, Annual Meeting, 2007.

Dare Alexa, *An Analysis of Participatory Communication for Development: A*

*Social Construction Perspective*, International Communication Association, Annual Meeting, San Diego, 2003.

S. Waisbord, "The Institutional Challenges of Participatory Communication in International Aid", *Social Identities*, Vol.14, No.4, 2008.

T. L. Jacobson, *Measuring Communicative Action for Participatory Communication*, 54th Annual Conference of the International Communication Association, May 2004.

Karin Wilkins, *Retro-Theory Resurfacing: Positioning Media Development Within Development Communication*, International Communication Association, Annual Meeting, 2007.

Bjorn Wellenius, *Closing the Gap in Access to Rural Communications: Chile 1995—2002*, World Bank Discussion Paper, No.430, 2002.

Ricardo Ramirez, *Rural and Remote Communities Harnessing Information and Communication Technology for Community Development*, University of Guelph, Canada, October, 2000.

A. M. Tripathi, A. K. Singh, A. Kumar, "Information and Communication Technology for Rural Development", *International Journal on Computer Science & Engineering*, No.4, 2012.

June Lennie, Lyn Simpson, Greg Hearn, "Can the participatory evaluation of new communication technology initiatives assist in building sustainable and inclusive rural communities?", *Round-table presentation to the Australasian Evaluation Society's International Evaluation Conference*, Wollongong, New South Wales, 2002.

Ketan Chitnis, *Recasting the Process of Participatory Communication through Freirean Praxis: The Case of the Comprehensive Rural Health Project in Jamkhed, India*, Conference Papers-International Communication Association, Annual Meeting, 2005.

Reshmi Naskar, "The Role of Folk Media and Participatory Communication in Rural Development: an Exploratory Case Study of Combating Child Marriage Malda", *Global Media Journal: Indian Edition*, Vol.2, No.2, 2001.

Pushpa Kumara Jinadasa, "Community Development Programmes and Folk-media: A Communication model for Sri lankan Rural Society", *Global*

*Media Journal Indian Edition*, Vol.2, No.2, 2011, pp.1-16.

Zhao Jinqiu, *Communication and Rural Development in China: A Historical Review*, International Communication Association, Annual Meeting, 2005.

Thomas Molnar, "Ethology and Environmentalism: Man as Animal and Mechanism", *The Intercollegiate Review-Fall*, 1, 1977.

K.Beeftink, *Perceptions of Ecotourism: A Case Study of Whitewater Guides in the Rural Highlands of Fiji*, Doctoral dissertation West Virginia University, 2004.

H.Longreen, *The Development Gaze: Visual Representation of Development in Information Material from Danida, Encounter Images in the Meetings between Africa and Europa*, Edited by Mai Palmberg, Uppsala: Nordic Africa Institute, 2001.

Jon Elster, *Nuts and Bolts for the Social Sciences*, Cambridge University Press, 1989.

J.Boissevain, "Network Analysis: A Reappraisal", *Current Anthropology*, Vol.20, No.2, 1979.

Mark B.N.Hansen, *Ubiquitous Sensibility, Communication Matters: Materialist Approaches to Media, Mobility, and Networks*, edited by Jeremy Packer & Stephen B.Crofts Wiley, London: Routledge, 2012.

T.Blackshaw, *Key Concepts in Community Studies*, London: Sage, 2012.

Helena Hamerow, *Early Medieval Settlements: The Archaeology of Rural Communities in Northwest Europe 400-900*, Oxford University Press, 2004.

Chris Jenks, "Introduction: The Analytic Bases of Cultural Reproduction Theory", *Cultural Reproduction*, London: Routledge, 2002.

D.Cavallaro, *Critical and Cultural Theory: Thematic Variations*, London: Athlone Press, 2001.

L.Friedland, "Communication, Community, and Democracy Toward a Theory of the Communicatively Integrated Community", *Communication research*, Vol.28, No.4, 2001.

L.Schein, "Gender and Internal Orientalism in China", *Modern China*, Vol.23, No.1, 1997.

Alan B.Albarran & Angel Arrese, *Time and Media Markets*, Lawrence Erlbaum Associates, Inc., 2003.

G. J. Krug, *Communication, Technology and Cultural Change*, London: Sage, 2005.

Wang Ning, "Rethinking Authenticity in Tourism Experience", *Annals of Tourism Research*, Vol.26, No.2, 1999.

# 后　　记

　　人到中年，惰性似乎越发严重，总喜欢为自己的拖延症寻找各种貌似冠冕堂皇的借口。当获知已经等待一年之久的课题结项终于尘埃落定时，多少有些如释重负。俗话说，丑媳妇总是要见公婆的，出版这本不太成熟的成果，算是对自己的一个交代。回想起来，离开中国传媒大学已整整三个年头。在此期间，一直在断断续续地补充、修改和完善，一方面使其符合结项报告的要求，另一方面想让这个小小的总结更契合自己的期待。拙作是在我的博士论文和国家社科基金项目结项报告的基础上修改而成，谈不上有所建树，甚至还留有诸多遗憾，但我还是幸运的。因为自己有幸踏入中国传媒大学的校门，并且遇上了两位无法用语言表达感激之情的恩师，她们就是新闻学院的柯惠新教授和王锡苓教授。正是她们的公正无私，才没有让抱着"试一试"心理的我与中国传媒大学失之交臂。尽管老师说提携后学是她们的本分，无须言谢，但我还是要在这里说声：谢谢，我亲爱的老师！但凡与柯老师打过交道的人，都会被她认真严谨的治学风格、积极向上的人生态度和永远年轻的心态所折服。从王老师身上，我不仅看到了智慧、简单、洒脱、豁达，而且也体会到了什么是学无止境。在短短的三年里，无论是严肃的课程学习，还是轻松的学术交流，两位老师给了我太多的鼓励和帮助。尤其当我在论文写作中遇到困难而不知所措的时候，老师几句关键的点拨，让我拨云见日、茅塞顿开，犹如醍醐灌顶。王老师在加拿大访学期间，当她获知我在国内找不到急需的研究资料时，就从 Simon Fraser University 图书馆帮我查找文献。为了让我尽快看到原始资料，她竟然直接借来厚厚的原著，不厌其烦地一页页拍下来传给我。没有两位老师的亲切关怀和不断鼓励，我不敢想象自己的求学之路会面临何等艰辛。我的学习和论文，凝结着老师的智慧和汗水。桃李不言，下自成蹊！

　　此外，中国传媒大学传播研究院的刘燕南教授、龙耘教授，广播电视研究中心的张磊研究员，他们都对我的论文选题和写作提出了许多有益的建议。中国人民大学喻国明教授、中国社会科学院陈崇山教授和宋小卫教授作为我的博士论文评阅专家，对我的论文提出了许多中肯的意见和建议。与中国人民大学社会与人口学院的于显洋教授在奥林匹克森林公园席地而坐的交谈，提醒了我在社区研究中需要注意的几个重要问题。对于诸位专家的帮助，我在此一一谢过。在传媒大学的课堂上，胡正荣、荆学民、陈卫星、丁俊杰、胡智锋、苗棣、张晶等教授以及他们邀请的诸位国内外不同学科的学术大咖，他们在课堂上的激情讲演，启发了我的思维，拓展了我的视野，间接地帮助了我的论文写作。

我的博士同门罗兵、杨克青、张莉、翁立伟、郭勇、陈晓、郭泽德，还有传播研究院的李彦冰、夏亮同学，和你们的交流与讨论，我对自己的研究有了新的认识。我的硕士同门滕红真、钟杏梅、万幸、王辉、李鹏翔、张翼、李文文、谢佳沥、李笑欣、杨志，与你们一起在33号楼的调查统计研究所轮讲《传播统计学》课程和讨论课题的日子里，我从你们那里同样学到了很多。

湖北民族学院文学与传媒学院的多位同人，你们在工作上给予我支持和帮助，让我在很大程度上能够克服工学矛盾，顺利完成学业。

在我完成研究课题期间，我的研究生向蓉、殷昱萌、牟丽蓉、黄珊珊、王柳阳、徐畅、施雯萱也跟我一起做调查，帮我收集资料，从你们那里我看到了年轻人的青春活力和积极向上。教学相长，你们的学习过程同样也是我的学习过程。国家社科基金提供给我的研究经费，让我没有出现物质上捉襟见肘的尴尬。另外，我的所有田野调查点的干部、乡亲，你们的热情、淳朴和善良，让我感觉自己真正回到了阔别已久的故乡。还有那些谋面与未谋面、具名与不具名的朋友，我都在此深表感谢。对于文章中所引用、参考的文献资料的知识产权所有者，我除了在注释和参考文献中列出以示尊重外，在这里再致谢意，你们的成果是我研究的基石和保证。不过，在成文过程中，不规范的写作和不到位的注释一定是存在的，若有任何疏漏和不当，责任由我一人承担，与他人无关。本书得以付梓，离不开中国社会科学出版社的宫京蕾老师及诸位编校老师耐心细致、精益求精的辛勤劳动和默默付出，借此表示特别感谢！

最后，我要特别感谢我的家人。从15年前我在兰州大学攻读硕士，我的爱人杨斌女士一直不辞劳苦，忙忙碌碌而又有条不紊地操持着家务，细心照料年幼的女儿，从精神和物质上给予我最温柔和最坚强的支持。过去如此，现在仍然如此。家，永远是我最温馨的避风港。感谢我的妻子和女儿为我所做的一切，感谢你们在我论文写作最困难的时候，能够默默包容我的焦虑、急躁情绪给你们所带来的无形伤害。

总之，啰唆的致谢实际上是为了强调——我们总是生活在一个互相关联的体系之中，没有任何事物能够孤立的存在，即使是一部著作的出版也概莫能外。

我想说：青春有尾巴，学问无止境，需要我们用一生的时间去追寻。这里，没有终点，这只是一个新的起点，我一直在路上！

谭华<br>2017 年 7 月 25 日夜